신한은행 SLT

NCS + 금융상식 + 디지털 리터러시 평가 + 무료NCS특강

KB210833

시대에듀

2025 최신판 시대에듀 신한은행 SLT 필기시험

NCS 직업기초능력평가 + 금융상식 + 디지털 리터러시 평가 + 무료NCS특강

Always **with you**

사람의 인연은 길에서 우연하게 만나거나 함께 살아가는 것만을 의미하지는 않습니다.
책을 펴내는 출판사와 그 책을 읽는 독자의 만남도 소중한 인연입니다.
시대에듀는 항상 독자의 마음을 헤아리기 위해 노력하고 있습니다. 늘 독자와 함께하겠습니다.

머리말 PREFACE

신한은행은 1897년 한성은행으로 출발하였다. 이후 1982년 신한은행을 창립하였고, 1996년 총수신 20조 원, 1999년 총수신 30조 원을 돌파하는 등의 성장을 이루어 왔다. 신한은행은 금융의 본업, 창조적 금융, 상생의 선순환 구조를 바탕으로 '금융으로 세상을 이롭게 한다.'는 미션을 달성하기 위해 노력하고 있다.

신한은행 필기시험 SLT(Shinhan Literacy Test)는 NCS + 금융상식 + 디지털 리터러시 평가로 구성되어 있다. 2021년부터 디지털 리터러시 평가(논리적 사고 · 알고리즘 설계 · 상황판단 평가)를 도입하였으나, 상황판단 평가는 2024년 하반기부터 제외되었으며 2023년에는 95문항에서 70문항으로 문항 수를 줄이고, 4지선다에서 5지선다로 선택지 개수를 늘리는 변화를 보였다.

이에 시대에듀에서는 신한은행 SLT 필기시험을 준비하는 수험생들이 시험에 효과적으로 대비할 수 있도록 다음과 같은 특징을 가진 본서를 출간하게 되었다.

도서의 특징

❶ 2024년 하반기 신한은행 SLT 필기시험 기출복원문제를 수록하여 최근 출제경향을 한눈에 파악할 수 있도록 하였다.

❷ NCS 직업기초능력평가 출제영역별 대표기출유형과 기출응용문제를 수록하여 체계적인 학습이 가능하도록 하였다.

❸ 금융상식(경영일반 · 경제일반 · 금융상식) + 디지털 리터러시 평가(논리적 사고 · 알고리즘 설계)를 수록하여 SLT 필기시험을 완벽히 준비하도록 하였다.

❹ 최종점검 모의고사 2회분과 온라인 모의고사 3회분(NCS 통합 1회 포함)을 수록하여 시험 전 자신의 실력을 스스로 판단할 수 있도록 하였다.

❺ 신한은행 실제 면접 기출 질문을 수록하여, 한 권으로 채용 전반에 대비할 수 있도록 하였다.

끝으로 본서를 통해 신한은행 SLT 필기시험을 준비하는 여러분 모두에게 합격의 기쁨을 전달하기를 진심으로 바란다.

SDC(Sidae Data Center) 씀

신한은행 기업분석

◇ 미션

금융으로 세상을 이롭게 한다.

미래를 함께하는 따뜻한 금융이란 상품, 서비스, 자금운용 등에서 과거와는 다른 방법, 새로운 환경에 맞는 새로운 방식을 추구하여 고객과 신한 그리고 사회의 가치가 함께 커지는 상생의 선순환 구조를 만들어 가는 것이다.

방법론	지향점
금융(본업)으로	**세상을 이롭게 한다**
창조적 금융	상생의 선순환 구조

◇ 핵심가치

모든 신한인이 'ONE 신한'으로 생각하고 행동하게 되는 가치판단의 기준이다.

바르게
고객과 미래를 기준으로 바른 길을 선택한다.

빠르게
빠르게 실행하고 배우며 성장한다.

다르게
다름을 존중하며 남다른 결과를 만든다.

◇ 비전

더 쉽고 편안한, 더 새로운 은행

더 쉬운 은행	**쉽고 편리한** 고객이 금융을 더 쉽고 편하게 이용할 수 있도록 온·오프라인 금융서비스를 개선하며, 디지털 생태계를 통해 고객의 일상과 비즈니스에 은행을 더욱 가깝게 연결한다.
더 편안한 은행	**안전하고 신뢰할 수 있는** 고객이 꿈을 실현할 수 있도록 안전하고, 신뢰할 수 있는 올바른 금융을 제공함으로써 고객의 마음을 더 편안하게 한다.
더 새로운 은행	**참신하고 독창적인** 신한만의 전문성과 혁신적인 디지털 기술을 창조적으로 융합한, 참신하고 독창적인 '一流' 금융서비스를 통해 고객에게 더 새로운 가치를 제공한다.

◇ 인재상

따뜻한 가슴을 지닌 창의적인 열정가

따뜻한 가슴

고객과 사회의 따뜻한 미래를 생각하며 정직과 신뢰로 언제나 바르게 행동하는 사람

창의적인

자신의 꿈을 위해 유연하고 열린 사고로 남들과는 다르게 시도하는 사람

열정가

실패를 두려워하지 않는 열정으로 도전적 목표를 향해 누구보다 빠르게 실행하는 사람

신한은행 기업분석

◇ **CI**

기존 신한금융그룹의 상징이었던 비둘기 및 새싹은 21세기의 미래 감성에 맞게 재해석되어 피어나는 미래에 대한 희망으로 표현되었고, 그 형태의 외관을 이루는 "구"는 국제화를 의미하는 글로벌의 상징으로, 가운데 S의 형상은 끝없는 성장을 향해 달려나가는 지표로서의 금융사의 진로로 상징화되었다.

◇ **신한 프렌즈**

일 년 내내 밤하늘에서 찾아볼 수 있는 작은 곰자리는 북쪽 하늘의 대표적인 별자리로 알려져 있으며, 북극성은 작은 곰자리의 끝에 자리 잡고 있다. 신한 프렌즈는 예로부터 항해자들의 길잡이가 되어 주던 북극성을 모티브로 개발되었다. 시대를 앞장서서 도전해 나가는 탐험대의 이야기를 담아 신한이 리드하는 새로운 금융 가치를 이야기하게 될 것이다.

◇ **브랜드 슬로건**

더 나은 내일을 위한 동행
Together, a better tomorrow

◇ **브랜드 약속**

Togethership

진정성	통합성	통찰력	혁신

◇ **브랜드 이미지**

신입행원 채용 안내

◇ 지원방법
신한은행 채용 홈페이지(shinhan.recruiter.co.kr)를 통해 접수

◇ 지원자격
❶ 학력 및 연령에 따른 지원 제한 없음
❷ 군필자 또는 군면제자
❸ 해외여행에 결격 사유가 없는 자
❹ 당행 내규상 채용에 결격 사유가 없는 자
❺ 외국인의 경우 한국 내 취업에 결격 사유가 없는 자

◇ 채용절차

| 지원서 접수 | 필기시험(SLT) | 온라인 역량검사 | 1차 면접 | 2차 면접 | 채용검진 / 최종합격 |

◇ 필기시험(SLT)

영역		문항 수	시험시간
NCS / 금융상식	의사소통능력	70문항 (5지선다)	90분
	수리능력		
	문제해결능력		
	금융상식		
디지털 리터러시 평가	논리적 사고		
	알고리즘 설계		

※ 영역별 문항 구분 없이 1교시로 시험이 진행됩니다.

❖ 자세한 채용절차는 직무별 채용방침에 따라 변경될 수 있으니 반드시 채용공고를 확인하기 바랍니다.

2024년 하반기 기출분석

총평

2024년 하반기 신한은행 SLT 필기시험은 전체적으로 NCS보다는 디지털 리터러시 평가의 난도가 높았다. 지난 시험과 같이 NCS와 금융상식은 의사소통능력, 수리능력, 문제해결능력, 금융상식 4가지 영역으로 출제되었지만, 디지털 리터러시 평가는 상황판단 평가를 제외한 논리적 사고, 알고리즘 설계 2가지 영역으로 출제되었다. NCS의 다른 영역은 무난했으나 수리영역의 경우, 일반적인 응용수리보다는 자료해석 위주로 문제가 출제되었으며 계산이 까다로운 문제도 일부 있어서 당황한 수험생들이 많았을 것이라 예상된다. 또한 모든 영역의 순서는 섞여서 출제되었고, 후반부에 NCS보다는 디지털 리터러시 평가의 알고리즘 설계 출제비중이 높았다는 평이 대다수였으므로 그에 대한 대비가 필요하다.

◇ 영역별 출제비중

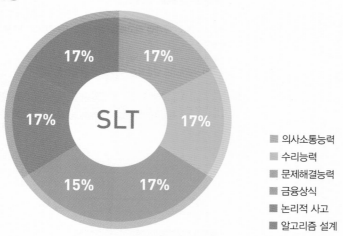

- 의사소통능력
- 수리능력
- 문제해결능력
- 금융상식
- 논리적 사고
- 알고리즘 설계

◇ 영역별 출제특징

구분	출제특징
의사소통능력	• 문단나열, 글의 논지 찾기 등의 문제가 출제됨 • 최근 경제 동향, 금융투자소득세, 은행업 관련 지문을 통해 글의 내용을 추론하거나 일치/불일치하는 내용을 고르는 문제가 출제됨
수리능력	• 응용수리 문제보다 자료해석 문제의 출제비중이 높음 • 제시된 자료의 그래프 또는 표를 해석하거나 계산하는 문제가 출제됨
문제해결능력	• 주어진 금융상품 또는 적금 문제를 보고 문제를 해결하는 유형이 출제됨

주요 금융권 적중 문제

의사소통능력 ▶ 나열하기

23 다음 문장들을 논리적 순서대로 바르게 나열한 것은?

(가) 사물을 볼 때 우리는 중립적으로 보지 않고 우리의 경험이나 관심, 흥미에 따라 사물의 상을 잡아당겨 보는 경향이 있다.

(나) 그래서 매우 낯설거나 순간적으로 명료하게 파악되지 않는 이미지를 보면 그것과 유사한, 자신이 잘 아는 어떤 사물의 이미지와 연결하여 보려는 심리적 경향을 보이게 된다.

(다) 이런 면에서 어떤 사물을 보든지 우리는 늘 '오류'의 가능성을 안고 있다.

(라) 그러나 이런 가능성이 항상 부정적인 것만은 아니다.

(마) 사실 화가가 보여주는 일루전(Illusion), 곧 환영(幻影)도 이런 오류의 가능성에서 나오는 것이다.

수리능력 ▶ 자료추론

68 다음은 2020 ~ 2023년 A국의 방송통신 매체별 광고매출액에 대한 자료이다. 이에 대한 〈보기〉의 설명 중 옳은 것을 모두 고르면?

〈2020 ~ 2023년 방송통신 매체별 광고매출액〉

(단위 : 억 원)

매체	연도 세부 매체	2020년	2021년	2022년	2023년
방송	지상파TV	15,517	14,219	12,352	12,310
	라디오	2,530	2,073	1,943	1,816
	지상파DMB	53	44	36	35
	케이블PP	18,537	17,130	16,646	( )
	케이블SO	1,391	1,408	1,275	1,369
	위성방송	480	511	504	503
	소계	38,508	35,385	32,756	31,041

문제해결능력 ▶ 금융상품 활용

※ 다음은 S은행의 Ü Card(위 카드)에 관한 자료이다. 이어지는 질문에 답하시오. **[51~52]**

〈Ü Card(위 카드) 주요 혜택〉

1) 전 가맹점 포인트 적립 서비스

전월 실적 50만 원 이상 이용 시 전 가맹점 적립 서비스 제공

(단, 카드사용 등록일부터 익월 말일까지는 전월 실적 미달 시에도 정상 적립)

건별 이용금액	10만 원 미만	10만 원 이상		
업종	전 가맹점	전 가맹점	온라인	해외
적립률	0.7%	1.0%	1.2%	1.5%

※ 즉시결제 서비스 이용금액은 전 가맹점 2만 원 이상 이용 건에 한해 0.2% 적립

2) 보너스 캐시백

매년 1회 연간 이용금액에 따라 캐시백 서비스 제공

연간 이용금액	3천만 원 이상	5천만 원 이상	1억 원 이상
캐시백	5만 원	10만 원	20만 원

NH농협은행 6급

의사소통능력 ▶ 내용일치

06 농협은행 교육지원팀 과장인 귀하는 신입사원들을 대상으로 청렴교육을 실시하면서, 사내 내부제보준칙에 대하여 설명하려고 한다. 다음은 내부제보준칙 자료의 일부이다. 귀하가 신입사원들에게 설명할 내용으로 옳지 않은 것은?

> **제4조** 임직원 및 퇴직일로부터 1년이 경과하지 않은 퇴직 임직원이 제보하여야 할 대상 행위는 다음과 같다.
> ① 업무수행과 관련하여 위법·부당한 행위, 지시 또는 직권남용
> ② 횡령, 배임, 공갈, 절도, 금품수수, 사금융 알선, 향응, 겸업금지 위반, 성희롱, 저축관련 부당행위, 재산국외도피 등 범죄 혐의가 있는 행위
> ③ 「금융실명거래 및 비밀보장에 관한 법률」 또는 「특정금융거래정보의 보고 및 이용 등에 관한 법률」 위반 혐의가 있는 행위
> ④ 제도 등 시행에 따른 위험, 통제시스템의 허점
> ⑤ 사회적 물의를 야기하거나 조직의 명예를 훼손시킬 수 있는 대내외 문제
> ⑥ 그 밖에 사고방지, 내부통제를 위하여 필요한 사항 등

수리능력 ▶ 거리·속력·시간

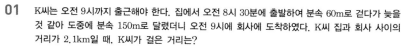

01 K씨는 오전 9시까지 출근해야 한다. 집에서 오전 8시 30분에 출발하여 분속 60m로 걷다가 늦을 것 같아 도중에 분속 150m로 달렸더니 오전 9시에 회사에 도착하였다. K씨 집과 회사 사이의 거리가 2.1km일 때, K씨가 걸은 거리는?

① 1km
② 1.2km
③ 1.4km
④ 1.6km
⑤ 1.8km

문제해결능력 ▶ 문제처리

02 K은행은 A, B, C, D 각 부서에 1명씩 신입사원을 선발하였다. 지원자는 총 5명이었으며, 선발 결과에 대해 다음과 같이 진술하였다. 이 중 1명의 진술만 거짓으로 밝혀졌을 때, 다음 중 항상 옳은 것은?

> • 지원자 1 : 지원자 2가 A부서에 선발되었다.
> • 지원자 2 : 지원자 3은 A 또는 D부서에 선발되었다.
> • 지원자 3 : 지원자 4는 C부서가 아닌 다른 부서에 선발되었다.
> • 지원자 4 : 지원자 5는 D부서에 선발되었다.
> • 지원자 5 : 나는 D부서에 선발되었는데, 지원자 1은 선발되지 않았다.

① 지원자 1은 B부서에 선발되었다.
② 지원자 2는 A부서에 선발되었다.
③ 지원자 3은 D부서에 선발되었다.
④ 지원자 4는 B부서에 선발되었다.
⑤ 지원자 5는 C부서에 선발되었다.

주요 금융권 적중 문제

의사소통능력 ▶ 나열하기

12 다음 제시된 문단을 논리적 순서대로 바르게 나열한 것은?

(가) 이와 같이 임베디드 금융의 개선을 위해서는 효과적인 보안 시스템과 프라이버시 보호 방안을 도입하여 사용자의 개인정보를 안전하게 관리하는 것이 필요하다. 또한 디지털 기기의 접근성을 개선하고 사용자들이 편리하게 이용할 수 있는 환경을 조성해야 한다.

(나) 임베디드 금융은 기업과 소비자 모두에게 이점을 제공한다. 기업은 제품과 서비스에 금융 기능을 통합함으로써 자사 플랫폼 의존도를 높이고, 수집한 고객의 정보를 통해 매출을 증대시킬 수 있으며, 고객들에게 편리한 금융 서비스를 제공할 수 있다. 소비자의 경우는 모바일 앱을 통해 간편하게 금융 거래를 할 수 있고, 스마트기기 하나만으로 다양한 금융 상품에 접근할 수 있어 편의성과 접근성이 크게 향상된다.

(다) 그러나 임베디드 금융은 개인정보 보호와 안전성에 대한 관리가 필요하다. 사용자의 금융 데이터와 개인정보가 디지털 플랫폼이나 기기에 저장되므로 해킹이나 데이터 유출과 같은 사고가 발생할 수 있다. 이는 사용자의 프라이버시 침해와 금융 거래 안전성에 대한 심각한 위협이 될 수 있다. 또한 모든 사람이 안정적인 인터넷 연결과 임베디드 금융이 포함된 최신 기기를 보유하고 있지는 않기 때문에 디지털 기기에 익숙하지 않은 사람들은 임베디드 금융 서비스를 제공받는 데 제한을 받을 수 있다.

(라) 임베디드 금융은 비금융 기업이 자신의 플랫폼이나 디지털 기기에 금융 서비스를 탑재하는 것

수리능력 ▶ 농도

37 농도 6%의 소금물 200g에서 소금물을 조금 덜어낸 후, 덜어낸 양의 절반만큼 물을 넣고 농도 2%의 소금물을 넣었더니 농도 3%의 소금물 300g이 되었다. 더 넣은 농도 2% 소금물의 양은?

① 105g
② 120g
③ 135g
④ 150g

문제해결능력 ▶ 순서추론

58 어떤 지역의 교장 선생님 5명 가 ~ 마는 올해 각기 다른 고등학교 5곳 A ~ E학교로 배정받는다고 한다. 다음 〈조건〉을 참고할 때, 반드시 참인 것은?

조건
- 하나의 고등학교에는 한 명의 교장 선생님이 배정받는다.
- 이전에 배정받았던 학교로는 다시 배정되지 않는다.
- 가와 나는 C학교와 D학교에 배정된 적이 있다.
- 다와 라는 A학교와 E학교에 배정된 적이 있다.
- 마가 배정받은 학교는 B학교이다.
- 다가 배정받은 학교는 C학교이다.

① 가는 확실히 A학교에 배정될 것이다.
② 나는 E학교에 배정된 적이 있다.
③ 다는 D학교에 배정된 적이 있다.
④ 라가 배정받은 학교는 D학교일 것이다.

IBK기업은행

의사소통능력 ▶ 내용일치

※ 다음 글의 내용으로 적절하지 않은 것을 고르시오. [1~3]

01

많은 사람들은 소비에 대한 경제적 결정을 내리기 전에 가격과 품질을 고려한다. 하지만 이러한 결정은 때로 소비자가 인식하지 못한 다른 요소에 의해 영향을 받는다. 바로 마케팅과 광고의 효과이다. 광고는 제품이나 서비스에 대한 정보를 전달하는 데 사용되는 매개체로 소비자의 구매 결정에 큰 영향을 끼친다.

마케팅 회사들은 광고를 통해 제품을 매력적으로 보이도록 디자인하고 여러 가지 특징들을 강조하여 소비자들이 해당 제품을 원하도록 만든다. 예를 들어 소비자가 직면한 문제에 대해 자사의 제품이 효과적인 해결책이라고 제시하거나 유니크한 디자인, 고급 소재 등을 사용한다고 강조하는 것이다. 이렇게 광고는 소비자들에게 제품에 대한 긍정적인 이미지를 형성하게 하여 구매 욕구를 자극해 제품의 판매량을 증가시킨다.

그러므로 현명한 소비를 하기 위해서는 광고에 의해 형성된 이미지에 속지 않고 실제 제품의 가치와

자원관리능력 ▶ 비용계산

※ 다음은 I은행의 지난해 직원별 업무 성과내용과 성과급 지급규정이다. 이어지는 질문에 답하시오. [16~17]

〈직원별 업무 성과내용〉

성명	직급	월 급여(만 원)	성과내용
임미리	과장	450	예·적금 상품 3개, 보험상품 1개, 대출상품 3개
이윤미	대리	380	예·적금 상품 5개, 보험상품 4개
조유라	주임	330	예·적금 상품 2개, 보험상품 1개, 대출상품 5개
구자랑	사원	240	보험상품 3개, 대출상품 3개
조다운	대리	350	보험상품 2개, 대출상품 4개
김은지	사원	220	예·적금 상품 6개, 대출상품 2개
권지희	주임	320	예·적금 상품 5개, 보험상품 1개, 대출상품 1개
윤슈영	사원	280	예·적금 상품 2개, 보험상품 3개, 대출상품 1개

수리능력 ▶ 금융상품 활용

03 A대리는 새 자동차 구입을 위해 적금 상품에 가입하고자 하며, 후보 적금 상품에 대한 정보는 다음과 같다. 후보 적금 상품 중 만기환급금이 더 큰 적금 상품에 가입한다고 할 때, A대리가 가입할 적금 상품과 상품의 만기환급금이 바르게 연결된 것은?

〈후보 적금 상품 정보〉

구분	직장인사랑적금	미래든든적금
가입자	개인실명제	개인실명제
가입기간	36개월	24개월
가입금액	매월 1일 100,000원 납입	매월 1일 150,000원 납입
적용금리	연 2.0%	연 2.8%
저축방법	정기적립식, 비과세	정기적립식, 비과세
이자지급방식	만기일시지급식, 단리식	만기일시지급식, 단리식

적금 상품   만기환급금

도서 200% 활용하기

2024년 하반기 기출복원문제로 출제경향 파악

▶ 2024년 10월 6일에 시행된 신한은행 SLT 필기시험의 기출복원문제를 수록하였다.
▶ 'NCS + 금융상식 + 디지털 리터러시 평가'의 최근 출제경향을 파악할 수 있도록 하였다.

대표기출유형&기출응용문제로 영역별 체계적 학습

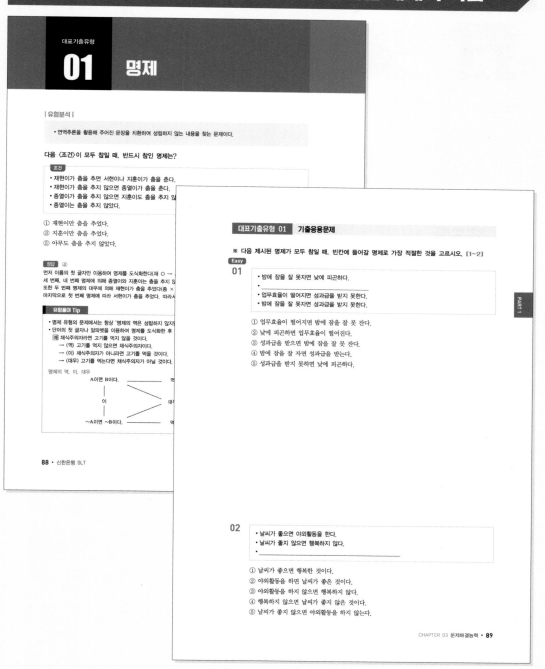

▶ '의사소통능력 · 수리능력 · 문제해결능력'의 대표기출유형과 기출응용문제를 수록하였다.

▶ 출제영역별 유형분석과 유형풀이 Tip을 통해 체계적인 학습이 가능하도록 하였다.

도서 200% 활용하기

금융상식까지 완벽하게 준비

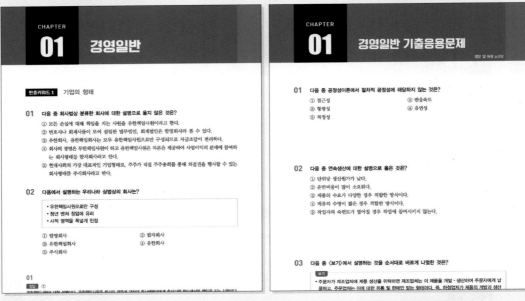

▶ 경영일반 · 경제일반 · 금융상식의 빈출키워드 및 기출응용문제로 필기시험을 완벽하게 준비하도록 하였다.

디지털 리터러시 평가까지 빈틈없이 학습

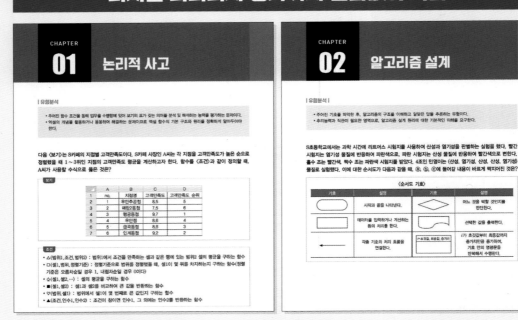

▶ 논리적 사고 · 알고리즘 설계의 유형분석 및 기출응용문제로 출제영역을 빈틈없이 학습하도록 하였다.

최종점검 모의고사로 실전 연습

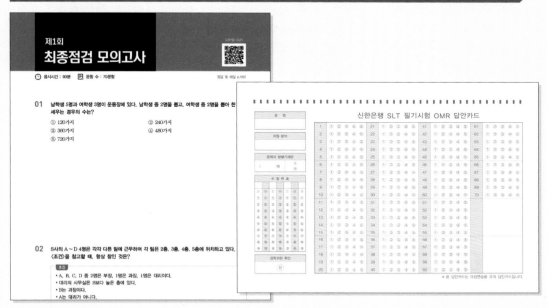

▶ 최종점검 모의고사 2회분과 OMR 답안카드를 수록하여 실제 시험처럼 최종 마무리 연습을 할 수 있도록 하였다.

면접까지 한 권으로 대비

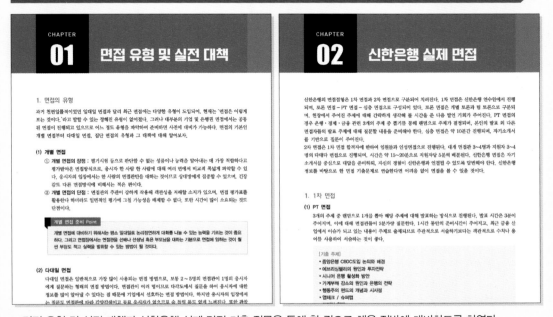

▶ 면접 유형 및 실전 대책과 신한은행 실제 면접 기출 질문을 통해 한 권으로 채용 전반에 대비하도록 하였다.

학습플랜

1주 완성 학습플랜

본서에 수록된 전 영역을 단기간에 끝낼 수 있도록 구성한 학습플랜이다. 한 번에 전 영역을 공부하지 않고, 한 영역을 집중적으로 공부할 수 있도록 하였다. 필기시험에 대한 기초 학습은 되어 있으나, 학습 계획 세우기에 자신이 없는 분들이나 미리 시험에 대비하지 못해 단시간에 많은 분량을 봐야 하는 수험생에게 추천한다.

ONE WEEK STUDY PLAN

	1일 차 ☐	2일 차 ☐	3일 차 ☐
Start!	_____월_____일	_____월_____일	_____월_____일

4일 차 ☐	5일 차 ☐	6일 차 ☐	7일 차 ☐
_____월_____일	_____월_____일	_____월_____일	_____월_____일

STUDY CHECK BOX							
구분	1일 차	2일 차	3일 차	4일 차	5일 차	6일 차	7일 차
기출복원문제							
PART 1							
PART 2							
PART 3							
제1회 최종점검 모의고사							
제2회 최종점검 모의고사							
다회독							
오답분석							

스터디 체크박스 활용법

1주 완성 학습플랜에서 계획한 학습량을 어느 정도 실천하였는지 표시하여 자신의 학습량을 효율적으로 관리한다.

구분	1일 차	2일 차	3일 차	4일 차	5일 차	6일 차	7일 차
PART 1	의사소통 능력	✕	✕	완료			

이 책의 차례

Add+

2024년 하반기
기출복원문제

※ 정답 및 해설은 기출복원문제 바로 뒤 p.016에 있습니다.

01 다음 글의 내용으로 적절하지 않은 것은?

> 정부와 여당이 민생을 위한다는 명목으로 금융투자소득세 폐지를 추진하자, 이에 대해 '부자감세'라는 비판이 일고 있다.
> 금융투자소득세란 금융투자상품, 즉 주식 파생상품, 집합투자증권 등 펀드, 채권 등에 투자함으로써 발생한 소득에 대해 부과하는 세금으로 국내 상장주식 및 공모주식형 펀드 등의 금융투자소득은 연간 5,000만 원 이상, 해외 투자 등 기타 금융투자소득은 250만 원 이상일 때부터 부과된다.
> 예를 들어 국내 금융 투자 수익률이 10%라면, 투자원금은 최소 5억 원을 초과해야 과세가 되는 것이다. 통계 자료에 따르면 국내 5억 원 초과 상장주식 보유 인원은 전체 투자자 1,407만 명의 1%인 14만 명에 불과하고, 이 중 10억 원을 초과 보유한 인원의 비중은 4만 9,236명밖에 되지 않는다고 한다. 즉, 전체 투자자의 1%도 되지 않는 투자자에게 걷는 세금 제도를 폐지하는 것이 민생을 위한다는 것은 말 그대로 어불성설인 것이다.

① 금융투자소득세는 부자증세 정책에 해당한다.
② 금융투자소득세는 일정 금액 이하의 수익에 대해서는 과세되지 않는다.
③ 금융투자소득세가 시행된다면, 해외 주식 투자 기피 현상이 발생할 수 있다.
④ 금융투자소득세는 민생이 아닌 부의 양극화를 가져오며 동시에 새로운 세원을 막아버린 정책이다.
⑤ 국내 금융 투자 수익률이 20%라면 금융투자소득세가 부과되기 위해서는 투자원금이 최소 2억 5천만 원을 넘어야 한다.

02 다음은 6대 광역시의 평균 학자금 대출 신청건수 및 평균 대출금액에 대한 자료이다. 이에 대한 설명으로 옳지 않은 것은?

〈6대 광역시의 평균 학자금 대출 신청건수 및 금액〉

구분	2023년		2024년	
	대출 신청건수(건)	평균 대출금액(만 원)	대출 신청건수(건)	평균 대출금액(만 원)
대구	1,921	558	2,320	688
인천	2,760	640	3,588	775
부산	2,195	572	2,468	644
대전	1,148	235	1,543	376
광주	1,632	284	1,927	317
울산	1,224	303	1,482	338

① 학자금 대출 신청건수가 가장 많은 지역은 2023년과 2024년이 동일하다.

② 2024년 학자금 총 대출금액은 대구가 부산보다 많다.

③ 대전의 2024년 학자금 평균 대출금액은 전년 대비 1.6배 증가하였다.

④ 2024년 총 학자금 대출 신청건수는 2023년 대비 20.5% 증가하였다.

⑤ 2023년 전체 학자금 대출 신청건수 중 광주 지역이 차지하는 비율은 15%이다.

03 다음 중 리디노미네이션에 대한 설명으로 옳지 않은 것은?

① 화폐가치는 그대로 두고 화폐단위만 변경시키는 화폐개혁을 의미한다.

② 화폐단위가 작아지기 때문에 소비가 늘어나 경기부양 효과가 발생한다.

③ 재무제표 작성이 용이해지고, 달러 대비 원화의 위상이 높아지게 된다.

④ 제품가격의 단위하락으로 물가 상승이 유발될 수 있다.

⑤ 지하경제로 자금이 몰려 음성화가 가속화될 수 있다.

※ 다음은 S은행 상품인 신한 S드림(DREAM)적금 상품설명서이다. 이어지는 질문에 답하시오. [4~5]

〈신한 S드림(DREAM)적금〉

구분	세부사항
상품명	• 신한 S드림(DREAM)적금
상품과목	• 정기적금
가입방법	• 인터넷, 모바일, 영업점, 전화신규
가입대상	• 개인, 개인사업자
가입기간	• 6개월 이상 ~ 60개월 이하(1개월 단위)
가입금액	• 1천 원부터 제한 없음
저축방법	• 자유적립식, 정기적립식

| 금리 | • 기본금리 : 신규일 당시 고시된 가입기간별 기본금리를 적용하고, 자유적립식의 기본금리는 정기적립식 기간별 적용금리에서 연 0.50%p 차감 |

〈정기적립식 기본금리〉

구분	6개월 이상	12개월 이상	24개월 이상	36개월 이상	48개월 이상	60개월
기본금리	연 2.50%	연 2.70%	연 2.80%	연 3.00%	연 3.15%	연 3.20%

• 우대금리 : 신규일로부터 만기일 전전달 말일까지 다음 요건을 충족하는 경우 최고 연 0.40%p 우대

구분	세부사항	적용금리
정기예금	월말일자로 정기예금 잔액 3백만 원 이상의 보유실적이 1회 이상인 경우	연 0.2%p
청약	월말일자로 청약저축 잔액 30만 원 이상의 보유실적이 1회 이상인 경우	연 0.2%p
장기고객	적금상품(청약상품 제외) 만기해지 후 3개월 이내 이 상품을 신규하는 경우	연 0.1%p
신규금액	30만 원 이상 신규하는 경우	연 0.1%p
비대면채널	비대면채널을 통해 신규하는 경우	연 0.1%p
모범납세자	지자체가 발급한 "모범납세자 증명서"를 만기해지 전 만기월에 영업점에 제출하는 경우(서류제출일은 증명서상의 유효기간 이내여야 한다)	연 0.2%p

※ 가입기간이 12개월 이상인 만기해지계좌에 한하여 제공

이자지급방법	• 만기일시지급(단리식)
특별중도해지	• 결혼, 출산, 전세계약, 주택구입, 상해·질병 입원으로 긴급자금 마련을 위해 중도해지하는 경우 신규시점에 적용된 기본금리에 최초 신규시점에 확정된 우대금리를 포함하여 적용 • 사유발생일 이전에 가입한 계좌로 사유발생일로부터 3개월 이내에 해지된 계좌로 증빙서류를 제출하는 경우에 한함(예식장 계약서, 청첩장, 출산증명서, 전세·매매계약서, 입·퇴원 확인서 중 선택)
중도해지이자	• 1개월 미만 : 연 0.10% • 1개월 이상 : (기본금리)×1-(차감률)×(경과월수)/(계약월수) ※ 단, 연 0.10% 미만으로 산출될 경우 연 0.10% 적용

04 다음 중 위 상품설명서에 대한 설명으로 옳은 것은?

① 가입기간이 6개월인 고객이 정기적립식 방식을 택했을 경우 적용되는 기본금리는 자유적립식 방식을 택했을 때보다 1.5배 더 높다.

② 모범납세자 우대금리를 적용받기 위해서는 모범납세자 증명서상의 유효기간이 신규가입일 이후여야 한다.

③ 가입기간이 1년 이하인 고객은 우대금리 혜택을 적용받을 수 없다.

④ 특별중도해지 시에도 조건을 충족한다면 최고 우대금리인 0.40%p를 적용받을 수 있다.

⑤ 질병입원기간 중 해당 상품을 가입한 고객이 해당 질병입원비 마련을 이유로 특별중도해지를 신청한 경우에는 받아들여지지 않는다.

05 A씨는 다음 〈조건〉과 같이 신한 S드림적금에 가입하였다. A씨가 받을 수 있는 최종금리는?(단, 조건에 명시되지 않은 사항은 우대금리 조건을 충족하지 않은 것으로 한다)

> **조건**
> • 자유적립식에 비대면으로 48개월 가입
> • 신규가입 당시 40만 원 적립
> • 38개월 차에 모범납세자 증명서 제출
> • 주택구입을 위해 40개월 차에 중도해지(사유발생일로부터 2개월 뒤 매매계약서 제출)

① 연 2.85%   ② 연 2.95%
③ 연 3.05%   ④ 연 3.15%
⑤ 연 3.25%

06 다음 중 착오송금 반환제도를 신청할 수 있는 대상에 해당하지 않는 경우는?

① 2021년 7월 6일 이후 5만 원 이상 1천만 원 이하를 착오송금한 경우

② 2023년 1월 1일 이후 5만 원 이상 5천만 원 이하를 착오송금한 경우

③ 착오송금과 관련한 법적절차가 진행 중이지 않은 경우

④ 금융회사를 통해 사전 반환신청이 진행된 경우

⑤ 보이스피싱 등 사기에 따라 송금한 경우

다음 순서도에 의해 출력되는 값은?

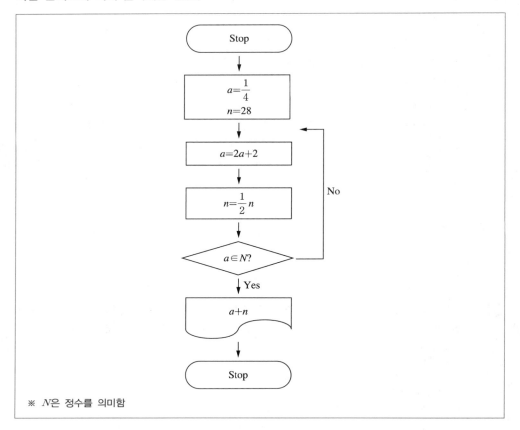

※ N은 정수를 의미함

① 0 ② 2

③ 6 ④ 7

⑤ 14

08 다음 글의 주제로 가장 적절한 것은?

인공지능 기술은 최근 몇 년간 급격히 발전하며 다양한 산업에 변화를 가져왔다. 특히 생성형 AI는 그중에서도 주목받는 기술로, 텍스트 생성, 이미지 생성, 음악 작곡 등 창작의 영역에까지 영향을 미치고 있다. 생성형 AI로 인해 과거에는 사람이 직접 해야 했던 작업들이 이제는 AI를 통해 자동화되거나 보조될 수 있는 시대가 열렸으며, 특히 광고 문구를 작성하거나 소설의 초안을 작성하는 데 생성형 AI가 활용되면서 창작자의 작업 시간이 크게 단축되고 있다. 이외에도 의료 분야에서도 생성형 AI는 환자 기록을 분석해 맞춤형 치료 계획을 제안하거나, 새로운 약물을 설계하는 데 기여하고 있다.

그러나 이러한 기술의 발전은 긍정적인 면만 있는 것은 아니다. 생성형 AI가 만들어낸 콘텐츠는 종종 진짜와 가짜를 구분하기 어렵게 만들며, 이는 허위 정보의 확산이나 저작권 문제를 야기할 수 있다. 특히, 딥페이크 기술은 사람의 얼굴과 목소리를 조작해 실제와 구분이 어려운 영상을 만들어내며 사회적 논란을 일으키고 있다. 게다가 생성형 AI가 인간의 창작 활동을 대체할 가능성이 커지면서 창작자의 역할과 직업적 안정성에 대한 우려도 제기되고 있다.

그럼에도 불구하고 생성형 AI는 여전히 무궁무진한 가능성을 가지고 있다. 이 기술이 단순히 인간의 역할을 대체하는 것이 아니라, 인간과 협력하여 더 나은 결과물을 만들어낼 수 있는 도구로 자리잡을 수 있을지에 대한 논의가 활발하다. 결국 중요한 것은 기술 자체가 아니라 이를 어떻게 활용하느냐에 달려 있다. 생성형 AI가 가져올 미래는 우리가 이 기술을 책임감 있게 사용하고 적절히 규제할 수 있는지에 따라 달라질 것이다.

① 생성형 AI가 가져올 사회적 문제
② 생성형 AI로 인한 의료기술의 발전
③ 딥페이크로 인한 윤리적 문제의 대두
④ 생성형 AI가 가져올 직업의 대체 가능성
⑤ 생성형 AI의 가능성과 책임감 있는 활용의 중요성

09 S대학교 건물 앞에는 의자 6개가 나란히 설치되어 있다. I학과 여학생 2명과 남학생 3명이 모두 의자에 앉을 때, 여학생이 이웃하지 않게 앉는 경우의 수는?(단, 두 학생 사이에 빈 의자가 있는 경우는 이웃하지 않는 것으로 한다)

① 120가지
② 240가지
③ 360가지
④ 480가지
⑤ 600가지

10 A사원은 3박 4일 동안 대전으로 출장을 다녀오려고 한다. 출장 과정에서의 비용이 다음과 같을 때, A사원의 출장 경비 총액은?(단, A사원의 출장 세부내역 이외의 지출은 없다고 가정한다)

〈출장 경비〉
- 출장일부터 귀가할 때까지 소요되는 모든 교통비, 식비, 숙박비를 합산한 비용을 출장 경비로 지급한다.
- 교통비(서울 → 대전 / 대전 → 서울)

(단위 : 원)

구분	기차	KTX	버스
비용(편도)	39,500	43,250	38,150

※ 서울 및 대전 내에서의 시내 이동에 소요되는 비용은 출장 경비로 인정하지 않음

- 식비

(단위 : 원)

구분	P식당	S식당	Y식당
식비(끼니당)	8,500	8,700	9,100

- 숙박비

(단위 : 원)

구분	가	나	다
숙박비(1박)	75,200	81,100	67,000
비고	연박 시 1박당 5% 할인	연박 시 1박당 10% 할인	–

〈A사원의 출장 세부내역〉
- A사원은 대전행은 기차를, 서울행은 버스를 이용하였다.
- A사원은 2일간 P식당을, 나머지 기간은 Y식당을 이용하였으며 출장을 시작한 날부터 마지막 날까지 하루 3끼를 먹었다.
- A사원은 출장 기간 동안 숙소는 할인을 포함하여 가장 저렴한 숙소를 이용한다.

① 359,100원
② 374,620원
③ 384,250원
④ 396,500원
⑤ 410,740원

11 다음 워크시트의 [E3] 셀에 IF 함수와 AND 함수를 사용하여 필기 점수, 실기 점수가 80점 이상이면 합격 아니면 불합격을 출력하고자 한다. 이때 [E3] 셀에 들어갈 함수식으로 옳은 것은?

◢	A	B	C	D	E
1	번호	이름	필기 점수	실기 점수	판정(AND)
2	1	구OO	80	100	합격
3	2	노OO	68	90	
4	3	박OO	45	80	불합격
5	4	최OO	67	80	불합격

① =IF(IF(AND,C2>=80,D2>=80),"합격","불합격")
② =IF(AND(A2>=80,B2>=80),"합격","불합격")
③ =IF(AND(C2>=80,D2>=80),"합격","불합격")
④ =IF(AND(D2>=80,D3>=80),"합격","불합격")
⑤ =IF(AND(C2>=80,C3>=80),"합격","불합격")

12 다음 〈조건〉에 따라 S은행의 마케팅 부서 직원 A ~ H 8명이 원탁에 앉아서 회의를 하려고 할 때, 항상 참인 것은?(단, 서로 이웃해 있는 직원 간의 사이는 모두 동일하다)

> **조건**
> • A와 C는 가장 멀리 떨어져 있다.
> • A 옆에는 G가 앉는다.
> • B와 F는 서로 마주보고 있다.
> • D는 E 옆에 앉는다.
> • H는 B 옆에 앉지 않는다.

① C 옆에는 항상 E가 있다.
② E와 G는 항상 마주 본다.
③ 경우의 수는 총 4가지이다.
④ G의 오른쪽 옆에는 항상 H가 있다.
⑤ A와 B 사이에는 항상 누군가 앉아 있다.

13 다음은 S은행의 예금조회 웹페이지에 대한 순서도이다. 고객이 웹페이지 사용 도중 [1번 알림창]을 보게 되었을 때, 그 이유로 옳은 것은?

〈순서도 기호〉

기호	설명	기호	설명
	시작과 끝을 나타낸다.		어느 것을 택할 것인지를 판단한다.
	데이터를 입력하거나 계산하는 등의 처리를 한다.		선택한 값을 출력한다.

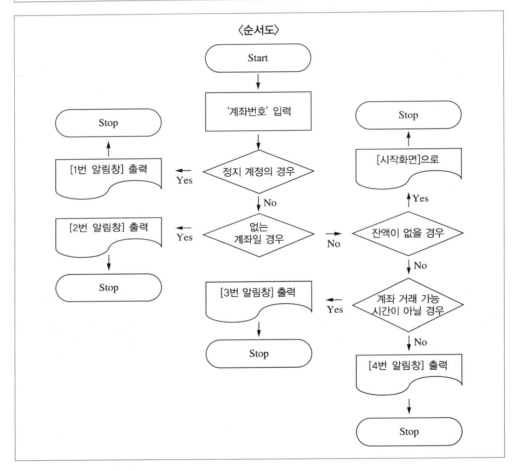

〈순서도〉

① 거래 가능한 시간이 아니기 때문이다.
② 잔액이 없기 때문이다.
③ 계좌가 존재하지 않기 때문이다.
④ 정지된 계정이기 때문이다.
⑤ 금액이 출력되었기 때문이다.

14 다음 중 로보어드바이저의 장점으로 볼 수 없는 것은?

① 상장지수펀드(ETF)를 활용해 투자하므로 객관적인 투자 서비스를 제공할 수 있다.

② 시간, 장소 등에 구애받지 않고 스마트폰, 컴퓨터 등 다양한 매체를 활용할 수 있다.

③ 인간의 주관적 감정을 배제하고 데이터와 알고리즘을 통해 투자할 수 있다.

④ 인건비, 마케팅 비용 등을 절감할 수 있다.

⑤ 투자자들의 니즈에 따라 맞춤형으로 상담을 진행할 수 있다.

15 다음 〈보기〉는 C센터의 모니터 판매량에 대한 시트이다. 함수를 〈조건〉과 같이 정의할 때, 이에 대한 설명으로 옳지 않은 것은?

보기

	A	B	C
1	상품명	예상 판매량	실제 판매량
2	CT0509A	130	125
3	PD0409A	80	120
4	CT0503B	150	130
5	PD0810C	75	65

조건

- ○(셀1,셀2, …) : 셀의 합을 구하는 함수
- ■(셀1,셀2, …) : 셀의 평균을 구하는 함수
- ◇(범위1,조건,범위2) : 범위1에서 조건을 충족하는 셀과 같은 행에 있는 범위2 셀의 합을 구하는 함수
- ♡(범위, k) : 범위1에서 조건을 충족하는 셀과 같은 행에 있는 범위2 셀의 평균을 구하는 함수
- ●(셀1,셀2, …) : 범위에서 가장 큰 값을 구하는 함수
- △(셀1,셀2, …) : 범위에서 가장 작은 값을 구하는 함수

① 제품명이 'C'로 시작하는 제품의 실제 판매량의 합을 구한 값과 예상 판매량의 최댓값 중에서 가장 큰 값을 구하는 수식은 ●(◇(A2:A5,"C*",C2:C5), ●(B2:B5))이다.

② 제품명이 'C'로 시작하는 제품의 예상 판매량의 합을 구한 값과 실제 판매량의 최솟값 중에서 가장 작은 값을 구하는 수식은 △(◇(A2:A5,"C*",B2:B5), △(C2:C5))이다.

③ 실제 판매량의 평균을 구하는 수식은 ■(C2:C5)이다.

④ 상품명이 A로 끝나는 제품의 실제 판매량의 값의 평균을 구하는 수식은 ◇(A2:A5,"*A",C2:C5)이다.

⑤ 예상판매량이 80 이상인 값들의 총합을 구하는 수식은 ◇(B2:B5,"＞＝30",B2:B5)이다.

16 다음 문단을 논리적 순서대로 바르게 나열한 것은?

(가) 베커는 "주말이나 저녁에는 회사들이 문을 닫기 때문에 활용할 수 있는 시간의 길이가 길어지고 이에 따라 특정 행동의 시간 비용이 줄어든다."라고도 지적한다. 시간의 비용이 가변적이라는 개념은 기대수명이 늘어나서 사람들에게 더 많은 시간이 주어지는 것이 시간의 비용에 영향을 미칠 수 있다는 점에서 의미가 있다.

(나) 베커와 린더는 사람들에게 주어진 시간을 고정된 양으로 전제했다. 1965년 당시의 기대수명은 약 70세였다. 하루 24시간 중 8시간을 수면에 쓰고 나머지 시간에 활동이 가능하다면, 평생 408,800시간의 활동가능 시간이 주어지는 셈이다. 하지만 이 방정식에서 변수 하나가 바뀌면 어떻게 될까? 기대수명이 크게 늘어난다면 시간의 가치 역시 달라져서, 늘 시간에 쫓기는 조급한 마음에도 영향을 주게 되지 않을까?

(다) 시간의 비용이 가변적이라고 생각한 이는 베커만이 아니었다. 스웨덴의 경제학자 스테판 린더는 서구인들이 엄청난 경제성장을 이루고도 여유를 누리지 못하는 이유를 논증한다. 경제가 성장하면 사람들이 시간을 쓰는 방식도 달라진다. 임금이 상승하면 직장 밖 활동에 들어가는 시간의 비용이 늘어난다. 일하는 데 쓸 수 있는 시간을 영화나 책을 보는 데 소비하면 그만큼의 임금을 포기하는 것이다. 따라서 임금이 늘어난 만큼 일 이외의 활동에 들어가는 시간의 비용도 함께 늘어난다는 것이다.

(라) 경제학자이자 노벨상 수상자인 게리 베커는 1965년 '시간의 비용'이 시간을 소비하는 방식에 따라 변화한다고 주장하였다. 예를 들어 수면이나 식사 활동은 영화 관람에 비해 단위 시간당 시간의 비용이 작다. 그 이유는 수면과 식사가 생산적인 활동에 기여하기 때문이다. 잠을 못 자거나 식사를 제대로 하지 못해 체력이 떨어진다면, 생산적인 활동에 제약을 받기 때문에 수면과 식사 활동에 들어가는 시간의 비용이 영화관람에 비해 작다고 할 수 있다.

① (가) – (다) – (나) – (라)
② (가) – (라) – (다) – (나)
③ (라) – (가) – (다) – (나)
④ (라) – (나) – (다) – (가)
⑤ (라) – (다) – (가) – (나)

17 다음 중 은행의 고유업무에 해당하지 않는 것은?

① 예금 및 적금 수입 업무

② 조달자금 대출 업무

③ 채무증서 발행 업무

④ 외국환 업무

⑤ 유가증권 인수 업무

18 다음 〈보기〉는 A회사의 연말 팀원 평가표이다. 함수를 〈조건〉과 같이 정의할 때, 출력값이 가장 작은 것은?(단, 평균 점수는 소수점 첫째 자리까지만 표시한다)

보기

◢	A	B	C	D	E	F
1	이름	성실성	협동심	적극성	태도	평균
2	김윤석	88	65	67	90	77.5
3	김지후	78	87	71	90	81.5
4	신현석	90	71	65	84	77.5
5	평균	85.3	74.3	67.6	88	78.8

조건

- ◇(셀1, 셀2, ⋯) : 셀의 합을 구하는 함수
- ■(셀1, 셀2, ⋯) : 셀의 평균을 구하는 함수
- ◆(범위A, 조건, 합_범위) : '합_범위'의 셀을 더하는 함수(단, 더해질 '합_범위'의 셀은 범위A에서 조건을 만족하는 셀과 같은 행에 있어야 함)
- ●(범위, k) : 범위에서 k번째로 큰 값을 구하는 함수
- △(범위, k) : 범위에서 k번째로 작은 값을 구하는 함수
- ◎(범위, k) : 범위에서 최솟값을 구하는 함수
- ☆(범위, k) : 범위에서 최댓값을 구하는 함수

① $= ◇(●(F2:F4, 1), △(F2:F4, 1))$

② $= ◇(☆(C2:C4), ◎(C2:C4))$

③ $= ◆(A2:A4, "김*", F2:F4)$

④ $= ◆(A2:A4, "*석", F2:F4)$

⑤ $= ◇(■(B2:B4), (■(D2:D4))$

19 다음은 10년간 국내 의사와 간호사 인원 현황에 대한 자료이다. 이에 대한 〈보기〉의 설명 중 옳은 것을 모두 고르면?(단, 비율은 소수점 셋째 자리에서 버림한다)

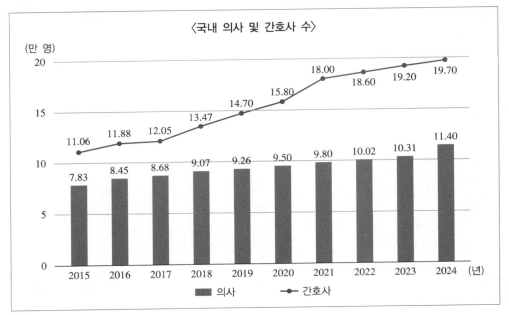

〈국내 의사 및 간호사 수〉

(만 명)

간호사: 11.06 (2015), 11.88 (2016), 12.05 (2017), 13.47 (2018), 14.70 (2019), 15.80 (2020), 18.00 (2021), 18.60 (2022), 19.20 (2023), 19.70 (2024)

의사: 7.83 (2015), 8.45 (2016), 8.68 (2017), 9.07 (2018), 9.26 (2019), 9.50 (2020), 9.80 (2021), 10.02 (2022), 10.31 (2023), 11.40 (2024)

■ 의사   ●— 간호사

보기

ㄱ. 2022년 대비 2024년 의사 수의 증가율은 간호사 수의 증가율보다 5%p 이상 높다.

ㄴ. 2016 ~ 2024년 동안 전년 대비 의사 수 증가량이 2천 명 이하인 해의 의사와 간호사 수의 차이는 5만 명 미만이다.

ㄷ. 2015 ~ 2019년 동안 의사 1명당 간호사 수가 가장 많은 연도는 2019년이다.

ㄹ. 2018 ~ 2021년까지 간호사 수의 평균은 15만 명 이상이다.

① ㄱ
② ㄱ, ㄴ
③ ㄴ, ㄹ
④ ㄷ, ㄹ
⑤ ㄱ, ㄷ, ㄹ

20 다음은 S은행의 계좌 송금을 진행하는 과정에 대한 순서도이다. 고객이 상대방에게 송금하기 위해 정보를 입력하였을 때, [4번 알림창]을 보게 되었다. 그 이유로 가장 적절한 것은?

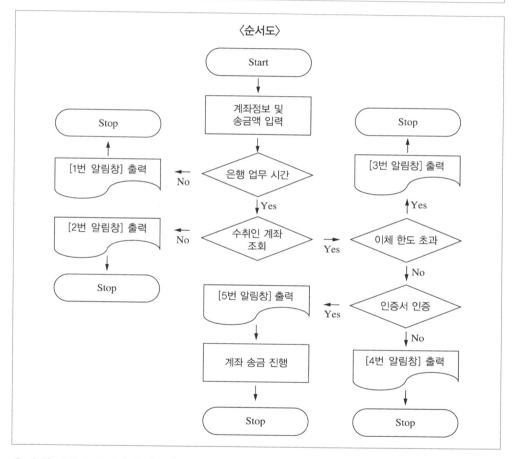

① 수취 계좌가 존재하지 않는다.
② 이체 한도가 초과되었다.
③ 인증서 인증 과정을 거치지 못하였다.
④ 은행 업무 시간이 아니다.
⑤ 모든 절차를 거쳐 송금이 가능하다.

01	02	03	04	05	06	07	08	09	10	11	12	13	14	15	16	17	18	19	20
④	④	⑤	⑤	①	⑤	⑤	⑤	④	③	③	③	④	⑤	④	③	⑤	②	⑤	③

01
정답 ④

기존에 없던 금융투자에 대한 소득세가 '금융투자소득세 도입'을 통해 생겨나면서 새로운 세원을 마련할 기회가 열렸고, 금융투자 상위 1%에 해당하는 투자자들에게서 세금을 걷으며 부의 재분배 효과를 기대할 수 있었으나, '금융투자소득세의 폐지'로 민생이 아닌 부의 양극화를 가져오며 동시에 새로운 세원을 막아버리는 결과를 초래했다.

[오답분석]
① 제시문에 따르면 금융투자소득세 폐지가 '부자감세'라고 하였으며, 금융투자소득세는 전체 투자자의 상위 1%에 해당하는 투자자들에게 부과되는 제도라 하였으므로 제시문의 내용으로 적절하다.
② 금융투자소득세는 국내 금융투자소득은 연간 5,000만 원 이상, 해외 투자소득은 연간 250만 원 이상일 때 부과된다.
③ 해외 주식에 대한 공제한도는 250만 원으로 국내 주식인 5,000만 원에 비해 낮기 때문에 발생할 수 있을 것으로 예측되는 현상이다.
⑤ 금융투자소득세는 국내의 경우 금융투자소득이 연간 5,000만 원 이상일 때 부과된다. 따라서 수익률이 20%라면 투자원금은 최소 $5,000 \div 0.2 = 25,000$만 원을 초과해야 한다.

02
정답 ④

2023과 2024년의 총 학자금 대출 신청건수를 구하면 다음과 같다.
• 2023년 : $1,921 + 2,760 + 2,195 + 1,148 + 1,632 + 1,224 = 10,880$건
• 2024년 : $2,320 + 3,588 + 2,468 + 1,543 + 1,927 + 1,482 = 13,328$건
따라서 2024년 총 학자금 대출 신청건수는 2023년 대비 $\frac{13,328 - 10,880}{10,880} \times 100 = 22.5\%$ 증가하였다.

[오답분석]
① 학자금 대출 신청건수가 가장 많은 지역은 2023년은 2,760건으로 인천이고, 2024년도 3,588건으로 인천이다.
② 학자금 총 대출금액은 (대출 신청건수)×(평균 대출금액)으로 구할 수 있으므로 2024년 대구와 부산의 학자금 총 대출금액을 구하면 다음과 같다.
• 대구 : $2,320 \times 688 = 1,596,160$만 원
• 부산 : $2,468 \times 644 = 1,589,392$만 원
따라서 2024년 학자금 총 대출금액은 대구가 부산보다 많다.
③ 대전의 2024년 학자금 평균 대출금액은 376만 원으로 전년인 235만 원 대비 $\frac{376}{235} = 1.6$배 증가하였다.
⑤ 2023년 전체 학자금 대출 신청건수는 10,880건으로 그중 광주 지역이 차지하는 비율은 $\frac{1,632}{10,880} \times 100 = 15\%$이다.

03

리디노메이션을 할 경우 지하경제의 자금이 빠르게 실물경제로 넘어와 양성화되는 효과를 기대할 수 있다.

[오답분석]
① 리디노메이션이란 액면가를 조정한다는 의미로 화폐가치는 유지하되 단위는 낮추는 화폐개혁이다.
② 리디노미네이션은 소비 심리 변화와 경제활동 편의성 증가로 인해 소비 활성화 및 경기부양 효과를 기대할 수 있다.
③ 화폐단위 축소로 인해 회계 및 재무제표 작성이 간소화되고, 국제적으로 원화의 위상이 상승한다.
④ 가격 조정이 비례적으로 일어나지 않거나, 화폐단위 변경으로 인한 불안감으로 인해 물가가 상승할 우려가 있다.

04

특별중도해지는 상품 가입일 이후 발생한 긴급자금 마련일 경우에만 적용되는 서비스이다.

[오답분석]
① 가입기간이 6개월인 고객이 정기적립식 방식을 택했을 경우 적용되는 기본금리는 연 2.5%이고, 자유적립식을 택했을 때의 금리는 여기서 연 0.50%p가 차감된 연 2.0%이므로 전자가 후자보다 약 $2.5 \div 2.0 = 1.25$배 더 높다.
② 모범납세자 우대금리를 적용받기 위해서는 만기해지 전에 모범납세자 증명서상의 유효기간이 경과하지 않은 모범납세자 증명서를 영업점에 제출하여야 한다.
③ 우대금리는 가입기간이 12개월 이상인 경우 적용받는 혜택이므로, 가입기간이 '1년 이하'가 아닌 '1년 미만'인 고객이 우대금리 혜택을 적용받을 수 없다고 하는 것이 옳다.
④ 특별중도해지 시 우대금리를 적용받으려면 해당 우대금리가 신규시점에 확정된 것이어야 하며, 신규시점에 조건충족 시 확정될 수 있는 우대금리는 장기고객, 신규금액, 비대면채널 항목으로 최대 연 0.3%p이다.

05

A씨의 조건을 바탕으로 기본금리와 우대금리를 구하면 다음과 같다.
• 기본금리(48개월 자유적립식) : $3.15 - 0.5 = 2.65\%$
• 우대금리 : 총 0.4%p
  − 비대면채널 : +0.1%p
  − 신규금액 : +0.1%p
  − 모범납세자 : +0.2%p

A씨는 40개월 차에 주택구입을 목적으로 해지하였고, 사유발생일로부터 3개월 이내에 증빙서류를 제출하였으므로 특별중도해지에 해당한다. 이 경우 신규시점에 적용된 기본금리에 최초 신규시점에 확정된 우대금리를 포함하여 적용하므로 가입 38개월 차에 제출하여 받은 모범납세자 우대금리는 제외된다. 따라서 최종금리는 $2.65 + 0.2 = $ 연 2.85%이다.

06

보이스피싱 등 사기에 따라 송금한 경우는 착오송금 반환제도를 신청할 수 없다.

07

a	n
$\dfrac{1}{4}$	28
$2 \times \dfrac{1}{4} + 2 = \dfrac{5}{2}$	$\dfrac{1}{2} \times 28 = 14$
$2 \times \dfrac{5}{2} + 2 = 7$	$\dfrac{1}{2} \times 14 = 7$

∴ $7 + 7 = 14$

08

제시문은 생성형 AI 기술이 창작, 의료 등 다양한 분야에서 가져온 긍정적인 변화와 함께 허위 정보 확산, 딥페이크 문제, 직업 대체 가능성 등 여러 사회적 문제를 언급하고 있다. 그러나 이러한 문제점에도 불구하고 생성형 AI가 가진 잠재력과 이를 책임감 있게 활용해야 할 필요성을 강조하며 글을 마무리하고 있다. 따라서 이 글의 주제는 생성형 AI의 가능성과 이를 책임감 있게 활용하는 것의 중요성이다.

09

ⅰ) 의자 6개에 5명이 앉는 경우의 수 : $_6P_5=6\times5\times4\times3\times2=720$가지
ⅱ) 여학생이 이웃하여 앉는 경우의 수 : $5!\times2=(5\times4\times3\times2\times1)\times2=240$가지
따라서 구하고자 하는 경우의 수는 $720-240=480$가지이다.

10

A사원의 3박 4일간 교통비, 식비, 숙박비를 계산하면 다음과 같다.
• 교통비 : $39,500+38,150=77,650$원
• 식비 : $(8,500\times3\times2)+(9,100\times3\times2)=105,600$원
• 숙박비
 - 가 : $(75,200\times3)\times0.95=214,320$원
 - 나 : $(81,100\times3)\times0.90=218,970$원
 - 다 : $(67,000\times3)=201,000$원
 A사원은 숙박비가 가장 저렴한 다 숙소를 이용하므로 숙박비는 201,000원이다.
따라서 A사원의 출장 경비는 총 $77,650+105,600+201,000$원$=384,250$원이다.

11

IF 함수의 함수식은 =IF(조건식,식이 참일 때 돌려줄 값,식이 거짓일 때 돌려줄 값)이고 AND 함수의 함수식은 =AND(조건1,조건2, …)이며, 조건들이 모두 만족되면 TRUE를 반환하고, 하나라도 만족되지 않으면 FALSE를 반환한다.
따라서 [E3] 셀에 들어갈 올바른 함수식은 =IF(AND(C2>=80,D2>=80),"합격","불합격")이다.

12

주어진 조건에 따라 직원 A~H가 앉을 수 있는 경우는 'A-B-D-E-C-F-H-G'이다. 여기서 D와 E의 자리를 서로 바꿔도 모든 조건이 성립하고, 'A-G-H'와 'D-E-C'의 자리를 바꿔도 모든 조건이 성립한다. 따라서 경우의 수는 총 $2\times2=4$가지이다.

13

[1번 알림창]은 정지된 계정일 경우 출력되는 것이다.

14

로보어드바이저는 투자의 판단근거, 투자자의 궁금점 등에 대한 개별상담이 어렵고 언어표현 능력이 부족하다는 단점이 있다.

15

상품명이 A로 끝나는 제품의 실제 판매량의 값의 평균을 구하는 수식은 ♡(A2:A5,"*A",C2:C5)이다.

16

정답 ③

첫 번째로 1965년 노벨상 수상자인 게리 베커에 대한 내용으로 이야기를 도입하며 베커가 주장한 '시간의 비용' 개념을 소개하는 (라) 문단이 위치하고, (라) 문단을 보충하는 내용으로 베커의 '시간의 비용이 가변적'이라는 개념을 언급한 (가) 문단, 베커와 같이 시간의 비용이 가변적이라고 주장한 경제학자 린더의 주장을 소개한 (다) 문단, 마지막으로 베커와 린더의 공통적 전제인 사람들에게 주어진 시간이 고정된 양이라는 사실과 기대수명이 늘어남으로써 시간의 가치가 달라질 것이라는 내용의 (나) 문단 순으로 나열하는 것이 적절하다.

17

정답 ⑤

유가증권 인수 및 투자 업무, 환매조건부채권 매매, 지급보증 업무 등은 은행의 부수업무에 해당한다.

18

정답 ②

평가표 협동심 점수(C2:C4) 중 가장 높은 점수인 87과 가장 낮은 점수인 65의 합인 152가 표시된다.

오답분석

① 평가표 평균(F2:F4) 중 1번째로 큰 값인 81.5와 1번째로 작은 값인 77.5의 합인 159가 표시된다.
③ 이름이 '김'으로 시작하는 직원들의 평가표 평균(F2:F4)의 합인 77.5+81.5=159가 표시된다.
④ 이름이 '석'으로 끝나는 직원들의 평가표 평균(F2:F4)의 합인 77.5+77.5=155가 표시된다.
⑤ 팀원들의 성실성(B2:B4) 평균과 적극성(D2:D4) 평균의 합인 85.3+67.6=152.9가 표시된다.

19

정답 ⑤

ㄱ. 2022년 대비 2024년 의사 수의 증가율은 $\frac{11.40-10.02}{10.02}\times100≒13.77\%$이며, 간호사 수의 증가율은 $\frac{19.70-18.60}{18.60}\times100$ ≒5.91%이다. 따라서 의사 수의 증가율은 간호사 수의 증가율보다 13.77-5.91=7.86%p 높다.

ㄷ. 2015 ~ 2019년 동안 의사 1명당 간호사 수를 구하면 다음과 같다.

- 2015년 : $\frac{11.06}{7.83}$ ≒1.41명
- 2016년 : $\frac{11.88}{8.45}$ ≒1.40명
- 2017년 : $\frac{12.05}{8.68}$ ≒1.38명
- 2018년 : $\frac{13.47}{9.07}$ ≒1.48명
- 2019년 : $\frac{14.70}{9.26}$ ≒1.58명

따라서 2019년의 의사 1명당 간호사 수가 약 1.58명으로 가장 많다.

ㄹ. 2018 ~ 2021년까지 간호사 수 평균은 $\frac{13.47+14.70+15.80+18.00}{4}$ ≒15.49만 명이다.

오답분석

ㄴ. 2016 ~ 2024년 동안 전년 대비 의사 수 증가량이 2천 명 이하인 해는 2019년이다. 2019년의 의사와 간호사 수의 차이는 14.70-9.26=5.44만 명이다.

20

정답 ③

인증서 인증 과정을 거치지 못하였을 때, [4번 알림창]이 출력된다.

오답분석

① 수취 계좌가 존재하지 않을 때, [2번 알림창]이 출력된다.
② 이체 한도를 초과하였을 때, [3번 알림창]이 출력된다.
④ 은행 업무 시간이 아닐 때, [1번 알림창]이 출력된다.
⑤ 인증서 인증 과정을 거쳤을 때, [5번 알림창]이 출력된다.

아이들이 답이 있는 질문을 하기 시작하면 그들이 성장하고 있음을 알 수 있다.

- 존 J. 플롬프 -

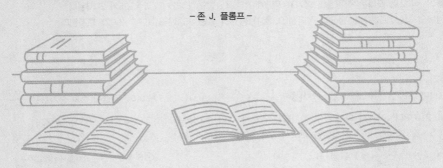

PART 1

NCS 직업기초능력

CHAPTER 01
의사소통능력

합격 CHEAT KEY

의사소통능력을 평가하지 않는 금융권이 없을 만큼 필기시험에서 중요도가 높은 영역이다. 또한, 의사소통능력의 문제 출제 비중은 가장 높은 편이다. 이러한 점을 볼 때, 의사소통능력은 NCS를 준비하는 수험생이라면 반드시 정복해야 하는 과목이다.

국가직무능력표준에 따르면 의사소통능력의 세부 유형은 문서이해, 문서작성, 의사표현, 경청, 기초외국어로 나눌 수 있다. 문서이해 · 문서작성과 같은 글에 대한 주제찾기나, 내용일치 문제의 출제 비중이 높으며, 공문서 · 기획서 · 보고서 · 설명서 등 문서의 특성을 파악하는 문제도 출제되고 있다. 따라서 이러한 분석을 바탕으로 전략을 세우는 것이 매우 중요하다.

01 문제에서 요구하는 바를 먼저 파악하라!

의사소통능력에서 가장 중요한 것은 제한된 시간 안에 빠르고 정확하게 답을 찾아내는 것이다. 그러기 위해서는 우리가 의사소통능력을 공부하는 이유를 잊지 말아야 한다. 우리는 지식을 쌓기 위해 의사소통능력 지문을 보는 것이 아니다. 의사소통능력에서는 지문이 아니라 문제가 주인공이다! 지문을 보기 전에 문제를 먼저 파악해야 한다. 주제찾기 문제라면 첫 문장과 마지막 문장 또는 접속어를 주목하자! 내용일치 문제라면 지문과 문항의 일치 / 불일치 여부만 파악한 뒤 빠져나오자! 지문에 빠져드는 순간 소중한 시험 시간은 속절없이 흘러 버린다!

02 잠재되어 있는 언어능력을 발휘하라!

의사소통능력에는 끝이 없다! 의사소통의 방대함에 포기한 적이 있는가? 세상에 글은 많고 우리가 학습할 수 있는 시간은 한정적이다. 이를 극복할 수 있는 방법은 다양한 글을 접하는 것이다. 실제 시험장에서 어떤 내용의 지문이 나올지 아무도 예측할 수 없다. 따라서 평소에 신문, 소설, 보고서 등 여러 글을 접하는 것이 필요하다. 잠재되어 있는 글에 대한 안목이 시험장에서 빛을 발할 것이다.

03 상황을 가정하라!

업무 수행에 있어 상황에 따른 언어 표현은 중요하다. 같은 말이라도 상황에 따라 다르게 해석될 수 있기 때문이다. 그런 의미에서 자신의 의견을 효과적으로 전달할 수 있는 능력을 평가하는 것은 당연하다. 따라서 다양한 상황에서의 언어표현능력을 함양하기 위한 연습의 과정이 요구된다. 업무를 수행하면서 발생할 수 있는 여러 상황을 가정하고 그에 따른 올바른 언어표현을 정리하는 것이 필요하다. 의사표현 영역의 경우 출제 빈도가 높지는 않지만 상황에 따른 판단력을 평가하는 문항인 만큼 대비하는 것이 필요하다.

04 말하는 이의 입장에서 생각하라!

잘 듣는 것 또한 하나의 능력이다. 상대방의 이야기에 귀 기울이고 공감하는 태도는 업무를 수행하는 관계 속에서 필요한 요소이다. 그런 의미에서 다양한 상황에서의 듣는 능력을 평가하는 것이다. 말하는 이가 요구하는 듣는 이의 태도를 파악하고, 이에 따른 판단을 할 수 있도록 언제나 말하는 사람의 입장이 되는 연습이 필요하다.

05 반복만이 살길이다!

학창 시절 외국어를 공부하던 때를 떠올려 보자! 셀 수 없이 많은 표현들을 익히기 위해 얼마나 많은 반복의 과정을 거쳤는가? 의사소통능력 역시 그러하다. 하나의 문제 유형을 마스터하기 위해 가장 중요한 것은 바로 여러 번, 많이 풀어 보는 것이다.

| 유형분석 |

- 논리적인 흐름에 따라 글을 이해할 수 있는지 평가한다.
- 한 문장뿐 아니라 여러 개의 문장이나 문단을 삽입하는 문제가 출제될 가능성이 있다.

다음 글에서 〈보기〉의 문장이 들어갈 위치로 가장 적절한 곳은?

밥상에 오르는 곡물이나 채소가 국내산이라고 하면 보통 그 종자도 우리나라의 것으로 생각하기 쉽다. (가) 하지만 실상은 벼, 보리, 배추 등을 제외한 많은 작물의 종자를 수입하고 있어 그 자급률이 매우 낮다고 한다. (나) 또한 청양고추 종자는 우리나라에서 개발했음에도 현재는 외국 기업이 그 소유권을 가지고 있다. (다) 국내 채소 종자 시장의 경우 종자 매출액의 50%가량을 외국 기업이 차지하고 있다는 조사 결과도 있다. (라) 이런 상황이 지속될 경우, 우리 종자를 심고 키우기 어려워질 것이고 종자를 수입하거나 로열티를 지급하는 데 지금보다 훨씬 많은 비용이 들어가는 상황도 발생할 수 있다. (마) 또한 전문가들은 세계 인구의 지속적인 증가와 기상 이변 등으로 곡물 수급이 불안정하고, 국제 곡물 가격이 상승하는 상황을 고려할 때, 결국에는 종자 문제가 식량 안보에 위협 요인으로 작용할 수 있다고 지적한다.

보기

양파, 토마토, 배 등의 종자 자급률은 약 16%, 포도는 약 1%에 불과하다.

① (가)   ② (나)
③ (다)   ④ (라)
⑤ (마)

정답   ②

보기의 문장은 우리나라 작물의 낮은 자급률을 보여주는 구체적인 수치이다. 따라서 우리나라 작물의 낮은 자급률을 이야기하는 '하지만 실상은 벼, 보리, 배추 등을 제외한 많은 작물의 종자를 수입하고 있어 그 자급률이 매우 낮다고 한다.' 뒤인 (나)에 위치하는 것이 적절하다.

유형풀이 Tip

- 보기를 먼저 읽고, 선택지로 주어진 빈칸의 앞·뒤 문장을 읽어 본다. 그리고 빈칸 부분에 보기를 넣었을 때 그 흐름이 어색하지 않은 위치를 찾는다.
- 보기 문장의 중심이 되는 단어가 빈칸의 앞뒤에 언급되어 있는지 확인하도록 한다.

※ 다음 글에서 〈보기〉의 내용이 들어갈 위치로 가장 적절한 곳을 고르시오. [1~3]

01

자본주의 경제 체제는 이익을 추구하려는 인간의 욕구를 최대한 보장해 주고 있다. 기업 또한 이익 추구라는 목적에서 탄생하여, 생산의 주체로서 자본주의 체제의 핵심적 역할을 수행하고 있다. 곧, 이익은 기업가로 하여금 사업을 시작하게 하는 동기가 된다. (가) 이익에는 단기적으로 실현되는 이익과 장기간에 걸쳐 지속적으로 실현되는 이익이 있다. 기업이 장기적으로 존속, 성장하기 위해서는 단기 이익보다 장기 이익을 추구하는 것이 더 중요하다. 실제로 기업은 단기 이익의 극대화가 장기 이익의 극대화와 상충할 때에는 단기 이익을 과감히 포기하기도 한다. (나) 자본주의 초기에는 기업이 단기 이익과 장기 이익을 구별하여 추구할 필요가 없었다. 소자본끼리의 자유 경쟁 상태에서는 단기든 장기든 이익을 포기하는 순간에 경쟁에서 탈락하기 때문이다. 그에 따라 기업은 치열한 경쟁에서 살아남기 위해 주어진 자원을 최대한 효율적으로 활용하여 가장 저렴한 가격으로 좋은 품질의 상품을 소비자에게 공급하게 되었다. (다) 이 단계에서는 기업의 소유자가 곧 경영자였기 때문에, 기업의 목적은 자본가의 이익을 추구하는 것으로 집중되었다.

그러나 기업의 규모가 점차 커지고 경영 활동이 복잡해지면서 전문적인 경영 능력을 갖춘 경영자가 필요하게 되었다. (라) 이에 따라 소유와 경영이 분리되어 경영의 효율성이 높아졌지만, 동시에 기업이 단기 이익과 장기 이익 사이에서 갈등을 겪게 되는 일도 발생하였다. 주주의 대리인으로 경영을 위임 받은 전문 경영인은 기업의 장기적 전망보다 단기 이익에 치중하여 경영 능력을 과시하려는 경향이 있기 때문이다. 주주는 경영자의 이러한 비효율적 경영 활동을 감시함으로써 자신의 이익은 물론 기업의 장기 이익을 극대화하고자 하였다. (마)

> **보기**
>
> 이는 기업의 이익 추구가 결과적으로 사회 전체의 이익도 증진시켰다는 의미이다.

① (가) 　　　　　　　　　② (나)
③ (다) 　　　　　　　　　④ (라)
⑤ (마)

사물인터넷(IoT;Internet of Things)은 각종 사물에 센서와 통신 기능을 내장하여 인터넷에 연결하는 기술. 즉, 무선 통신을 통해 각종 사물을 연결하는 기술을 의미한다. (가) 우리들은 이 같은 사물인터넷의 발전을 상상할 때 더 똑똑해진 가전제품들을 구비한 가정집, 혹은 더 똑똑해진 자동차들을 타고 도시로 향하는 모습 등 유선형의 인공미 넘치는 근미래 도시를 떠올리곤 한다. 하지만 발달한 과학의 혜택은 인간의 근본적인 삶의 조건인 의식주 또한 풍요롭고 아름답게 만든다. 아쿠아포닉스(Aquaponics)는 이러한 첨단기술이 1차산업에 적용된 대표적인 사례이다. (나)
아쿠아포닉스는 물고기양식(Aquaculture)과 수경재배(Hydro-ponics)가 결합된 합성어로 양어장에 물고기를 키우며 발생한 유기물을 이용하여 식물을 수경 재배하는 순환형 친환경 농법이다. (다) 물고기를 키우는 양어조, 물고기 배설물로 오염된 물을 정화시켜 주는 여과시스템, 정화된 물로 채소를 키워 생산할 수 있는 수경재배 시스템으로 구성되어 있으며, 농약이나 화학비료 없이 물고기와 채소를 동시에 키울 수 있어 환경과 실용 모두를 아우르는 농법으로 주목받고 있다. (라)
이러한 수고로움을 덜어주는 것이 바로 사물인터넷이다. 사물인터넷은 적절한 시기에 물고기 배설물을 미생물로 분해하여 농작물의 영양분으로 활용하고, 최적의 온도를 알아서 맞추는 등 실수 없이 매일매일 세심한 관리가 가능하다. 전기로 가동하여 별도의 환경오염 또한 발생하지 않으므로 가히 농업과 찰떡궁합이라고 할 수 있을 것이다. (마)

보기

물론 단점도 있다. 물고기와 식물이 사는 최적의 조건을 만족시켜야 하며 실수나 사고로 시스템에 큰 문제가 발생할 수도 있다. 물이 지나치게 오염되지 않도록 매일매일 철저한 관리는 필수이다. 아쿠아포닉스는 그만큼 신경 써야 할 부분이 많고 사람의 손이 많이 가기에 자칫 배보다 배꼽이 더 큰 상황이 발생할 수도 있다.

① (가) ② (나)
③ (다) ④ (라)
⑤ (마)

03

(가) 피타고라스학파는 사실 학파라기보다는 오르페우스(Orpheus)교라는 신비주의 신앙을 가진 하나의 종교 집단이었다고 한다. 피타고라스가 살던 당시 그리스에서는 막 철학적 사유가 싹트고 있었다. 당시 철학계에서는 이 세상의 다양한 사물과 변화무쌍한 현상 속에서 변하지 않는 어떤 '근본적인 것(Arkhe)'을 찾는 것이 유행이었다. 어떤 사람은 그것을 '물'이라 하고, 어떤 사람은 '불'이라 했다. 그런데 피타고라스는 특이하게도 그런 눈에 보이는 물질이 아니라 추상적인 것, 곧 '수(數)'가 만물의 근원이라고 생각했다.

(나) 피타고라스학파가 신봉하던 오르페우스는 인류 최초의 음악가였다. 이 때문에 그들은 음악에서도 수적 비례를 찾아냈다. 음의 높이는 현(絃)의 길이와의 비례 관계로 설명된다. 현의 길이를 1/3만 줄이면 음은 정확하게 5도 올라가고 반으로 줄이면 한 옥타브 올라간다. 여러 음 사이의 수적 비례는 아름다운 화음을 만들어 낸다.

(다) 이 신비주의자들이 밤하늘에 빛나는 별의 신비를 그냥 지나쳤을 리 없다. 하늘에도 수의 조화가 지배하고 있다. 별은 예정된 궤도를 따라 움직이고 일정한 시간에 나타나 일정한 시간에 사라진다. 그래서 그들에게 별의 움직임은 리드미컬한 춤이었다. 재미있게도 그들은 별들이 현악기 속에 각자의 음을 갖고 있다고 믿었다. 그렇다면 천체의 운행 자체가 거대한 교향곡이 아닌가.

(라) 아득한 옛날 사람들은 우리와는 다른 태도로 자연과 세계를 대했다. 그들은 세상의 모든 것에 생명이 있다고 믿었고, 그 생명과 언제든지 교감할 수 있었다. 무정한 밤하늘에서조차 그들은 별들이 그려내는 아름다운 그림을 보고, 별들이 연주하는 장엄한 곡을 들었다.

(마) 언제부터인가 우리는 불행하게도 세계를 이렇게 느끼길 그만두었다. 다시 그 시절로 되돌아갈 수는 없을까? 물론 그럴 수는 없다. 하지만 놀랍게도 우리 삶의 한구석엔 고대인들의 심성이 여전히 남아 있다. 여기서는 아직도 그들처럼 세계를 보고 느낄 수 있다. 바로 예술의 세계이다.

보기

세상의 모든 것은 '수(數)'로 표시된다. 수를 갖지 않는 사물은 없다. 그러면 모든 것에 앞서 존재하는 것이 바로 수가 아닌가. 수는 모든 것에 앞서 존재하며 혼돈의 세계에 질서를 주고 형체 없는 것에 형상을 준다. 따라서 수를 연구하는 것이 바로 존재의 가장 깊은 비밀을 탐구하는 것이었다. 그러므로 수학 연구는 피타고라스 교단에서 지켜야 할 계율 가운데 가장 중요한 것으로 여겨졌다.

① (가) 문단의 뒤   ② (나) 문단의 뒤
③ (다) 문단의 뒤   ④ (라) 문단의 뒤
⑤ (마) 문단의 뒤

04 다음 글에서 〈보기〉의 문장 ⑦, ⓒ이 들어갈 위치로 가장 적절한 곳은?

문화가 발전하려면 저작자의 권리 보호와 저작물의 공정 이용이 균형을 이루어야 한다. 저작물의 공정 이용이란 저작권자의 권리를 일부 제한하여 저작권자의 허락이 없어도 저작물을 자유롭게 이용하는 것을 말한다. 비영리적인 사적 복제를 허용하는 것이 그 예이다. (가) 우리나라의 저작권법에서는 오래전부터 공정 이용으로 볼 수 있는 저작권 제한 규정을 두었다.

그런데 디지털 환경에서 저작물의 공정 이용은 여러 장애에 부딪혔다. 디지털 환경에서는 저작물을 원본과 동일하게 복제할 수 있고 용이하게 개작할 수 있다. (나) 그 결과 디지털화된 저작물의 이용 행위가 공정 이용의 범주에 드는 것인지 가늠하기가 더 어려워졌고 그에 따른 처벌 위험도 커졌다. (다)

이러한 문제를 해소하기 위한 시도의 하나로 포괄적으로 적용할 수 있는 '저작물의 공정한 이용' 규정이 저작권법에 별도로 신설되었다. 그리하여 저작권자의 동의가 없어도 저작물을 공정하게 이용할 수 있는 영역이 확장되었다. 그러나 공정 이용 여부에 대한 시비가 자율적으로 해소되지 않으면 예나 지금이나 법적인 절차를 밟아 갈등을 해소해야 한다. (라) 저작물 이용의 영리성과 비영리성, 목적과 종류, 비중, 시장 가치 등이 법적인 판단의 기준이 된다.

저작물 이용자들이 처벌에 대한 불안감을 여전히 느낀다는 점에서 저작물의 자유 이용 허락 제도와 같은 '저작물의 공유' 캠페인이 주목을 받고 있다. 이 캠페인은 저작권자들이 자신의 저작물에 일정한 이용 허락 조건을 표시해서 이용자들에게 무료로 개방하는 것을 말한다. 누구의 저작물이든 개별적인 저작권을 인정하지 않고 모두가 공동으로 소유하자고 주장하는 사람들과 달리, 이 캠페인을 펼치는 사람들은 기본적으로 자신과 타인의 저작권을 존중한다. 캠페인 참여자들은 저작권자와 이용자들의 자발적인 참여를 통해 자유롭게 활용할 수 있는 저작물의 양과 범위를 확대하려고 노력한다. (마) 그러나 캠페인에 참여한 저작물을 이용할 때 허용된 범위를 벗어난 경우 법적 책임을 질 수 있다.

> **보기**
>
> ⑦ 따라서 저작물이 개작되더라도 그것이 원래 창작물인지 이차적 저작물인지 알기 어렵다.
> ⓒ 이들은 저작물의 공유가 확산되면 디지털 저작물의 이용이 활성화되고 그 결과 인터넷이 더욱 창의적이고 풍성한 정보 교류의 장(場)이 될 것이라고 본다.

	⑦	ⓒ		⑦	ⓒ
①	(가)	(나)	②	(가)	(마)
③	(나)	(다)	④	(나)	(라)
⑤	(나)	(마)			

05 다음 중 빈칸 (가) ~ (다)에 들어갈 문장을 〈보기〉에서 골라 바르게 연결한 것은?

근대와 현대가 이어지는 지점에서 많은 사상가들은 지식과 이해가 인간의 삶에 미치는 영향 그리고 그것이 형성되는 과정들을 포착하려고 노력했다. 그러한 입장들은 여러 가지가 있겠지만, 그중 세 가지 정도를 소개하고자 한다.

첫 번째 입장은 다음과 같이 말한다. 진보적 사유라는 가장 포괄적인 의미에서 계몽은 예로부터 공포를 몰아내고 인간을 주인으로 세운다는 목표를 추구해왔다. 그러나 완전히 계몽된 지구에는 재앙만이 승리를 구가하고 있다. 인간은 더 이상 알지 못하는 것이 없다고 느낄 때 무서울 것이 없다고 생각한다. 이러한 생각이 신화와 계몽주의의 성격을 규정한다. 신화가 죽은 것을 산 것과 동일시한다면, 계몽은 산 것을 죽은 것과 동일시한다. 계몽주의는 신화적 삶이 더욱 더 철저하게 이루어진 것이다. 계몽주의의 최종적 산물인 실증주의의 순수한 내재성은 보편적 금기에 불과하다. (가)

두 번째 입장은 다음과 같이 말한다. 인간의 이해라는 것은 인간 현존재의 사실성, 즉 우리가 처해 있는 역사적 상황과 문화적 전통의 근원적인 제약 속에 있는 현존재가 부단히 미래의 가능성으로 기획하여 나아가는 자기 이해이다. 따라서 이해는 탈역사적, 비역사적인 것, 즉 주관 내의 의식적이고 심리적인 과정 또는 이를 벗어나 객관적으로 존재하는 것을 파악하는 사건이 아니다. (나) 인간은 시간 속에 놓여 있는 존재로서, 그의 이해 역시 전승된 역사와 결별하여 어떤 대상을 순수하게 객관적으로 인식하는 것이 아니라 전통과 권위의 영향 속에서 이루어진다. 따라서 선(先)판단은 이해에 긍정적인 기능을 한다.

세 번째 입장은 다음과 같이 말한다. 우리는 권력의 관계가 중단된 곳에서만 지식이 있을 수 있다는 그리고 지식은 권력의 명령, 요구, 관심의 밖에서만 발전될 수 있다는 전통적인 생각을 포기해야 한다. 그리고 아마도 권력이 사람을 미치도록 만든다고 하여, (다) 오히려 권력은 지식을 생산한다는 것을 인정해야 한다. 권력과 지식은 서로를 필요로 하는 관계에 놓여 있다. 결과적으로 인식하는 주체, 인식해야 할 대상 그리고 인식의 양식들은 모두 '권력, 즉 지식'에 근본적으로 그만큼 연루되어 있다. 따라서 권력에 유용하거나 반항적인 지식을 생산하는 것도 인식 주체의 자발적 활동의 산물이 아니다. 인식의 가능한 영역과 형태를 결정하는 것은 그 주체를 관통하고, 그 주체가 구성되는 투쟁과 과정 그리고 권력 및 지식이다.

보기

㉠ 이해는 어디까지나 시간과 역사 속에서 가능하며, 진리라는 것도 이미 역사적 진리이다.
㉡ 바로 이 권력을 포기할 경우에만 학자가 될 수 있다는 이와 같은 믿음도 포기해야 한다.
㉢ 내가 알지 못하는 무언가가 바깥에 있다고 하는 것은 바로 공포의 원인이 되기 때문에 내가 관계하지 못하는 무언가가 바깥에 머물러 있는 상태를 허용할 수 없다.

	(가)	(나)	(다)		(가)	(나)	(다)
①	㉠	㉡	㉢	②	㉡	㉠	㉢
③	㉡	㉢	㉠	④	㉢	㉠	㉡
⑤	㉢	㉡	㉠				

02 빈칸추론

| 유형분석 |

- 글의 전반적인 흐름을 파악하고 있는지 평가한다.
- 첫 문장, 마지막 문장 또는 글의 중간 등 다양한 위치에 빈칸이 주어질 수 있다.

다음 글의 빈칸에 들어갈 내용으로 가장 적절한 것은?

> 현대인들이 부족한 잠으로 인해 만성 피로를 겪고 있다. 성인 평균 권장 수면시간은 7 ～ 8시간이지만, 이를 지키는 이들은 우리나라 성인 기준 단 4%에 불과하다. 지난해 국가별 일평균 수면시간 조사에 따르면, 한국인의 하루 평균 수면시간은 7시간 41분으로 OECD 18개 회원국 중 최하위를 기록했다. 또한, 직장인의 수면시간은 이보다도 짧은 6시간 6분, 권장 수면시간에 2시간 가까이 부족한 수면시간으로 현대인 대부분이 수면 부족에 시달린다 해도 과언이 아닐 정도이다.
>
> 수면시간 총량이 적은 것도 문제지만 더 심각한 점은 ＿＿＿＿＿＿＿＿＿＿＿＿＿＿＿＿, 즉 수면의 질 또한 높지 않다는 것이다. 수면장애 환자는 '단순히 일이 많아서', 또는 '잠버릇 때문에' 발생한 일시적인 가벼운 증상 정도로 여기는 사회적 분위기를 고려하면 실제 더 많을 것으로 추정된다. 특히 대표적인 수면장애인 '수면무호흡증'은 피로감 · 불안감 · 우울감은 물론 고혈압 · 당뇨병과 심혈관질환 · 뇌졸중까지 다양한 합병증을 유발할 수 있다는 점에서 진단과 치료가 요구된다.

① '어떻게 잘 잤는지'
② '언제 잠을 잤는지'
③ '어디서 잠을 잤는지'
④ '얼마만큼 많이 잤는지'
⑤ '왜 잠이 부족한 것인지'

정답 ①

빈칸의 뒷부분에서는 수면장애가 다양한 합병증을 유발할 수 있다는 점을 언급하며 낮은 수면의 질이 문제가 되고 있음을 설명하고 있다. 따라서 빈칸에 들어갈 내용으로는 수면의 질과 관련된 ①이 가장 적절하다.

유형풀이 Tip

- 글을 모두 읽고 풀기에는 시간이 부족하다. 따라서 빈칸의 앞 · 뒤 문장만을 통해 내용을 파악할 수 있어야 한다.
- 주어진 문장을 각각 빈칸에 넣었을 때 그 흐름이 어색하지 않은지 확인하도록 한다.

대표기출유형 02 　기출응용문제

※ 다음 글의 빈칸에 들어갈 단어나 내용으로 가장 적절한 것을 고르시오. [1~3]

01

스마트팩토리는 인공지능(AI), 사물인터넷(IoT) 등 다양한 기술이 융합된 자율화 공장으로, 제품 설계와 제조, 유통, 물류 등의 산업 현장에서 생산성 향상에 초점을 맞췄다. 이곳에서는 기계, 로봇, 부품 등의 상호 간 정보 교환을 통해 제조 활동을 하고, 모든 공정 이력이 기록되며, 빅데이터 분석으로 사고나 불량을 예측할 수 있다. 스마트팩토리에서는 컨베이어 생산 활동으로 대표되는 산업 현장의 모듈형 생산이 컨베이어를 대체하고 IoT가 신경망 역할을 한다. 센서와 기기 간 다양한 데이터를 수집하고, 이를 서버에 전송하면 서버는 데이터를 분석해 결과를 도출한다. 서버는 AI 기계학습 기술이 적용돼 빅데이터를 분석하고 생산성 향상을 위한 최적의 방법을 제시한다.

스마트팩토리의 대표 사례로는 고도화된 시뮬레이션 '디지털 트윈'을 들 수 있다. 디지털 트윈은 데이터를 기반으로 가상공간에서 미리 시뮬레이션하는 기술이다. 시뮬레이션을 위해 빅데이터를 수집하고 분석과 예측을 위한 통신·분석 기술에 가상현실(VR), 증강현실(AR)과 같은 기술을 더한다. 이를 통해 산업 현장에서 작업 프로세스를 미리 시뮬레이션하고, VR·AR로 검증함으로써 실제 시행에 따른 손실을 줄이고, 작업 효율성을 높일 수 있다.

한편 '에지 컴퓨팅'도 스마트팩토리의 주요 기술 중 하나이다. 에지 컴퓨팅은 산업 현장에서 발생하는 방대한 데이터를 클라우드로 한 번에 전송하지 않고, 에지에서 사전 처리한 후 데이터를 선별해서 전송한다. 서버와 에지가 연동해 데이터 분석 및 실시간 제어를 수행하여 산업 현장에서 생산되는 데이터가 기하급수로 늘어도 서버에 부하를 주지 않는다. 현재 클라우드 컴퓨팅이 중앙 데이터센터와 직접 소통하는 방식이라면 에지 컴퓨팅은 기기 가까이에 위치한 일명 '에지 데이터 센터'와 소통하며, 저장을 중앙 클라우드에 맡기는 형식이다. 이를 통해 데이터 처리 지연 시간을 줄이고 즉각적인 현장 대처를 가능하게 한다.

이러한 스마트팩토리의 발전은 _____ 최근 선진국에서 나타나는 주요 현상 중의 하나는 바로 '리쇼어링'의 가속화이다. 리쇼어링이란 인건비 등 각종 비용 절감을 이유로 해외에 나간 자국 기업들이 다시 본국으로 돌아오는 현상을 의미하는 용어이다. 2000년대 초반까지는 국가적 차원에서 세제 혜택 등의 회유책을 통해 추진되어 왔지만, 스마트팩토리의 등장으로 인해 자국 내 스마트팩토리에서의 제조 비용과 중국이나 멕시코와 같은 제3국에서 제조 후 수출 비용에 큰 차이가 없어 리쇼어링 현상은 더욱 가속화되고 있다.

① 공장의 제조 비용을 절감시키고 있다.
② 공장의 세제 혜택을 사라지게 하고 있다.
③ 공장의 위치를 변화시키고 있다.
④ 수출 비용을 줄이는 데 도움이 된다.
⑤ 공장의 생산성을 높이고 있다.

지난해 7월 이후 하락세를 보이던 소비자물가지수가 전기, 가스 등 공공요금 인상의 여파로 다시 상승세로 반전되고 있다.

이에 경기 하강 흐름 속에서 한풀 꺾이던 _____에 대한 우려도 다시 커지고 있다. 여기에 중국의 경제 활동 재개 여파로 국제 에너지 및 원자재 가격 역시 상승 흐름을 탈 가능성이 높아져 계속하여 5%대 고물가 상황이 지속될 전망을 보인다.

앞서 정부는 지난해 전기요금을 세 차례, 가스요금을 네 차례에 걸쳐 인상하였는데, 이로 인해 올해 1월 소비자 물가 동향에서 나타난 전기·가스·수도 요금은 지난해보다 28.3% 급등한 것으로 분석되었고, 이로 인해 소비자 물가 역시 상승 폭이 커지고 있다.

이러한 물가 상승 폭의 확대에는 공공요금의 영향뿐만 아니라 농축산물과 가공식품의 영향도 있는데, 특히 강설 및 한파 등으로 인해 농축수산물의 가격이 상승하였고, 이에 더불어 지난해 말부터 식품업계 역시 제품 가격을 인상한 것이 이에 해당한다. 특히 구입 빈도가 높고 지출 비중이 높은 품목들이 이에 해당되어 그 상승세가 더 확대되고 있다.

① E플레이션
② 디플레이션
③ 인플레이션
④ 디스인플레이션
⑤ 스태그네이션

한 존재가 가질 수 있는 욕망과 그 존재가 가졌다고 할 수 있는 권리 사이에는 모종의 개념적 관계가 있는 것 같다. 권리는 침해될 수 있는 것이며, 어떤 것에 대한 개인의 권리를 침해하는 것은 그것과 관련된 욕망을 좌절시키는 것이다. 예를 들어 당신이 차를 가지고 있다고 가정해 보자. 그럴 때 나는 우선 그것을 당신으로부터 빼앗지 말아야 한다는 의무를 가진다. 그러나 그 의무는 무조건적인 것이 아니다. 이는 부분적으로 당신이 그것과 관련된 욕망을 가지고 있는지 여부에 달려 있다. 만약 당신이 차를 빼앗기든지 말든지 관여치 않는다면, 내가 당신의 차를 빼앗는다고 해서 당신의 권리를 침해하는 것은 아닐 수 있다.

물론 권리와 욕망 간의 관계를 정확히 설명하는 것은 어렵다. 이는 졸고 있는 경우나 일시적으로 의식을 잃는 경우와 같은 특수한 상황 때문인데, 그러한 상황에서도 졸고 있는 사람이나 의식을 잃은 사람에게 권리가 없다고 말하는 것은 옳지 않을 것이다. 그러나 이와 같이 권리의 소유가 실제적인 욕망 자체와 연결되지는 않는다고 하더라도, 권리를 소유하려면 어떤 방식으로든 관련된 욕망을 가지는 능력이 있어야 한다. 어떤 권리를 소유할 수 있으려면 최소한 그 권리와 관련된 욕망을 가질 수 있어야 한다는 것이다.

이러한 관점을 '생명에 대한 권리'라는 경우에 적용해 보자. 생명에 대한 권리는 개별적인 존재의 생존을 지속시킬 권리이고, 이를 소유하는 데 관련되는 욕망은 개별존재로서 생존을 지속시키고자 하는 욕망이다. 따라서 자신을 일정한 시기에 걸쳐 존재하는 개별존재로서 파악할 수 있는 존재만이 생명에 대한 권리를 가질 수 있다. 왜냐하면 _____

① 생명에 대한 권리를 가질 수 있는 존재만이 개별존재로서 생존을 지속시키고자 하는 욕망을 가질 수 있기 때문이다.

② 자신을 일정한 시기에 걸쳐 존재하는 개별존재로서 파악할 수 있는 존재는 다른 존재자의 생명을 빼앗지 말아야 한다는 의무를 지니기 때문이다.

③ 자신을 일정한 시기에 걸쳐 존재하는 개별존재로서 파악할 수 있는 존재만이 개별존재로서 생존을 지속시키고자 하는 욕망을 가질 수 있기 때문이다.

④ 개별존재로서 생존을 지속시키고자 하는 욕망을 가질 수 있는 존재만이 자신을 일정한 시기에 걸쳐 존재하는 개별존재로서 파악할 수 있기 때문이다.

⑤ 자신을 일정한 시기에 걸쳐 존재하는 개별존재로서 파악할 수 있는 존재는 어떤 실제적인 욕망을 가지지 않는다고 하여도 욕망을 가질 수 있는 능력이 있다고 파악되기 때문이다.

다음 글의 빈칸 (가) ~ (마)에 들어갈 내용으로 적절하지 않은 것은?

"언론의 잘못된 보도나 마음에 들지 않는 논조조차도 그것이 토론되는 과정에서 옳은 방향으로 흘러가게끔 하는 것이 옳은 방향이다." 한 야당 정치인이 서울외신기자클럽(SFCC) 토론회에 나와 마이크에 대고 밝힌 공개 입장이다. 언론은 ___(가)___ 해야 한다. 이것이 지역 신문이라 할지라도 언론이 표준어를 사용하는 이유이다.

언론중재법 개정안이 국회 본회의를 통과할 것이 확실시되었을 때 정부는 침묵으로 일관했었다. 청와대 핵심 관계자들은 이 개정안에 대한 입장을 묻는 국내 일부 매체에 영어 표현인 "None of My Business"라는 답을 내놨다고 한다.

그사이 이 개정안에 대한 국제 사회의 ___(나)___ 는 높아지고 있다. 이 개정안이 시대착오적이며 나아가 아이들에게 좋지 않은 영향을 줄 수 있다는 것이 논란의 요지이다. SFCC는 이사회 전체 명의로 성명을 냈다. 그 내용을 그대로 옮기자면 다음과 같다. "___(다)___ 내용을 담은 언론중재법 개정안을 국회에서 강행 처리하려는 움직임에 깊은 우려를 표한다."며 "이 법안이 국회에서 전광석화로 처리되기보다 '돌다리도 두들겨 보고 건너라.'는 한국 속담처럼 심사숙고하며 ___(라)___ 을 기대한다."고 밝혔다.

다만, 언론이 우리 사회에서 발생하는 다양한 전투만을 중계하는 것으로 기능하는 건 ___(마)___ 우리나라뿐만 아니라 일본 헌법, 독일 헌법 등에서 공통적으로 말하는 것처럼 언론이 자유를 가지고 대중에게 생각할 거리를 끊임없이 던져주어야 한다. 이러한 언론의 기능을 잘 수행하기 위해서는 언론의 힘과 언론에 가해지는 규제의 정도가 항상 적절하도록 절제하는 법칙이 필요하다.

① (가) : 모두가 읽기 쉽고 편향되지 않은 어조를 사용
② (나) : 규탄의 목소리
③ (다) : 언론의 자유를 심각하게 위축시킬 수 있는
④ (라) : 보편화된 언어 사용
⑤ (마) : 바람직하지 않다.

05 다음 글의 빈칸에 들어갈 내용을 〈보기〉에서 골라 순서에 맞게 나열한 것은?

『정의론』을 통해 현대 영미 윤리학계에 정의에 대한 화두를 던진 사회철학자 '롤즈'는 전형적인 절차주의적 정의론자이다. 그는 정의로운 사회 체제에 대한 논의를 주도해온 공리주의가 소수자 및 개인의 권리를 고려하지 못한다는 점에 주목하여 사회계약론적 토대 하에 대안적 정의론을 정립하고자 하였다.

롤즈는 개인이 정의로운 제도하에서 자유롭게 자신들의 욕구를 추구하기 위해서는 ___(가)___ 등이 필요하며 이는 사회의 기본 구조를 통해서 최대한 공정하게 분배되어야 한다고 생각했다. 그리고 이를 실현할 수 있는 사회 체제에 대한 논의가, 자유롭고 평등하며 합리적인 개인들이 모두 동의할 수 있는 원리들을 탐구하는 데에서 출발해야 한다고 보고 '원초적 상황'의 개념을 제시하였다.

'원초적 상황'은 정의로운 사회 체제의 기본 원칙들을 선택하는 합의 당사자들로 구성된 가설적 상황으로, 이들은 향후 헌법과 하위 규범들이 따라야 하는 가장 근본적인 원리들을 합의한다. '원초적 상황'에서 합의 당사자들은 ___(나)___ 등에 대한 정보를 모르는 상태에 놓이게 되는데 이를 '무지의 베일'이라고 한다. 단, 합의 당사자들은 ___(다)___ 과 같은 사회에 대한 일반적 지식을 알고 있으며, 공적으로 합의된 규칙을 준수하고, 합리적인 욕구를 추구할 수 있는 존재로 간주된다. 롤즈는 이러한 '무지의 베일' 상태에서 사회 체제의 기본 원칙들에 만장일치로 합의하는 것이 보장된다고 생각하였다. 또한 무지의 베일을 벗은 후에 겪을지 모를 피해를 우려하여 합의 당사자들이 자신의 피해를 최소화할 수 있는 내용을 계약에 포함시킬 것으로 보았다.

위와 같은 원초적 상황을 전제로 합의 당사자들은 정의의 원칙들을 선택하게 된다. 제1원칙은 모든 사람이 다른 개인들의 자유와 양립 가능한 한도 내에서 '기본적 자유'에 대한 평등한 권리를 갖는다는 것인데, 이를 '자유의 원칙'이라고 한다. 여기서 롤즈가 말하는 '기본적 자유'는 양심과 사고 표현의 자유, 정치적 자유 등을 포함한다.

보기

㉠ 자신들의 사회적 계층, 성, 인종, 타고난 재능, 취향
㉡ 자유와 권리, 임금과 재산, 권한과 기회
㉢ 인간의 본성, 제도의 영향력

	(가)	(나)	(다)
①	㉠	㉡	㉢
②	㉡	㉠	㉢
③	㉡	㉢	㉠
④	㉢	㉠	㉡
⑤	㉢	㉡	㉠

03 내용일치

| 유형분석 |

- 짧은 시간 안에 글의 내용을 정확하게 이해할 수 있는지 평가한다.
- 은행 금융상품 관련 글을 읽고 이해하기, 고객 문의에 답변하기 등의 유형이 빈번하게 출제된다.

다음 글의 내용으로 적절하지 않은 것은?

> 인간 사유의 결정적이고도 독창적인 비약은 시각적인 표시의 코드 체계의 발명에 의해서 이루어졌다. 시각적인 표시의 코드 체계에 의해 인간은 정확한 말을 결정하여 텍스트를 마련하고, 또 이해할 수 있게 된 것이다. 이것이 바로 진정한 의미에서의 '쓰기(Writing)'이다.
>
> 이러한 '쓰기'에 의해 코드화된 시각적인 표시는 말을 사로잡게 되고, 그 결과 그때까지 소리 속에서 발전해 온 정밀하고 복잡한 구조나 지시 체계의 특수한 복잡성이 그대로 시각적으로 기록될 수 있게 되고, 나아가서는 그러한 시각적인 기록으로 인해 그보다 훨씬 정교한 구조나 지시 체계가 산출될 수 있게 된다. 그러한 정교함은 구술적인 발화가 지니는 잠재력으로써는 도저히 이룩할 수 없는 정도의 것이다. 이렇듯 '쓰기'는 인간의 모든 기술적 발명 속에서도 가장 영향력이 큰 것이었으며, 지금도 그러하다. 쓰기는 말하기에 단순히 첨가된 것이 아니다. 왜냐하면 쓰기는 말하기를 구술 – 청각의 세계에서 새로운 감각의 세계, 즉 시각의 세계로 이동시킴으로써 말하기와 사고를 함께 변화시키기 때문이다.

① 인간은 정밀하고 복잡한 지시 체계를 통해 시각적 코드를 발명하였다.
② 인간은 시각적 코드 체계를 사용함으로써 말하기를 한층 정교한 구조로 만들었다.
③ 인간의 모든 기술적 발명 속에서도 '쓰기'는 예전이나 지금이나 가장 영향력이 크다.
④ 인간은 쓰기를 통해서 정확한 말을 사용한 텍스트의 생산과 소통이 가능하게 되었다.
⑤ 인간은 쓰기를 통해 지시 체계의 복잡성을 기록함으로써 말하기와 사고의 변화를 일으킨다.

정답 ①

제시문은 '쓰기(Writing)'의 문화사적 의의를 기술한 글이다. '복잡한 구조나 지시 체계'는 이미 '소리 속에서' 발전해 왔는데 그러한 복잡한 개념들을 시각적인 코드 체계인 '쓰기'를 통해 기록할 수 있게 되었다. 또한 그러한 '쓰기'를 통해 인간의 문명과 사고가 더욱 발전하게 되었다. 따라서 '쓰기'가 '복잡한 구조나 지시 체계'를 이루는 시초가 되었다고 보고 있으므로 ①은 적절하지 않은 설명이다.

유형풀이 Tip

- 글을 읽기 전에 문제와 선택지를 먼저 읽어 보고 글의 주제를 대략적으로 파악해야 한다.
- 선택지를 통해 글에서 찾아야 할 정보가 무엇인지 먼저 인지한 후 글을 읽어야 문제 풀이 시간을 단축할 수 있다.

01 다음 글의 내용으로 가장 적절한 것은?

> 선물환거래란 계약일로부터 일정 시간이 지난 뒤, 특정일에 외환의 거래가 이루어지는 것으로, 현재 약정한 금액으로 미래에 결제하게 되기 때문에 선물환계약을 체결하게 되면, 약정된 결제일까지 매매 쌍방 모두 결제가 이연된다. 선물환거래는 보통 환리스크를 헤지(Hedge)하기 위한 목적으로 이용된다. '예 1개월 이후 달러로 거래 대금을 수령할 예정인 수출한 기업은 은행과 1개월 후 달러를 매각하는 대신 원화를 수령하는 선물환계약을 통해 원/달러 환율변동에 따른 환리스크를 헤지할 수 있다.'
>
> 이외에도 선물환거래는 금리차익을 얻는 것과 투기적 목적 등도 가지고 있다. 선물환거래에는 일방적으로 선물환을 매입하는 것 또는 매도 거래만 발생하는 Outright Forward거래가 있고, 선물환거래가 스왑거래의 일부분으로써 현물환거래와 같이 발생하는 Swap Forward거래로 구분된다. 또한 Outright Forward거래는 만기 때 실물 인수도가 일어나는 일반 선물환거래와 만기 때 실물의 인수 없이 차액만을 정산하는 차액결제선물환(NDF; Non-Deliverable Forward)거래로 구분된다.
>
> 옵션(Option)이란 거래당사자들이 미리 가격을 정하고, 그 가격으로 미래의 특정시점이나, 그 이전에 자산을 사고파는 권리를 매매하는 계약이다. 선도 및 선물, 스왑거래 등과 같은 파생금융상품이다.
>
> 옵션은 매입권리가 있는 콜옵션(Call Option)과 매도권리가 있는 풋옵션(Put Option)으로 구분된다. 옵션거래로 매입이나 매도할 수 있는 권리를 가지게 되는 옵션매입자는 시장가격의 변동에 따라 자기에게 유리하거나 불리한 경우를 판단하여, 옵션을 행사하거나 포기할 수도 있다. 옵션매입자는 선택할 권리에 대한 대가로 옵션매도자에게 프리미엄을 지급하고, 옵션매도자는 프리미엄을 받는 대신 옵션매입자가 행사하는 옵션에 따라 발생하는 것에 대해 이해하는 책임을 가진다. 옵션거래의 손해와 이익은 행사가격, 현재가격 및 프리미엄에 의해 결정된다.

① 선물환거래는 투기를 목적으로 사용되기도 한다.
② 옵션은 미래에 조건이 바뀌어도 계약한 금액을 지불해야 한다.
③ 선물환거래는 권리를 행사하거나 포기할 수 있다.
④ 옵션은 환율변동 리스크를 해결하는 데 좋은 선택이다.
⑤ 선물환거래는 행사가격, 현재가격, 프리미엄가에 따라 손해와 이익이 발생한다.

02 다음 글의 내용으로 적절하지 않은 것은?

우리 국민 10명 중 9명은 전자정부 서비스를 이용했고, 이용자의 96.6%가 서비스에 만족한 것으로 나타났다. 이용자들은 정부 관련 정보 검색 및 민원 신청과 교부 서비스를 주로 사용했다.

전자정부 서비스의 인지도는 전년 대비 0.3%p 상승해 90.7%였고, 특히 16 ~ 39세 연령층에서 인지도는 100%에 달했다. 이들 중 51.5%는 인터넷에서 직접 검색해 전자정부 서비스를 알게 됐고, 49.2%는 지인, 42.1%는 언론매체를 통해 인지했다고 응답했다. 전자정부 서비스의 이용률은 전년 대비 0.9%p 상승해 86.7%를 기록했다. 이들 대부분(98.9%)이 향후에도 계속 이용할 의향이 있고 95.7%는 주위 사람들에게 이용을 추천할 의향이 있는 것으로 나타났다. 전자정부 서비스 이용자의 86.7%는 정보 검색 및 조회, 83.6%는 행정·민원의 신청, 열람 및 교부를 목적으로 전자정부 서비스를 이용했다. 생활·여가 분야에서 날씨ON, 레츠코레일, 대한민국 구석구석, 국가교통정보센터, 인터넷우체국 등을 이용한 응답자도 많았다. 전자정부서비스 만족도는 전년 대비 0.8%p가 상승해 96.6%를 기록했고, 전 연령층에서 90% 이상의 만족도가 나타났다. '신속하게 처리할 수 있어서(55.1%)', '편리한 시간과 장소에서 이용할 수 있어서(54.7%)', '쉽고 간편해서(45.1%)' 등이다.

지난해 전자정부서비스 이용실태 조사결과에 따르면 고령층으로 갈수록 인지도와 이용률은 낮은 반면 만족도는 전 연령층에서 고르게 높았다. 60 ~ 74세 고령층에서 전자정부 서비스를 인지(62.4%)하고 이용(54.3%)하는 비율은 낮지만, 이용 경험이 있는 이용자의 만족도는 92.1%로 다른 연령층과 같이 높게 나타났다. 고령층의 전자정부서비스 이용 활성화를 위해서는 전자정부 서비스 이용을 시도할 수 있도록 유도해 이용경험을 만드는 것이 중요한 것으로 분석됐다.

① 전자정부 서비스 이용자의 86.7%가 '정보 검색 및 조회'를 목적으로 서비스를 이용했다.
② 전자정부 서비스를 향후에도 계속 이용할 의향이 있다고 이용자의 98.9%가 답했다.
③ 전자정부 서비스 실태를 인지도와 이용률, 만족도로 분류하여 조사하였다.
④ 전자정부 서비스의 만족 이유는 '쉽고 간편해서'가 45.1%로 가장 높았다.
⑤ 전자정부 서비스는 고령층으로 갈수록 인지도와 이용률은 낮아진다.

03 다음은 국민행복카드에 대한 자료이다. 〈보기〉 중 국민행복카드에 대한 설명으로 적절하지 않은 것을 모두 고르면?

- 국민행복카드
  '보육료', '유아학비', '건강보험 임신·출산 진료비 지원', '청소년산모 임신·출산 의료비 지원' 및 '사회서비스 전자바우처' 등 정부의 여러 바우처 지원을 공동으로 이용할 수 있는 통합카드입니다. 국민행복카드로 어린이집·유치원 어디서나 사용이 가능합니다.
- 발급방법
  [온라인]
  - 보조금 신청 : 정부 보조금을 신청하면 어린이집 보육료와 유치원 유아학비 인증이 가능합니다.
  - 보조금 신청서 작성 및 제출 : 복지로 홈페이지
  - 카드 발급 : 5개 카드사 중 원하시는 카드사를 선택해 발급받으시면 됩니다.
    * 연회비는 무료
  - 카드 발급처 : 복지로 홈페이지, 임신육아종합포털 아이사랑, 5개 제휴카드사 홈페이지
  [오프라인]
  - 보조금 신청 : 정부 보조금을 신청하면 어린이집 보육료와 유치원 유아학비 인증이 가능합니다.
  - 보조금 신청서 작성 및 제출 : 읍면동 주민센터
  - 카드 발급 : 5개 제휴카드사
    * 연회비는 무료
  - 카드 발급처 : 읍면동 주민센터, 해당 카드사 지점
    * 어린이집 ↔ 유치원으로 기관 변경 시에는 복지로 홈페이지 또는 읍면동 주민센터에서 반드시 보육료·유아학비 자격변경 신청이 필요

> **보기**
>
> ㄱ. 국민행복카드 신청을 위한 보육료 및 학비 인증을 위해서는 별도 절차 없이 정부 보조금 신청을 하면 된다.
> ㄴ. 온라인이나 오프라인 둘 중 어떤 발급경로를 선택하더라도 연회비는 무료이다.
> ㄷ. 국민행복카드 신청을 위한 보조금 신청서는 읍면동 주민센터, 복지로 혹은 카드사의 홈페이지에서 작성할 수 있으며 작성처에 제출하면 된다.
> ㄹ. 오프라인으로 신청한 경우, 카드를 발급받기 위해서는 읍면동 주민센터 혹은 전국 은행 지점을 방문하여야 한다.

① ㄱ, ㄴ   ② ㄱ, ㄷ
③ ㄴ, ㄷ   ④ ㄴ, ㄹ
⑤ ㄷ, ㄹ

04 다음은 A은행의 채용과 관련한 인사규정 개정사항이다. 이에 대한 설명으로 적절하지 않은 것은?

〈A은행 인사규정 개정사항〉

1. 일반직 신규채용 시 시·군(도) 단위 공동선발 채용 원칙 명시

현행	개정
• A은행은 '시·군(도) 단위 공동선발' 원칙 • 다만, B·C은행의 경우 개별 '조합단위 선발' 채용 가능	'일반직 신규채용 시 시·군(도) 공동선발' 원칙 명시 ※ A·B, C은행 공통

※ 시·군(도) 단위 동시선발·채용은 채용 단계별 과정(공고, 서류심사, 필기고시, 면접)을 중앙회가 위임받아 지역본부(시·도) 단위 전국 동시채용을 실시함

2. 전형채용 대상 축소 및 채용 자격요건 강화
   • 영농지도직 및 여성복지직 신규채용 금지

현행	개정
일정 경력자 또는 자격증 소지자의 영농지도직 및 여성복지직 전형채용 가능	영농지도직 및 여성복지직 신규채용 금지 ※ 일반직이 지도 업무 수행

   • 기능직(운전) 직종 채용 자격요건 강화

현행	개정
1종 보통 운전면허 소지자	1종 대형면허 또는 특수면허 소지자

※ 필기시험 여부에 따라 '고시채용'(서류심사 – 필기 – 면접)과 '전형채용'(서류심사 – 면접)으로 구분함

3. 비정규직 중 시간제업무보조원 폐지
   시간제업무보조원을 폐지하고 단순 파트타이머로 대체·운용

4. 조합원 자녀 가산점 제도 폐지

현행	개정
조합원 자녀에 대한 필기고시 가산점 : 배점의 5%	삭제

5. 면접 제도 개선

현행	개정
면접위원 선정·통보는 면접 전일까지 실시	면접위원 선정·통보는 면접 당일 실시

---

① 시·군(도) 단위 동시선발·채용의 채용 단계별 과정은 중앙회가 위임받는다.
② 영농지도직 및 여성복지직 신규채용이 금지되었다.
③ 기능직은 반드시 1종 대형면허 또는 특수면허 소지자여야 한다.
④ 시간제업무보조원을 폐지하고 일반직으로 대체·운용한다.
⑤ 조합원 자녀에게 제공하는 필기고시의 가산점을 폐지한다.

05 다음은 S은행의 상호금융 신용평가 및 신용리스크 측정요소 관리준칙의 일부이다. 이에 대한 설명으로 적절하지 않은 것은?

제7조(비소매 신용평가 원칙)
① 비소매 신용평가자는 차주에 대하여 재무, 경영진 및 주주, 영업활동과 관련된 최신정보를 입수하고 이를 신용평가에 적용한다.
② 비소매 신용평가자는 경기변동이 반영된 1년 이상의 장기간을 대상으로 신용평가를 실시한다.
③ 비소매 신용평가자는 차주에 대한 정보가 부족할수록 보수적으로 신용평가를 실시한다.

제8조(비소매 신용평가 구분)
① 비소매 신용평가는 일반신용평가, 정기신용평가, 수시신용평가로 구분하여 운영한다.
② 일반신용평가는 차주여신거래 발생 시에 대한 신용평가를 말하며 여신거래 발생 이전에 실시한다.
③ 정기신용평가는 기존 차주에 대하여 매년 정기적으로 1회 이상 실시하는 신용평가를 말하며 신용등급 유효기간 이내에서 최근 결산재무제표로 실시한다.
④ 수시신용평가는 신용리스크에 중요한 변화가 발생하였거나 현재의 신용등급이 적절하지 않다고 판단되는 차주에 대하여 실시하는 신용평가를 말하며 사유발생일 또는 사유를 안 날로부터 1개월 이내에 실시한다.

제9조(비소매 신용평가 방법)
① 비소매 신용평가모형은 일반기업 신용평가모형, 전문가판단 신용평가모형으로 구분하여 운영한다.
② 일반기업 신용평가모형은 통계모형과 전문가판단 신용평가모형이 결합된 혼합모형을 말하며 신용평가 방법은 다음 각호에 따른다.
  1. 재무정보 및 대표자정보를 활용하여 통계모형에서 재무점수와 대표자점수를 산출한다.
  2. 추정재무정보를 통하여 통계모형에서 추정재무점수를 산출한다.
  3. 산업, 경영, 영업과 관련된 비재무정보를 활용하여 전문가판단 신용평가모형에서 평가항목별로 평가자가 정성적으로 판단하여 비재무점수를 산출한다.
  4. 일반기업 신용평가모형별로 정해진 결합비율에 따라 재무점수, 대표자점수, 추정재무점수, 비재무점수를 결합하여 최종점수를 산출하고 이에 할당된 차주등급 및 추정PD를 부여한다.
③ 전문가판단 신용평가모형은 평가자의 정성적인 판단에 따라 신용평점을 산출하는 모형을 말하며 신용평가 방법은 다음 각호에 따른다.
  1. 신용평가모형별로 개별적 위험요인 특성에 따라 평가항목을 다르게 구성할 수 있다.
  2. 재무정보 및 산업, 경영, 영업과 관련된 비재무정보를 활용하여 평가항목별로 평가자가 정성적으로 판단하여 신용평점을 산출하고 이에 할당된 차주등급 및 추정PD를 부여한다.

제10조(비소매 신용등급)
① 비소매 신용등급은 차주의 부도위험을 등급화한 차주등급을 운영한다.
② 동일 차주에 대해서는 1개의 차주등급을 산출한다.
③ 차주등급은 부도위험에 따라 특정 등급에 과도하게 집중되지 않도록 정상차주에 대하여 7개 이상, 부도차주에 대하여 1개 이상으로 등급을 세분화한다.

---

① 비소매 신용평가자의 신용평가는 1년 이상의 기간을 대상으로 실시된다.
② 일반신용평가는 여신거래 발생 전에 실시한다.
③ 전문가판단 신용평가모형은 정성적 평가에 따라 신용평점을 산출한다.
④ 일반기업 신용평가모형은 복수의 모형을 결합한 모형이다.
⑤ 정상차주에 대한 차주등급 개수와 부도차주에 대한 차주등급 개수는 항상 동일하지 않다.

| 유형분석 |

- 글의 논리적인 전개 구조를 파악할 수 있는지 평가한다.
- 첫 문단(단락)이 제시되지 않은 문제가 출제될 가능성이 있다.

다음 글을 논리적 순서대로 바르게 나열한 것은?

(가) 정책 수단 선택의 사례로 환율과 관련된 경제 현상을 살펴보자. 외국 통화에 대한 자국 통화의 교환 비율을 의미하는 환율은 장기적으로 한 국가의 생산성과 물가 등 기초 경제 여건을 반영하는 수준으로 수렴된다.

(나) 이처럼 환율이나 주가 등 경제 변수가 단기에 지나치게 상승 또는 하락하는 현상을 오버슈팅(Overshooting)이라고 한다.

(다) 이러한 오버슈팅은 물가 경직성 또는 금융 시장 변동에 따른 불안 심리 등에 의해 촉발되는 것으로 알려져 있다. 여기서 물가 경직성은 시장에서 가격이 조정되기 어려운 정도를 의미한다.

(라) 그러나 단기적으로 환율은 이와 괴리되어 움직이는 경우가 있다. 만약 환율이 예상과는 다른 방향으로 움직이거나 또는 비록 예상과 같은 방향으로 움직이더라도 변동 폭이 예상보다 크게 나타날 경우 경제 주체들은 과도한 위험에 노출될 수 있다.

① (가) – (나) – (다) – (라)

② (가) – (다) – (나) – (라)

③ (가) – (라) – (나) – (다)

④ (나) – (다) – (라) – (가)

⑤ (나) – (라) – (다) – (가)

정답 ③

제시문은 환율과 관련된 경제 현상을 설명한 것으로, 환율은 기초 경제 여건을 반영하여 수렴된다는 (가) 문단이 먼저 오는 것이 적절하며, '그러나' 환율이 예상과 다르게 움직이는 경우가 있다는 (라) 문단이 그 뒤에 오는 것이 적절하다. 다음으로 이러한 경우를 오버슈팅으로 정의하는 (나) 문단이, 그 뒤를 이어 오버슈팅이 발생하는 원인인 (다) 문단 순으로 나열하는 것이 가장 적절하다.

유형풀이 Tip

- 각 문단에 위치한 지시어와 접속어를 살펴본다. 문두에 접속어가 오거나 문장 중간에 지시어가 나오는 경우 글의 첫 번째 문단이 될 수 없다.
- 각 문단의 첫 문장과 마지막 문장에 집중하면서 글의 순서를 하나씩 맞춰 나간다.
- 선택지를 참고하여 문단의 순서를 생각해 보는 것도 시간을 단축하는 좋은 방법이 될 수 있다.

※ 다음 글을 논리적 순서대로 바르게 나열한 것을 고르시오. [1~3]

01

최근 행동주의펀드가 적극적으로 목소리를 내면서 기업들의 주가가 급격히 변동하는 경우가 빈번해지고 있다. 특히 주주제안을 받아들이는 기업의 주가는 급등했지만, 이를 거부하는 기업의 경우 주가가 하락하고 있다. 이에 일각에서는 주주 보호를 위해 상법 개정이 필요하다는 지적이 나오고 있다.

(가) 이에 대한 대표적인 사례가 S사이다. 그동안 S사는 대주주의 개인회사인 L기획에 일감을 몰아주면서 부당한 이득을 취해왔는데, 이에 대해 A자산운용이 이러한 행위는 주주가치를 훼손하는 것이라며 지적한 것이다. 이에 S사는 L기획과 계약종료를 검토하겠다고 밝혔으며, 이처럼 A자산운용의 요구가 실현되면서 주가는 18.6% 급등하였다. 이 밖에도 C사와 H사 등 자본시장에 영향을 미치고 있다.

(나) 이러한 행동주의펀드는 배당 확대나 이사 · 감사 선임과 같은 기본적 사안부터 분리 상장, 이사회 정원 변경, 경영진 교체 등 핵심 경영 문제까지 지적하며 개선을 요구하고 있는 추세이다.

(다) 이와 같은 A자산운용의 제안을 수락한 7개의 은행 지주는 올해 들어 주가가 8 ~ 27% 급상승하는 결과를 보였으며, 이와 반대로 해당 제안을 장기적 관점에서 기업가치와 주주가치의 실익이 적다며 거부한 K사의 주가는 동일한 기간 주가가 4.15% 하락하는 모습을 보여, 다가오는 주주총회에서의 행동주의펀드 및 소액주주들과 충돌이 예상되고 있다.

(라) 이처럼 시장의 주목도가 높아진 A자산운용의 영향력은 최근 은행주에도 그 영향이 미쳤는데, K금융 · S지주 · H금융지주 · W금융지주 · B금융지주 · D금융지주 · J금융지주 등 은행지주 7곳에 주주환원 정책 도입을 요구한 것이다. 특히 그중 J금융지주에는 평가 결과 주주환원 정책을 수용할 만한 수준에 미치지 못한다고 판단된다며 배당확대와 사외이사의 추가 선임의 내용을 골자로 한 주주제안을 요구하였다.

① (가) − (나) − (다) − (라)

② (나) − (가) − (라) − (다)

③ (나) − (라) − (다) − (가)

④ (다) − (가) − (나) − (라)

⑤ (다) − (라) − (나) − (가)

(가) 고전주의 예술관에 따르면 진리는 예술 작품 속에 이미 완성된 형태로 존재한다. 독자는 작가가 담아 놓은 진리를 '원형 그대로' 밝혀내야 하고 작품에 대한 독자의 감상은 언제나 작가의 의도와 일치해야 한다. 결국 고전주의 예술관에서 독자는 작품의 의미를 수동적으로 받아들이는 존재일 뿐이다. 하지만 작품의 의미를 해석하고 작가의 의도를 파악하는 존재는 결국 독자이다. 특히 현대 예술에서는 독자에 따라 작품에 대한 다양한 해석이 가능하다고 여긴다. 바로 여기서 수용미학이 등장한다.

(나) 이저는 텍스트 속에 독자의 역할이 들어있다고 보았다. 그러나 독자가 어떠한 역할을 수행할지는 정해져 있지 않기 때문에 독자는 텍스트를 읽는 과정에서 텍스트의 내용과 형식에 끊임없이 반응한다. 이러한 상호작용 과정을 통해 독자는 작품을 재생산한다. 텍스트는 다양한 독자에 따라 다른 작품으로 태어날 수 있으며, 같은 독자라도 시간과 장소에 따라 다른 작품으로 생산될 수 있는 것이다. 이처럼 텍스트와 독자의 상호작용을 강조한 이저는 작품의 내재적 미학에서 탈피하여 작품에 대한 다양한 해석의 가능성을 열어주었다.

(다) 야우스에 의해 제기된 독자의 역할을 체계적으로 정리한 사람이 '이저'이다. 그는 독자의 능동적 역할을 밝히기 위해 '텍스트'와 '작품'을 구별했다. 텍스트는 독자와 만나기 전의 것을, 작품은 독자가 텍스트와의 상호작용을 통해 그 의미가 재생산된 것을 가리킨다. 그런데 이저는 텍스트에는 '빈틈'이 많다고 보았다. 이 빈틈으로 인해 텍스트는 '불명료성'을 가진다. 텍스트에 빈틈이 많다는 것은 부족하다는 의미가 아니라 독자의 개입에 의해 언제나 새롭게 해석될 수 있다는 것을 의미한다.

(라) 수용미학을 처음으로 제기한 사람은 야우스이다. 그는 "문학사는 작품과 독자 간의 대화의 역사로 쓰여야 한다."고 주장했다. 이것은 작품의 의미는 작품 속에 갇혀 있는 것이 아니라 독자에 의해 재생산되는 것임을 말한 것이다. 이로부터 문학을 감상할 때 작품과 독자의 관계에서 독자의 능동성이 강조되었다.

① (가) – (나) – (라) – (다)

② (가) – (다) – (나) – (라)

③ (가) – (라) – (다) – (나)

④ (다) – (가) – (나) – (라)

⑤ (라) – (가) – (다) – (나)

03

(가) 세조가 왕이 된 후 술자리에 대한 최초의 기록은 1455년 7월 27일의 "왕이 노산군에게 문안을 드리고 술자리를 베푸니 종친 영해군 이상과 병조판서 이계전 그리고 승지 등이 모셨다. 음악을 연주하니 왕이 이계전에게 명하여 일어나 춤을 추게 하고, 지극히 즐긴 뒤에 파하였다. 드디어 영응대군 이염의 집으로 거둥하여 자그마한 술자리를 베풀고 한참 동안 있다가 환궁하였다."는 기록이다. 술자리에서 음악과 춤을 즐기고, 1차의 아쉬움 때문에 2차까지 가지는 모습은 세조의 술자리에서 거의 공통적으로 나타나는 특징이다.

(나) 세조(1417 ~ 1468, 재위 1455 ~ 1468)하면 어린 조카를 죽이고 왕위에 오른 비정한 군주로 기억하는 경우가 많다. 1453년 10월 계유정난의 성공으로 실질적으로 권력의 1인자가 된 수양대군은 2년 후인 1455년 6월 단종을 압박하여 세조가 되어 왕위에 오른다. 불법적인 방식으로 권력을 잡은 만큼 세조에게는 늘 정통성에 대한 시비가 따라 붙게 되었다. 이후 1456년에 성삼문, 박팽년 등이 중심이 되어 단종 복위운동을 일으킨 것은 세조에게는 정치적으로 큰 부담이 되었다. 이로 인해 세조는 왕이 된 후 문종, 단종 이후 추락된 왕권 회복을 정치적 목표로 삼고, 육조 직계제를 부활시키는가 하면 경국대전과 동국통감 같은 편찬 사업을 주도하여 왕조의 기틀을 잡아 갔다.

(다) 이처럼 세조실록의 기록에는 세조가 한명회, 신숙주, 정인지 등 공신들과 함께 자주 술자리를 마련하고 대화는 물론이고 흥이 나면 함께 춤을 추거나 즉석에서 게임을 하는 등 신하들과 격의 없이 소통하는 장면이 자주 나타난다. 이는 당시에도 칼로 권력을 잡은 이미지가 강하게 남았던 만큼 최대한 소탈하고 인간적인 모습을 보임으로써 자신의 강한 이미지를 희석시켜 나간 것으로 풀이된다. 또한 자신을 왕으로 만들어준 공신 세력을 양날의 검으로 인식했기 때문으로도 보인다. 자신을 위해 목숨을 바친 공신들이지만, 또 다른 순간에는 자신에게 칼끝을 겨눌 위험성을 인식했던 세조는 잦은 술자리를 통해 그들의 기분을 최대한 풀어주고 자신에게 충성을 다짐하도록 했던 것이다.

(라) 세조가 왕권 강화를 바탕으로 자신만의 정치를 펴 나가는 과정에서 특히 주목되는 점은 자주 술자리를 베풀었다는 사실이다. 이것은 세조실록에 '술자리'라는 검색어가 무려 467건이나 나타나는 것에서도 단적으로 확인할 수가 있다. 조선의 왕 중 최고의 기록일 뿐만 아니라 조선왕조실록의 '술자리' 검색어 974건의 거의 절반에 달하는 수치이다. 술자리의 횟수에 관한 한 세조는 조선 최고의 군주라 불릴 만하다.

① (가) - (다) - (나) - (라)
② (나) - (가) - (다) - (라)
③ (나) - (라) - (가) - (다)
④ (라) - (가) - (다) - (나)
⑤ (라) - (나) - (가) - (다)

04

케인스학파에서는 시장에서 임금이나 물가 등의 가격 변수가 완전히 탄력적으로 작용하지는 않기 때문에 경기적 실업은 자연스럽게 해소될 수 없다고 주장한다.

(가) 그래서 경기 침체에 의해 물가가 하락하더라도 화폐환상현상으로 인해 노동자들은 명목임금의 하락을 받아들이지 않게 되고, 결국 명목임금은 경기적 실업이 발생하기 이전의 수준과 비슷하게 유지된다. 이는 기업에서 노동의 수요량을 늘리지 못하는 결과로 이어지게 되고 실업은 지속된다. 따라서 케인스학파에서는 정부가 정책을 통해 노동의 수요를 늘리는 등의 경기적 실업을 감소시킬 수 있는 적극적인 역할을 해야 한다고 주장한다.

(나) 이에 대해 케인스학파에서는 여러 가지 이유를 제시하는데 그중 하나가 화폐환상현상이다. 화폐환상현상이란 경기 침체로 인해 물가가 하락하고 이에 영향을 받아 명목임금이 하락하였을 때의 실질임금이 명목임금의 하락 이전과 동일하다는 것을 노동자가 인식하지 못하는 현상을 의미한다.

(다) 즉, 명목임금이 변하지 않은 상태에서 경기 침체로 인한 물가 하락으로 실질임금이 상승하더라도 고전학파에서 말하는 것처럼 명목임금이 탄력적으로 하락하는 현상은 일어나기 어렵다고 본 것이다.

① (가) – (나) – (다)   ② (가) – (다) – (나)
③ (나) – (가) – (다)   ④ (다) – (가) – (나)
⑤ (다) – (나) – (가)

05

연금 제도의 금융 논리와 관련하여 결정적으로 중요한 원리는 중세에서 비롯된 신탁 원리다. 12세기 영국에서는 미성년 유족(遺族)에게 토지에 대한 권리를 합법적으로 이전할 수 없었다. 그럼에도 불구하고 영국인들은 유언을 통해 자식에게 토지 재산을 물려주고 싶어 했다.

(가) 이런 상황에서 귀족들이 자신의 재산을 미성년 유족이 아닌, 친구나 지인 등 제3자에게 맡기기 시작하면서 신탁 제도가 형성되기 시작했다. 여기서 재산을 맡긴 성인 귀족, 재산을 물려받은 미성년 유족, 그리고 미성년 유족을 대신해 그 재산을 관리·운용하는 제3자로 구성되는 관계, 즉 위탁자, 수익자, 그리고 수탁자로 구성되는 관계가 등장했다.

(나) 연금 제도가 이 신탁 원리에 기초해 있는 이상, 연금 가입자는 연기금 재산의 운용에 대해 영향력을 행사하기 어렵게 된다. 왜냐하면 신탁의 본질상 공·사 연금을 막론하고 신탁 원리에 기반을 둔 연금 제도에서는 수익자인 연금 가입자의 적극적인 권리 행사가 허용되지 않기 때문이다.

(다) 이 관계에서 주목해야 할 것은 미성년 유족은 성인이 될 때까지 재산권을 온전히 인정받지는 못했다는 점이다. 즉, 신탁 원리하에서 수익자는 재산에 대한 운용 권리를 모두 수탁자인 제3자에게 맡기도록 되어 있었기 때문에 수익자의 지위는 불안정했다.

(라) 결국 신탁 원리는 수익자의 연금 운용 권리를 현저히 약화시키는 것을 기본으로 한다. 그 대신 연금 운용을 수탁자에게 맡기면서 '수탁자 책임'이라는, 논란이 분분하고 불분명한 책임이 부과된다. 수탁자 책임 이행의 적절성을 어떻게 판단할 수 있는가에 대해 많은 논의가 있었지만, 수탁자 책임의 내용에 대해서 실질적인 합의가 이루어지지는 못했다

① (가) - (나) - (라) - (다) 　　② (가) - (다) - (나) - (라)
③ (나) - (가) - (다) - (라) 　　④ (나) - (라) - (가) - (다)
⑤ (다) - (가) - (나) - (라)

05 주제 · 제목찾기

| 유형분석 |

- 글의 목적이나 핵심 주장을 정확하게 구분할 수 있는지 평가한다.
- 문단별 주제·화제, 글쓴이의 주장·생각, 표제와 부제 등 다양한 유형으로 출제될 수 있다.

다음 글의 제목으로 가장 적절한 것은?

구비문학에서는 기록문학과 같은 의미의 단일한 작품 또는 원본이라는 개념이 성립하기 어렵다. 윤선도의 '어부사시사'와 채만식의 『태평천하』는 엄밀하게 검증된 텍스트를 놓고 이것이 바로 그 작품이라 할 수 있지만, '오누이 장사 힘내기' 전설이라든가 '진주 낭군' 같은 민요는 서로 조금씩 다른 구연물이 다 그 나름의 개별적 작품이면서 동일 작품의 변이형으로 인정되기도 하는 것이다. 이야기꾼은 그의 개인적 취향이나 형편에 따라 설화의 어떤 내용을 좀 더 실감 나게 손질하여 구연할 수 있으며, 때로는 그 일부를 생략 혹은 변경할 수 있다. 모내기할 때 부르는 '모노래'는 전승적 가사를 많이 이용하지만, 선창자의 재간과 그때그때의 분위기에 따라 새로운 노래 토막을 끼워 넣거나 일부를 즉흥적으로 개작 또는 창작하는 일도 흔하다.

① 구비문학의 현장성   ② 구비문학의 유동성
③ 구비문학의 전승성   ④ 구비문학의 구연성
⑤ 구비문학의 사실성

정답 ②

구비문학에서는 단일한 작품, 원본이라는 개념이 성립하기 어렵다. 따라서 선창자의 재간과 그때그때의 분위기에 따라 새롭게 변형되거나 창작되는 일이 흔하다. 다시 말해 정해진 틀이 있다기보다는 상황이나 분위기에 따라 바뀌는 것이 가능하다. 유동성이란 형편이나 때에 따라 변화될 수 있음을 뜻하는 말이다. 따라서 글의 제목으로 '구비문학의 유동성'이 가장 적절하다.

유형풀이 Tip

- 글의 중심이 되는 내용은 주로 글의 맨 앞이나 맨 뒤에 위치한다. 따라서 글의 첫 문단과 마지막 문단을 먼저 확인한다.
- 첫 문단과 마지막 문단에서 실마리가 잡히지 않은 경우 그 문단을 뒷받침해 주는 부분을 읽어가면서 제목이나 주제를 파악해 나간다.

※ 다음 글의 주제로 가장 적절한 것을 고르시오. [1~2]

01

> 최근에 사이버공동체를 중심으로 한 시민의 자발적 정치 참여 현상이 많은 관심을 끌고 있다. 이러한 현상과 관련하여 A의 연구가 새삼 주목 받고 있다. A의 연구에 따르면 공동체의 구성원이 됨으로써 얻게 되는 '사회적 자본'이 시민사회의 성숙과 민주주의 발전을 가져오는 원동력이다. A의 이론에서는 공동체에 대한 자발적 참여를 통해 사회 구성원 간의 상호 의무감과 신뢰, 구성원들이 공유하는 규칙과 관행, 사회적 유대 관계와 같은 사회적 자본이 늘어나면, 사회 구성원 간의 협조적인 행위가 가능하게 된다고 보았다. 더 나아가 A는 자원봉사자와 같이 공동체 참여도가 높은 사람이 투표할 가능성이 높고 정부 정책에 대한 의견 개진도 활발해지는 등 정치 참여도가 높아진다고 주장하였다.
>
> 몇몇 학자들은 A의 이론을 적용하여 면대면 접촉에 따른 인간관계의 산물인 사회적 자본이 사이버공동체에서도 충분히 형성될 수 있다고 보았다. 그리고 사이버공동체에서 사회적 자본의 증가는 곧 정치 참여도 활성화시킬 것으로 기대했다. 하지만 이러한 기대와는 달리 정치 참여가 활성화되지 않았다. 요즘 젊은이들을 보면 각종 사이버공동체에 자발적으로 참여하는 수준은 높지만 투표나 다른 정치 활동에는 무관심하거나 심지어 정치를 혐오하기도 한다. 이런 측면에서 A의 주장은 사이버공동체가 활성화된 오늘날에는 잘 맞지 않는다.
>
> 이러한 이유 때문에 오늘날 사이버공동체를 중심으로 한 정치 참여를 더 잘 이해하기 위해서 '정치적 자본' 개념의 도입이 필요하다. 정치적 자본은 사회적 자본의 구성 요소와는 달리 정치 정보의 습득과 이용, 정치적 토론과 대화, 정치적 효능감 등으로 구성된다. 정치적 자본은 사회적 자본과 마찬가지로 공동체 참여를 통해서 획득되지만, 정치 과정에의 관여를 촉진한다는 점에서 사회적 자본과는 구분될 필요가 있다. 사회적 자본만으로 정치 참여를 기대하기 어렵고, 사회적 자본과 정치 참여 사이를 정치적 자본이 매개할 때 비로소 정치 참여가 활성화된다.

① 사이버공동체를 통해 축적된 사회적 자본에 정치적 자본이 더해질 때 정치 참여가 활성화된다.
② 사회적 자본은 정치적 자본을 포함하기 때문에 그 자체로 정치 참여의 활성화를 가져온다.
③ 사회적 자본이 많은 사회는 정치 참여가 활발하기 때문에 민주주의가 실현된다.
④ 사이버공동체의 특수성으로 인해 시민들의 정치 참여가 어렵게 되었다.
⑤ 사이버공동체에의 자발적 참여 증가는 정치 참여를 활성화시킨다.

정부는 탈원전·탈석탄 공약에 발맞춰 2030년까지 전체 국가 발전량의 20%를 신재생에너지로 채운다는 정책 목표를 수립하였다. 목표를 달성하기 위해 신재생에너지에 대한 송·변전 계획을 제8차 전력수급기본계획에 처음으로 수립하겠다는 게 정부의 방침이다.

정부는 기존의 수급계획이 수급안정과 경제성을 중점적으로 수립된 것에 반해, 8차 계획은 환경성과 안전성을 중점으로 하였다고 밝히고 있으며, 신규 발전설비는 원전, 석탄화력발전에서 친환경, 분산형 재생에너지와 LNG 발전을 우선시하는 방향으로 수요관리를 통합하여 합리적 목표수용 결정에 주안점을 두었다고 밝혔다.

그동안 많은 NGO 단체에서 에너지 분산에 대한 다양한 제안을 해왔지만 정부 차원에서 고려하거나 논의가 활발히 진행된 적은 거의 없었으며 명목상으로 포함하는 수준이었다. 그러나 이번 정부에서는 탈원전·탈석탄 공약을 제시하는 등 중앙집중형 에너지 생산시스템에서 분산형 에너지 생산시스템으로 정책의 방향을 전환하고자 한다. 이 기조에 발맞춰 분산형 에너지 생산시스템은 2018년도 지방선거에서도 해당 지역에 대한 다양한 선거공약으로 제시될 가능성이 높다.

중앙집중형 에너지 생산시스템은 환경오염, 송전선 문제, 지역 에너지 불균형 문제 등 다양한 사회적인 문제를 야기하였다. 하지만 그동안은 값싼 전기인 기저전력을 편리하게 사용할 수 있는 환경을 조성하고자 하는 기존 에너지계획과 전력수급계획에 밀려 중앙집중형 발전원 확대가 꾸준히 진행되었다. 그러나 현재 대통령은 중앙집중형 에너지 정책에서 분산형 에너지정책으로 전환되어야 한다는 것을 대선 공약사항으로 밝혀 왔으며, 현재 분산형 에너지정책으로 전환을 모색하기 위한 다각도의 노력을 하고 있다. 이러한 정부의 정책변화와 아울러 석탄화력발전소가 국내 미세먼지에 주는 영향과 일본 후쿠시마 원자력 발전소 문제, 국내 경주 대지진 및 최근 포항 지진 문제 등으로 인한 원자력에 대한 의구심 또한 커지고 있다.

제8차 전력수급계획(안)에 의하면, 우리나라의 에너지 정책은 격변기를 맞고 있다. 우리나라는 현재 중앙집중형 에너지 생산시스템이 대부분이며, 분산형 전원 시스템은 그 설비용량이 극히 적은 상태이다. 또한 우리나라의 발전설비는 2016년 말 105GW이며, 2014년도 최대 전력치를 보면 80GW 수준이므로 25GW 정도의 여유가 있는 상태이다. 25GW라는 여유는 원자력발전소 약 25기 정도의 전력생산 설비가 여유가 있는 상황이라고 볼 수 있다. 또한 제7차 전력수급기본계획의 2015 ~ 2016년 전기수요 증가율을 4.3 ~ 4.7%라고 예상하였으나 실제 증가율은 1.3 ~ 2.8% 수준에 그쳤다는 점은 우리나라의 전력 소비량 증가량이 둔화하고 있는 상태라는 것을 나타내고 있다.

① 에너지 분권의 필요성과 방향
② 중앙집중형 에너지 정책의 한계점
③ 전력 소비량과 에너지 공급량의 문제점
④ 중앙집중형 에너지 생산시스템의 발전 과정
⑤ 전력수급기본계획의 내용과 수정 방안 모색

※ 다음 글의 제목으로 가장 적절한 것을 고르시오. [3~4]

03

> 중세 유럽에서는 토지나 자원을 왕실이 소유하고 있었다. 사람들은 이러한 토지나 자원을 이용하려면 일정한 비용을 지불해야 했다. 예를 들어 광산을 개발하거나 수산물을 얻는 사람들은 해당 자원의 이용에 대한 비용을 왕실에 지불하였고 이는 왕실의 권력과 부의 유지를 돕는 동시에 국가의 재정을 보충하는 역할을 하였는데 이때 지불한 비용이 바로 로열티이다.
>
> 로열티의 개념은 산업 혁명과 함께 발전하였다. 산업 혁명을 통해 특허, 상표 등의 지적 재산권이 보호되기 시작하면서 기업들은 이러한 권리를 보유한 개인이나 조직에게 사용에 대한 보상을 지불하게 되었다. 지적 재산권은 기업이 특정한 기술, 디자인, 상표 등을 보유하고 있을 때 그들에게 독점적인 권리를 제공하고 이러한 권리의 보호와 보상을 위해 로열티 제도가 도입되었다.
>
> 로열티는 기업과 지적 재산권 소유자 간의 계약에 의해 설정되는 형태로 발전하였다. 기업이 특정 제품을 판매하거나 특정 기술을 이용하는 경우 지적 재산권 소유자에게 계약에 따라 정해진 로열티를 지불하게 된다. 이로써 지적 재산권을 보유한 개인이나 조직은 자신들의 창작물이나 기술의 사용에 대한 보상을 받을 수 있으며, 기업들은 이러한 지적 재산권의 이용을 허가받아 경쟁 우위를 확보할 수 있게 되었다.
>
> 현재 로열티는 제품 판매나 라이선스, 저작물의 이용 등 다양한 형태로 나타나며 지적 재산권의 보호와 경제적 가치를 확보하는 중요한 수단으로 작용하고 있다. 로열티는 지식과 창조성의 보상으로서의 역할을 수행하며 기업들의 연구 개발을 촉진하고 혁신을 격려한다. 이처럼 로열티 제도는 기업과 지적 재산권 소유자 간의 상호 협력과 혁신적인 경제 발전에 기여하는 중요한 구조적 요소이다.

① 지적 재산권을 보호하는 방법
② 로열티 제도의 유래와 발전
③ 로열티 지급 시 유의사항
④ 지적 재산권의 정의
⑤ 로열티 제도의 모순

1894년 화성에 고도로 진화한 지적 생명체가 존재한다는 주장이 언론의 주목을 받았다. 이러한 주장은 당시 화성의 지도들에 나타난 '운하'라고 불리던 복잡하게 엉킨 선들에 근거를 두고 있었다. 화성의 운하는 1878년에 처음 보고된 뒤 거의 30년간 여러 화성 지도에 계속해서 나타났다. 존재하지도 않는 화성의 운하들이 어떻게 그렇게 오랫동안 천문학자들에게 받아들여질 수 있었을까?

19세기 후반에 망원경 관측을 바탕으로 한 화성의 지도가 많이 제작되었다. 특히 1877년 9월은 지구가 화성과 태양에 동시에 가까워지는 시기여서 화성의 표면이 그 어느 때보다도 밝게 보였다. 영국의 아마추어 천문학자 그린은 대기가 청명한 포르투갈의 마데이라섬으로 가서 13인치 반사 망원경을 사용해서 화성을 보이는 대로 직접 스케치했다. 그린은 화성 관측 경험이 많았으므로 이전부터 이루어진 자신의 관측 결과를 참고하고, 다른 천문학자들의 관측 결과까지 반영하여 당시로써는 가장 정교한 화성 지도를 제작하였다.

그런데 이듬해 이탈리아의 천문학자인 스키아파렐리의 화성 지도가 등장하면서 이 지도의 정확성을 의심하게 되었다. 그린과 같은 시기에 수행한 관측을 토대로 제작한 스키아파렐리의 지도에는 그린의 지도에서 흐릿하게 표현된 지역에 평행한 선들이 그물 모양으로 교차하는 지형이 나타나 있었기 때문이었다. 스키아파렐리는 이것을 '카날리(Canali)'라고 불렀는데, 이것은 '해협'이나 '운하'로 번역될 수 있는 용어였다.

절차적 측면에서 보면 그린이 스키아파렐리보다 우위를 점하고 있었다. 우선 스키아파렐리는 전문 천문학자였지만 화성 관측은 이때가 처음이었다. 게다가 그는 마데이라섬보다 대기의 청명도가 떨어지는 자신의 천문대에서 관측을 했고, 배율이 상대적으로 낮은 8인치 반사 망원경을 사용했다. 또한 그는 짧은 시간에 특징만을 스케치하고 추후에 기억에 의존하여 그것을 정교화했으며, 자신만의 관측을 토대로 지도를 제작했던 것이다.

그런데도 승리는 스키아파렐리에게 돌아갔다. 그가 천문학계에서 널리 알려진 존경받는 천문학자였던 것이 결정적이었다. 대다수의 천문학자는 그들이 존경하는 천문학자가 눈에 보이지도 않는 지형을 지도에 그려 넣었으리라고는 생각하기 어려웠다. 게다가 스키아파렐리의 지도는 지리학의 채색법을 그대로 사용하여 그린의 지도보다 호소력이 강했다. 그 후 스키아파렐리가 몇 번 더 운하의 관측을 보고하자 다른 천문학자들도 운하의 존재를 보고하기 시작했고, 이후 더 많은 운하들이 화성 지도에 나타나게 되었다.

일단 권위자가 무엇인가를 발견했다고 알려지면 그것이 존재하지 않는다는 것을 입증하기란 쉽지 않다. 더구나 관측의 신뢰도를 결정하는 척도로 망원경의 성능보다 다른 조건들이 더 중시되던 당시 분위기에서는 이러한 오류가 수정되기 어려웠다. 성능이 더 좋아진 대형 망원경으로는 종종 운하가 보이지 않았는데, 놀랍게도 운하 가설 옹호자들은 이것에 대해 대형 망원경이 높은 배율 때문에 어떤 대기 상태에서는 오히려 왜곡이 심해서 소형 망원경보다 해상도가 떨어질 수 있다고 해명하곤 하였다.

① 과학의 방법 : 경험과 관찰
② 과학사의 그늘 : 화성의 운하
③ 과학의 신화 : 화성 생명체 가설
④ 설명과 해명 : 그린과 스키아파렐리
⑤ 천문학계 대서사 : 화성의 지도

05 다음 중 (가) ~ (마)의 핵심 주제로 적절하지 않은 것은?

> (가) 한 아이가 길을 가다가 골목에서 갑자기 튀어나온 큰 개에게 발목을 물렸다. 아이는 이 일을 겪은 뒤 개에 대한 극심한 불안에 시달렸다. 멀리 있는 강아지만 봐도 몸이 경직되고 호흡 곤란을 느꼈으며 심할 경우 응급실을 찾기도 하였다. 이것은 한 번의 부정적인 경험이 공포증으로 이어진 경우라고 할 수 있다.
>
> (나) '공포증'이란 위의 경우에서 보듯이 특정 대상에 대한 과도한 두려움으로 그 대상을 계속해서 피하게 되는 증세를 말한다. 특정한 동물, 높은 곳, 비행기나 엘리베이터 등이 공포증을 유발하는 대상이 될 수 있다. 물론 일반적인 사람들도 이런 대상을 접하여 부정적인 경험을 할 수 있지만 공포증으로까지 이어지는 경우는 드물다.
>
> (다) 심리학자 와이너는 부정적인 경험을 한 상황을 어떻게 해석하느냐에 따라 이러한 공포증이 생길 수도 있고 그렇지 않을 수도 있으며, 공포증이 지속될 수도 있고 극복될 수도 있다고 했다. 그는 상황을 해석하는 방식을 설명하기 위해 상황의 원인을 어디에서 찾느냐, 상황의 변화 가능성에 대해 어떻게 인식하느냐의 두 가지 기준을 제시했다. 상황의 원인을 자신에게서 찾으면 '내부적'으로 해석한 것이고, 자신이 아닌 다른 것에서 찾으면 '외부적'으로 해석한 것이다. 또 상황이 바뀔 가능성이 전혀 없다고 생각하면 '고정적'으로 인식한 것이고, 상황이 충분히 바뀔 수 있다고 생각하면 '가변적'으로 인식한 것이다.
>
> (라) 와이너에 의하면, 큰 개에게 물렸지만 공포증에 시달리지 않는 사람들은 개에게 물린 상황에 대해 '내 대처 방식이 잘못되었어.'라며 내부적이고 가변적으로 해석한다. 이것은 나의 대처 방식에 따라 상황이 충분히 바뀔 수 있다고 생각하는 것이므로 이들은 개와 마주치는 상황을 굳이 피하지 않는다. 그 후 개에게 물리지 않는 상황이 반복되면 '나도 어떤 경우라도 개를 감당할 수 있어.'라며 내부적이고 고정적으로 해석하는 단계로 나아가게 된다.
>
> (마) 반면에 공포증을 겪는 사람들은 개에 물린 상황에 대해 '나는 약해서 개를 감당하지 못해.'라며 내부적이고 고정적으로 해석하거나 '개는 위험한 동물이야.'라며 외부적이고 고정적으로 해석한다. 자신의 힘이 개보다 약하다고 생각하거나 개를 맹수로 여기는 것이므로 이들은 자신이 개에게 물린 것을 당연한 일로 받아들인다. 하지만 공포증에 시달리지 않는 사람들처럼 상황을 해석하고 개를 피하지 않는 노력을 기울이면 공포증에서 벗어날 수 있다.

① (가) : 공포증이 생긴 구체적 상황
② (나) : 공포증의 개념과 공포증을 유발하는 대상
③ (다) : 와이너가 제시한 상황 해석의 기준
④ (라) : 공포증을 겪지 않는 사람들의 상황 해석 방식
⑤ (마) : 공포증을 겪는 사람들의 행동 유형

06 비판 · 반박하기

| 유형분석 |

- 글의 주장과 논점을 파악하고, 이에 대립하는 내용을 판단할 수 있는지 평가한다.
- 서로 상반되는 주장 두 개를 제시하고, 하나의 관점에서 다른 하나를 비판·반박하는 문제 유형이 출제될 수 있다.

다음 글의 주장에 대한 반박으로 적절하지 않은 것은?

우리나라를 비롯한 아시아의 대만, 홍콩, 싱가포르 등의 신흥 강대국들은 1960년대 이후 수출주도형 성장전략을 국가의 주요한 성장전략으로 활용하면서 눈부신 경제성장을 이루어 왔다. 이러한 수출주도형 성장전략은 신흥 강대국들의 부상을 이끌면서 전 세계적인 성장전략으로 자리매김을 하였으며, 이 전략을 활용하고자 하는 국가가 나타나면서 그 효과에 대한 인정을 받아온 측면이 존재하였다.

기본적으로 수출주도형 성장전략은 수요가 외부에 존재한다는 측면에서 공급중시 경제학적 관점을 띄고 있다고 볼 수 있다. 이는 수출주도형 국가는 물품을 생산하여 수출하면, 타 국가에서 이를 소비한다는 측면에서 공급이 수요를 창출한다고 하는 '세이의 법칙(Say's Law)'과 같은 맥락으로 설명될 수 있다. 고전학파 – 신고전학파로 이어지는 주류경제학에서의 공급중시 경제학에서는 기업 부분의 역할을 강조하면서 이를 위해 민간 부문의 지속적인 투자의식 고취를 위한 세율인하 등 규제완화에 주력하여 왔던 측면이 있다.

① 내부의 수요를 증대시키는 것이 결국 기업의 투자활동으로 촉진될 수 있다.
② 내부의 수요를 증대시키기 위해 물품을 생산하여 공급하는 것이 중요하다.
③ 외부 의존성을 낮추고 국내의 수요에 기반한 안정적 정책마련이 필요하다.
④ 외부의 수요에 의존하기 때문에 국가 경제가 변동하는 영향이 너무 크다.
⑤ 내부의 수요증대는 고용 및 투자의 증가를 유발할 수 있다.

정답 ②

수출주도형 성장전략은 수요가 외부에 존재한다는 측면에서 공급중시 경제학적 관점을 띠고 있다. 따라서 수요가 외부에 존재한다는 점과 공급을 중시하는 점에 대해 반박할 수 있다. 따라서 ②에서 내부의 수요를 증대시키는 것은 반박의 입장이지만, 수요 증대를 위해 물품 생산의 공급을 강조하는 것은 반박하는 내용으로 적절하지 않다.

유형풀이 Tip

- 대립하는 두 의견의 쟁점을 찾은 후, 제시문 또는 보기에서 양측 주장의 근거를 찾아 각 주장에 연결하며 답을 찾는다.
- 문제의 난도를 높이기 위해 글의 후반부에 주장을 뒷받침할 수 있는 근거를 제시하고 선택지에 그 근거에 대한 반박을 실어 놓는 경우도 있다. 하지만 주의할 점은 제시문의 '주장'에 대한 반박을 찾는 것이지, 이를 뒷받침하기 위해 제시된 '근거'에 대한 반박을 찾는 것이 아니라는 것이다.

Hard

01 다음 글의 주장에 대한 반박으로 가장 적절한 것은?

> 어떤 경제 주체의 행위가 자신과 거래하지 않는 제3자에게 의도하지 않게 이익이나 손해를 주는 것을 '외부성'이라 한다. 과수원의 과일 생산이 인접한 양봉업자에게 벌꿀 생산과 관련한 이익을 준다든지, 공장의 제품 생산이 강물을 오염시켜 주민들에게 피해를 주는 것 등이 대표적인 사례이다. 외부성은 사회 전체로 보면 이익이 극대화되지 않는 비효율성을 초래할 수 있다. 개별 경제 주체가 제3자의 이익이나 손해까지 고려하여 행동하지는 않을 것이기 때문이다. 예를 들어, 과수원의 이윤을 극대화하는 생산량이 Qa라고 할 때, 생산량을 Qa보다 늘리면 과수원의 이윤은 줄어든다. 하지만 이로 인한 과수원의 이윤 감소보다 양봉업자의 이윤 증가가 더 크다면, 생산량을 Qa보다 늘리는 것이 사회적으로 바람직하다. 하지만 과수원이 자발적으로 양봉업자의 이익까지 고려하여 생산량을 Qa보다 늘릴 이유는 없다.
>
> 전통적인 경제학은 이러한 비효율성의 해결책이 보조금이나 벌금과 같은 정부의 개입이라고 생각한다. 보조금을 받거나 벌금을 내게 되면 제3자에게 주는 이익이나 손해가 더 이상 자신의 이익과 무관하지 않게 되므로, 자신의 이익에 충실한 선택이 사회적으로 바람직한 결과로 이어진다는 것이다.

① 일반적으로 과수원은 양봉업자의 입장을 고려하지 않는다.

② 과수원 생산자는 자신의 의도와 달리 다른 사람들에게 손해를 끼칠 수 있다.

③ 과수원자에게 보조금을 지급한다면 생산량을 Qa보다 늘리려 할 것이다.

④ 정부의 개입을 통해 외부성으로 인한 비효율성을 줄일 수 있다.

⑤ 정부의 개입 과정에서 시간과 노력이 많이 들게 되면 비효율성이 늘어날 수 있다.

※ 다음 글에 대한 비판으로 가장 적절한 것을 고르시오. [2~3]

02

전통적인 경제학에 따른 통화 정책에서는 정책 금리를 활용하여 물가를 안정시키고 경제 안정을 도모하는 것을 목표로 한다. 중앙은행은 경기가 과열되었을 때 정책 금리 인상을 통해 경기를 진정시키고자 한다. 정책 금리 인상으로 시장 금리도 높아지면 가계 및 기업에 대한 대출 감소로 신용 공급이 축소된다. 신용 공급의 축소는 경제 내 수요를 줄여 물가를 안정시키고 경기를 진정시킨다. 반면 경기가 침체되었을 때는 반대의 과정을 통해 경기를 부양시키고자 한다.

금융을 통화 정책의 전달 경로로만 보는 전통적인 경제학에서는 금융감독 정책이 개별 금융 회사의 건전성 확보를 통해 금융 안정을 달성하고자 하는 미시 건전성 정책에 집중해야 한다고 보았다. 이러한 관점은 금융이 직접적인 생산 수단이 아니므로 단기적일 때와는 달리 장기적으로는 경제 성장에 영향을 미치지 못한다는 인식과 자산 시장에서는 가격이 본질적 가치를 초과하여 폭등하는 버블이 존재하지 않는다는 효율적 시장 가설에 기인한다. 미시 건전성 정책은 개별 금융 회사의 건전성에 대한 예방적 규제 성격을 가진 정책 수단을 활용하는데, 그 예로는 향후 손실에 대비하여 금융 회사의 자기자본 하한을 설정하는 최저 자기자본 규제를 들 수 있다.

① 중앙은행의 정책이 자산 가격 버블에 따른 금융 불안을 야기하여 경제 안정이 훼손될 수 있다.
② 시장의 물가가 지나치게 상승할 경우 국가는 적극적으로 개입하여 물가를 안정시켜야 한다.
③ 경기가 침체된 상황에서는 처방적 규제보다 예방적 규제에 힘써야 한다.
④ 금융은 단기적일 때와 달리 장기적으로는 경제 성장에 별다른 영향을 미치지 못한다.
⑤ 금융 회사에 대한 최저 자기자본 규제를 통해 금융 회사의 건전성을 확보할 수 있다.

03

고대 그리스 시대의 사람들은 신에 의해 우주가 운행된다고 믿는 결정론적 세계관 속에서 신에 대한 두려움이나 신이 야기한다고 생각되는 자연재해나 천체 현상 등에 대한 두려움을 떨치지 못했다. 에피쿠로스는 당대의 사람들이 이러한 잘못된 믿음에서 벗어나도록 하는 것이 중요하다고 보았고, 이를 위해 인간이 행복에 이를 수 있도록 자연학을 바탕으로 자신의 사상을 전개하였다.

에피쿠로스는 신의 존재는 인정하나 신의 존재 방식이 인간이 생각하는 것과는 다르다고 보고, 신은 우주들 사이의 중간 세계에 살며 인간사에 개입하지 않는다는 이신론적(理神論的) 관점을 주장한다. 그는 불사의 존재인 신이 최고로 행복한 상태이며, 다른 어떤 것에게도 고통을 주지 않고, 모든 고통은 물론 분노와 호의와 같은 것으로부터 자유롭다고 말한다. 따라서 에피쿠로스는 인간의 세계가 신에 의해 결정되지 않으며, 인간의 행복도 자율적 존재인 인간 자신에 의해 완성된다고 본다.

한편 에피쿠로스는 인간의 영혼도 육체와 마찬가지로 미세한 입자로 구성된다고 본다. 영혼은 육체와 함께 생겨나고 육체와 상호작용하며 육체가 상처를 입으면 영혼도 고통을 받는다. 더 나아가 육체가 소멸하면 영혼도 함께 소멸하게 되어 인간은 사후(死後)에 신의 심판을 받지 않으므로, 살아있는 동안 인간은 사후에 심판이 있다고 생각하여 두려워 할 필요가 없게 된다. 이러한 생각은 인간으로 하여금 죽음에 대한 모든 두려움에서 벗어나게 하는 근거가 된다.

① 인간은 신을 믿지 않기 때문에 두려움도 느끼지 않는다.

② 신은 우리가 생각하는 것처럼 인간 세계에 대해 그다지 관심이 많지 않다.

③ 신이 만든 인간의 육체와 영혼은 서로 분리될 수 없으므로 사후세계는 인간의 허상에 불과하다.

④ 신은 인간 세계에 개입하지 않으므로 신의 섭리에 따라 인간의 삶을 이해하려 해서는 안 된다.

⑤ 인간이 아픔 때문에 죽음에 대해 두려움을 느낀다면, 사후에 대한 두려움을 떨쳐버리는 것만으로 두려움은 해소될 수 없다.

04 다음 글의 ⊙의 관점에서 ⓛ에 대해 비판한 내용으로 가장 적절한 것은?

사람들은 누구나 정의로운 사회에 살기를 원한다. 그렇다면 정의로운 사회란 무엇일까?
⊙ 롤스는 개인의 자유를 보장하면서도 사회적 약자를 배려하는 사회가 정의로운 사회라고 말한다.
롤스는 정의로운 사회가 되기 위해서는 세 가지 조건을 만족해야 한다고 주장한다. 첫 번째 조건은
사회 원칙을 정하는 데 있어서 사회 구성원 간의 합의 과정이 있어야 한다는 것이다. 이러한 합의를
통해 정의로운 세계의 규칙 또는 기준이 만들어진다고 보았다. 두 번째 조건은 사회적 약자의 입장
을 고려해야 한다는 것이다. 롤스는 인간의 출생, 신체, 지위 등에는 우연의 요소가 많은 영향을
미칠 수 있다고 본다. 따라서 누구나 우연에 의해 사회적 약자가 될 수 있기 때문에 사회적 약자를
차별하는 것은 정당하지 못한 것이 된다. 마지막 조건은 개인이 정당하게 얻은 소유일지라도 그 이
익의 일부는 사회적 약자에게 돌아가야 한다는 것이다. 왜냐하면 사회적 약자가 될 가능성은 누구에
게나 있으므로 자발적 기부나 사회적 제도를 통해 사회적 약자의 처지를 최대한 배려하는 것이 사회
전체로 볼 때 공정하고 정의로운 것이기 때문이다. 롤스는 개인의 자유를 중시하는 한편 사람들이
공정한 규칙에 합의하는 과정도 중시하며, 자연적·사회적 불평등을 복지를 통해 보완해야 한다고
주장한다.
공리주의자인 ⓛ 벤담은 최대 다수의 최대 행복이 정의로운 것이라 주장했다. 따라서 다수의 최대
행복이 보장된다면 소수의 불행은 정당한 것이 되고, 반대로 다수의 불행이 나타나는 상황은 정의롭
지 못한 것이 된다. 벤담은 걸인과 마주치는 대다수의 사람들은 부정적 감정을 느끼기 때문에 거리
에서 걸인을 사라지게 해야 한다며, 걸인들을 모두 모아 한곳에서 생활시키는 강제 수용소 설치를
제안했다.

① 다수의 처지를 배려할 때 사회 전체의 행복이 증가한다.
② 개인을 위해 다수가 희생하는 것은 정의롭지 않다.
③ 개인의 이익만을 중시하는 것은 정의롭지 않다.
④ 사회적 재화의 불균등한 분배는 정의롭지 않다.
⑤ 개인의 자유를 침해하는 것은 정의롭지 않다.

05 다음 글에 나타난 '벤야민'의 주된 논지에 대한 비판으로 가장 적절한 것은?

오늘날 영화 한 편에 천만 명의 관객이 몰릴 정도로 영화는 우리 시대의 대표적인 예술 장르로 인정받고 있다. 그런데 영화 초창기인 1930년대에 발터 벤야민(W. Benjamin)이 영화를 비판적으로 조망하고 있어 흥미롭다. 그에 따르면 영화는 전통적인 예술 작품이 지니는 아우라(Aura)를 상실하고 있다는 것이다.

아우라는 비인간화되고 사물화된 의식과 태도를 버리고, 영혼의 시선으로 대상과 교감할 때 경험할 수 있는 아름다운 향기 내지 살아 숨 쉬는 듯한 생명력과 같은 것이다. 그것은 우리들 가까이 있으면서도 저 멀리 있는데, 대상과 영혼의 교감을 통해 몰입할 때 어느 한 순간 일회적으로 나타난다. 예술 작품은 심연에 있는 아우라를 불러내는 것이고, 수용자는 그런 예술 작품과의 교감을 통해 아우라를 경험한다. 그런데 사진이나 카메라 등과 같은 기계적·기술적 장치들이 예술의 영역에 침투하면서 예술 작품의 아우라는 파괴되는데, 벤야민은 그 대표적인 예로 영화를 든다.

벤야민은 영화의 가장 중요한 특징으로 관객의 자리에 카메라가 대신 들어선다는 점을 지적하고 있다. 연극의 경우 배우와 관객은 직접적으로 교감하면서 배우는 자기 자신이 아닌 다른 인물을 연출해 보이고 관중의 호흡에 맞추어 연기를 할 수 있다. 관객은 연극의 주인공을 둘러싸고 있는 아우라를 그 주인공 역할을 하는 배우를 통해 경험할 수 있다. 그러나 영화의 경우 배우와 관객 사이에 카메라가 개입된다. 배우는 카메라 앞에서 연기를 하지만, 카메라라는 기계가 갖는 비인간적 요소로 인해 시선의 교감을 나눌 수 없게 된다. 관객은 스크린에 비친 영상만을 접하기 때문에 배우와 교감할 수 없고, 다만 카메라와 일치감을 느낄 때만 배우와 일치감을 느낄 수 있다. 이로 인해 관객은 카메라처럼 배우를 시각적으로 시험하고 비평하는 태도를 취한다. 그 결과 배우는 모든 교감의 관계가 차단된 유배지 같은 곳에서 카메라를 앞에 두고 재주를 부리는 것으로 만족해야 한다. 배우를 감싸고 있는 아우라도, 배우가 그려내는 인물의 아우라도 사라질 수밖에 없다.

영화배우의 연기는 하나의 통일된 작업이 아니라 여러 개의 개별적 작업이 합쳐져서 이루어진다. 이는 연기자의 연기를 일련의 조립할 수 있는 에피소드로 쪼개어 놓는 카메라의 특성에서 비롯된다. 카메라에 의해 여러 측면에서 촬영되고 편집된 한 편의 완성된 영화에 담긴 동작의 순간들은 카메라 자체의 그것일 뿐이다. 영화배우는 각 동작의 순간순간에 선별적으로 배치된 여러 소도구 중의 하나에 불과하다. 따라서 카메라에 의해 조립된 영상들에 아우라가 개입할 여지는 없다.

이런 점들을 들어, 벤야민은 전통적인 예술이 피어날 수 있는 유일한 영역으로 간주되어 온 아름다운 가상(假像)의 왕국으로부터 예술과 그 수용층이 멀어지고 있음을 영화가 가장 극명하게 보여 준다고 비판한다. 영화 초창기에 대두된 벤야민의 이러한 비판이 오늘날 문화의 총아로 각광받는 영화에 전면적으로 적용될 수 있을지는 미지수이다.

① 요즘 좋은 영화가 매우 많다. 화려하면서도 눈부신 영상미는 영화만이 갖는 큰 강점이다.

② 벤야민이 살던 시대의 영화배우들은 연기를 못했던 것 같다. 요즘 영화배우들은 연기를 정말 잘한다.

③ 우리나라 영화 규모는 매우 증가했다. 제작비만 하더라도 몇 십억 원이 든다. 그리고 영화관에 몰리는 관객 수도 매우 많다.

④ 요즘 카메라 촬영 기법이 아주 좋아졌다. 배우들의 섬세한 표정은 물론이고 세밀한 행동 하나하나를 그대로 화면으로 옮겨 놓는다.

⑤ 영화를 두고 예술인지 아닌지를 가르는 기준이 하나만 있는 것은 아니다. 사람에 따라 여러 가지가 있을 수 있다. 그리고 시대가 변하면 기준도 변한다.

| 유형분석 |

- 문맥을 통해 글에 명시적으로 드러나 있지 않은 내용을 유추할 수 있는지 평가한다.
- 글 뒤에 이어질 내용 찾기, 글을 뒷받침할 수 있는 근거 찾기 등 다양한 유형으로 출제될 수 있다.

다음 글을 읽고 ㉠의 사례가 아닌 것을 고르면?

> ㉠ <u>닻내림 효과</u>란 닻을 내린 배가 크게 움직이지 않듯 처음 접한 정보가 기준점이 돼 판단에 영향을 미치는 일종의 편향(왜곡) 현상을 말한다. 즉, 사람들이 어떤 판단을 하게 될 때 초기에 접한 정보에 집착해 합리적 판단을 내리지 못하는 현상을 일컫는 행동경제학 용어이다. 대부분의 사람은 제시된 기준을 그대로 받아들이지 않고, 기준점을 토대로 약간의 조정과정을 거치기는 하나, 그런 조정과정이 불완전하므로 최초 기준점에 영향을 받는 경우가 많다.

① 연봉 협상 시 본인의 적정 기준보다 더 높은 금액을 제시한다.
② 원래 1만 원이던 상품에 2만 원의 가격표를 붙이고 50% 할인한 가격에 판매한다.
③ 명품 매장에서 최고가 상품들의 가격표를 보이게 진열하여 다른 상품들이 그다지 비싸지 않은 것처럼 느끼게 만든다.
④ 홈쇼핑에서 '이번 시즌 마지막 세일', '오늘 방송만을 위한 한정 구성', '매진 임박' 등의 표현을 사용하여 판매한다.
⑤ '온라인 정기구독 연간 $25'와 '온라인 및 오프라인 정기구독 연간 $125' 사이에 '오프라인 정기구독 연간 $125'의 항목을 넣어 판촉한다.

정답 ④

④는 밴드왜건 효과(편승 효과)의 사례이다. 밴드왜건 효과란 유행에 따라 상품을 구입하는 소비현상을 뜻하는 경제용어로, 기업은 이러한 현상을 충동구매 유도 마케팅 전략으로 활용하고, 정치계에서는 특정 유력 후보를 위한 선전용으로 활용한다.

유형풀이 Tip

글에 명시적으로 드러나 있지 않은 부분을 추론하여 답을 도출해야 하는 유형이기 때문에 자신의 주관적인 판단보다는 제시된 글에 대한 이해를 기반으로 문제를 풀어야 한다.
추론하기 문제는 다음 두 가지 유형으로 구분할 수 있다.
1) 세부적인 내용을 추론하는 유형 : 주어진 선택지를 먼저 읽고 지문을 읽으면서 답이 아닌 선택지를 지워나가는 방법이 효율적이다.
2) 글쓴이의 주장 / 의도를 추론하는 유형 : 글에 나타난 주장·근거·논증 방식을 파악하는 유형으로, 주장의 타당성을 평가하여 글쓴이의 관점을 이해하며 읽는다.

※ 다음 글을 읽고 추론할 수 있는 내용으로 가장 적절한 것을 고르시오. [1~2]

01

조선이 임진왜란 중에도 필사적으로 보존하고자 한 서적이 바로 조선왕조실록이다. 실록은 원래 서울의 춘추관과 성주·충주·전주 4곳의 사고(史庫)에 보관되었으나, 임진왜란 이후 전주 사고의 실록만 온전한 상태였다. 전란이 끝난 후 단 1벌 남은 실록을 다시 여러 벌 등서하자는 주장이 제기되었다. 우여곡절 끝에 실록 인쇄가 끝난 시기는 1606년이었다. 재인쇄 작업의 결과 원본을 포함해 모두 5벌의 실록을 갖추게 되었다. 원본은 강화도 마니산에 봉안하고 나머지 4벌은 서울의 춘추관과 평안도 묘향산, 강원도의 태백산과 오대산에 봉안했다.

이 5벌 중에서 서울 춘추관의 것은 1624년 이괄의 난 때 불에 타 없어졌고, 묘향산의 것은 1633년 후금과의 관계가 악화되자 전라도 무주의 적상산에 사고를 새로 지어 옮겼다. 강화도 마니산의 것은 1636년 병자호란 때 청군에 의해 일부 훼손되었던 것을 현종 때 보수하여 숙종 때 강화도 정족산에 다시 봉안했다. 결국 내란과 외적 침입으로 인해 5곳 가운데 1곳의 실록은 소실되었고, 1곳의 실록은 장소를 옮겼으며, 1곳의 실록은 손상을 입었던 것이다.

정족산, 태백산, 적상산, 오대산 4곳의 실록은 그 후 안전하게 지켜졌다. 그러나 일본이 다시 여기에 손을 대었다. 1910년 조선 강점 이후 일제는 정족산과 태백산에 있던 실록을 조선총독부로 이관하고, 적상산의 실록은 구황궁 장서각으로 옮겼으며, 오대산의 실록은 일본 D제국대학으로 반출했다. 일본으로 반출한 것은 1923년 관동 대지진 때 거의 소실되었다. 정족산과 태백산의 실록은 1930년에 경성제국대학으로 옮겨져 지금까지 S대학교에 보존되어 있다. 한편 장서각의 실록은 6·25 전쟁 때 북한으로 옮겨져 현재 K종합대학에 소장되어 있다.

① 재인쇄하였던 실록은 모두 5벌이다.
② 태백산에 보관하였던 실록은 현재 일본에 있다.
③ 현재 한반도에 남아있는 실록은 모두 4벌이다.
④ 적상산에 보관하였던 실록은 일부가 훼손되었다.
⑤ 현존하는 실록 중에서 가장 오래된 것은 S대학교에 있다.

02

최근 환경에 대한 관심이 증가하면서 상표에도 '에코, 녹색' 등 '친환경'을 표방하는 상표 출원이 꾸준히 증가하는 것으로 나타났다. 특허청에 따르면, '친환경' 관련 상표 출원은 최근 10여 년간 연평균 1,200여 건이 출원돼 꾸준한 관심을 받아온 것으로 나타났다. '친환경' 관련 상표는 제품의 '친환경'을 나타내는 대표적인 문구인 '친환경, 에코, ECO, 녹색, 그린, 생태' 등의 문자를 포함하고 있는 상표이며 출원건수는 상품류를 기준으로 한다. 즉, 단류 출원은 1건, 2개류에 출원된 경우 2건으로 계산한다.

작년 한 해 친환경 상표가 가장 많이 출원된 제품은 화장품(79건)이었으며, 그다음으로 세제(50건), 치약(48건), 샴푸(47건) 순으로 조사됐다. 특히, 출원건수 상위 10개 제품 중 7개가 일상생활에서 흔히 사용하는 미용, 위생 등 피부와 관련된 상품인 것으로 나타나 깨끗하고 순수한 환경에 대한 관심이 친환경제품으로 확대되고 있는 것으로 분석됐다.

2007년부터 2017년까지의 '친환경' 관련 상표의 출원실적을 보면, 영문자 'ECO'가 4,820건으로 가장 많이 사용되어 기업이나 개인은 제품의 '친환경'을 나타내는 상표 문구로 'ECO'를 가장 선호하는 것으로 드러났다. 다음으로는 '그린'이 3,862건, 한글 '에코'가 3,156건 사용됐고 '초록', '친환경', '녹색', '생태'가 각각 766건, 687건, 536건, 184건으로 그 뒤를 이었다. 특히, '저탄소·녹색성장'이 국가 주요 정책으로 추진되던 2010년에는 '녹색'을 사용한 상표출원이 매우 증가한 것으로 나타났고, 친환경·유기농 먹거리 등에 대한 수요가 늘어나면서 2015년에는 '초록'이 포함된 상표출원이 상대적으로 증가한 것으로 조사됐다.

최근 환경과 건강에 대한 관심이 증가하면서 이러한 '친환경' 관련 상표를 출원하여 등록받는 것이 소비자들의 안전한 구매를 촉진하는 길이 될 수 있다.

① 국가 주요 정책이나 환경에 대한 관심이 상표 출원에 많은 영향을 미친다.
② 친환경 상표가 가장 많이 출원된 제품인 화장품의 경우 대부분 안전하다고 믿고 사용해도 된다.
③ 환경과 건강에 대한 관심이 증가하지만 '친환경'을 강조하는 상표출원의 증가세가 주춤할 것으로 전망된다.
④ 영문 'ECO'와 한글 '에코'의 의미가 동일하므로 한글 '에코'의 상표 문구 출원이 높아져 영문 'ECO'를 역전할 가능성이 높다.
⑤ 친환경 세제를 개발한 P사는 ECO 달세제, ECO 별세제 2개의 상품을 모두 '표백제 및 기타 세탁용 제제'의 상품류로 등록하여 출원건수는 2건으로 계산될 수 있다.

Easy

03 다음 글을 읽고 추론할 수 있는 내용으로 적절하지 않은 것은?

세계적으로 기후 위기의 심각성이 커지면서 '탄소 중립'은 거스를 수 없는 흐름이 되고 있다. 이에 맞춰 정부의 에너지정책도 기존 화석연료 발전 중심의 전력공급체계를 태양광과 풍력 등 재생 에너지 중심으로 빠르게 재편하는 작업이 추진되고 있다. 이러한 재생 에너지 보급 확대는 기존 전력 설비 부하의 가중으로 이어질 수밖에 없다. 재생 에너지 사용 확대에 앞서 송배전 시스템의 확충이 필수적인 이유다.

K전력은 재생 에너지 발전사업자의 접속지연 문제를 해소하기 위해 기존 송배전 전력 설비의 재생 에너지 접속용량을 확대하는 특별대책을 시행하고 나섰다. K전력은 그동안 재생 에너지 발전설비 밀집 지역을 중심으로 송배전설비의 접속 가능용량이 부족할 경우 설비보강을 통해 문제를 해결해 왔다. 1MW 이하 소규모 신재생 에너지 발전사업자가 전력계통 접속을 요청하면 K전력이 비용을 부담해 공용전력망을 보강하고 접속을 보장해주는 방식이었다. 덕분에 신재생 에너지 발전 사업자들의 참여가 늘어났지만 재생 에너지 사용량이 기하급수적으로 늘면서 전력계통설비의 연계용량 부족 문제가 뒤따랐다.

이에 K전력은 산업통상자원부가 운영하는 '재생 에너지 계통접속 특별점검단'에 참여해 대책을 마련했다. 배전선로에 상시 존재하는 최소부하를 고려한 설비 운영 개념을 도입해 변전소나 배전선로 증설 없이 재생 에너지 접속용량을 확대하는 방안이다. 재생 에너지 발전 시 선로에 상시 존재하는 최소부하 용량만큼 재생 에너지 발전량이 상쇄되고, 잔여 발전량이 전력계통으로 유입되기 때문에 상쇄된 발전량만큼 재생 에너지의 추가접속을 가능케 하는 방식이다. K전력은 현장 실증을 통해 최소부하가 1MW를 초과하는 경우 배전선로별 재생 에너지 접속허용량을 기존 12MW에서 13MW로 확대했다. 또 재생 에너지 장기 접속지연이 발생한 변전소에 대해서는 최소부하를 고려해 재생 에너지 접속허용용량을 200MW에서 평균 215MW로 상향했다. 이 같은 개정안이 전기위원회 심의를 통과하면서 변전소 및 배전선로 보강 없이도 재생 에너지 317MW의 추가 접속이 가능해졌다.

① 재생 에너지 사업 확충에 노후된 송전 설비는 걸림돌이 된다.

② 태양광 에너지는 고갈 염려가 없다고 볼 수 있기 때문에 주목받는 신재생 에너지이다.

③ 기존의 화석 연료 중심의 에너지 발전은 탄소 배출량이 많아 환경에 악영향을 주었다.

④ 별도로 설비를 보강하지 않아도 재생 에너지 과부하 문제를 해결할 수 있는 방안이 제시되었다.

⑤ 현재까지는 재생 에너지 사업 확충에 따른 문제들을 해결하는 방법 중 설비 보강이 가장 좋은 해결법이다.

04 다음 글에서 추론할 수 있는 내용을 〈보기〉에서 모두 고르면?

두 입자만으로 이루어지고 이들이 세 가지의 양자 상태 1, 2, 3 중 하나에만 있을 수 있는 계 (System)가 있다고 하자. 여기서 양자 상태란 입자가 있을 수 있는 구별 가능한 어떤 상태를 지시하며, 입자는 세 가지 양자 상태 중 하나에 반드시 있어야 한다. 이때 그 계에서 입자들이 어떻게 분포할 수 있는지 경우의 수를 세는 문제는 각 양자 상태에 대응하는 세 개의 상자 `1` `2` `3` 에 두 입자가 있는 경우의 수를 세는 것과 같다. 경우의 수는 입자들끼리 서로 구별 가능한지와 여러 개의 입자가 하나의 양자 상태에 동시에 있을 수 있는지에 따라 달라진다.

두 입자가 구별 가능하고, 하나의 양자 상태에 여러 개의 입자가 있을 수 있다고 가정하자. 이것을 'MB 방식'이라고 부르며, 두 입자는 각각 a, b로 표시할 수 있다. a가 1의 양자 상태에 있는 경우는 `ab` ` ` ` `, `a` `b` ` `, `a` ` ` `b` 의 세 가지이고, a가 2의 양자 상태에 있는 경우와 a가 3의 양자 상태에 있는 경우도 각각 세 가지이다. 그러므로 MB 방식에서 경우의 수는 9이다.

두 입자가 구별되지 않고, 하나의 양자 상태에 여러 개의 입자가 있을 수 있다고 가정하자. 이것을 'BE 방식'이라고 부른다. 이때에는 두 입자 모두 a로 표시하게 되므로 `aa` ` ` ` `, ` ` `aa` ` `, ` ` ` ` `aa`, `a` `a` ` `, `a` ` ` `a`, ` ` `a` `a` 가 가능하다. 그러므로 BE 방식에서 경우의 수는 6이다.

두 입자가 구별되지 않고, 하나의 양자 상태에 하나의 입자만 있을 수 있다고 가정하자. 이것을 'FD 방식'이라고 부른다. 여기에서는 BE 방식과 달리 하나의 양자 상태에 두 개의 입자가 동시에 있는 경우는 허용되지 않으므로 `a` `a` ` `, `a` ` ` `a`, ` ` `a` `a` 만 가능하다. 그러므로 FD 방식에서 경우의 수는 3이다.

양자 상태의 가짓수가 다를 때에도 MB, BE, FD 방식 모두 위에서 설명한 대로 입자들이 놓이게 되고, 이때 경우의 수는 달라질 수 있다.

보기

ㄱ. 두 개의 입자에 대해 양자 상태가 두 가지이면 BE 방식에서 경우의 수는 2이다.

ㄴ. 두 개의 입자에 대해 양자 상태의 가짓수가 많아지면 FD 방식에서 두 입자가 서로 다른 양자 상태에 각각 있는 경우의 수는 커진다.

ㄷ. 두 개의 입자에 대해 양자 상태가 두 가지 이상이면 경우의 수는 BE 방식에서보다 MB 방식에서 언제나 크다.

---

① ㄱ
② ㄷ
③ ㄱ, ㄴ
④ ㄴ, ㄷ
⑤ ㄱ, ㄴ, ㄷ

05 다음 글을 읽고 〈보기〉의 그림 ㉠~㉣에 들어갈 내용을 바르게 연결한 것은?

도시재생 사업의 목표는 지역 역량의 강화와 지역 가치의 제고라는 두 마리 토끼를 잡는 것이다. 그 결과 〈보기〉의 그림에서 지역의 상태는 A에서 A′로 변화한다. 둘 중 하나라도 이루어지지 않는다면 도시재생 사업의 목표가 달성되었다고 볼 수 없다. 그러한 실패 사례의 하나가 젠트리피케이션이다. 이는 지역 역량이 강화되지 않은 채 지역 가치만 상승하는 현상을 의미한다.

도시재생 사업의 모범적인 양상은 지역 자산화이다. 지역 자산화는 두 단계로 이루어진다. 첫 번째 단계는 공동체 역량 강화 과정이다. 이는 지역 문제 해결을 위한 프로그램 및 정책 수립, 물리적 시설의 개선, 운영 관리 등으로 구성된 공공 주도 과정이다. 이를 통해 지역 가치와 지역 역량이 모두 낮은 상태에서 일단 지역 역량을 키워 지역 기반의 사회적 자본을 형성하게 된다. 그다음 두 번째 단계로 전문화 과정이 이어진다. 전문화는 민간의 전문성과 창의성을 적극적으로 활용함으로써 강화된 지역 역량의 토대 위에서 지역 가치 제고를 이끌어낸다. 이 과정에서 주민과 민간 조직의 전문성에 대한 신뢰를 바탕으로 공유 시설이나 공간의 설계, 관리, 운영 등 많은 권한이 시민단체를 비롯한 중간 지원 조직에 통합적으로 위임된다.

보기

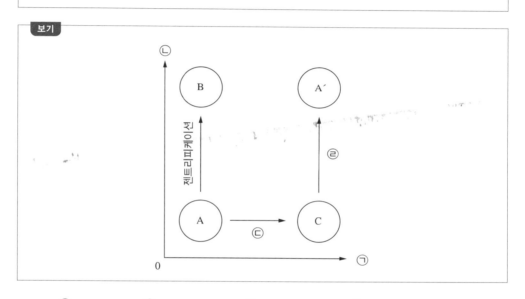

	㉠	㉡	㉢	㉣
①	지역 역량	지역 가치	공동체 역량 강화	전문화
②	지역 역량	지역 가치	공동체 역량 강화	지역 자산화
③	지역 역량	지역 가치	지역 자산화	전문화
④	지역 가치	지역 역량	공동체 역량 강화	지역 자산화
⑤	지역 가치	지역 역량	지역 자산화	전문화

CHAPTER 02
수리능력

합격 CHEAT KEY

수리능력은 사칙연산·통계·확률의 의미를 정확하게 이해하고 이를 업무에 적용하는 능력으로, 기초연산과 기초통계, 도표분석 및 작성의 문제 유형으로 출제된다. 수리능력 역시 채택하지 않는 금융권이 거의 없을 만큼 필기시험에서 중요도가 높은 영역이다.

수리능력은 NCS 기반 채용을 진행한 거의 모든 기업에서 다루었으며, 문항 수는 전체의 평균 16% 정도로 많이 출제되었다. 특히, 난이도가 높은 금융권의 시험에서는 도표분석, 즉 자료해석 유형의 문제가 많이 출제되고 있고, 응용수리 역시 꾸준히 출제하는 기업이 많기 때문에 기초연산과 기초통계에 대한 공식의 암기와 자료해석능력을 기를 수 있는 꾸준한 연습이 필요하다.

01 응용수리능력의 공식은 반드시 암기하라!

응용수리능력은 지문이 짧지만, 풀이 과정은 긴 문제도 자주 볼 수 있다. 그렇기 때문에 응용수리능력의 공식을 반드시 암기하여 문제의 상황에 맞는 공식을 적절하게 적용하여 답을 도출해야 한다. 따라서 문제에서 묻는 것을 정확하게 파악하여 그에 맞는 공식을 적절하게 적용하는 꾸준한 노력과 공식을 암기하는 연습이 필요하다.

02 통계에서 사건이 동시에 발생하는지 개별적으로 발생하는지 구분하라!

통계에서는 사건이 개별적으로 발생했을 때, 경우의 수는 합의 법칙, 확률은 덧셈정리를 활용하여 계산하며, 사건이 동시에 발생했을 때, 경우의 수는 곱의 법칙, 확률은 곱셈정리를 활용하여 계산한다. 특히, 기초통계능력에서 출제되는 문제 중 순열과 조합의 계산 방법이 필요한 문제도 다수이므로 순열(순서대로 나열)과 조합(순서에 상관없이 나열)의 차이점을 숙지하는 것 또한 중요하다. 통계 문제에서의 사건 발생 여부만 잘 판단하여도 계산과 공식을 적용하기가 수월하므로 문제의 의도를 잘 파악하는 것이 중요하다.

03 자료의 해석은 자료에서 즉시 확인할 수 있는 지문부터 확인하라!

대부분의 수험생들이 어려워하는 영역이 수리영역 중 도표분석, 즉 자료해석능력이다. 자료는 표 또는 그래프로 제시되고, 쉬운 지문은 증가 혹은 감소 추이, 간단한 사칙연산으로 풀이가 가능한 문제 등이 있고, 자료의 조사기간 동안 전년 대비 증가율 혹은 감소율이 가장 높은 기간을 찾는 문제들도 있다. 따라서 일단 증가·감소 추이와 같이 눈으로 확인이 가능한 지문을 먼저 확인한 후 복잡한 계산이 필요한 지문을 확인하는 방법으로 문제를 풀이한다면, 시간을 조금이라도 아낄 수 있다. 특히, 그래프와 같은 경우에는 그래프에 대한 특징을 알고 있다면, 그래프의 길이 혹은 높낮이 등으로 대강의 수치를 빠르게 확인이 가능하므로 이에 대한 숙지도 필요하다. 또한, 여러 가지 보기가 주어진 문제 역시 지문을 잘 확인하고 문제를 풀이한다면 불필요한 계산을 생략할 수 있으므로 항상 지문부터 확인하는 습관을 들이기를 바란다.

04 도표작성능력에서 지문에 작성된 도표의 제목을 반드시 확인하라!

도표작성은 하나의 자료 혹은 보고서와 같은 수치가 표현된 자료를 도표로 작성하는 형식으로 출제되는데, 대체로 표보다는 그래프를 작성하는 형태로 많이 출제된다. 지문을 살펴보면 각 지문에서 주어진 도표에도 소제목이 있는 경우가 대부분이다. 이때, 자료의 수치와 도표의 제목이 일치하지 않는 경우 함정이 존재하는 문제일 가능성이 높으므로 도표의 제목을 반드시 확인하는 것이 중요하다. 도표작성의 경우 대부분 비율 계산이 많이 출제되는데, 도표의 제목과는 다른 수치로 작성된 도표가 존재하는 경우가 있다. 그렇기 때문에 지문에서 작성된 도표의 소제목을 먼저 확인하는 연습을 하여 간단하지 않은 비율 계산을 두 번 하는 일이 없도록 해야 한다.

| 유형분석 |

- (거리)=(속력)×(시간), (속력)=$\dfrac{(거리)}{(시간)}$, (시간)=$\dfrac{(거리)}{(속력)}$
- 시간차를 두고 출발하는 경우, 마주 보고 걷거나 둘레를 도는 경우, 기차가 터널을 지나는 경우 등 추가적인 조건과 결합하여 문제가 출제될 수 있다.

원형 모양의 산책로가 있다. 민주는 산책로 시작 지점에서 분속 40m의 속력으로 걷고, 같은 지점에서 세희는 분속 45m의 속력으로 서로 반대 방향으로 걷고 있다. 출발한 지 40분 후에 둘이 두 번째로 마주치게 된다고 할 때, 산책로의 길이는?

① 1,320m   ② 1,400m

③ 1,550m   ④ 1,700m

⑤ 1,750m

정답 ④

산책로의 길이를 xm라 하면, 40분 동안의 민주와 세희의 이동거리는 다음과 같다.
- 민주의 이동거리=40×40=1,600m
- 세희의 이동거리=45×40=1,800m

40분 후에 두 번째로 마주친 것이라고 하므로 다음과 같은 식이 성립한다.

1,600+1,800=2x

→ 2x=3,400

∴ x=1,700

따라서 산책로의 길이는 1,700m이다.

유형풀이 Tip

- 미지수를 정할 때에는 문제에서 묻는 것을 정확하게 파악해야 한다.
- 속력과 시간의 단위를 처음부터 정리하여 계산하면 실수 없이 풀이할 수 있다.
  예 1시간=60분=3,600초
  예 1km=1,000m=100,000cm

Easy

01 지연이는 오후 3시에 집에서 출발하여 평지를 지나 언덕 꼭대기까지 갔다가 같은 길을 되돌아와 그날 저녁 9시에 집에 도착했다. 평지에서는 시속 4km로 걸었고, 언덕을 올라갈 때는 시속 3km, 언덕을 내려올 때는 시속 6km로 걸었다면 지연이는 총 몇 km를 걸었는가?(단, 지연이는 쉬지 않고 걸었다)

① 6km   ② 12km
③ 18km   ④ 24km
⑤ 30km

02 서울과 부산을 잇는 KTX는 총 490km인 거리를 이동한다. 곡선 구간 거리는 90km이고, 직선 구간에서 시속 200km로 운행한다. 광명역, 대전역, 울산역 세 군데서 5분씩 정차하고 총 3시간이 걸렸을 때, 곡선 구간에서의 속력은?

① 80km/h   ② 90km/h
③ 100km/h   ④ 120km/h
⑤ 130km/h

03 철수와 영희가 5 : 3 비율의 속력으로 A지점에서 출발하여 B지점으로 향했다. 영희가 30분 먼저 출발했을 때 철수가 영희를 따라잡은 시간은 철수가 출발하고 나서 몇 분 만인가?

① 30분   ② 35분
③ 40분   ④ 45분
⑤ 50분

| 유형분석 |

- (농도)$=\dfrac{(용질의\ 양)}{(용액의\ 양)}\times100$, (소금물의 양)=(물의 양)+(소금의 양)
- 소금물 대신 설탕물로 출제될 수 있으며, 증발된 소금물·농도가 다른 소금물 간 계산 문제 등으로 응용될 수 있다.

농도가 5%인 설탕물 500g을 가열하였다. 1분 동안 가열하면 50g의 물이 증발할 때, 5분 동안 가열하면 설탕물의 농도는 얼마인가?(단, 설탕물을 가열했을 때 시간에 따라 증발하는 물의 양은 일정하다)

① 6%   ② 7%

③ 8%   ④ 10%

⑤ 11%

정답 ④

농도 5%의 설탕물 500g에 들어있는 설탕의 양은 $\dfrac{5}{100}\times500=25$g이고, 5분 동안 가열한 뒤 남은 설탕물의 양은 $500-(50\times5)=$ 250g이다.

따라서 가열한 후 남은 설탕물의 농도는 $\dfrac{25}{250}\times100=10$%이다.

유형풀이 Tip

- 숫자의 크기를 최대한 간소화해야 한다. 특히, 농도의 경우 분수와 정수가 같이 제시되고, 최근에는 비율을 활용한 문제가 많이 출제되고 있으므로 통분이나 약분을 통해 수를 간소화시켜 계산 실수를 줄일 수 있도록 한다.
- 항상 미지수를 구해서 그 값을 계산하여 풀이해야 하는 것은 아니다. 문제에서 원하는 값은 정확한 미지수를 구하지 않아도 풀이 과정에서 답이 제시되는 경우가 있으므로 문제에서 묻는 것을 명확히 파악해야 한다.

Easy

01 농도가 4%인 설탕물 400g이 들어있는 컵을 방에 두고 자고 일어나서 보니 물이 증발하여 농도가 8%가 되었다. 남아있는 물의 양은?

① 100g   ② 200g

③ 300g   ④ 400g

⑤ 500g

02 세탁기는 세제 용액의 농도를 0.9%로 유지해야 가장 세탁이 잘 된다. 농도가 0.5%인 세제 용액 2kg에 세제를 4스푼 넣었더니, 농도가 0.9%인 세제 용액이 됐다. 물 3kg에 세제를 몇 스푼 넣으면 농도가 0.9%인 세제 용액이 되는가?

① 12스푼   ② 12.5스푼

③ 13스푼   ④ 13.5스푼

⑤ 14스푼

03 농도 12%의 소금물 600g에 물을 넣어 농도가 4% 이하인 소금물을 만들고자 한다. 부어야 하는 물은 최소 몇 g인가?

① 1,150g   ② 1,200g

③ 1,250g   ④ 1,300g

⑤ 1,350g

03 일의 양

| 유형분석 |

- (일률)=$\dfrac{(작업량)}{(작업기간)}$, (작업기간)=$\dfrac{(작업량)}{(일률)}$, (작업량)=(일률)×(작업기간)
- 전체 일의 양을 1로 두고 풀이하는 유형이다.
- 분이나 초 단위 계산이 가장 어려운 유형으로 출제되고 있다.

S연구원과 K연구원은 공동으로 연구를 끝내고 보고서를 제출하려 한다. 이 연구를 혼자 하면 S연구원은 8일이 걸리고, K연구원은 14일이 걸린다. 처음 이틀은 같이 연구하고, 이후엔 K연구원 혼자 연구를 하다가 보고서 제출 이틀 전부터 같이 연구하였다. 보고서를 제출할 때까지 총 며칠이 걸렸는가?

① 6일 ② 7일
③ 8일 ④ 9일
⑤ 10일

정답 ②

전체 일의 양을 1이라고 가정하면, S연구원과 K연구원이 하루에 할 수 있는 일의 양은 각각 $\dfrac{1}{8}$, $\dfrac{1}{14}$이다.

처음 이틀과 보고서 제출 전 이틀 총 4일은 같이 연구하고, 나머지는 K연구원 혼자 연구하였다고 할 때, K연구원 혼자 연구하는 기간을 x일이라 하면 다음과 같은 식이 성립한다.

$4 \times \left(\dfrac{1}{8} + \dfrac{1}{14} \right) + \dfrac{x}{14} = 1$

$\rightarrow \dfrac{1}{2} + \dfrac{2}{7} + \dfrac{x}{14} = 1$

$\rightarrow 7 + 4 + x = 14$

$\therefore x = 3$

따라서 K연구원이 혼자 3일 동안 연구하므로 보고서를 제출할 때까지 총 3+4=7일이 걸렸다.

유형풀이 Tip

- 전체의 값을 모르는 상태에서 비율을 묻는 문제의 경우 전체를 1이라고 하면 쉽게 풀이할 수 있다.

  예 1개의 빵을 만드는 데 3시간이 걸린다. 1개의 빵을 만드는 일의 양을 1이라고 하면 한 시간에 $\dfrac{1}{3}$만큼의 빵을 만든다.

- 난도가 높은 일의 양 문제를 접근할 때 전체 일의 양을 막대 그림으로 표현하면서 풀이하면 한눈에 파악할 수 있다.

예		
$\dfrac{1}{2}$ 수행됨	A기계로 4시간 동안 작업	A, B 두 기계를 모두 동원해 작업

Easy

01 서로 맞물려 도는 두 톱니바퀴 A, B가 있다. A의 톱니의 수는 18개, B의 톱니의 수는 15개일 때, 두 톱니바퀴가 같은 톱니에서 다시 맞물리려면 B톱니바퀴는 최소 몇 바퀴를 회전해야 하는가?

① 3바퀴   ② 4바퀴

③ 5바퀴   ④ 6바퀴

⑤ 7바퀴

02 S은행 김사원은 이틀간 일하고 하루 쉬기를 반복하고, 박사원은 월 ~ 금요일 닷새간 일하고 토 ~ 일요일 이틀간 쉬기를 반복한다. 김사원이 7월에 일한 날이 20일이라면, 김사원과 박사원이 7월에 함께 일한 날의 수는?(단, 7월 1일은 목요일이며, S은행은 주 7일제이다)

① 15일   ② 16일

③ 17일   ④ 18일

⑤ 19일

03 A회사는 10분에 5개의 인형을 만들고, B회사는 1시간에 1대의 인형 뽑는 기계를 만든다. 이 두 회사가 40시간 동안 일을 하면 최대 몇 대의 인형이 들어있는 인형 뽑는 기계를 완성할 수 있는가? (단, 인형 뽑는 기계 하나에는 적어도 40개의 인형이 들어가야 한다)

① 30대   ② 35대

③ 40대   ④ 45대

⑤ 50대

| 유형분석 |

- (정가)=(원가)+(이익), (이익)=(정가)−(원가)
- a원에서 $b\%$ 할인한 가격 $=a\times\left(1-\dfrac{b}{100}\right)$
- 원가, 정가, 할인가, 판매가 등의 개념을 명확히 한다.

A와 B가 시장에 가서 각각 2번에 걸쳐 물건을 사는 데 총 32,000원이 들었다. A는 두 번째 구매 시 첫 번째보다 50% 감소한 금액을 냈고, B는 두 번째 구매 시 첫 번째보다 50% 증가한 금액을 냈다. 나중에 서로 비교해보니 B가 A보다 5,000원을 더 소비한 것을 알게 되었다고 할 때, A가 첫 번째로 낸 금액은?

① 7,400원
② 8,500원
③ 9,000원
④ 9,700원
⑤ 10,300원

정답 ③

A가 첫 번째로 낸 금액을 a원, B가 첫 번째로 낸 금액을 b원이라고 하자.
$(a+0.5a)+(b+1.5b)=32,000 \rightarrow 1.5a+2.5b=32,000 \cdots ㉠$
$(a+0.5a)+5,000=(b+1.5b) \rightarrow 1.5a=2.5b-5,000 \cdots ㉡$
㉠과 ㉡을 연립하면,
∴ $a=9,000$, $b=7,400$
따라서 A가 첫 번째로 낸 금액은 9,000원이다.

유형풀이 Tip

- 전체 금액을 구하는 것이 아니라 할인된 금액을 구하면 수의 크기도 작아지고, 풀이 과정을 단축시킬 수 있다.
- 난도가 높은 편은 아니지만, 비율을 활용한 계산 문제이기 때문에 실수하지 않도록 유의한다.

01 사과 1개를 정가대로 판매하면 개당 600원의 이익을 얻는다. 정가의 20%를 할인하여 6개 판매한 매출액은 정가에서 400원씩 할인하여 8개를 판매한 것과 같다고 할 때, 이 상품의 정가는?

① 500원 　　　　　　　　　　　② 700원

③ 900원 　　　　　　　　　　　④ 1,000원

⑤ 1,200원

02 가정에서 전기를 사용하는 데 100kW 단위로 누진세가 70%씩 증가한다. 누진세가 붙지 않게 사용하였을 때 1시간에 300원이라면, 240kW까지 전기를 사용할 때, 얼마를 내야 하는가?(단, 10분에 20kW씩 증가하며, 처음에는 0kW로 시작한다)

① 963원 　　　　　　　　　　　② 964원

③ 965원 　　　　　　　　　　　④ 966원

⑤ 967원

03 S전자의 초봉은 3,500만 원이고 매년 연봉 인상률은 15%라고 한다. 올해 이 회사에 입사한 신입사원인 승열이는 세금을 제하고 받은 금액에서 매년 2%씩 따로 한 자선단체에 기부할 계획을 세웠다. 세금이 수입의 5%라고 할 때, 내년에 기부할 금액은?(단, 천 원 미만은 절사한다)

① 764,000원 　　　　　　　　　② 780,000원

③ 795,000원 　　　　　　　　　④ 810,000원

⑤ 815,000원

05 날짜 · 요일

| 유형분석 |

- 1일=24시간=1,440(=24×60)분=86,400(=1,440×60)초
- 월별 일수 : 31일 − 1, 3, 5, 7, 8, 10, 12월
  30일 − 4, 6, 9, 11월
  28일 또는 29일(윤년, 4년에 1회) − 2월
- 날짜 · 요일 단위별 기준이 되는 숫자가 다르므로 실수하지 않도록 유의한다.

어느 해의 3월 1일이 금요일이라면, 그해의 5월 25일은 무슨 요일인가?

① 목요일　　　　　　　　　② 금요일

③ 토요일　　　　　　　　　④ 일요일

⑤ 월요일

정답 ③

3월 1일에서 5월 25일까지 일수는 30+30+25=85일이다.

$85 \div 7 = 12 \cdots 1$

따라서 5월 25일은 토요일이다.

유형풀이 Tip

- 일주일은 7일이므로, 전체 일수를 구한 뒤 7로 나누면 빠르게 해결할 수 있다.
- 날짜와 요일의 단위를 처음부터 정리하여 계산하면 실수 없이 풀이할 수 있다.

01 같은 공원에서 A씨는 강아지와 함께 2일마다 한 번 산책하고, B씨는 혼자 3일마다 산책한다. A는 월요일에 산책했고, B는 그다음 날에 산책했다면 처음으로 A와 B가 만나는 날은?

① 수요일   ② 목요일
③ 금요일   ④ 토요일
⑤ 일요일

02 A, B, C 세 사람은 주기적으로 집 청소를 한다. A는 6일마다, B는 8일마다, C는 9일마다 청소할 때, 세 명이 9월 10일에 모두 같이 청소를 했다면 다음에 같은 날 청소하는 날은?

① 11월 5일   ② 11월 12일
③ 11월 16일   ④ 11월 21일
⑤ 11월 29일

Hard
03 S은행은 주 5일 평일에만 근무하는 것이 원칙이며, 재작년의 휴일 수는 105일이었다. 작년은 재작년과 같은 날만큼 쉬었으며 윤년이었다면 올해 S은행의 휴일 수는?(단, 휴일은 주말을 뜻한다)

① 103일   ② 104일
③ 105일   ④ 106일
⑤ 107일

| 유형분석 |

- $_n\mathrm{P}_m = n \times (n-1) \times \cdots \times (n-m+1)$

  $_n\mathrm{C}_m = \dfrac{_n\mathrm{P}_m}{m!} = \dfrac{n \times (n-1) \times \cdots \times (n-m+1)}{m!}$
- 합의 법칙을 활용해야 하는 문제인지 곱의 법칙을 활용해야 하는 문제인지 정확히 구분한다.
- 벤 다이어그램을 활용한 문제가 출제되기도 한다.

S사 채용시험 결과 10명이 최종합격하였다. 하지만 그중 2명이 부정한 방법으로 합격한 사실이 밝혀져 채용이 취소되었다. 이 2명을 제외한 합격자들 중 2명을 회계부서에 배치하고, 남은 인원을 절반씩 각각 인사부서와 홍보부서로 배치하였다고 할 때, 가능한 경우의 수는?

① 18,800가지

② 21,400가지

③ 25,200가지

④ 28,400가지

⑤ 30,100가지

정답 ③

먼저 채용이 취소된 2명이 누구인지에 대한 구분이 없으므로 그 경우의 수는 $_{10}\mathrm{C}_2$ 이다.

다음 남은 8명의 합격자 중 2명을 회계부서에 배치했으므로 그 경우의 수는 $_8\mathrm{C}_2$ 이고, 배치하고 남은 6명 중 3명씩을 각각 인사부서와 홍보부서로 배치하였으므로 그 경우의 수는 $_6\mathrm{C}_3 \times _3\mathrm{C}_3$ 이고, 가능한 총 경우의 수는 다음과 같다.

$$_{10}\mathrm{C}_2 \times _8\mathrm{C}_2 \times _6\mathrm{C}_3 \times _3\mathrm{C}_3 = \frac{10 \times 9}{2 \times 1} \times \frac{8 \times 7}{2 \times 1} \times \frac{6 \times 5 \times 4}{3 \times 2 \times 1} \times 1$$

$$= 45 \times 28 \times 20 \times 1$$

따라서 가능한 총 경우의 수는 25,200가지이다.

유형풀이 Tip

1) 합의 법칙
   ① 두 사건 A, B가 동시에 일어나지 않을 때, A가 일어나는 경우의 수를 m, B가 일어나는 경우의 수를 n이라고 하면, 사건 A 또는 B가 일어나는 경우의 수는 $m+n$이다.
   ② '또는', '~이거나'라는 말이 나오면 합의 법칙을 사용한다.
2) 곱의 법칙
   ① A가 일어나는 경우의 수를 m, B가 일어나는 경우의 수를 n이라고 하면, 사건 A와 B가 동시에 일어나는 경우의 수는 $m \times n$이다.
   ② '그리고', '동시에'라는 말이 나오면 곱의 법칙을 사용한다.

Hard

01 S사 서버 비밀번호는 0에서 9까지 10개의 숫자를 사용하여 4자리로 설정할 수 있다. 동일 숫자를 2번 중복 사용하여 설정할 수 있는 비밀번호는 모두 몇 가지인가?

① 3,260가지
② 3,680가지
③ 4,590가지
④ 4,620가지
⑤ 4,820가지

02 파견 근무를 나갈 10명을 뽑아 팀을 구성하려 한다. 새로운 팀 내에서 팀장 1명과 회계 담당 2명을 뽑으려고 하는데, 이 인원을 뽑는 경우의 수는?

① 300가지
② 320가지
③ 348가지
④ 360가지
⑤ 396가지

03 다음과 같은 바둑판 도로망이 있다. 갑은 A지점에서 출발하여 B지점까지 최단 거리로 이동하고, 을은 B지점에서 출발하여 A지점까지 최단 거리로 이동한다. 갑과 을이 동시에 출발하여 같은 속력으로 이동할 때, 갑과 을이 만나는 경우의 수는?

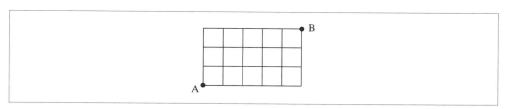

① 244가지
② 574가지
③ 867가지
④ 1,184가지
⑤ 1,342가지

| 유형분석 |

- 줄 세우기, 대표 뽑기, 경기 수, 최단 경로 수 등의 유형으로 출제될 가능성이 있다.
- 확률의 덧셈 법칙을 활용해야 하는 문제인지 곱셈 법칙을 활용해야 하는 문제인지 정확히 구분한다.
- 여사건 또는 조건부 확률 문제가 출제되기도 한다.

남자 4명, 여자 4명으로 이루어진 팀에서 2명의 팀장을 뽑으려고 한다. 이때 팀장 2명이 모두 남자로만 구성될 확률은?

① $\dfrac{3}{7}$

② $\dfrac{5}{14}$

③ $\dfrac{2}{7}$

④ $\dfrac{3}{14}$

⑤ $\dfrac{1}{14}$

정답 ④

i) 8명 중 팀장 2명을 뽑는 경우의 수 : $_8\mathrm{C}_2 = \dfrac{8 \times 7}{2 \times 1} = 28$가지

ii) 남자 4명 중 팀장 2명을 뽑는 경우의 수 : $_4\mathrm{C}_2 = \dfrac{4 \times 3}{2 \times 1} = 6$가지

$\therefore \dfrac{_4\mathrm{C}_2}{_8\mathrm{C}_2} = \dfrac{6}{28} = \dfrac{3}{14}$

따라서 팀장 2명이 모두 남자로만 구성될 확률은 $\dfrac{3}{14}$ 이다.

유형풀이 Tip

1) 확률의 덧셈
   두 사건 A, B가 동시에 일어나지 않을 때, A가 일어날 확률을 p, B가 일어날 확률을 q라고 하면, 사건 A 또는 B가 일어날 확률은 $p+q$이다.
2) 확률의 곱셈
   A가 일어날 확률을 p, B가 일어날 확률을 q라고 하면, 사건 A와 B가 동시에 일어날 확률은 $p \times q$이다.
3) 여사건 확률
   ① 사건 A가 일어날 확률이 p일 때, 사건 A가 일어나지 않을 확률은 $(1-p)$이다.
   ② '적어도'라는 말이 나오면 주로 사용한다.
4) 조건부 확률
   ① 확률이 0이 아닌 두 사건 A, B에 대하여 사건 A가 일어났다는 조건하에 사건 B가 일어날 확률로, A 중에서 B인 확률을 의미한다.
   ② $\mathrm{P(B \mid A)} = \dfrac{\mathrm{P(A \cap B)}}{\mathrm{P(A)}}$ 또는 $\mathrm{P_A(B)}$로 나타낸다.

01 진수네 축구팀을 포함한 16개의 축구팀이 모여서 토너먼트 방식으로 우승을 가리려고 한다. 진수
네 팀이 경기에서 이길 확률이 항상 0.6이라면, 진수네 팀이 우승할 확률은?(단, 소수점 셋째 자리
에서 반올림한다)

① 11%

② 13%

③ 16%

④ 18%

⑤ 20%

02 올림픽 양궁 시합에서 우리나라 선수가 10점 만점 중 10점을 쏠 확률은 $\frac{1}{5}$ 이다. 4번의 화살을
쐈을 때 4번 중 2번은 10점, 나머지 2번은 10점을 쏘지 못할 확률은?

① $\frac{16}{125}$

② $\frac{24}{125}$

③ $\frac{16}{625}$

④ $\frac{96}{625}$

⑤ $\frac{101}{625}$

03 다음과 같은 정오각형 모양의 탁자에 남학생 5명과 여학생 5명이 앉고자 할 때, 각 변에 남학생과
여학생이 이웃하여 앉을 확률은?(단, 회전하여 일치하는 경우는 모두 같은 것으로 본다)

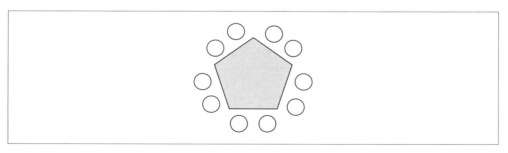

① $\frac{1}{63}$

② $\frac{2}{63}$

③ $\frac{4}{63}$

④ $\frac{8}{63}$

⑤ $\frac{11}{63}$

| 유형분석 |

- (환율)$=\dfrac{(자국 \ 화폐 \ 가치)}{(외국 \ 화폐 \ 가치)}$
- (자국 화폐 가치)$=$(환율)$\times$(외국 화폐 가치)
- (외국 화폐 가치)$=\dfrac{(자국 \ 화폐 \ 가치)}{(환율)}$

K씨는 지난 영국출장 때 사용하고 남은 1,400파운드를 주거래 은행인 S은행에서 환전해 이번 독일출장 때 가지고 가려고 한다. S은행에서 고시한 환율은 1파운드당 1,500원, 1유로당 1,200원일 때, K씨가 환전한 유로화는 얼마인가?(단, 국내 은행에서 파운드화에서 유로화로 환전 시 이중환전을 해야 하며, 환전 수수료는 고려하지 않는다)

① 1,700유로

② 1,750유로

③ 1,800유로

④ 1,850유로

⑤ 1,900유로

정답 ②

파운드화를 유로화로 환전할 때 이중환전을 해야 하므로 파운드화에서 원화, 원화에서 유로화로 두 번 환전해야 한다.
- 파운드화를 원화로 환전 : 1,400파운드$\times$1,500원/파운드$=$2,100,000원
- 원화를 유로화로 환전 : 2,100,000원$\div$1,200원/유로$=$1,750유로

따라서 K씨가 환전한 유로화는 1,750유로이다.

유형풀이 Tip

- 수수료나 우대사항 등 문제에서 요구하는 조건을 놓치지 않도록 주의한다.

01 다음은 2024년 9월과 2024년 12월의 원/달러 환율이다. 2024년 9월에 100만 원을 달러로 환전하고 2024년 12월에 다시 원화로 환전했을 때, 손해를 보는 금액은 얼마인가?(단, 환전 수수료는 고려하지 않는다)

〈원/달러 환율〉		
구분	2024년 9월	2024년 12월
환율	1,327원/달러	1,302원/달러

※ 단, 원화에서 달러로 환전할 때에는 소수점 둘째 자리에서 반올림하고, 달러에서 원화로 환전할 때에는 백의 자리에서 반올림함

① 17,000원 ② 19,000원
③ 21,000원 ④ 23,000원
⑤ 25,000원

Easy
02 A씨는 태국에서 신용카드로 15,000바트의 기념품을 구매하였다. 카드사에서 적용하는 환율 및 수수료가 다음과 같을 때, A씨가 기념품 비용으로 내야 할 카드 금액은 얼마인가?

〈적용 환율 및 수수료〉

• 태국 환율 : 38.1원/바트
• 해외서비스 수수료 : 0.2%

※ 십 원 미만은 절사하며, 제시된 정보만 고려함

① 584,720원 ② 572,640원
③ 566,230원 ④ 561,280원
⑤ 558,110원

03 S기업은 해외 기업으로부터 대리석을 수입하여 국내 건설업체에 납품하고 있다. 최근 파키스탄의 H기업과 대리석 1톤을 수입하는 거래를 다음과 같이 체결하였을 때 수입대금으로 내야 할 금액은 원화로 얼마인가?(단, 환전 수수료는 고려하지 않는다)

• 환율정보
 - 1달러=100루피
 - 1달러=1,160원
• 대리석 10kg당 가격 : 35,000루피

① 3,080만 원 ② 3,810만 원
③ 4,060만 원 ④ 4,600만 원
⑤ 5,800만 원

09 금융상품 활용

| 유형분석 |

- 금융상품을 정확하게 이해하고 문제에서 요구하는 답을 도출해낼 수 있는지 평가한다.
- 단리식, 복리식, 이율, 우대금리, 중도해지, 만기해지 등 조건에 유의해야 한다.

A고객은 S은행 정기예금을 만기 납입했다. 〈조건〉이 다음과 같을 때 A고객이 받을 이자의 금액은?(단, 천의 자리에서 반올림한다)

조건
- 상품명 : S은행 정기예금
- 가입자 : 본인
- 계약기간 : 24개월(만기)
- 저축방법 : 거치식
- 저축금액 : 2,000만 원
- 이자지급방식 : 만기일시지급식, 단리식
- 기본금리 : 연 0.5%
- 우대금리 : 거치금액 1,000만 원 이상 시 0.3%p

① 320,000원
② 325,000원
③ 328,500원
④ 330,000원
⑤ 342,000원

정답 ①

단리 예금 이자 : (원금)×(기간)×$\dfrac{(이율)}{12}$

따라서 적금 만기 시 받을 이자를 계산하면 $20,000,000×24×\dfrac{0.008}{12}≒320,000$원이다.

1) 단리
   ① 개념 : 원금에만 이자가 발생
   ② 계산 : 이율이 r%인 상품에 원금 a를 총 n번 이자가 붙는 동안 예치한 경우 $a(1+nr)$
2) 복리
   ① 개념 : 원금과 이자에 모두 이자가 발생
   ② 계산 : 이율이 r%인 상품에 원금 a를 총 n번 이자가 붙는 동안 예치한 경우 $a(1+r)^n$
3) 이율과 기간
   ① (월이율)$=\dfrac{(연이율)}{12}$

   ② n개월$=\dfrac{n}{12}$ 년
4) 예치금의 원리합계
   원금 a원, 연이율 r%, 예치기간 n개월일 때,

   • 단리 예금의 원리합계 : $a\left(1+\dfrac{r}{12}n\right)$

   • 월복리 예금의 원리합계 : $a\left(1+\dfrac{r}{12}\right)^n$

   • 연복리 예금의 원리합계 : $a(1+r)^{\frac{n}{12}}$
5) 적금의 원리합계
   월초 a원씩, 연이율 r%일 때, n개월 동안 납입한다면

   • 단리 적금의 n개월 후 원리합계 : $an+a\times\dfrac{n(n+1)}{2}\times\dfrac{r}{12}$

   • 월복리 적금의 n개월 후 원리합계 : $\dfrac{a\left(1+\dfrac{r}{12}\right)\left\{\left(1+\dfrac{r}{12}\right)^n-1\right\}}{\dfrac{r}{12}}$

   • 연복리 적금의 n개월 후 원리합계 : $\dfrac{a(1+r)^{\frac{1}{12}}\left\{(1+r)^{\frac{n}{12}}-1\right\}}{(1+r)^{\frac{1}{12}}-1}$

PART 1

Easy

01 연이율 1.8%를 제공하는 2년 만기 정기예금에 500만 원을 예치하고 180일 후에 해지하였다면 수령할 총금액은?(단, 이자는 단리를 적용하고, 한 달은 30일로 계산한다. 또한, 중도해지금리는 적용하지 않는다)

① 504만 원   ② 504만 5천 원
③ 505만 원   ④ 505만 5천 원
⑤ 506만 원

02 현수가 연이율 2.4%인 월복리 적금 상품에 원금 총 2,400만 원을 납입하고자 한다. 2년 만기 적금 상품에 매월 초 100만 원씩 납입할 때 만기 시 원리합계와 1년 만기 적금 상품에 매월 초에 200만 원씩 납입할 때 만기 시 원리합계의 차이는?(단, $1.002^{12}=1.024$, $1.002^{24}=1.049$로 계산하며, 이자 소득에 대한 세금은 고려하지 않는다)

① 50.1만 원   ② 50.2만 원
③ 50.3만 원   ④ 50.4만 원
⑤ 50.5만 원

Hard

03 K씨는 S은행에서 1,200만 원을 대출받았다. 대출금은 4년 동안 월 복리식으로 원리금균등상환을 하기로 하였으며, 연 이자율은 6%이다. K씨는 4년 동안 한 달에 얼마씩 상환해야 하는가?[단, 상환액은 십의 자리에서 반올림하며, $\left(1+\dfrac{0.06}{12}\right)^{48}=1.27$로 계산한다]

① 262,200원   ② 271,200원
③ 281,200원   ④ 282,200원
⑤ 291,700원

04 올해가 입사한 지 16년이 되는 김씨는 입사 첫 해에 3,000만 원의 연봉을 받았고, 그 후 해마다 직전 연봉에서 6%씩 인상된 금액을 연봉으로 받았다. 김씨는 입사 첫 해부터 매년 말에 그해의 연봉 50%를 연이율 6%의 복리로 저축하였다. 김씨가 입사 첫 해부터 올해 말까지 저축한 금액의 원리합계는?(단, 1.06^{15}=2.4, 1.06^{16}=2.5로 계산한다)

① 52,200만 원

② 54,000만 원

③ 55,800만 원

④ 57,600만 원

⑤ 58,100만 원

05 A대리는 새 자동차 구입을 위해 적금 상품에 가입하고자 하며, 후보 적금 상품에 대한 정보는 다음과 같다. 후보 적금 상품 중 만기 시 원리합계가 더 큰 적금 상품에 가입한다고 할 때, A대리가 가입할 적금 상품과 상품의 만기 시 원리합계가 바르게 연결된 것은?(단, 이자 소득에 대한 세금은 고려하지 않는다)

<후보 적금 상품 정보>

구분	직장인사랑적금	미래든든적금
가입자	개인실명제	개인실명제
가입기간	36개월	24개월
가입금액	매월 1일 100,000원 납입	매월 1일 150,000원 납입
적용금리	연 2.0%	연 1.5%
저축방법	정기적립식	정기적립식
이자지급방식	만기일시지급식, 단리식	만기일시지급식, 단리식

	적금 상품	원리합계
①	직장인사랑적금	3,656,250원
②	직장인사랑적금	3,711,000원
③	미래든든적금	3,656,250원
④	미래든든적금	3,781,650원
⑤	미래든든적금	3,925,000원

| 유형분석 |

- 문제에 주어진 조건과 정보를 활용하여 빈칸에 알맞은 수를 계산해 낼 수 있는지 평가한다.
- 빈칸이 여러 개인 경우 계산이 간단한 한두 개의 빈칸의 값을 먼저 찾고, 역으로 대입하여 풀이 시간을 단축한다.
- 금융권 NCS 수리능력의 경우 마지막 자리까지 정확하게 계산하는 것을 요구한다. 어림값을 구하여 섣불리 오답을 선택하는 오류를 범하지 않도록 주의한다.

다음은 연도별 국내 스포츠 경기 수 현황에 대한 자료이다. 다음 중 빈칸에 들어갈 수치로 가장 적절한 것은?(단, 각 수치는 매년 일정한 규칙으로 변화한다)

〈연도별 국내 스포츠 경기 수〉

(단위 : 경기)

구분	2019년	2020년	2021년	2022년	2023년	2024년
농구	450	468	428	457	444	463
야구	412	415	406	411	407	
배구	352	366	345	358	341	362
축구	385	390	374	380	378	389

① 399
② 401
③ 403
④ 406
⑤ 412

정답 ⑤

4개 종목 모두 2020년부터 2024년까지 전년 대비 경기 수 추이가 '증가 – 감소 – 증가 – 감소 – 증가'를 반복하고 있다.
따라서 빈칸에 들어갈 가장 알맞은 수는 407보다 큰 412이다.

유형풀이 Tip

주요 통계 용어
1) 평균 : 자료 전체의 합을 자료의 개수로 나눈 값
2) 분산 : 변량이 평균으로부터 떨어져 있는 정도를 나타낸 값
3) 표준편차 : 통계집단의 분배정도를 나타내는 수치, 자료의 값이 얼마나 흩어져 분포되어 있는지 나타내는 산포도 값의 한 종류
4) 상대도수 : 도수분포표에서 도수의 총합에 대한 각 계급의 도수의 비율
5) 최빈값 : 자료의 분포 중에서 가장 많은 빈도로 나타나는 변량
6) 중앙값 : 자료를 크기 순서대로 배열했을 때 중앙에 위치하게 되는 값

Easy

01 다음은 S식당의 세트메뉴에 따른 월별 판매 개수 현황에 대한 자료이다. ㉠, ㉡에 들어갈 수치가 바르게 연결된 것은?(단, 각 수치는 매년 일정한 규칙으로 변화한다)

〈월별 세트메뉴 판매 개수〉

(단위 : 개)

구분	5월	6월	7월	8월	9월	10월	11월
A세트	212	194	180	㉠	194	228	205
B세트	182	164	150	184	164	198	175
C세트	106	98	112	140	120	150	121
D세트	85	86	87	81	92	100	121
E세트	35	40	54	55	60	57	59
F세트	176	205	214	205	241	232	211
G세트	216	245	254	245	281	272	㉡

	㉠	㉡			㉠	㉡
①	213	250		②	214	251
③	215	251		④	215	250
⑤	214	249				

02 다음은 5월 7일부터 5월 13일까지 A제품의 도매가와 일주일간 평균 도매가를 정리한 자료이다. 5월 10일의 도매가는 얼마인가?

〈A제품의 도매가 및 일주일간 평균 도매가〉

(단위 : 원)

구분	5/7	5/8	5/9	5/10	5/11	5/12	5/13	평균
가격	400	500	300		400	550	300	400

① 300원   ② 350원

③ 400원   ④ 450원

⑤ 500원

03 다음은 A공단에서 발표한 최근 2개년 1/4분기 산업단지별 수출현황에 대한 자료이다. (가) ~ (다)에 들어갈 수치가 바르게 연결된 것은?(단, 전년 대비 수치는 소수점 둘째 자리에서 반올림한다)

〈최근 2개년 1/4분기 산업단지별 수출현황〉

(단위 : 백만 달러)

구분	2024년 1/4분기	2023년 1/4분기	전년 대비
국가	66,652	58,809	13.3% 상승
일반	34,273	29,094	(가)% 상승
농공	2,729	3,172	14.0% 하락
합계	(나)	91,075	(다)% 상승

	(가)	(나)	(다)
①	15.8	103,654	13.8
②	15.8	104,654	11.8
③	17.8	102,554	13.8
④	17.8	103,654	11.8
⑤	17.8	103,654	13.8

Hard

04 2024년 상반기 S은행 상품기획팀 입사자 수는 2023년 하반기에 비해 20% 감소하였으며, 2024년 상반기 인사팀 입사자 수는 2023년 하반기 마케팅팀 입사자 수의 2배이고, 영업팀 입사자는 2023년 하반기보다 30명이 늘었다. 2024년 상반기 마케팅팀의 입사자 수는 2024년 상반기 인사팀의 입사자 수와 같다. 2024년 상반기 전체 입사자가 2023년 하반기 대비 25% 증가했을 때, 2023년 하반기 대비 2024년 상반기 인사팀 입사자의 증감률은?

〈S은행 입사자 수〉

(단위 : 명)

구분	마케팅	영업	상품기획	인사	합계
2023년 하반기 입사자 수	50		100		320

① −15% ② 0%

③ 15% ④ 25%

⑤ 30%

05 다음은 S은행 영업부의 작년 분기별 영업 실적을 나타낸 그래프이다. 작년 전체 실적에서 1 ~ 2분기와 3 ~ 4분기가 각각 차지하는 비중을 바르게 나열한 것은?(단, 비중은 소수점 둘째 자리에서 반올림한다)

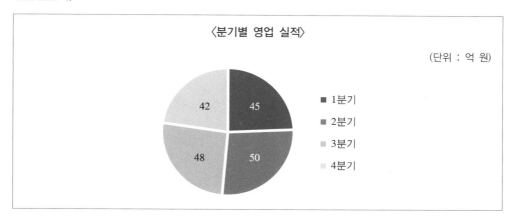

	1 ~ 2분기	3 ~ 4분기		1 ~ 2분기	3 ~ 4분기
①	46.8%	50.1%	②	48.6%	51.4%
③	50.0%	50.0%	④	50.1%	46.8%
⑤	51.4%	48.6%			

06 다음은 과일 (가) ~ (라)의 종류별 무게에 따른 가격표이다. 종류별 무게를 가중치로 적용하여 가격에 대한 가중평균을 구하면 42만 원이다. 이때 빈칸에 들어갈 수치로 옳은 것은?

〈과일 종류별 가격 및 무게〉

(단위 : 만 원, kg)

구분	(가)	(나)	(다)	(라)
가격	25	40	60	
무게	40	15	25	20

① 40

② 45

③ 50

④ 55

⑤ 60

| 유형분석 |

- 문제에 주어진 상황과 정보를 적절하게 활용하여 잘못된 내용을 찾아낼 수 있는지 평가한다.
- 비율·증감폭·증감률·수익(손해)율 등의 계산을 요구하는 문제가 출제된다.

다음은 지난 10년간 우리나라 일부 품목의 소비자 물가지수에 대한 자료이다. 이에 대한 설명으로 옳지 않은 것은?

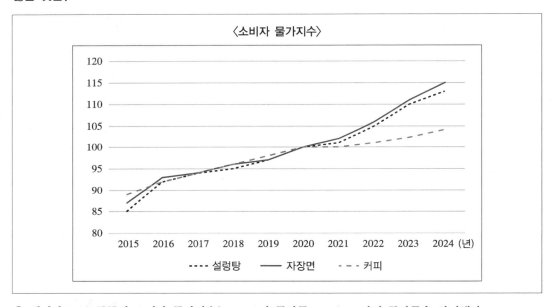

① 제시한 모든 품목의 소비자 물가지수는 2020년 물가를 100으로 하여 등락률을 산정했다.

② 자장면 가격은 2020년 대비 최근까지 가장 많이 오른 음식이다.

③ 설렁탕은 2015년부터 2020년까지 가장 많이 오른 음식이다.

④ 2024년 현재 가장 비싼 품목은 자장면이다.

⑤ 2020년 대비 2024년은 '자장면, 설렁탕, 커피' 순으로 가격이 올랐다.

정답 ④

소비자물가지수는 상품의 가격 변동을 수치화한 것으로 각 상품의 가격은 알 수 없다.

오답분석

① 그래프를 보면 세 품목이 모두 2020년에 물가지수 100을 나타낸다. 따라서 제시한 모든 품목의 소비자 물가지수는 2020년 물가를 100으로 하여 등락률을 산정했다.

② 2024년의 자장면 물가지수의 2020년 대비 $115-100=15$로 가장 많이 오른 음식이다.

③ 설렁탕은 2015년에 물가지수가 가장 낮은 품목이며, 2020년의 세 품목의 물가지수는 100으로 동일하다. 따라서 설렁탕이 2015년부터 2020년까지 가장 많이 오른 음식이다.

⑤ 세 품목의 2020년 물가지수 100이 기준이기 때문에 2024년에 물가지수가 높은 순서대로 가격 증가액이 높다. 따라서 2020년 대비 2024년은 '자장면, 설렁탕, 커피' 순으로 가격이 올랐다.

유형풀이 Tip

• [증감률(%)] : $\dfrac{(비교값)-(기준값)}{(기준값)}\times100$

예 S은행의 작년 신입사원 수는 500명이고, 올해는 700명이다. S은행의 전년 대비 올해 신입사원 수의 증가율은?

$\dfrac{700-500}{500}\times100=\dfrac{200}{500}\times100=40\%$ → 전년 대비 40% 증가하였다.

예 S은행의 올해 신입사원 수는 700명이고, 내년에는 350명을 채용할 예정이다. S은행의 올해 대비 내년 신입사원 수의 감소율은?

$\dfrac{350-700}{700}\times100=-\dfrac{350}{700}\times100=50\%$ → 올해 대비 50% 감소할 것이다.

01 다음은 우리나라 건강보험 재정 현황에 대한 자료이다. 이에 대한 설명으로 옳지 않은 것은?

〈건강보험 재정 현황〉

(단위 : 조 원)

구분	2017년	2018년	2019년	2020년	2021년	2022년	2023년	2024년
수입	32.0	37.0	42.0	45.0	48.5	55.0	55.5	56.0
보험료 등	27.5	32.0	36.5	39.4	42.2	44.0	44.5	48.0
정부지원	4.5	5.0	5.5	5.6	6.3	11.0	11.0	8.0
지출	35.0	36.0	40.0	42.0	44.0	51.0	53.5	56.0
보험급여비	33.5	34.2	37.2	37.8	40.5	47.3	50.0	52.3
관리운영비 등	1.5	1.8	2.8	4.2	3.5	3.7	3.5	3.7
수지율(%)	109	97	95	93	91	93	96	100

※ [수지율(%)] $= \dfrac{(지출)}{(수입)} \times 100$

① 2017년 대비 2024년 건강보험 수입의 증가율과 건강보험 지출의 증가율의 차이는 15%p이다.

② 2018년부터 건강보험 수지율이 전년 대비 감소하는 해에는 정부지원 수입이 전년 대비 증가하였다.

③ 2022년 보험료 등이 건강보험 수입에서 차지하는 비율은 75% 이상이다.

④ 건강보험 수입과 지출의 전년 대비 증감 추이는 2018년부터 2024년까지 같다.

⑤ 건강보험 지출 중 보험급여비가 차지하는 비중은 2019년과 2020년 모두 95% 이상이다.

02 다음은 S사 지원자의 인턴 및 해외연수 경험과 합격 여부에 대한 자료이다. 이에 대한 〈보기〉의 설명 중 옳은 것을 모두 고르면?

〈S사 지원자의 인턴 및 해외연수 경험과 합격 여부〉

(단위 : 명, %)

인턴 경험	해외연수 경험	합격 여부		합격률
		합격	불합격	
있음	있음	95	400	19.2
	없음	25	80	23.8
없음	있음	0	5	0.0
	없음	15	130	10.3

※ [합격률(%)]=$\dfrac{\text{(합격자 수)}}{\text{(합격자 수)}+\text{(불합격자 수)}}\times100$

※ 합격률은 소수점 둘째 자리에서 반올림한 값임

보기

ㄱ. 해외연수 경험이 있는 지원자가 해외연수 경험이 없는 지원자보다 합격률이 높다.

ㄴ. 인턴 경험이 있는 지원자가 인턴 경험이 없는 지원자보다 합격률이 높다.

ㄷ. 인턴 경험과 해외연수 경험이 모두 있는 지원자 합격률은 인턴 경험만 있는 지원자 합격률의 2배 이상이다.

ㄹ. 인턴 경험과 해외연수 경험이 모두 없는 지원자와 인턴 경험만 있는 지원자 간 합격률 차이는 20%p보다 크다.

① ㄱ, ㄴ
② ㄱ, ㄷ
③ ㄴ, ㄷ
④ ㄱ, ㄴ, ㄹ
⑤ ㄴ, ㄷ, ㄹ

03 다음은 2024년 상반기 경상수지 및 무역수지에 대한 자료이다. 〈보기〉 중 이에 대해 바르게 해석한 사람을 모두 고르면?

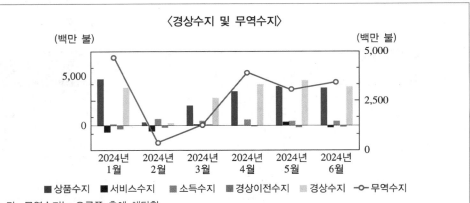

〈경상수지 및 무역수지〉

■ 상품수지   ■ 서비스수지   ■ 소득수지   ■ 경상이전수지   ■ 경상수지   ─○─ 무역수지

※ 단, 무역수지는 오른쪽 축에 해당함

• 상품수지 : 상품 수출과 수입의 차이로, 소유권 이전 기준으로 작성되며 가격조건은 수출입 모두 FOB로 평가 – 일반상품, 가공용 재화, 비화폐용금수지로 세분
• 서비스수지 : 서비스 수출과 수입의 차이로, 운수, 여행, 통신서비스, 보험서비스, 특허권 등 사용료, 사업서비스, 정부서비스 및 기타수지로 세분
• 소득수지 : 비거주자 노동자에게 지급되는 급료 및 임금, 대외 금융자산 및 부채와 관련된 투자소득이 포함
• 경상이전수지 : 개인송금, 국제기구 출연금 및 구호를 위한 식량, 의약품 등의 무상원조가 포함

보기

난정 : 미국에서 유학 중인 수현이가 부모님으로부터 학비를 받았다면, 이는 소득수지에 해당한다.
희수 : 상품수지는 기간 내에 항상 흑자였다.
소정 : 대외 금융자산 및 부채와 관련된 투자소득이 0이라고 할 때, 우리나라에 있는 외국인 노동자에게 지급되는 임금 총량보다 외국에 있는 우리나라 노동자에게 지급되는 임금 총량이 더 크다.
만호 : 2024년 2월에 무역수지는 적자였다.

---

① 난정, 희수
② 난정, 소정
③ 희수, 소정
④ 희수, 만호
⑤ 소정, 만호

다음은 S은행에서 판매하고 있는 상품별 가입 현황과 1인당 평균 월납입금액에 대한 자료이다. S은행 이용자 1,230,000명 중 25%는 보험상품에 가입했고, 40%는 적금상품에 가입했다. 보험상품과 적금상품에 중복으로 가입한 사람은 없으며, 보험상품 가입자의 10%, 적금상품 가입자의 20% 그리고 두 상품 모두 가입하지 않은 S은행 이용자의 30%가 예금상품에 가입했다고 할 때, 이에 대한 해석으로 옳은 것을 〈보기〉에서 모두 고르면?(단, 소수점 둘째 자리에서 반올림한다)

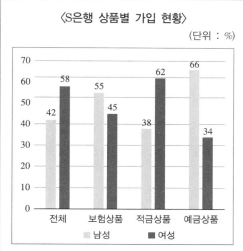

〈S은행 상품별 가입 현황〉
(단위 : %)

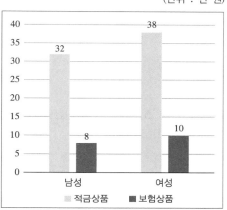

〈상품별 1인당 평균 월납입금액〉
(단위 : 만 원)

※ 예금상품의 평균 예치금은 남성 2,000만 원, 여성 2,200만 원임
※ 적금·예금상품은 5년 만기, 보험상품은 20년 만기임

보기

ㄱ. S은행 이용자 중 예금상품 가입자가 차지하는 비율은 20% 이하이다.
ㄴ. 예금상품에 가입한 여성 중 보험 또는 적금상품에 가입한 여성이 없을 때, 예금상품만 가입한 남성이 S은행 남성 이용자 전체에서 차지하는 비율은 8%이다.
ㄷ. 예금·보험·적금상품의 각각 가입건수를 계산한다면, 예금·보험·적금상품 전체 가입건수에서 남성가입건수와 여성가입건수의 차이는 5,000건 이하이다.
ㄹ. 남성과 여성의 1인당 평균 총납입금액의 차액이 가장 적은 상품은 예금상품이다.

① ㄱ, ㄷ
② ㄴ, ㄹ
③ ㄷ, ㄹ
④ ㄱ, ㄴ, ㄹ
⑤ ㄴ, ㄷ, ㄹ

| 유형분석 |

- 그래프의 형태별 특징을 파악하고, 다양한 종류로 변환하여 표현할 수 있는지 평가한다.
- 수치를 일일이 확인하기보다 증감 추이를 먼저 판단한 후 그래프 모양이 크게 차이 나는 곳의 수치를 확인하는 것이 효율적이다.

다음은 외상 후 스트레스 장애 진료인원에 대한 자료이다. 이를 바르게 나타낸 그래프는?(단, 그래프의 단위는 '명'이다)

<연도별 외상 후 스트레스 장애 진료인원>

(단위 : 명)

구분	전체	남성	여성	성비
2019년	7,268	2,966	4,302	69
2020년	7,901	3,169	4,732	67
2021년	8,282	3,341	4,941	68
2022년	9,648	3,791	5,857	65
2023년	10,570	4,170	6,400	65

※ (성비)$=\dfrac{(남성 수)}{(여성 수)}\times100$

※ 성비는 소수점 첫째 자리에서 반올림한 값임

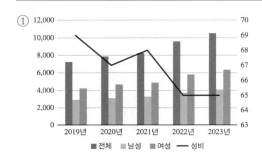

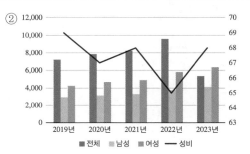

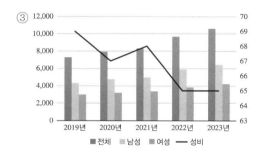

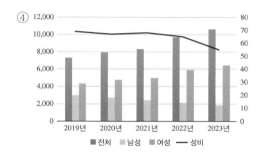

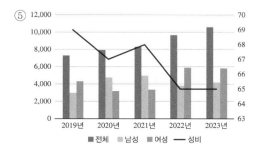

정답 ①

오답분석
② 2023년 성비가 자료와 다르다.
③ 남성과 여성의 자료가 전체적으로 바뀌었다.
④ 자료에 따르면 남성의 경우 진료인원이 계속 증가하는데 그래프는 계속 감소하고 있다.
⑤ 2020 ~ 2021년 남성 진료인원과 여성 진료인원의 수가 바뀌었다.

유형풀이 Tip

그래프의 종류

종류	내용
선 그래프	시간적 추이(시계열 변화)를 표시하고자 할 때 적합 예 연도별 매출액 추이 변화
막대 그래프	수량 간의 대소관계를 비교하고자 할 때 적합 예 영업소별 매출액
원 그래프	내용의 구성비를 분할하여 나타내고자 할 때 적합 예 제품별 매출액 구성비
층별 그래프	합계와 각 부분의 크기를 백분율로 나타내고 시간적 변화를 보고자 할 때 적합 예 상품별 매출액 추이
점 그래프	지역분포를 비롯한 기업 등의 평가나 위치, 성격을 표시하고자 할 때 적합 예 광고비율과 이익률의 관계
방사형 그래프	다양한 요소를 비교하고자 할 때 적합 예 매출액의 계절변동

Easy

01 다음은 가계 금융자산에 대한 국가별 비교 자료이다. 이를 변환한 그래프로 옳지 않은 것은?

〈각국의 연도별 가계 금융자산 비율〉

국가 \ 연도	2018년	2019년	2020년	2021년	2022년	2023년
A	0.24	0.22	0.21	0.19	0.17	0.16
B	0.44	0.45	0.48	0.41	0.40	0.45
C	0.39	0.36	0.34	0.29	0.28	0.25
D	0.25	0.28	0.26	0.25	0.22	0.21

※ 가계 총자산은 가계 금융자산과 가계 비금융자산으로 이루어지며, 가계 금융자산 비율은 가계 총자산 대비 가계 금융자산이 차지하는 비율임

〈2023년 각국의 가계 금융자산 구성비〉

국가 \ 가계 금융자산	예금	보험	채권	주식	투자신탁	기타
A	0.62	0.18	0.10	0.07	0.02	0.01
B	0.15	0.30	0.10	0.31	0.12	0.02
C	0.35	0.27	0.11	0.09	0.14	0.04
D	0.56	0.29	0.03	0.06	0.02	0.04

① 연도별 B국과 C국 가계 비금융자산 비율

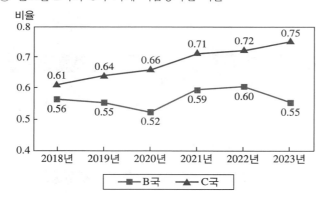

② 2020년 각국의 가계 총자산 구성비

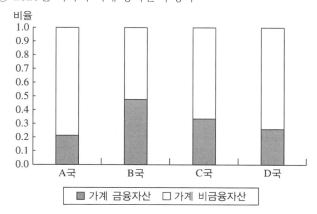

③ 2023년 C국의 가계 금융자산 구성비

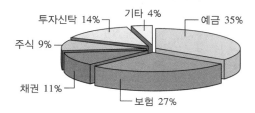

④ 2023년 각국의 가계 총자산 대비 예금 구성비

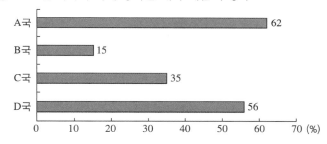

⑤ 2023년 A국과 D국의 가계 금융자산 대비 보험, 채권, 주식 구성비

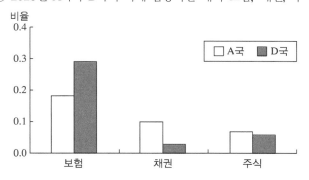

02 다음은 월별 장병내일준비적금 가입 현황에 대한 자료이다. 이를 변환한 그래프로 옳지 않은 것은?

<장병내일준비적금 가입 현황>

구분	2023년			2024년			합계
	10월	11월	12월	1월	2월	3월	
가입자 수(명)	18,127	30,196	24,190	16,225	18,906	15,394	123,038
가입계좌 수(개)	23,315	39,828	32,118	22,526	25,735	20,617	164,139
가입금액(백만 원)	4,361	7,480	5,944	4,189	4,803	3,923	30,700

① 2023년 10월 ~ 2024년 3월 동안 적금 가입자 수와 가입금액 현황

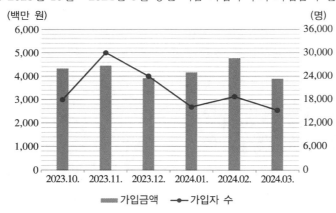

② 2023년 10월 ~ 2024년 3월 동안 적금 가입자 수와 가입계좌 수 현황

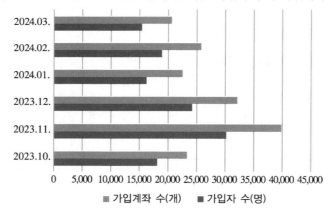

③ 2023년 10월 ~ 2024년 3월 동안 적금 가입계좌 수와 가입금액 현황

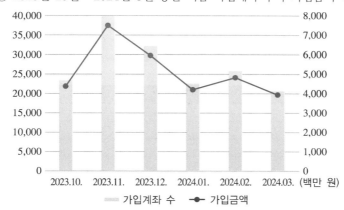

④ 2023년 10월 ~ 2023년 12월 동안 적금 가입자 수, 가입계좌 수, 가입금액 현황

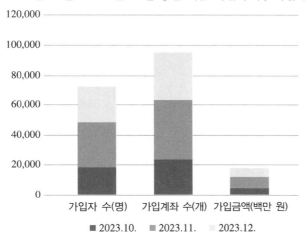

⑤ 2024년 1월 ~ 2024년 3월 동안 적금 가입자 수, 가입계좌 수, 가입금액 현황

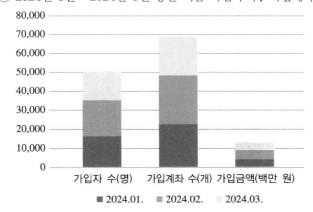

03 다음은 A지역의 연도별 아파트 분쟁신고 현황에 대한 자료이다. 이에 대한 그래프로 옳은 것을 〈보기〉에서 모두 고르면?

〈연도별 아파트 분쟁신고 현황〉

(단위 : 건)

구분	2020년	2021년	2022년	2023년
관리비 회계 분쟁	220	280	340	350
입주자대표회의 운영 분쟁	40	60	100	120
정보공개 관련 분쟁	10	20	10	30
하자처리 분쟁	20	10	10	20
여름철 누수 분쟁	80	110	180	200
층간소음 분쟁	430	520	860	1,280

보기

ㄱ. 연도별 층간소음 분쟁 현황

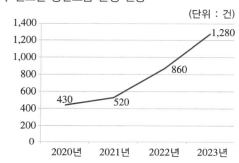

ㄴ. 2021년 아파트 분쟁신고 현황

ㄷ. 전년 대비 아파트 분쟁신고 증가율

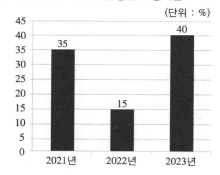

ㄹ. 3개년 연도별 아파트 분쟁신고 현황

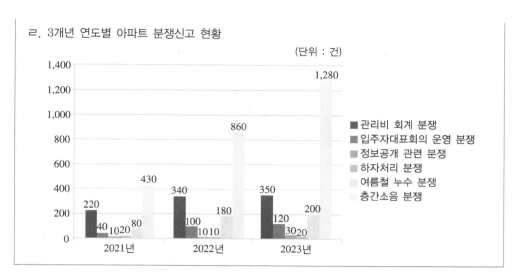

(단위 : 건)

■ 관리비 회계 분쟁
■ 입주자대표회의 운영 분쟁
■ 정보공개 관련 분쟁
■ 하자처리 분쟁
■ 여름철 누수 분쟁
■ 층간소음 분쟁

① ㄱ, ㄴ ② ㄱ, ㄷ
③ ㄴ, ㄷ ④ ㄴ, ㄹ
⑤ ㄷ, ㄹ

CHAPTER 03
문제해결능력

문제해결능력은 업무를 수행하면서 여러 가지 문제 상황이 발생하였을 때, 창의적이고 논리적인 사고를 통하여 이를 올바르게 인식하고 적절히 해결하는 능력을 말한다. 하위능력으로는 사고력과 문제처리능력이 있다.

문제해결능력은 NCS 기반 채용을 진행하는 대다수의 금융권에서 채택하고 있으며, 문항 수는 평균 24% 정도로 상당히 많이 출제되고 있다. 하지만 수험생들은 더 많이 출제되는 다른 영역에 몰입하고 문제해결능력에는 집중하지 않는 실수를 하고 있다. 다른 영역보다 더 많은 노력이 필요할 수는 있지만 그렇기에 차별화를 할 수 있는 득점 영역이므로 포기하지 말고 꾸준하게 노력해야 한다.

01 질문의 의도를 정확하게 파악하라!

문제해결능력은 문제에서 무엇을 묻고 있는지 정확하게 파악하여 먼저 풀이 방향을 설정하는 것이 가장 효율적인 방법이다. 특히, 조건이 주어지고 답을 찾는 창의적·분석적인 문제가 주로 출제되고 있기 때문에 처음에 정확한 풀이 방향이 설정되지 않는다면 시간만 허비하고 결국 문제도 풀지 못하게 되므로 첫 번째로 출제의도 파악에 집중해야 한다.

02 중요한 정보는 반드시 표시하라!

위에서 말한 출제의도를 정확히 파악하기 위해서는 문제의 중요한 정보는 반드시 표시나 메모를 하여 하나의 조건, 단서도 잊고 넘어가는 일이 없도록 해야 한다. 실제 시험에서는 시간의 압박과 긴장감으로 정보를 잘못 적용하거나 잊어버리는 실수가 많이 발생하므로 사전에 충분한 연습이 필요하다.
가령 명제 문제의 경우 주어진 명제와 그 명제의 대우를 본인이 한눈에 파악할 수 있도록 기호화, 도식화하여 메모하면 흐름을 이해하기가 더 수월하다. 이를 통해 자신만의 풀이 순서와 방향, 기준 또한 생길 것이다.

03 반복 풀이를 통해 취약 유형을 파악하라!

길지 않은 한정된 시간 동안 모든 문제를 다 푸는 것은 조금은 어려울 수도 있다. 따라서 고득점을 할 수 있는 효율적인 문제 풀이 방법을 찾아야 한다. 이때, 반복적인 문제 풀이를 통해 자신이 취약한 유형을 파악하는 것이 중요하다. 취약 유형 파악은 종료 시간이 임박했을 때 빛을 발할 것이다. 풀 수 있는 문제부터 빠르게 풀고 취약한 유형은 나중에 푸는 효율적인 문제 풀이를 통해 최대한의 고득점을 하는 것이 중요하다. 그러므로 본인의 취약 유형을 파악하기 위해서는 많은 문제를 풀어 봐야 한다.

04 타고나는 것이 아니므로 열심히 노력하라!

대부분의 수험생들이 문제해결능력은 공부해도 실력이 늘지 않는 영역이라고 생각한다. 하지만 그렇지 않다. 문제해결능력이야말로 노력을 통해 충분히 고득점이 가능한 영역이다. 정확한 질문 의도 파악, 취약한 유형의 반복적인 풀이, 빈출유형 파악 등의 방법으로 충분히 실력을 향상시킬 수 있다. 자신감을 갖고 공부하기 바란다.

| 유형분석 |

- 연역추론을 활용해 주어진 문장을 치환하여 성립하지 않는 내용을 찾는 문제이다.

다음 〈조건〉이 모두 참일 때, 반드시 참인 명제는?

조건

- 재현이가 춤을 추면 서현이나 지훈이가 춤을 춘다.
- 재현이가 춤을 추지 않으면 종열이가 춤을 춘다.
- 종열이가 춤을 추지 않으면 지훈이도 춤을 추지 않는다.
- 종열이는 춤을 추지 않았다.

① 재현이만 춤을 추었다.   ② 서현이만 춤을 추었다.

③ 지훈이만 춤을 추었다.   ④ 재현이와 서현이 모두 춤을 추었다.

⑤ 아무도 춤을 추지 않았다.

정답 ④

먼저 이름의 첫 글자만 이용하여 명제를 도식화한다(재 ○ → 서 or 지 ○, 재 × → 종 ○, 종 × → 지 ×, 종 ×).
세 번째, 네 번째 명제에 의해 종열이와 지훈이는 춤을 추지 않았다(종 × → 지 ×).
또한 두 번째 명제의 대우에 의해 재현이가 춤을 추었다(종 × → 재 ○).
마지막으로 첫 번째 명제에 따라 서현이가 춤을 추었다. 따라서 재현이와 서현이 모두 춤을 추었다.

유형풀이 Tip

- 명제 유형의 문제에서는 항상 '명제의 역은 성립하지 않지만, 대우는 항상 성립한다.'
- 단어의 첫 글자나 알파벳을 이용하여 명제를 도식화한 후 명제의 대우를 활용하여 각 명제를 연결하여 답을 찾는다.
  [예] 채식주의자라면 고기를 먹지 않을 것이다.
    → (역) 고기를 먹지 않으면 채식주의자이다.
    → (이) 채식주의자가 아니라면 고기를 먹을 것이다.
    → (대우) 고기를 먹는다면 채식주의자가 아닐 것이다.

명제의 역, 이, 대우

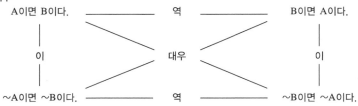

※ 다음 제시된 명제가 모두 참일 때, 빈칸에 들어갈 명제로 가장 적절한 것을 고르시오. [1~2]

Easy

01

> • 밤에 잠을 잘 못자면 낮에 피곤하다.
> • _____
> • 업무효율이 떨어지면 성과급을 받지 못한다.
> • 밤에 잠을 잘 못자면 성과급을 받지 못한다.

① 업무효율이 떨어지면 밤에 잠을 잘 못 잔다.
② 낮에 피곤하면 업무효율이 떨어진다.
③ 성과급을 받으면 밤에 잠을 잘 못 잔다.
④ 밤에 잠을 잘 자면 성과급을 받는다.
⑤ 성과급을 받지 못하면 낮에 피곤하다.

02

> • 날씨가 좋으면 야외활동을 한다.
> • 날씨가 좋지 않으면 행복하지 않다.
> • _____

① 날씨가 좋으면 행복한 것이다.
② 야외활동을 하면 날씨가 좋은 것이다.
③ 야외활동을 하지 않으면 행복하지 않다.
④ 행복하지 않으면 날씨가 좋지 않은 것이다.
⑤ 날씨가 좋지 않으면 야외활동을 하지 않는다.

※ 다음 제시된 명제가 모두 참일 때, 반드시 참인 명제를 고르시오. [3~4]

03

> • 어떤 마케팅팀 사원은 산을 좋아한다.
> • 산을 좋아하는 사원은 여행 동아리 소속이다.
> • 모든 여행 동아리 소속은 솔로이다.

① 어떤 마케팅팀 사원은 솔로이다.

② 여행 동아리 소속은 마케팅팀 사원이다.

③ 산을 좋아하는 모든 사원은 마케팅팀 사원이다.

④ 산을 좋아하는 어떤 사원은 여행 동아리 소속이 아니다.

⑤ 모든 마케팅팀 사원은 여행 동아리 소속이다.

04

> • L마트에서 사온 초콜릿 과자 3개와 커피 과자 3개를 A, B, C, D, E가 서로 나누어 먹었다.
> • A와 C는 한 종류의 과자만 먹었다.
> • B는 초콜릿 과자 1개만 먹었다.
> • C는 B와 같은 종류의 과자를 먹었다.
> • D와 E 중 한 명은 두 종류의 과자를 먹었다.

① A는 초콜릿 과자 2개를 먹었다.

② C는 초콜릿 과자 2개를 먹었다.

③ A가 커피 과자 1개를 먹었다면, D와 E 중 한 명은 과자를 먹지 못했다.

④ A가 커피 과자 1개를 먹었다면, D가 두 종류의 과자를 먹었을 것이다.

⑤ A와 D가 같은 과자를 하나씩 먹었다면, E가 두 종류의 과자를 먹었을 것이다.

05 다음 〈조건〉을 통해 S은행에 재직 중인 A씨의 사원번호를 추론할 때, 항상 참인 것은?(단, A씨는 2020년 상반기에 S은행에 입사하였다)

> **조건**
> • 사원번호는 0부터 9까지 정수로 이루어져 있다.
> • S은행에 입사한 사원에게 부여되는 사원번호는 여섯 자리이다.
> • 2020년 상반기에 입사한 S은행 신입사원의 사원번호 앞의 두 자리는 20이다.
> • 사원번호 앞의 두 자리를 제외한 나머지 자리에는 0이 올 수 없다.
> • A씨의 사원번호는 앞의 두 자리를 제외하면 세 번째, 여섯 번째 자리의 수만 같다.
> • 사원번호 여섯 자리의 합은 9이다.

① A씨의 사원번호는 '201321'이다.
② A씨의 사원번호는 '201231'이 될 수 없다.
③ A씨 사원번호의 세 번째 자리 수는 '1'이다.
④ A씨의 사원번호 앞의 두 자리가 '20'이 아닌 '21'이 부여된다면 A씨의 사원번호는 '211231'이다.
⑤ A씨의 사원번호 네 번째 자리의 수가 다섯 번째 자리의 수보다 작다면 A씨의 사원번호는 '202032'이다.

06 S금융회사의 A ~ F팀은 월요일부터 토요일까지 하루에 2팀씩 함께 회의를 진행한다. 다음 〈조건〉을 참고할 때, 반드시 참인 것은?(단, 월요일부터 토요일까지 각 팀의 회의 진행 횟수는 서로 같다)

> **조건**
> • 오늘은 목요일이고 A팀과 F팀이 함께 회의를 진행했다.
> • B팀은 A팀과 연이은 요일에 회의를 진행하지 않는다.
> • B팀은 오늘을 포함하여 이번 주에는 더 이상 회의를 진행하지 않는다.
> • C팀은 월요일에 회의를 진행했다.
> • D팀과 C팀은 이번 주에 B팀과 한 번씩 회의를 진행한다.
> • A팀과 F팀은 이번 주에 이틀을 연이어 함께 회의를 진행한다.

① E팀은 수요일과 토요일 중 하루만 회의를 진행한다.
② 화요일에 회의를 진행한 팀은 B팀과 E팀이다.
③ C팀과 E팀은 함께 회의를 진행하지 않는다.
④ C팀은 월요일과 수요일에 회의를 진행했다.
⑤ F팀은 목요일과 금요일에 회의를 진행한다.

| 유형분석 |

- 주어진 문장을 토대로 논리적으로 추론하여 참 또는 거짓을 구분하는 문제이다.

학교수업이 끝난 후 수민, 한별, 영수는 각각 극장, 농구장, 수영장 중 서로 다른 곳에 갔다. 이들 3명은 아래와 같이 진술하였는데, 이 중 1명의 진술은 참이고 2명의 진술은 모두 거짓이라고 할 때, 극장, 농구장, 수영장에 간 사람을 차례로 바르게 나열한 것은?

- 수민 : 나는 농구장에 갔다.
- 한별 : 나는 농구장에 가지 않았다.
- 영수 : 나는 극장에 가지 않았다.

① 수민, 한별, 영수
② 수민, 영수, 한별
③ 한별, 수민, 영수
④ 영수, 한별, 수민
⑤ 영수, 수민, 한별

정답 ①

ⅰ) 수민이의 말이 참인 경우
  수민이와 한별이는 농구장, 영수는 극장에 갔다. 수영장에 간 사람이 없으므로 모순이다.
ⅱ) 한별이의 말이 참인 경우
  수민이와 한별이는 수영장 또는 극장에 갈 수 있고, 영수는 극장에 갔다. 농구장에 간 사람이 없으므로 모순이다.
ⅲ) 영수의 말이 참인 경우
  수민이는 수영장 또는 극장, 영수는 수영장 또는 농구장에 갈 수 있고, 한별이는 농구장에 갔다.
따라서 수민이는 극장, 영수는 수영장, 한별이는 농구장에 갔다.

유형풀이 Tip

참 · 거짓 유형의 90% 이상은 다음 두 가지 방법으로 풀 수 있다.
주어진 진술을 빠르게 훑으며 다음 두 가지 중 어떤 경우에 해당하는지 확인한 후 문제를 풀어나간다.
1) 2명 이상의 발언 중 한쪽이 진실이면 다른 한쪽이 거짓인 경우
   ① A가 진실이고 B가 거짓인 경우, B가 진실이고 A가 거짓인 경우 두 가지로 나눌 수 있다.
   ② 두 가지 경우에서 각 발언의 진위 여부를 판단한다.
   ③ 주어진 조건과 비교한다(범인의 숫자가 맞는지, 진실 또는 거짓을 말한 인원수가 조건과 맞는지 등).
2) 2명 이상의 발언 중 한쪽이 진실이면 다른 한쪽도 진실인 경우와 한쪽이 거짓이면 다른 한쪽도 거짓인 경우
   ① A와 B가 모두 진실인 경우, A와 B가 모두 거짓인 경우 두 가지로 나눌 수 있다.
   ② 두 가지 경우에서 각 발언의 진위 여부를 판단하여 범인을 찾는다.
   ③ 주어진 조건과 비교한다(범인의 숫자가 맞는지, 진실 또는 거짓을 말한 인원수가 조건과 맞는지 등).

01 A ~ E는 각각 월요일 ~ 금요일 중 하루씩 돌아가며 당직을 선다. 이 중 2명이 거짓말을 하고 있다고 할 때, 다음 중 이번 주 수요일에 당직을 서는 사람은?

> • A : 이번 주 화요일은 내가 당직이야.
> • B : 나는 수요일 당직이 아니야. D가 이번 주 수요일 당직이야.
> • C : 나와 D는 이번 주 수요일 당직이 아니야.
> • D : B는 이번 주 목요일 당직이고, C는 다음 날인 금요일 당직이야.
> • E : 나는 이번 주 월요일 당직이야. 그리고 C의 말은 모두 사실이야.

① A   ② B
③ C   ④ D
⑤ E

02 다음 중 1명만 거짓말을 할 때 항상 옳은 것은?(단, 한 층에 1명만 내린다)

> • A : B는 1층에서 내렸다.
> • B : C는 1층에서 내렸다.
> • C : D는 적어도 3층에서 내리지 않았다.
> • D : A는 4층에서 내렸다.
> • E : A는 4층에서 내리고 나는 5층에 내렸다.

① C는 1층에서 내렸다.
② D는 3층에서 내렸다.
③ A는 4층에서 내리지 않았다.
④ C는 B보다 높은 층에서 내렸다.
⑤ A는 D보다 높은 층에서 내렸다.

03 취업준비생 A ~ E 5명은 매주 화요일 취업스터디를 하고 있다. 스터디 불참 시 벌금이 부과되는 규칙에 따라 지난주 불참한 2명은 벌금을 내야 한다. 이들 중 2명이 거짓말을 하고 있다고 할 때, 다음 중 항상 옳은 것은?

> • A : 내가 다음 주에는 사정상 참석할 수 없지만 지난주에는 참석했어!
> • B : 지난주 불참한 C가 반드시 벌금을 내야 해.
> • C : 지난주 스터디에 A가 불참한 건 확실해!
> • D : 사실 나는 지난주 스터디에 불참했어.
> • E : 지난주 스터디에 나는 참석했지만, B는 불참했어.

① A와 B가 벌금을 내야 한다.
② A와 C가 벌금을 내야 한다.
③ A와 E가 벌금을 내야 한다.
④ B와 D가 벌금을 내야 한다.
⑤ D와 E가 벌금을 내야 한다.

04 S은행 사무실에 도둑이 들었다. 범인은 2명이고, 용의자로 지목된 A ~ E 5명이 다음과 같이 진술했다. 이 중 2명이 거짓말을 하고 있다고 할 때, 동시에 범인이 될 수 있는 사람으로 짝지어진 것은?

> • A : B나 C 중에 1명만 범인이에요.
> • B : 저는 확실히 범인이 아닙니다.
> • C : 제가 봤는데 E가 범인이에요.
> • D : A가 범인이 확실해요.
> • E : 사실은 제가 범인이에요.

① A, B ② B, C
③ B, D ④ C, E
⑤ D, E

05 어느 날 밤 11시경 사무실에 도둑이 들었다. CCTV를 확인해 보니 도둑은 1명이며, 수사 결과 용의자는 갑 ~ 무 5명으로 좁혀졌다. 이 중 2명은 거짓말을 하고 있으며 그중 1명이 범인이라고 할 때, 범인은 누구인가?

- 갑 : 그날 밤 11시에 저는 을, 무하고 셋이서 함께 있었습니다.
- 을 : 갑은 그 시간에 무와 함께 타 지점에 출장을 가 있었어요.
- 병 : 갑의 진술은 참이고, 저도 회사에 있지 않았습니다.
- 정 : 을은 밤 11시에 저와 단둘이 있었습니다.
- 무 : 저는 사건이 일어났을 때 집에 있었습니다.

① 갑   ② 을
③ 병   ④ 정
⑤ 무

`Hard`

06 S기업이 해외공사에 사용될 설비를 구축할 업체 2곳을 선정하려고 한다. 구축해야 할 설비는 중동, 미국, 서부, 유럽에 2개씩 총 8개이며, 경쟁업체는 A ~ C업체 3곳이다. 다음 정보가 참 또는 거짓 이라고 할 때, 〈보기〉 중 항상 참을 말하는 직원은?

- A업체는 최소한 3개의 설비를 구축할 예정이다.
- B업체는 중동, 미국, 서부, 유럽에 설비를 1개씩 구축할 예정이다.
- C업체는 중동지역 2개, 유럽지역 2개의 설비를 구축할 예정이다.

보기

- 이사원 : A업체가 참일 경우, B업체는 거짓이 된다.
- 김주임 : B업체가 거짓일 경우, A업체는 참이 된다.
- 장대리 : C업체가 참일 경우, A업체도 참이 된다.

① 이사원   ② 김주임
③ 장대리   ④ 이사원, 김주임
⑤ 김주임, 장대리

| 유형분석 |

- 조건을 토대로 순서·위치 등을 추론하여 배열·배치하는 문제이다.
- 방·숙소 배정하기, 부서 찾기, 날짜 찾기, 테이블 위치 찾기 등 다양한 유형의 문제가 출제된다.

다음 〈조건〉과 같이 A ~ F 6명이 일렬로 나란히 자리에 앉는다고 할 때, 바르게 추론한 것은?(단, 자리의 순서는 왼쪽을 기준으로 첫 번째 자리로 한다)

조건
- D와 E는 사이에 3명을 두고 있다.
- A와 F는 인접할 수 없다.
- D는 F보다 왼쪽에 있다.
- F는 C보다 왼쪽에 있다.

① A는 C보다 오른쪽에 앉아 있다.　　　② F는 3번에 앉아 있다.
③ E는 A보다 왼쪽에 앉아 있다.　　　④ D는 B보다 왼쪽에 앉아 있다.
⑤ E는 C보다 오른쪽에 앉아 있다.

정답　⑤
C를 고정시키고, 그다음 D와 E를 기준으로 표를 정리하면 다음과 같다.

구분	1	2	3	4	5	6
경우 1	D	F	B	C	E	A
경우 2	D	B	F	C	E	A
경우 3	A	D	F	C	B	E
경우 4	B	D	F	C	A	E

따라서 모든 경우에서 E는 C보다 오른쪽에 앉아 있다.

오답분석
① 경우 3에서 A는 C보다 왼쪽에 앉는다.
② 경우 1에서 F는 2번에 앉는다.
③ 경우 3과 경우 4에서 E는 A보다 오른쪽에 앉는다.
④ 경우 4에서 D는 B보다 오른쪽에 앉는다.

유형풀이 Tip
- 주어진 명제를 자신만의 방법으로 도식화하여 빠르게 문제를 해결한다.
- 경우의 수가 여러 개인 명제보다 1 ~ 2개인 명제를 먼저 도식화하면, 그만큼 경우의 수가 줄어들어 문제를 빠르게 해결할 수 있다.

01 S회사에서는 회사 내 5개의 부서(A ~ E)가 사용하는 사무실을 회사 건물의 1층부터 5층에 배치하고 있다. 각 부서의 배치는 2년에 한 번씩 새롭게 배치하며, 올해가 새롭게 배치될 해이다. 다음 〈조건〉을 참고할 때, 반드시 참인 것은?

> **조건**
> • 한 번 배치된 층에는 같은 부서가 배치되지 않는다.
> • A팀과 C팀은 1층과 3층을 사용한 적이 있다.
> • B팀과 D팀은 2층과 4층을 사용한 적이 있다.
> • E팀은 2층을 사용한 적이 있고, 5층에 배정되었다.
> • B팀은 1층에 배정되었다.

① E팀은 3층을 사용한 적이 있을 것이다.
② A팀은 2층을 사용한 적이 있을 것이다.
③ D팀은 이번에 확실히 3층에 배정될 것이다.
④ 2층을 쓸 가능성이 있는 것은 총 세 팀이다.
⑤ E팀은 이전에 5층을 사용한 적이 있을 것이다.

02 20 ~ 40대 남녀 6명이 뮤지컬 관람을 위해 공연장을 찾았다. 다음 〈조건〉을 참고할 때, 항상 옳은 것은?

> **조건**
> • 양 끝자리에는 다른 성별이 앉는다.
> • 40대 남성은 왼쪽에서 두 번째 자리에 앉는다.
> • 30대 남녀는 서로 인접하여 앉지 않는다.
> • 30대와 40대는 인접하여 앉지 않는다.
> • 30대 남성은 맨 오른쪽 끝자리에 앉는다.

[뮤지컬 관람석]

① 20대 남녀는 서로 인접하여 앉는다.
② 40대 남녀는 서로 인접하여 앉지 않는다.
③ 20대 남성은 40대 여성과 인접하여 앉는다.
④ 30대 남성은 20대 여성과 인접하여 앉지 않는다.
⑤ 20대 남녀는 왼쪽에서 첫 번째 자리에 앉을 수 없다.

03 S은행 직원 A ~ E 5명이 원탁에 앉아 점심을 먹기로 했다. 다음 〈조건〉에 따라 원탁에 앉을 때, C가 앉는 자리를 첫 번째로 하여 시계 방향으로 세 번째 자리에 앉는 사람은 누구인가?

> **조건**
> • C 바로 옆 자리에 E가 앉고, B는 앉지 못한다.
> • D가 앉은 자리와 B가 앉은 자리 사이에 1명 이상 앉아 있다.
> • A가 앉은 자리의 바로 오른쪽에 D가 앉는다.
> • 좌우 방향은 원탁을 바라보고 앉은 상태를 기준으로 한다.

① A ② B
③ C ④ D
⑤ E

Hard

04 다음은 S사 제품의 생산 계획 현황을 나타낸 자료이다. 다음 상황에 따라 직원 갑 ~ 병이 실행하는 공정 A ~ E 순서로 가장 적절한 것은?

〈생산 공정 계획〉

구분	선행공정	소요시간(시간)
A	B	1
B	–	0.5
C	–	2
D	E	1.5
E	–	1

〈상황〉

• 선행공정을 제외한 생산 공정 순서는 상관없다.
• 선행공정은 선행공정이 필요한 공정 전에만 미리 실행한다.
• 2명 이상의 직원이 A공정을 동시에 실행할 수 없다.
• 을은 갑보다, 병은 을보다 1시간 늦게 시작한다.
• 생산 공정이 진행될 때 유휴시간 없이 다음 공정으로 넘어간다.

	갑	을	병
①	B – D – E – A – C	C – D – A – B – E	B – E – A – D – C
②	B – E – A – D – C	B – C – E – D – A	C – B – E – A – D
③	C – E – B – A – D	B – E – A – D – C	B – A – E – C – D
④	E – A – B – D – C	B – E – A – C – D	C – A – B – D – E
⑤	E – D – C – B – A	C – E – D – B – A	E – D – B – C – A

Easy

05 민지, 아름, 진희, 희정, 세영은 함께 15시에 상영하는 영화를 예매하였고, 상영시간에 맞춰 영화관에 도착하는 순서대로 각자 상영관에 입장하였다. 다음 대화에서 한 사람이 거짓말을 하고 있을 때, 가장 마지막으로 영화관에 도착한 사람은 누구인가?(단, 다섯 명 모두 다른 시간에 도착하였다)

- 민지 : 나는 마지막에 도착하지 않았어. 다음에 분명 누군가가 왔어.
- 아름 : 내가 가장 먼저 영화관에 도착했어. 진희의 말은 진실이야.
- 진희 : 나는 두 번째로 영화관에 도착했어.
- 희정 : 나는 세 번째로 도착했고, 진희는 내가 도착한 다음에서야 왔어.
- 세영 : 나는 영화가 시작한 뒤에야 도착했어. 나는 마지막으로 도착했어.

① 민지   ② 아름
③ 진희   ④ 희정
⑤ 세영

06 S사의 지사장 가 ~ 바 6명은 각자 6곳의 지사로 발령받았다. 다음 〈조건〉에 따라 A ~ F지사로 발령된 지사장을 순서대로 바르게 나열한 것은?

조건
- 본사 − A − B − C − D − E − F 순서로 일직선상에 위치하고 있다.
- 지사장 다는 지사장 마 바로 옆 지사에 근무하지 않으며, 지사장 나와 나란히 근무한다.
- 지사장 라는 지사장 가보다 본사에 가깝게 근무한다.
- 지사장 마는 D지사에 근무한다.
- 지사장 바가 근무하는 지사보다 본사에 가까운 지사는 1개이다.

① 가 − 바 − 나 − 마 − 라 − 다
② 나 − 다 − 라 − 마 − 가 − 바
③ 다 − 나 − 바 − 마 − 가 − 라
④ 라 − 바 − 가 − 마 − 나 − 다
⑤ 바 − 가 − 나 − 마 − 다 − 라

| 유형분석 |

- 상황과 정보를 토대로 조건에 적절한 것을 찾는 문제이다.
- 자원관리능력 영역과 결합한 계산 문제가 출제될 가능성이 있다.

다음은 S은행에서 진행할 예정인 이벤트 포스터이다. S은행의 행원인 귀하가 해당 이벤트를 고객에게 추천하기 전에 확인해야 할 사항으로 적절하지 않은 것은?

〈S은행 가족사랑 패키지 출시 기념 이벤트〉

▲ 이벤트 기간 : 2025년 5월 1일(목) ~ 31일(토)
▲ 세부내용

구분	응모요건	경품
가족사랑 통장·적금·대출 신규 가입고객	① 가족사랑 통장 신규 ② 가족사랑 적금 신규 ③ 가족사랑 대출 신규	가입고객 모두에게 OTP 또는 보안카드 무료 발급
가족사랑 고객	가족사랑 통장 가입 후 다음 중 1가지 이상 충족 ① 급여이체 신규 ② 가맹점 결제대금 이체 신규 ③ 신용(체크)카드 결제금액 20만 원 이상 ④ 가족사랑 대출 신규(1천만 원 이상)	• 여행상품권(200만 원, 1명) • 최신 핸드폰(3명) • 한우세트(300명) • 연극 티켓 2매(전 고객)
국민행복카드 가입고객	국민행복카드 신규+당행 결제계좌 등록 (동 카드로 임신 출산 바우처 결제 1회 이상 사용)	어쩌다 엄마(도서, 500명)

▲ 당첨자 발표 : 2025년 6월 중순, 홈페이지 공지 및 영업점 통보
- 제세공과금은 S은행이 부담하며 본 이벤트는 당행의 사정으로 변경 또는 중단될 수 있습니다.
- 당첨고객은 추첨일 현재 대상상품 유지고객에 한하며, 당첨자 명단은 추첨일 기준 금월 중 S은행 홈페이지에서 확인하실 수 있습니다.
- 기타 자세한 내용은 인터넷 홈페이지(www.Sbank.com)를 참고하시거나 가까운 영업점, 고객센터(0000-0000)에 문의하시기 바랍니다.
※ 유의사항 : 상기이벤트 당첨자 중 핸드폰 등 연락처 불능, 수령 거절 등의 고객 사유로 1개월 이상 경품 미수령 시 당첨이 취소될 수 있습니다.

① 가족사랑 패키지 출시 기념 이벤트는 5월 한 달 동안 진행되는구나.
② 가족사랑 대출을 신규로 가입했을 경우에 OTP나 보안카드를 무료로 발급받을 수 있구나.
③ 가족사랑 통장을 신규로 가입한 후, 급여이체를 설정하면 OTP가 무료로 발급되고 연극 티켓도 받을 수 있구나.
④ 2025년 6월에 이벤트 당첨자를 발표하는데, 별도의 통보가 없으니 영업점을 방문하시라고 설명해야 겠구나.
⑤ 경품 미수령 시 당첨이 취소될 수 있으므로 가족사랑 이벤트 관련 안내 시 연락처를 정확하게 기재하라 고 안내해야겠구나.

정답 ④

이벤트 포스터에 당첨자 명단은 홈페이지에 공지된다고 명시되어 있다.

오답분석
① '이벤트 기간'에서 확인할 수 있다.
② '세부내용' 내 '가족사랑 통장ㆍ적금ㆍ대출 신규 가입고객'의 '경품'란에서 확인할 수 있다.
③ '세부내용' 내 '가족사랑 고객'의 '응모요건' 및 '경품'란에서 확인할 수 있다.
⑤ '당첨자 발표' 내 유의사항에서 확인할 수 있다.

유형풀이 Tip

• 문제에서 묻는 것을 파악한 후, 필요한 상황과 정보를 활용하여 문제를 풀어간다.
• 전체적으로 적용되는 공통 조건과 추가로 적용되는 조건이 동시에 제시될 수 있다. 따라서 공통 조건이 무엇인지 먼저 판단한 후 경우에 따라 추가 조건을 고려하여 풀이한다.
• 추가 조건은 표 하단에 작은 글자로 제시될 수 있으며, 문제를 해결하는 데 중요한 변수가 될 수 있으므로 유의한다.

01　다음은 사잇돌2 대출 상품에 대한 자료이다. 〈보기〉의 신청자 A ~ E 중 사잇돌2 대출 상품을 이용할 수 있는 사람은?

〈사잇돌2 대출〉

구분	내용
대출대상	• 소득증빙이 가능한 만 19세 이상인 자 • NICE신용점수 500점 이상인 자 • 다음 중 하나에 해당하는 자 　－ 현 직장 5개월 이상 재직 중이며, 연 소득 1,200만 원 이상인 근로자 　－ 사업 개시일로부터 4개월 이상 운영하며, 연 소득 600만 원 이상인 사업자 　－ 국민연금 등의 연금을 1회 이상 수령하였으며, 연 소득 600만 원 이상인 자 ※ 중복소득은 합산소득 기준으로 산정하여 인정함
대출한도	최대 3,000만 원(단, 서울보증보험의 신용평가 시스템에 따라 차등 적용한다)
대출금리	연 13 ~ 18%
대출기간	최대 60개월
상환방법	원리금균등상환
중도상환수수료	없음
연체금리	(대출금리)+3%p 적용(최대 연 20%)

보기

구분	주소득원	NICE신용점수	연소득	비고
A	근로자	487점	3,800만 원	현 직장 40개월 재직 중
B	근로자	868점	2,800만 원	현 직장 3개월 재직 중
C	사업자	702점	400만 원	사업 개시 후 20개월 운영
D	사업자	532점	1,200만 원	사업 개시 후 18개월 운영
E	연금수령자	892점	300만 원	연금 3회 수령

※ 모든 신청자는 소득증빙이 가능한 만 19세 이상의 성인임

① A
② B
③ C
④ D
⑤ E

02 S회사는 창립 10주년을 맞이하여 전 직원 단합대회를 준비하고 있다. 이를 위해 B사장은 여행 상품 중 한 가지를 선정하여 떠날 계획을 갖고 있는데, 직원 투표 결과를 통해 결정하려고 한다. 직원 투표 결과와 여행상품별 1인당 비용이 다음과 같이 주어져 있으며, 추가로 행사를 위한 부서별 고려사항을 참고하여 선택할 경우 〈보기〉에서 옳은 것을 모두 고르면?

〈직원 투표 결과〉

구분		투표 결과					
여행 상품	1인당 비용(원)	총무팀	영업팀	개발팀	홍보팀	공장1	공장2
A	500,000	2	1	2	0	15	6
B	750,000	1	2	1	1	20	5
C	600,000	3	1	0	1	10	4
D	1,000,000	3	4	2	1	30	10
E	850,000	1	2	0	2	5	5

〈여행 상품별 혜택 정리〉

구분	날짜	장소	식사제공	차량지원	편의시설	체험시설
A	5/10 ~ 5/11	해변	○	○	×	×
B	5/10 ~ 5/11	해변	○	○	○	×
C	6/7 ~ 6/8	호수	○	○	○	×
D	6/15 ~ 6/17	도심	○	×	○	○
E	7/10 ~ 7/13	해변	○	○	○	×

〈부서별 고려사항〉

• 총무팀 : 행사 시 차량 지원 가능함
• 영업팀 : 6월 초순에 해외 바이어와 가격 협상 회의 일정
• 공장1 : 3일 연속 공장 비가동시 품질 저하 예상됨
• 공장2 : 7월 중순 공장 이전 계획 있음

보기

ㄱ. 필요한 여행 상품 비용은 총 1억 500만 원이다.
ㄴ. 투표 결과 가장 인기가 좋은 여행 상품은 B이다.
ㄷ. 공장1의 A, B 투표 결과가 바뀐다면 여행 상품 선택은 변경된다.

① ㄱ
② ㄱ, ㄴ
③ ㄱ, ㄷ
④ ㄴ, ㄷ
⑤ ㄱ, ㄴ, ㄷ

03 S기업 총무팀, 개발팀, 영업팀, 홍보팀, 고객지원팀 각각의 탕비실에는 이온음료, 탄산음료, 에너지음료, 커피가 구비되어 있다. 각 팀의 탕비실 내 음료 구비 현황은 다음과 같으며, 〈조건〉에 따라 각 팀의 탕비실에 채워 넣을 음료를 일괄적으로 구매하고자 한다. 음료별로 주문해야 할 최소 개수를 바르게 연결한 것은?

〈S기업 각 팀의 탕비실 내 음료 구비 현황〉

(단위 : 캔)

구분	총무팀	개발팀	영업팀	홍보팀	고객지원팀
이온음료	3	10	10	10	8
탄산음료	10	2	16	7	8
에너지음료	10	1	12	8	7
커피	2	3	1	10	12

조건
- 각 팀은 구매 시 각 음료의 최소 구비 수량의 1.5배를 구매한다.
- 모든 음료는 낱개로 구매할 수 없으며 묶음 단위로 구매해야 한다.
- 이온음료, 탄산음료, 에너지음료, 커피를 각각 6캔, 6캔, 6캔, 30캔을 묶음으로 판매하고 있다.
- 이온음료, 탄산음료, 에너지음료, 커피는 각각 최소 6캔, 12병, 10캔, 30캔이 구비되어 있어야 하며, 최소 수량 미달 시 음료를 구매한다.

	이온음료	탄산음료	에너지음료	커피
①	12캔	72캔	48캔	240캔
②	12캔	72캔	42캔	240캔
③	12캔	66캔	42캔	210캔
④	18캔	66캔	48캔	210캔
⑤	18캔	66캔	42캔	210캔

04 같은 해 S은행에 입사한 동기 A ~ E는 서로 다른 부서에서 일하고 있다. 이들이 근무하는 부서와 해당 부서의 성과급은 다음과 같다. 부서배치와 휴가에 대한 조건들을 참고했을 때, 다음 중 항상 옳은 것은?

〈부서별 성과급〉

비서실	영업부	인사부	총무부	홍보부
60만 원	20만 원	40만 원	60만 원	60만 원

※ 각 사원은 모두 각 부서의 성과급을 동일하게 받음

〈부서배치 조건〉

• A는 성과급이 평균보다 적은 부서에서 일한다.
• B와 D의 성과급을 더하면 나머지 세 명의 성과급 합과 같다.
• C의 성과급은 총무부보다는 적지만 A보다는 많이 받는다.
• C와 D 중 한 사람은 비서실에서 일한다.
• E는 홍보부에서 일한다.

〈휴가 조건〉

• 영업부 직원은 비서실 직원보다 휴가를 더 늦게 가야 한다.
• 인사부 직원은 첫 번째 또는 제일 마지막으로 휴가를 가야 한다.
• B의 휴가 순서는 이들 중 세 번째이다.
• E는 휴가를 반납하고 성과급을 두 배로 받는다.

① A의 3개월 치 성과급은 C의 2개월 치 성과급보다 많다.
② C가 맨 먼저 휴가를 갈 경우, B가 맨 마지막으로 휴가를 가게 된다.
③ D가 C보다 성과급이 많다.
④ 휴가철이 끝난 직후, 급여명세서에 D와 E의 성과급 차이는 세 배이다.
⑤ B는 A보다 휴가를 먼저 출발한다.

| 유형분석 |

- 상황에 대한 환경분석을 통해 주요 과제 및 해결방안을 도출하는 문제이다.
- SWOT 분석뿐 아니라 3C 분석을 활용하는 문제가 출제될 수 있으므로, 해당 분석 도구에 대한 사전 학습이 요구된다.

다음 SWOT 분석 결과를 바탕으로 국내 섬유 산업이 발전할 수 있는 방안을 제시한 것 중 적절한 것을 〈보기〉에서 모두 고르면?

〈SWOT 분석 결과〉

강점(Strength)	약점(Weakness)
• 빠른 제품 개발 시스템	• 기능 인력 부족 심화 • 인건비 상승

기회(Opportunity)	위협(Threat)
• 한류의 영향으로 한국 제품 선호 • 국내 기업의 첨단 소재 개발 성공	• 외국산 저가 제품 공세 강화 • 선진국의 기술 보호주의

보기

ㄱ. 한류 배우를 모델로 브랜드 홍보 전략을 추진한다.
ㄴ. 단순 노동 집약적인 소품종 대량 생산 체제를 갖춘다.
ㄷ. 소비자 기호를 빠르게 분석하여 제품 생산에 반영한다.
ㄹ. 선진국의 원천 기술을 이용한 기능성 섬유를 생산한다.

① ㄱ, ㄴ　　　　　　　　　　　　　② ㄱ, ㄷ
③ ㄴ, ㄷ　　　　　　　　　　　　　④ ㄴ, ㄹ
⑤ ㄷ, ㄹ

정답　②

ㄱ. 한류의 영향으로 한국 제품을 선호하므로 한류 배우를 모델로 하여 적극적인 홍보 전략을 추진한다.
ㄷ. 빠른 제품 개발 시스템이 있기 때문에 소비자 기호를 빠르게 분석하여 제품 생산에 반영한다.

오답분석

ㄴ. 인건비 상승과 외국산 저가 제품 공세 강화로 인해 적절한 대응이라고 볼 수 없다.
ㄹ. 선진국은 기술 보호주의를 강화하고 있으므로 적절한 대응이라고 볼 수 없다.

SWOT 분석

기업의 내부환경과 외부환경을 분석하여 강점(Strength), 약점(Weakness), 기회(Opportunity), 위협(Threat) 요인을 규정하고 이를 토대로 경영전략을 수립하는 기법으로, 미국의 경영컨설턴트인 알버트 험프리(Albert Humphrey)에 의해 고안되었다. SWOT 분석의 가장 큰 장점은 기업의 내부·외부환경 변화를 동시에 파악할 수 있다는 것이다. 기업의 내부환경을 분석하여 강점과 약점을 찾아내며, 외부환경 분석을 통해서는 기회와 위협을 찾아낸다. SWOT 분석은 외부로부터의 기회는 최대한 살리고 위협은 회피하는 방향으로 자신의 강점은 최대한 활용하고 약점은 보완한다는 논리에 기초를 두고 있다. SWOT 분석에 의한 경영전략은 다음과 같이 정리할 수 있다.

Strength 강점 기업 내부환경에서의 강점	S	W	Weakness 약점 기업 내부환경에서의 약점
Opportunity 기회 기업 외부환경으로부터의 기회	O	T	Threat 위협 기업 외부환경으로부터의 위협

3C 분석

자사(Company)	고객(Customer)	경쟁사(Competitor)
• 자사의 핵심역량은 무엇인가? • 자사의 장단점은 무엇인가? • 자사의 다른 사업과 연계되는가?	• 주 고객군은 누구인가? • 그들은 무엇에 열광하는가? • 그들의 정보 습득 / 교환은 어디에서 일어나는가?	• 경쟁사는 어떤 회사가 있는가? • 경쟁사의 핵심역량은 무엇인가? • 잠재적인 경쟁사는 어디인가?

01 다음 설명을 참고할 때 제시된 S사의 SWOT 분석 결과에 따른 전략으로 가장 적절한 것은?

〈SWOT 분석〉

SWOT는 Strength(강점), Weakness(약점), Opportunity(기회), Threat(위협)의 머리글자를 따서 만든 단어로 경영 전략을 세우는 방법론이다. SWOT로 도출된 조직의 내·외부환경을 분석하고, 이 결과를 통해 대응전략을 구상하는 분석방법론이다.

'SO(강점 – 기회)전략'은 기회를 활용하기 위해 강점을 사용하는 전략이고, 'WO(약점 – 기회)전략'은 약점을 보완 또는 극복하여 시장의 기회를 활용하는 전략이다. 'ST(강점 – 위협)전략'은 위협을 피하기 위해 강점을 활용하는 방법이며 'WT(약점 – 위협)전략'은 위협요인을 피하기 위해 약점을 보완하는 전략이다.

내부 / 외부	강점(Strength)	약점(Weakness)
기회(Opportunity)	SO(강점 – 기회)전략	WO(약점 – 기회)전략
위협(Threat)	ST(강점 – 위협)전략	WT(약점 – 위협)전략

〈유기농 수제버거 전문점 S사 SWOT 분석 결과〉

구분	내용
강점(Strength)	• 주변 외식업 상권 내 독창적 아이템 • 커스터마이징 고객 주문 서비스 • 주문 즉시 조리 시작
약점(Weakness)	• 높은 재료 단가로 인한 비싼 상품 가격 • 대기업 버거 회사에 비해 긴 조리 과정
기회(Opportunity)	• 웰빙을 추구하는 소비 행태 확산 • 치즈 제품을 선호하는 여성들의 니즈 반영
위협(Threat)	• 제품 특성상 테이크 아웃 및 배달 서비스 불가

---

① SO전략 : 주변 상권의 프랜차이즈 샌드위치 전문업체의 제품을 벤치마킹해 샌드위치도 함께 판매한다.

② WO전략 : 유기농 채소와 유기농이 아닌 채소를 함께 사용하여 단가를 낮추고 가격을 내린다.

③ ST전략 : 테이크아웃이 가능하도록 버거의 사이즈를 조금 줄이고 사이드 메뉴를 서비스로 제공한다.

④ WT전략 : 조리과정을 단축시키기 위해 커스터마이징 형식의 고객 주문 서비스 방식을 없애고 미리 제작해 놓은 버거를 배달 제품으로 판매한다.

⑤ ST전략 : 치즈의 종류를 다양하게 구성해 커스터마이징 주문 시 선택할 수 있도록 한다.

02 다음은 S은행의 SWOT 분석 결과를 정리한 것이다. 빈칸 ㄱ ~ ㅁ에 들어갈 내용으로 적절하지 않은 것은?

<SWOT 분석 결과>

강점 (Strength)	• 전통적인 리테일(소매금융)의 강자로서 3,600만 명 이상의 고객 • 국내 최대 규모와 높은 고객 만족도·충성도에서 비롯되는 확고한 시장 지배력, 우수한 수익성과 재무 건전성 • 양호한 총자산순이익률(ROA)과 시중은행 평균을 상회하는 순이자마진(NIM) 유지 등 견고한 이익창출 능력 • 국내 최상위권의 시장 지위(예수금 및 대출금 기준 국내 1위)와 다각화된 포트폴리오를 토대로 하는 안정적인 영업 기반 유지 • 사업 기반 및 수익의 다각화를 위한 적극적인 해외 진출로 성장 동력 확보 • _____ ㄱ _____
약점 (Weakness)	• 서민층·저소득층 위주의 개인고객 • 노조와 사용자 사이의 해묵은 갈등 • _____ ㄴ _____ • 조직의 비대화에 따른 비효율(점포당 수익 저조, 고정 비용 부담 증가) • _____ ㄷ _____
기회 (Opportunity)	• 빠르게 성장 중인 퇴직연금시장에 의한 자금 유입 증가세 • 유동성 지원 등 유사시 정부의 정책적인 지원 가능성이 높음 • 고령화에 따른 역모기지, 보험 상품 판매 증가로 인한 수익 개선 • _____ ㄹ _____ • 금융 규제 유연화 방안, 금융 시장 안정화 방안 등에 따른 정부 당국의 유동성 규제 완화 조치
위협 (Threat)	• 금융 개방, 국제화의 심화에 따른 경쟁자 증대 • 포화 상태에 도달한 국내 금융 시장의 저성장성 • 사이버 테러의 증가에 따른 고객 정보의 유출 위험 • 중앙은행의 기준금리 인상으로 인한 연체율의 급증과 건전성 악화 가능성 • 글로벌 금융위기 이후 경제 불안 심리의 확산에 따른 금융 시장의 성장성 둔화 지속 • _____ ㅁ _____

① ㄱ : 인공지능, 클라우드, 블록체인 등 첨단 ICT 기술을 적극 활용한 디지털 전환(DT)의 안정적인 진행

② ㄴ : 이자수익에 비해 상대적으로 저조한 비이자수익

③ ㄷ : 연착륙을 유도하는 금융 당국의 보수적인 정책으로 인한 부실여신 비율 상승

④ ㄹ : 핀테크 기업과의 제휴를 통한 디지털 혁신에 따른 업무 효율성 향상

⑤ ㅁ : 인터넷전문은행의 영업 확대, 핀테크 활성화, ISA(개인종합자산관리계좌) 등의 등장으로 인한 경쟁 심화

03 다음은 SWOT 분석에 대한 설명과 유전자 관련 사업체인 A사의 SWOT 분석 결과 자료이다. 자료를 참고하여 〈보기〉의 ㄱ ~ ㄹ 중 빈칸 (가), (나)에 들어갈 내용으로 적절한 것을 고르면?

SWOT 분석은 기업의 내부환경과 외부환경을 분석하여 강점(Strength), 약점(Weakness), 기회(Opportunity), 위협(Threat) 요인을 규정하고 이를 토대로 경영전략을 수립하는 기법으로, 미국의 경영컨설턴트인 알버트 험프리(Albert Humphrey)에 의해 고안되었다.
- 강점(Strength) : 내부환경(자사 경영자원)의 강점
- 약점(Weakness) : 내부환경(자사 경영자원)의 약점
- 기회(Opportunity) : 외부환경(경쟁, 고객, 거시적 환경)에서 비롯된 기회
- 위협(Threat) : 외부환경(경쟁, 고객, 거시적 환경)에서 비롯된 위협

〈A사 SWOT 분석 결과〉

강점(Strength)	약점(Weakness)
• 유전자 분야에 뛰어난 전문가로 구성 • _____ (가)	• 유전자 실험의 장기화
기회(Opportunity)	위협(Threat)
• 유전자 관련 업체 수가 적음 • _____ (나)	• 고객들의 실험 부작용에 대한 두려움 인식

보기
ㄱ. 투자 유치의 어려움
ㄴ. 특허를 통한 기술 독점 가능
ㄷ. 점점 증가하는 유전자 의뢰
ㄹ. 높은 실험 비용

	(가)	(나)
①	ㄱ	ㄷ
②	ㄱ	ㄹ
③	ㄴ	ㄱ
④	ㄴ	ㄷ
⑤	ㄷ	ㄹ

04 다음은 레저용 차량을 생산하는 A기업에 대한 SWOT 분석 결과이다. 이를 참고하여, 각 전략에 따른 대응으로 적절한 것을 〈보기〉에서 모두 고르면?

〈A기업 SWOT 분석 결과〉

강점(Strength)	약점(Weakness)
• 높은 브랜드 이미지·평판 • 훌륭한 서비스와 판매 후 보증수리 • 확실한 거래망, 딜러와의 우호적인 관계 • 막대한 R&D 역량 • 자동화된 공장 • 대부분의 차량 부품 자체 생산	• 한 가지 차종에만 집중 • 고도의 기술력에 대한 과도한 집중 • 생산설비에 막대한 투자 → 차량모델 변경의 어려움 • 한 곳의 생산 공장만 보유 • 전통적인 가족형 기업 운영
기회(Opportunity)	위협(Threat)
• 소형 레저용 차량에 대한 수요 증대 • 새로운 해외시장의 출현 • 저가형 레저용 차량에 대한 선호 급증	• 휘발유의 부족 및 가격의 급등 • 레저용 차량 전반에 대한 수요 침체 • 다른 회사들과의 경쟁 심화 • 차량 안전 기준의 강화

보기

ㄱ. ST전략 : 기술개발을 통해 연비를 개선한다.
ㄴ. SO전략 : 대형 레저용 차량을 생산한다.
ㄷ. WO전략 : 규제 강화에 대비하여 보다 안전한 레저용 차량을 생산한다.
ㄹ. WT전략 : 생산량 감축을 고려한다.
ㅁ. WO전략 : 국내 다른 지역이나 해외에 공장들을 분산 설립한다.
ㅂ. ST전략 : 경유용 레저 차량 생산을 고려한다.
ㅅ. SO전략 : 해외시장 진출보다는 내수 확대에 집중한다.

① ㄱ, ㄷ, ㅁ, ㅂ
② ㄱ, ㄹ, ㅁ, ㅂ
③ ㄴ, ㄹ, ㅁ, ㅂ
④ ㄴ, ㄹ, ㅂ, ㅅ
⑤ ㄴ, ㅁ, ㅂ, ㅅ

우리 인생의 가장 큰 영광은
절대 넘어지지 않는 데 있는 것이 아니라
넘어질 때마다 일어서는 데 있다.

– 넬슨 만델라 –

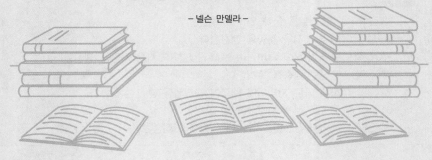

PART 2

금융상식

빈출키워드 1   기업의 형태

01   다음 중 회사법상 분류한 회사에 대한 설명으로 옳지 않은 것은?

① 모든 손실에 대해 책임을 지는 사원을 유한책임사원이라고 한다.

② 변호사나 회계사들이 모여 설립한 법무법인, 회계법인은 합명회사라 볼 수 있다.

③ 유한회사, 유한책임회사는 모두 유한책임사원으로만 구성되므로 자금조달이 편리하다.

④ 회사의 경영은 무한책임사원이 하고 유한책임사원은 자본을 제공하여 사업이익의 분배에 참여하는 회사형태를 합자회사라고 한다.

⑤ 현대사회의 가장 대표적인 기업형태로, 주주가 직접 주주총회를 통해 의결권을 행사할 수 있는 회사형태를 주식회사라고 한다.

02   다음에서 설명하는 우리나라 상법상의 회사는?

> • 유한책임사원으로만 구성
> • 청년 벤처 창업에 유리
> • 사적 영역을 폭넓게 인정

① 합명회사   ② 합자회사

③ 유한책임회사   ④ 유한회사

⑤ 주식회사

01

 ①

무한책임사원에 대한 설명이다. 유한책임사원은 회사의 채무에 대하여 회사채권자에게 출자가액 한도에서만 책임을 지는 사원이다. 따라서 ①이 옳지 않은 설명이다.

02

 ③

유한책임회사는 2011년 개정된 상법에 도입된 회사의 형태이다. 내부관계에 대하여는 정관이나 상법에 다른 규정이 없으면 합명회사에 관한 규정을 준용한다. 신속하고 유연하며 탄력적인 지배구조를 가지고 있고, 출자자가 직접 경영에 참여할 수 있다. 또한 각 사원이 출자금액만을 한도로 책임지므로 초기 상용화에 어려움을 겪는 청년 벤처 창업에 적합하다.

기업의 형태
① 개인기업
- 가장 간단한 기업 형태로서 개인이 출자하고 직접 경영하며 이를 무한책임지는 형태이다.
- 장점 : 설립 및 폐쇄가 쉽고 의사결정이 신속하며, 비밀유지에 용이하다.
- 단점 : 자본규모가 약소하며, 개인의 지배관리능력에 쉽게 영향을 받는다.

```
                    ┌─ 공기업 ─────────────────────── 합명회사
          기업 ─────┤                                ─ 합자회사
                    └─ 사기업 ──┬─ 개인기업           ─ 유한회사
                                └─ 공통기업           ─ 협동조합
                                                      ─ 주식회사
```

② 합명회사
- 2인 이상의 사원이 공동으로 출자해서 회사의 경영에 대해 무한책임을 지며, 직접 경영에 참여하는 방식이다.
- 무한책임 형태로 구성되어 있어서 출자자를 폭넓게 모집할 수 없다.
- 가족 내 혹은 친척 간, 또는 이해관계가 깊은 사람의 회사 설립이 많다.
- 지분 양도 시에는 사원총회의 승인을 받아야 한다.
③ 합자회사
- 무한책임사원 및 유한책임사원으로 구성되어 있다.
- 합명회사의 단점을 보완한 형태이다.
- 지분 양도 시에는 무한책임사원 전원의 동의를 필요로 한다.
- 무한책임사원의 경우에는 회사의 경영 및 채무에 대해서 무한책임을 지고, 유한책임사원의 경우에는 출자한 금액에 대해서만 책임을 지며 경영에는 참여하지 않는다.
④ 유한회사
- 유한책임사원들이 회사를 차려 경영하는 회사의 형태이다.
- 자본결합이 상당히 폐쇄적인 관계로 중소규모의 기업형태로 적절하다.
- 기관으로는 이사, 사원총회, 감사로 이루어져 있지만, 분리가 잘되어 있지 않고, 모든 사항을 공개해야 하는 의무도 지지 않는다.
- 유한회사는 인적회사 및 물적회사의 중간 형태를 지니는 회사이다.
- 사원의 수가 제한되어 있으며, 지분의 증권화가 불가능하다.
⑤ 주식회사
- 주주가 회사의 주인인 현대사회의 가장 대표적인 기업형태이다.
- 지분의 양도와 매입이 자유로우며 주주총회를 통해 의결권을 행사할 수 있다.
- 주식회사의 기관

주주총회	• 주식회사의 최고의사결정기관으로 주주로 이루어짐 • 회사 기업에서 영업활동의 신속성 및 업무내용의 복잡성으로 인해 그 결의사항을 법령 및 정관에서 정하는 사항만으로 제한하고 있음 • 주주의 결의권은 1주 1결의권을 원칙으로 하고 의결은 다수결에 의함 • 주주총회의 주요 결의사항으로는 자본의 증감, 정관의 변경, 이사·감사인 및 청산인 등의 선임·해임에 관한 사항, 영업의 양도·양수 및 합병 등에 관한 사항, 주식배당, 신주인수권 및 계산 서류의 승인에 관한 사항 등이 있음
감사	• 이사의 업무집행을 감시하게 되는 필요 상설기관 • 주주총회에서 선임되고, 이러한 선임결의는 보통 결의의 방법에 따름 • 이사회는 이사 전원으로 구성되는 합의체로 회사의 업무진행상 의사결정 기관 • 이사는 주주총회에서 선임되고, 그 수는 3인 이상이어야 하며, 임기는 3년을 초과할 수 없음 • 대표이사는 이사회의 결의사항을 집행하고 통상적인 업무에 대한 결정 및 집행을 맡음과 동시에 회사를 대표함 • 이사와 회사 간 거래의 승인, 채권의 발행 등이 있음
검사인	• 회사의 계산의 정부, 업무의 적법 여부 등을 조사하는 권한을 지니는 임시기관 • 법원에서 선임하거나 주주총회 및 창립총회에서 선임하기도 함 • 법정 검사인의 경우 임시로 선임됨

01 다음 중 마이클 포터(Michael E. Porter)가 제시한 산업구조 분석의 요소로 옳지 않은 것은?

① 가치사슬 활동 ② 대체재의 위협
③ 공급자의 교섭력 ④ 구매자의 교섭력
⑤ 기존기업 간 경쟁

02 다음은 S사가 해당 사업에서 차지하고 있는 시장점유율 및 시장성장률에 대한 자료이다. 2024년 BCG 매트릭스상에서 S사의 사업이 속하는 영역은?

구분	S사	K사	M사	H사	기타
시장점유율 (2024년 기준)	45%	20%	15%	10%	10%

구분	2018년	2019년	2020년	2021년	2022년
시장성장률	4%	3%	2%	2%	1%

① 별(Star) 영역 ② 자금젖소(Cash Cow) 영역
③ 물음표(Question mark) 영역 ④ 개(Dog) 영역
⑤ 없음

01

정답 ①

마이클 포터(Michael E. Porter)는 산업과 경쟁을 결정짓는 5 Forces Model을 제시하였다. 이는 궁극적으로 산업의 수익 잠재력에 영향을 주는 주요 경제 · 기술적 세력을 분석한 것으로 신규 진입자(잠재적 경쟁자)의 위험, 공급자의 교섭력, 구매자의 교섭력, 대체재의 위협 및 기존기업 간의 경쟁이다. 5가지 요소의 힘이 강할 때는 위협(Threat)이 되고, 약하면 기회(Opportunity)가 된다.

02

정답 ②

BCG 매트릭스는 1970년대 미국의 보스턴 전략컨설팅회사(Boston Consulting Group)에 의해 개발된 사업 / 제품 포트폴리오 분석 차트이다. 이는 크게 네 단계의 영역으로 나뉘는데 시장성장률이 높고 시장점유율이 높은 산업은 별 영역, 시장성장률이 높고 시장점유율이 낮은 산업은 물음표 영역 혹은 문제아 영역, 시장성장률이 낮고 시장점유율이 높은 산업은 자금젖소 영역, 시장성장률이 낮고 시장점유율이 낮은 산업은 개 영역으로 분류된다.
따라서 제시된 S사의 경우는 시장점유율은 높으나 시장성장률이 높지 않으므로 자금젖소 영역인 것을 알 수 있다.

SWOT 분석

기업의 내부환경과 외부환경을 분석하여 강점(Strength), 약점(Weakness), 기회(Opportunity), 위협(Threat) 요인을 규정하고 이를 토대로 경영전략을 수립하는 기법으로, 미국의 경영컨설턴트인 알버트 험프리(Albert Humphrey)가 고안하였다.

	S	W	
Strength 강점 기업 내부환경에서의 강점	S	W	Weakness 약점 기업 내부환경에서의 약점
Opportunity 기회 기업 외부환경으로부터의 기회	O	T	Threat 위협 기업 외부환경으로부터의 위협

VRIO 분석

기업이 보유한 유·무형 자산에 대해 네 가지 기준으로 평가하여 기업의 경쟁력을 분석하는 도구이다. 기업이 자원을 잘 활용할 수 있는가를 보여주는 것이 목적이다.

• 가치 있는(Valuable) : 경제적 가치가 있는가?
• 희소성 있는(Rarity) : 가지고 있는 자원이 희소성 있는가?
• 모방 가능성이 있는(Inimitability) : 모방의 가능성이 있는가?
• 조직이 있는(Organization) : 관련 조직이 있는가?

마이클 포터의 경쟁전략
① 경쟁세력모형 – 5 Force Model 분석

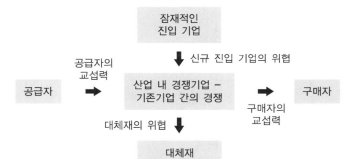

• 기존기업 간의 경쟁 : 해당 시장에서 기존기업 간의 경쟁이 얼마나 치열한가를 나타낸다.
• 공급자의 교섭력 : 공급자의 규모 및 숫자와 공급자 제품의 희소성을 나타낸다.
• 대체재의 위협 : 대체가 가능한 상품의 수와 구매자의 대체하려는 성향, 대체상품의 상대적 가격 등이 있다.
• 구매자의 교섭력 : 고객의 수, 각 고객의 주문수량, 가격의 민감도, 구매자의 정보 능력이 있다.
• 신규 진입 기업의 위협 : 진입장벽, 규모의 경제, 브랜드의 충성도 등이 있다.

② 경쟁우위 전략

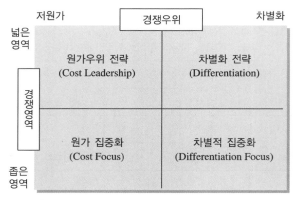

- 원가우위 전략 : 비용요소를 철저하게 통제하고, 기업조직의 가치사슬을 최대한 효율적으로 구사하는 전략
- 차별화 전략 : 소비자들이 가치가 있다고 판단하는 요소를 제품 및 서비스 등에 반영해서 경쟁사의 제품과 차별화한 후 소비자들의 충성도를 확보하고 이를 통해 매출증대를 꾀하는 전략
- 집중화 전략 : 메인 시장과는 다른 특성을 지니는 틈새시장을 대상으로 소비자들의 니즈를 원가우위 또는 차별화 전략을 통해 충족시켜 나가는 전략

BCG 매트릭스 모형

① 별(Star) 사업부
- 시장성장률도 높고 상대적 시장점유율도 높은 경우에 해당하는 사업이다.
- 이 사업부의 제품들은 제품수명주기상에서 성장기에 속한다.
- 선도기업의 지위를 유지하고 성장해가는 시장의 수용에 대처하고, 여러 경쟁기업들의 도전에 극복하기 위해 역시 자금의 투하가 필요하다.
- 별 사업부에 속한 기업들이 효율적으로 잘 운영된다면 이들은 향후 Cash Cow가 된다.
② 자금젖소(Cash Cow) 사업부
- 시장성장률은 낮지만 높은 상대적 시장점유율을 유지하고 있다. 이 사업부는 제품수명주기상에서 성숙기에 속하는 사업부이다.
- 이에 속한 사업은 많은 이익을 시장으로부터 창출해낸다. 그 이유는 시장의 성장률이 둔화되었기 때문에 그만큼 새로운 설비투자 등과 같은 신규 자금의 투입이 필요 없고, 시장 내에 선도기업에 해당되므로 규모의 경제와 높은 생산성을 누리기 때문이다.
- Cash Cow에서 산출되는 이익은 전체 기업의 차원에서 상대적으로 많은 현금을 필요로 하는 Star나 Question Mark, Dog 영역에 속한 사업으로 자원이 배분된다.

③ 물음표(Question Mark) 사업부
- '문제아'라고도 한다.
- 시장성장률은 높으나 상대적 시장점유율이 낮은 사업이다.
- 이 사업에 속한 제품들은 제품수명주기상에서 도입기에 속하는 사업부이다.
- 시장에 처음으로 제품을 출시한 기업 이외의 대부분의 사업부들이 출발하는 지점이 물음표이며, 신규로 시작하는 사업이기 때문에 기존의 선도 기업을 비롯한 여러 경쟁기업에 대항하기 위해 새로운 자금의 투하를 상당량 필요로 한다.
- 기업이 자금을 투입할 것인가 또는 사업부를 철수해야 할 것인가를 결정해야 하기 때문에 Question Mark라고 불리고 있다.
- 한 기업에게 물음표에 해당하는 사업부가 여러 개이면, 그에 해당되는 모든 사업부에 자금을 지원하는 것보다 전략적으로 소수의 사업부에 집중적인 투자를 하는 것이 효과적이라 할 수 있다.

④ 개(Dog) 사업부
- 시장성장률도 낮고 시장점유율도 낮은 사업부이다.
- 제품수명주기상에서 쇠퇴기에 속하는 사업이다.
- 낮은 시장성장률 때문에 그다지 많은 자금의 소요를 필요로 하지는 않지만, 사업활동에 있어서 얻는 이익도 매우 적은 사업이다.
- 이 사업에 속한 시장의 성장률이 향후 다시 고성장을 할 가능성이 있는지 또는 시장 내에서 자사의 지위나 점유율이 높아질 가능성은 없는지 검토해보고 이 영역에 속한 사업들을 계속 유지할 것인가 아니면 축소 내지 철수할 것인가를 결정해야 한다.

01 다음 〈보기〉 중 허즈버그(F. Herzberg)의 2요인 이론에서 동기요인을 모두 고르면?

보기
ㄱ. 상사와의 관계　　　　　　　　　ㄴ. 성취
ㄷ. 회사 정책 및 관리방침　　　　　ㄹ. 작업 조건
ㅁ. 인정

① ㄱ, ㄴ　　　　　　　　　　　　② ㄱ, ㄷ
③ ㄴ, ㄹ　　　　　　　　　　　　④ ㄴ, ㅁ
⑤ ㄹ, ㅁ

02 다음 중 맥그리거(D. McGregor)의 X – Y이론에 대한 설명으로 옳은 것은?

① 자기통제가 많은 것은 X이론이다.
② 쌍방향 의사결정은 X이론에서 주로 발생한다.
③ 조직의 감시, 감독 및 통제가 필요하다는 주장은 Y이론이다.
④ 개인의 목적과 조직의 목적이 부합하는 조직에서는 Y이론에 근거해서 운영된다.
⑤ 인간을 경제적 욕구보다 사회·심리적 영향을 더 많이 받는 존재로 보는 이론은 X이론이다.

01

정답 ④

허즈버그의 2요인 이론은 직원들의 직무만족도를 증감시키는 요인을 2가지로 구분한 것이다.
• 동기요인 : 성취, 인정, 책임소재, 업무의 질 등
• 위생요인 : 회사의 정책, 작업 조건, 동료직원과의 관계, 임금, 직위 등

02

정답 ④

오답분석
① 자기통제가 많은 것은 Y이론이다.
② 쌍방향 의사결정은 Y이론에서 주로 발생한다.
③ 조직의 감시, 감독 및 통제가 필요하다는 주장은 X이론이다.
⑤ 인간을 사회적인 존재로 바라보는 것은 Y이론이다.

매슬로(Maslow)의 욕구단계이론

```
        자아실현의 욕구
         존중의 욕구
      애정과 소속의 욕구
        안전의 욕구
        생리적 욕구
```

① 개념 : 인간의 요구는 위계적으로 조직되어 있으며 하위 단계의 욕구 충족이 상위 계층의 욕구 발현의 조건이라고 설명한다.
② 특징
- 생리적 욕구 : 가장 기본적이면서도 강력한 욕구로 음식, 물, 수면 등 인간의 생존에 가장 필요한 본능적인 욕구이다.
- 안전의 욕구 : 두려움이나 혼란스러움이 아닌 평상심과 질서를 유지하고자 하는 욕구이다.
- 애정과 소속의 욕구 : 사회적으로 조직을 이루고 그곳에 소속되려는 성향이다.
- 존중의 욕구 : 타인으로부터 수용되고, 가치 있는 존재가 되고자 하는 욕구이다.
- 자아실현의 욕구 : 개인의 타고난 능력 혹은 성장 잠재력을 실행하려는 욕구이다.

맥그리거(McGregor)의 X−Y이론

① 개념 : 인간본성에 대한 가정을 X, Y 2가지로 구분하여 특성에 따른 관리전략을 정리한 이론으로 X이론은 인간에 대한 부정적인 면을 설명하고, Y이론은 긍정적인 면을 설명한다.
② 특징

X이론 (전통적이고 전체적인 경영자의 인간관)	Y이론 (진취적이고 협동적인 인간관)
• 인간은 철저하게 이기적이고 자기중심적이다. • 인간은 천성적으로 게으르고 일을 싫어하기 때문에 엄격한 통제와 감독이 필요하다. • 조직 구성원이 원하는 수준의 임금체계가 확립되어야 하고, 엄격한 통제와 처벌이 필요하다.	• 인간의 행위는 경제적 욕구보다 사회·심리에 더 영향을 받는다. • 인간은 사회적인 존재이다. • 노동에서 휴식과 복지는 자연스러운 것이다. • 민주적 리더십의 확립과 분권, 권한의 위임이 중요하다.

허즈버그(Herzberg)의 동기 − 위생이론

① 개념 : 허즈버그가 2개의 요인(동기요인, 위생요인)으로 나눠 동기유발에 대해 정리한 이론으로 동기요인과 위생요인은 반대의 개념이 아닌 별개의 개념이다.
② 특징

동기요인(만족요인)	위생요인(불만족요인)
• 직무에 만족을 느끼게 하는 요인 • 충족되면 만족감을 느끼게 되지만, 불충족되는 경우에도 불만이 발생하지는 않음 • 동기요인 충족 → 높은 직무성과	• 직무에 대해 불만족을 느끼게 하는 요인 • 불충족 시에는 불만이 증가 • 충족 시에도 만족감이 증가하는 것은 아님

01　다음 중 매트릭스 조직구조의 장점으로 옳지 않은 것은?

　① 의사결정의 책임소재를 명확히 할 수 있다.

　② 조직의 인력을 신축적으로 활용할 수 있다.

　③ 전문적 지식과 기술의 활용을 극대화할 수 있다.

　④ 조직 내의 협력과 팀 활동을 촉진시킨다.

　⑤ 조직 내 정보 단절 문제를 해결할 수 있다.

02　다음에서 설명하고 있는 조직구조는?

> • 수평적 분화에 중점을 두고 있다.
> • 각자의 전문분야에서 작업능률을 증대시킬 수 있다.
> • 생산, 회계, 인사, 영업, 총무 등의 기능을 나누고 각 기능을 담당할 부서단위로 조직된 구조이다.

　① 기능 조직　　　　　　　　　　② 사업부 조직

　③ 매트릭스 조직　　　　　　　　④ 수평적 조직

　⑤ 네트워크 조직

01

정답 　①

매트릭스 조직구조는 명령일원화의 원칙이 적용되지 않으므로 의사결정의 책임소재가 불명확할 수도 있다.

02

정답 　①

기능 조직(Functional Structure)은 기능별 전문화의 원칙에 따라 공통의 전문지식과 기능을 지닌 부서단위로 묶는 조직구조를 의미한다.

이론 더하기

기능 조직

① 개념 : 관리자가 담당하는 일을 전문화해 업무내용이 유사하고 관련성이 있는 기능을 분류하여 업무를 전문적으로 진행할
   수 있도록 하는 형태이다.
② 장점 및 단점
   • 조직원의 전문적인 업무 발전이 가능하다.
   • 조직의 내부 효율성이 증대된다.
   • 조직 전체의 목표보다는 직능별 목표를 중시하고 성과에 대한 책임이 불분명하다.

사업부 조직

① 개념 : 사업체에서 여러 제품을 생산하는 경우에 제품에 따라 사업부를 구분하여 사업부마다 하위조직을 구성하는 형태이다.
② 장점 및 단점
   • 사업부내 관리자와 종업원의 밀접한 상호작용이 가능하다.
   • 사업부는 이익 및 책임 중심점이 되어 경영성과가 향상된다.
   • 제품의 제조와 판매에 대한 전문화와 분업이 촉진된다.
   • 특정 분야에 대한 지식과 능력의 전문화가 약화될 수 있다.

매트릭스 조직

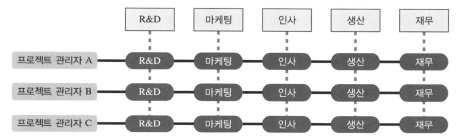

① 개념 : 조직구성원들이 원래 소속되어 있는 기능부서에도 배치되는 동시에 맡은 업무에 따라 나누어진 팀에도 배치되어
   있어 두 개의 단위조직에 속하여 두 명의 상급자를 두고 있는 형태이다.
② 장점 및 단점
   • 조직에서의 정보 단절 문제를 해결할 수 있다.
   • 일을 유연하게 대처할 수 있다.
   • 조직원의 역량을 좀 더 폭넓게 향상시킬 수 있다.
   • 두 개의 조직에서 두 명의 상급자가 존재하기 때문에 성과에 대한 목표나 보고가 느릴 수 있다.

네트워크 조직

① 개념 : 독립된 각 사업 부서들이 자신의 고유 기능을 수행하면서 제품 생산이나 프로젝트의 수행을 위해서는 상호 협력적인
   네트워크를 지닌 조직구조이다.
② 장점 및 단점
   • 조직원 사이의 수평적인 의사소통이 가능하다.
   • 조직 간의 정보교류가 활발하므로 조직 내 자산으로 축적 가능하다.
   • 시장에 유연한 대응이 가능하다.
   • 관리자가 직원을 관리하는 것이 쉽지 않다.
   • 갈등이 발생하는 경우 해결에 오랜 시간이 필요하다.

01 다음 중 공정성이론에서 절차적 공정성에 해당하지 않는 것은?

① 접근성
② 반응속도
③ 형평성
④ 유연성
⑤ 적정성

02 다음 중 연속생산에 대한 설명으로 옳은 것은?

① 단위당 생산원가가 낮다.
② 운반비용이 많이 소요된다.
③ 제품의 수요가 다양한 경우 적합한 방식이다.
④ 제품의 수명이 짧은 경우 적합한 방식이다.
⑤ 작업자의 숙련도가 떨어질 경우 작업에 참여시키지 않는다.

03 다음 중 〈보기〉에서 설명하는 것을 순서대로 바르게 나열한 것은?

> 보기
> • 주문자가 제조업체에 제품 생산을 위탁하면 제조업체는 이 제품을 개발·생산하여 주문자에게 납품하고, 주문업체는 이에 대한 유통 및 판매만 맡는 형태이다. 즉, 하청업체가 제품의 개발과 생산을 모두 담당하는 방식을 말한다.
> • 기업에서 원재료의 생산에서 유통까지 모든 공급망 단계를 최적화하여 수요자가 원하는 제품을 원하는 시간과 장소에 제공하는 공급망 관리를 말한다.

① OEM, CRM
② OEM, SCM
③ ODM, SCM
④ ODM, PRM
⑤ ODM, CRM

04 다음 중 경영정보시스템 관련 용어에 대한 설명으로 옳은 것은?

① 데이터베이스관리시스템은 비즈니스 수행에 필요한 일상적인 거래를 처리하는 정보시스템이다.

② 전문가시스템은 일반적인 업무를 지원하는 정보시스템이다.

③ 전사적 자원관리시스템은 공급자와 공급기업을 연계하여 활용하는 정보시스템이다.

④ 의사결정지원시스템은 데이터를 저장하고 관리하는 정보시스템이다.

⑤ 중역정보시스템은 최고경영자층이 전략적인 의사결정을 하도록 도와주는 정보시스템이다.

05 다음 중 동기부여의 내용이론에 해당하는 것은?

① 성취동기이론 ② 기대이론

③ 공정성이론 ④ 목표설정이론

⑤ 인지평가이론

06 다음 수요예측 기법 중 정성적 기법에 해당하지 않는 것은?

① 델파이법 ② 시계열분석

③ 전문가패널법 ④ 자료유추법

⑤ 패널동의법

Easy

07 다음 중 직무분석에 대한 설명으로 옳지 않은 것은?

① 직무분석은 직무와 관련된 정보를 수집 · 정리하는 활동이다.

② 직무분석을 통해 얻어진 정보는 전반적인 인적자원관리 활동의 기초자료로 활용된다.

③ 직무분석을 통해 직무기술서와 직무명세서가 작성된다.

④ 직무기술서는 직무를 수행하는 데 필요한 인적요건을 중심으로 작성된다.

⑤ 직무평가는 직무분석을 기초로 이루어진다.

08 다음 중 자본예산기법과 포트폴리오에 대한 설명으로 옳지 않은 것은?

① 포트폴리오의 분산은 각 구성주식의 분산을 투자비율로 가중평균하여 산출한다.

② 비체계적 위험은 분산투자를 통해 제거할 수 있는 위험이다.

③ 단일 투자안의 경우 순현가법과 내부수익률법의 경제성 평가 결과는 동일하다.

④ 포트폴리오 기대수익률은 각 구성주식의 기대수익률을 투자비율로 가중평균하여 산출한다.

⑤ 두 투자안 중 하나의 투자안을 선택해야 하는 경우 순현가법과 내부수익률법의 선택 결과가 다를 수 있다.

09 다음 중 슘페터(Joseph A. Schumpeter)가 주장한 기업가 정신의 핵심요소가 아닌 것은?

① 비전의 제시와 실현욕구　　　　② 창의성과 혁신

③ 성취동기　　　　　　　　　　④ 인적 네트워크 구축

⑤ 도전정신

10 다음 중 BCG 매트릭스에 대한 설명으로 옳은 것은?

① 횡축은 시장성장률, 종축은 상대적 시장점유율이다.

② 물음표 영역은 시장성장률이 높고, 상대적 시장점유율은 낮아 계속적인 투자가 필요하다.

③ 별 영역은 시장성장률이 낮고, 상대적 시장점유율은 높아 현상유지를 해야 한다.

④ 자금젖소 영역은 현금창출이 많지만, 상대적 시장점유율이 낮아 많은 투자가 필요하다.

⑤ 개 영역은 시장지배적인 위치를 구축하여 성숙기에 접어든 경우이다.

Hard

11 다음 중 투자안 분석기법으로서의 순현가(NPV)법에 대한 설명으로 옳은 것은?

① 순현가는 투자의 결과 발생하는 현금유입의 현재가치에서 현금유입의 미래가치를 차감한 것이다.
② 순현가법은 모든 개별 투자안들 간의 상호관계를 고려한다.
③ 순현가법에서는 투자안의 내용연수 동안 발생할 미래의 모든 현금흐름을 반영한다.
④ 순현가법에서는 현금흐름을 최대한 큰 할인율로 할인한다.
⑤ 순현가법에서는 투자의 결과 발생하는 현금유입이 투자안의 내부수익률로 재투자될 수 있다고 가정한다.

12 다음 중 단위당 소요되는 표준작업시간과 실제작업시간을 비교하여, 절약된 작업시간에 대한 생산성 이득을 노사가 각각 50:50의 비율로 배분하는 임금제도는?

① 임프로쉐어 플랜
② 스캔런 플랜
③ 메리크식 복률성과급
④ 테일러식 차별성과급
⑤ 럭커 플랜

13 다음 중 다각화 전략의 장점으로 옳지 않은 것은?

① 복합기업들이 여러 시장에 참여하고 있기 때문에 어떤 한 사업분야에서 가격경쟁이 치열하다면, 다른 사업분야에서 나오는 수익으로 가격경쟁을 가져갈 수 있다.
② 범위의 경제성 또는 시너지 효과는 실질적으로 기업의 이익을 증대시킬 수 있다.
③ 새로운 성장동력을 찾아 기업 자체의 성장성을 잃지 않을 수 있다.
④ 개별 사업부문들의 경기순환에 의한 리스크를 줄일 수 있다.
⑤ 글로벌 경쟁이 심화될수록 경쟁력이 높아질 수 있다.

14 다음 중 델파이 기법에 대한 설명으로 옳지 않은 것은?

① 전문가들을 두 그룹으로 나누어 진행한다.
② 많은 전문가들의 의견을 취합하여 재조정 과정을 거친다.
③ 의사결정 및 의견개진 과정에서 타인의 압력이 배제된다.
④ 전문가들을 공식적으로 소집하여 한 장소에 모이게 할 필요가 없다.
⑤ 미래의 불확실성에 대한 의사결정 및 중장기예측에 좋은 방법이다.

15 다음 중 마이클 포터(Michael E. Porter)가 제시한 경쟁우위전략에 대한 설명으로 옳지 않은 것은?

① 원가우위전략은 경쟁기업보다 낮은 비용에 생산하여 저렴하게 판매하는 것을 의미한다.
② 차별화전략은 경쟁사들이 모방하기 힘든 독특한 제품을 판매하는 것을 의미한다.
③ 집중화전략은 원가우위에 토대를 두거나 차별화우위에 토대를 둘 수 있다.
④ 원가우위전략과 차별화전략은 일반적으로 대기업에서 많이 수행된다.
⑤ 마이클 포터는 기업이 성공하기 위해서는 한 제품을 통하여 원가우위전략과 차별화전략 두 가지 전략을 동시에 추구해야 한다고 보았다.

16 다음 리더십이론에 대한 〈보기〉의 설명 중 옳은 것을 모두 고르면?

> **보기**
> ㄱ. 변혁적 리더십을 발휘하는 리더는 부하에게 이상적인 방향을 제시하고 임파워먼트(Empowerment)를 실시한다.
> ㄴ. 거래적 리더십을 발휘하는 리더는 비전을 통해 단결, 비전의 전달과 신뢰의 확보를 강조한다.
> ㄷ. 카리스마 리더십을 발휘하는 리더는 부하에게 높은 자신감을 보이며 매력적인 비전을 제시하지만 위압적이고 충성심을 요구하는 측면이 있다.
> ㄹ. 슈퍼 리더십을 발휘하는 리더는 부하를 강력하게 지도하고 통제하는 데 역점을 둔다.

① ㄱ, ㄷ   ② ㄱ, ㄹ
③ ㄴ, ㄷ   ④ ㄴ, ㄹ
⑤ ㄷ, ㄹ

17 다음 중 신제품을 가장 먼저 받아들이는 그룹에 이어 두 번째로 신제품의 정보를 수집하여 신중하게 수용하는 그룹은?

① 조기 수용자(Early Adopters)　　　　② 혁신자(Innovators)
③ 조기 다수자(Early Majority)　　　　④ 후기 다수자(Late Majority)
⑤ 최후 수용자(Laggards)

18 다음 중 한 사람의 업무담당자가 기능부문과 제품부문의 관리자로부터 동시에 통제를 받도록 이중 권한 구조를 형성하는 조직구조는?

① 기능별 조직　　　　　　　　　　　② 사업부제 조직
③ 매트릭스 조직　　　　　　　　　　④ 프로젝트 조직
⑤ 팀제 조직

Easy

19 다음 중 e-비즈니스 기업의 장점으로 옳지 않은 것은?

① 빠른 의사결정을 진행할 수 있다
② 양질의 고객서비스를 제공할 수 있다.
③ 배송, 물류비 등 각종 비용을 절감할 수 있다.
④ 기업이 더 높은 가격으로 제품을 판매할 수 있다.
⑤ 소비자에게 더 많은 선택권을 부여할 수 있다.

20 다음에서 설명하는 인력공급 예측기법은?

- 시간의 흐름에 따라 직원의 직무이동확률을 파악하는 방법이다.
- 장기적인 인력공급의 미래예측에 용이하다.
- 조직 및 경영환경이 매우 안정적이어야 측정이 가능하다.

① 자격요건 분석　　　　　　　　　　② 기능목록 분석
③ 마코브 체인　　　　　　　　　　　④ 대체도
⑤ 외부공급 예측

PART 2

CHAPTER

02 경제일반

수요와 공급의 법칙, 탄력성

다음 중 수요의 탄력성에 대한 내용으로 옳은 것은?

① 수요곡선의 기울기가 −1인 직선일 경우 수요곡선상의 어느 점에서나 가격탄력성은 동일하다.

② 수요의 가격탄력성이 탄력적이라면 가격인하는 총수입을 증가시키는 좋은 전략이다.

③ X재의 가격이 5% 인상되자 Y재 수요가 10% 상승했다면 수요의 교차탄력성은 $\frac{1}{2}$ 이고, 두 재화는 보완재 이다.

④ 가격이 올랐을 때 시간이 경과될수록 적응이 되기 때문에 수요의 가격탄력성은 작아진다.

⑤ 수요의 소득탄력성이 비탄력적인 재화는 열등재이다.

정답 ②

수요의 가격탄력성이 1보다 크다면 가격이 1% 하락할 때, 판매량은 1%보다 크게 증가하므로 판매자의 총수입은 증가한다.
따라서 수요의 가격탄력성이 탄력적이라면 가격인하는 총수입을 증가시키는 좋은 전략이다.

오답분석

① 수요곡선이 우하향하는 직선이면 수요곡선상에서 우하방으로 이동할수록 수요의 가격탄력성이 점점 작아진다.

③ X와 Y 두 재화 수요의 교차탄력성은 $\varepsilon_{XY} = \dfrac{\dfrac{\triangle Q_Y}{Q_Y}}{\dfrac{\triangle P_X}{P_X}} = \dfrac{10\%}{5\%} = 2$이고, 두 재화는 대체재이다.

④ 장기가 될수록 대체재가 생겨날 가능성이 크기 때문에 수요의 가격탄력성이 커진다.

⑤ 열등재는 수요의 소득탄력성이 1보다 작은 재화가 아니라 수요의 소득탄력성이 음수(−)인 재화이다.

수요의 법칙

수요의 법칙이란 가격이 상승하면 수요량이 감소하는 것을 말한다. 수요의 법칙이 성립하는 경우 수요곡선은 우하향한다. 단, 기펜재의 경우와 베블런효과가 존재하는 경우는 성립하지 않는다.

수요량의 변화와 수요의 변화

① 수요량의 변화 : 당해 재화의 가격변화로 인한 수요곡선상의 이동을 의미한다.
② 수요의 변화 : 당해 재화가격 이외의 다른 요인의 변화로 수요곡선 자체가 이동하는 경우를 의미한다. 수요가 증가하면 수요곡선이 우측으로 이동하고, 수요가 감소하면 수요곡선이 좌측으로 이동한다.

공급의 법칙

다른 조건이 일정할 때 가격이 상승하면 공급량이 증가하는 것을 말한다.

공급량의 변화와 공급의 변화

① 공급량의 변화 : 당해 재화가격의 변화로 인한 공급곡선상의 이동을 의미한다.
② 공급의 변화 : 당해 재화가격이 다른 요인의 변화로 공급곡선 자체가 이동하는 것을 말한다. 공급이 증가하면 공급곡선이 우측으로 이동하고, 공급이 감소하면 공급곡선이 좌측으로 이동한다.

수요의 가격탄력성

① 의의 : 수요량이 가격에 얼마나 민감하게 반응하는지를 나타낸다.
② 가격탄력성의 도출

$$\varepsilon_P = \frac{\text{수요량의 변화율}}{\text{가격의 변화율}} = \frac{\dfrac{\triangle Q}{Q}}{\dfrac{\triangle P}{P}} = \left(\frac{\triangle Q}{\triangle P}\right)\left(\frac{P}{Q}\right) \ \text{(단, } \triangle \text{은 변화율, Q는 수요량, P는 가격)}$$

③ 가격탄력성과 판매수입

구분	$\varepsilon_P > 1$ (탄력적)	$\varepsilon_P = 1$ (단위탄력적)	$0 < \varepsilon_P < 1$ (비탄력적)	$\varepsilon_P = 0$ (완전 비탄력적)
가격 상승	판매 수입 감소	판매 수입 변동 없음	판매 수입 증가	판매 수입 증가
가격 하락	판매 수입 증가	판매 수입 변동 없음	판매 수입 감소	판매 수입 감소

공급의 가격탄력성

① 의의 : 공급량이 가격에 얼마나 민감하게 반응하는지를 나타낸다.
② 가격탄력성의 도출

$$\varepsilon_P = \frac{\text{공급량의 변화율}}{\text{가격의 변화율}} = \frac{\dfrac{\triangle Q}{Q}}{\dfrac{\triangle P}{P}} = \left(\frac{\triangle Q}{\triangle P}\right)\left(\frac{P}{Q}\right) \ \text{(단, } \triangle \text{은 변화율, Q는 공급량, P는 가격)}$$

③ 공급의 가격탄력성 결정요인 : 생산량 증가에 따른 한계비용 상승이 완만할수록, 기술수준 향상이 빠를수록, 유휴설비가 많을수록, 측정시간이 길어질수록 공급의 가격탄력성은 커진다.

01 밀턴 프리드먼은 '공짜 점심은 없다(There is no such thing as a free lunch).'라는 말을 즐겨했다고 한다. 다음 중 이 말을 설명할 수 있는 경제 원리는?

① 규모의 경제   ② 긍정적 외부성

③ 기회비용   ④ 수요공급의 원리

⑤ 매몰비용

02 다음 제시된 내용에 대한 〈보기〉의 설명 중 옳은 것을 모두 고르면?

> 우리나라에 거주 중인 광성이는 ㉠ <u>여름휴가를 앞두고 휴가 동안 발리로 서핑을 갈지, 빈 필하모닉 오케스트라의 3년 만의 내한 협주를 들으러 갈지</u> 고민하다가 ㉡ <u>발리로 서핑을 갔다.</u> 그러나 화산폭발의 위험이 있어 안전의 위협을 느끼고 ㉢ <u>환불이 불가능한 숙박비를 포기한 채 우리나라로 돌아왔다.</u>

> **보기**
> 가. ㉠의 고민은 광성이의 주관적 희소성 때문이다.
> 나. ㉠의 고민을 할 때는 기회비용을 고려한다.
> 다. ㉡의 기회비용은 빈 필하모닉 오케스트라 내한 협주이다.
> 라. ㉡은 경제재이다.
> 마. ㉢은 비합리적 선택 행위의 일면이다.

① 가, 나, 라   ② 나, 다, 라

③ 나, 다, 마   ④ 가, 나, 다, 라

⑤ 나, 다, 라, 마

01

정답 ③

'공짜 점심은 없다.'라는 의미는 무엇을 얻고자 하면 보통 그 대가로 무엇인가를 포기해야 한다는 뜻으로 해석할 수 있다. 즉, 어떠한 선택에는 반드시 포기하게 되는 다른 가치가 존재한다는 의미이다. 시간이나 자금의 사용은 다른 활동에의 시간 사용, 다른 서비스나 재화의 구매를 불가능하게 만들어 기회비용을 유발한다. 정부의 예산배정, 여러 투자상품 중 특정 상품의 선택, 경기활성화와 물가안정 사이의 상충관계 등이 기회비용의 사례가 될 수 있다.

02

정답 ④

오답분석

마. 환불 불가한 숙박비는 회수 불가능한 매몰비용이므로 선택 시 고려하지 않은 ㉢의 행위는 합리적 선택 행위의 일면이라고 할 수 있다.

경제재와 자유재

경제재(Economic Goods)	자유재(Free Goods)
• 경제재란 희소성을 가지고 있는 자원으로 합리적인 의사결정으로 선택을 해야 하는 재화를 말한다. • 우리가 일상생활에서 돈을 지불하고 구입하는 일련의 재화 또는 서비스를 모두 포함한다.	• 자유재란 희소성을 가지고 있지 않아 값을 지불하지 않고도 누구나 마음대로 쓸 수 있는 물건을 말한다. • 공기나 햇빛같이 우리의 욕구에 비해 자원의 양이 풍부해서 경제적 판단을 요구하지 않는 재화를 모두 포함한다.

기회비용(Opportunity Cost)

① 개념
- 여러 선택 대안들 중 한 가지를 선택함으로써 포기해야 하는 다른 선택 대안 중에서 가장 가치가 큰 것을 의미한다.
- 경제학에서 사용하는 비용은 전부 기회비용 개념이며, 합리적인 선택을 위해서는 항상 기회비용의 관점에서 의사결정을 내려야 한다.
- 기회비용은 객관적으로 나타난 비용(명시적 비용) 외에 포기한 대안 중 가장 큰 순이익(암묵적 비용)까지 포함한다.
- 편익(매출액)에서 기회비용을 차감한 이윤을 경제적 이윤이라고 하는데, 이는 기업 회계에서 일반적으로 말하는 회계적 이윤과 다르다. 즉, 회계적 이윤은 매출액에서 명시적 비용(회계적 비용)만 차감하고 암묵적 비용(잠재적 비용)은 차감하지 않는다.

경제적 비용 (기회비용)	명시적 비용 (회계적 비용)	기업이 생산을 위해 타인에게 실제적으로 지불한 비용 예 임금, 이자, 지대
	암묵적 비용 (잠재적 비용)	기업 자신의 생산 요소에 대한 기회비용 예 귀속 임금, 귀속 이자, 귀속 지대

② 경제적 이윤과 회계적 이윤

경제적 이윤	회계적 이윤
• 매출액에서 기회비용을 차감한 이윤을 말한다. • 사업주가 자원배분이 합리적인지 판단하기 위한 지표이다. • 경제적 이윤은 경제적 부가가치(EVA)로 나타내기도 한다. • 경제학에서 장기적으로 기업의 퇴출 여부 판단의 기준이 된다.	• 매출액에서 명시적 비용만 차감한 이윤을 말한다. • 사업주가 외부 이해관계자(채권자, 주주, 금융기관 등)에게 사업성과를 보여주기 위한 지표이다. • 회계적 이윤에서는 객관적으로 측정 가능한 명시적 비용만을 반영한다.

매몰비용(Sunk Cost)

이미 투입된 비용으로서 사업을 중단하더라도 회수할 수 없는 비용으로, 매몰비용은 사업을 중단하더라도 회수할 수 없기 때문에 사업 중단에 따른 기회비용은 0이다. 따라서 합리적인 선택을 위해서는 이미 지출되었으나 회수가 불가능한 매몰비용은 고려하지 않는다.

PART 2

01 다음 최고가격제에 대한 〈보기〉의 설명 중 옳은 것을 모두 고르면?

> **보기**
>
> ㄱ. 암시장을 출현시킬 가능성이 있다.
> ㄴ. 초과수요를 야기한다.
> ㄷ. 사회적 후생을 증대시킨다.
> ㄹ. 최고가격은 시장의 균형가격보다 높은 수준에서 설정되어야 한다.

① ㄱ, ㄴ   ② ㄱ, ㄷ

③ ㄴ, ㄷ   ④ ㄴ, ㄹ

⑤ ㄷ, ㄹ

02 가격이 10% 상승할 때, 수요량이 12% 감소하는 재화에 최저가격제가 적용되어 가격이 10% 상승하였다. 매출의 변화로 올바르게 짝지어진 것은?

	매출량	매출액
①	증가	증가
②	증가	감소
③	감소	증가
④	감소	감소
⑤	불변	불변

01

정답 ①

오답분석

ㄷ · ㄹ. 최고가격은 시장의 균형가격보다 낮은 수준에서 설정되어야 하며, 최고가격제가 실시되면 사회적 후생 손실이 발생한다.

02

정답 ④

수요의 가격탄력성은 가격의 변화율에 대한 수요량의 변화율이므로 1.2이다. 따라서 이는 탄력적이라는 것을 암시하며, 최저가격제는 가격의 상승을 가져오므로 매출량과 판매수입이 감소한다.

이론 더하기

최고가격제(가격상한제)

① 개념 : 물가를 안정시키고, 소비자를 보호하기 위해 시장가격보다 낮은 수준에서 최고가격을 설정하는 규제이다.

　　예 아파트 분양가격, 금리, 공공요금

② 특징

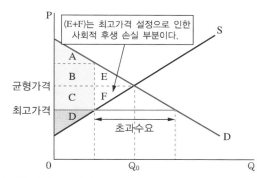

- 소비자들은 시장가격보다 낮은 가격으로 재화를 구입할 수 있다.
- 초과수요가 발생하기 때문에 암시장이 형성되어 균형가격보다 높은 가격으로 거래될 위험이 있다.
- 재화의 품질이 저하될 수 있다.
- 그래프에서 소비자 잉여는 A＋B＋C, 생산자 잉여는 D, 사회적 후생 손실은 E＋F만큼 발생한다.
- 공급의 가격탄력성이 탄력적일수록 사회적 후생 손실이 커진다.

최저가격제(최저임금제)

① 개념 : 최저가격제란 공급자를 보호하기 위하여 시장가격보다 높은 수준에서 최저가격을 설정하는 규제를 말한다.

　　예 최저임금제

② 특징

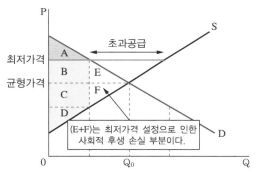

- 최저가격제를 실시하면 생산자는 균형가격보다 높은 가격을 받을 수 있다.
- 소비자의 지불가격이 높아져 소비자의 소비량을 감소시키기 때문에 초과공급이 발생하고, 실업, 재고 누적 등의 부작용이 발생한다.
- 그래프에서 소비자 잉여는 A, 생산자 잉여는 B＋C＋D, 사회적 후생 손실은 E＋F만큼 발생한다.
- 수요의 가격탄력성이 탄력적일수록 사회적 후생 손실이 커진다.

01 　두 재화 X와 Y를 소비하여 효용을 극대화하는 소비자 A의 효용함수는 U=X+2Y이고, X재 가격이 2, Y재 가격이 1이다. X재 가격이 1로 하락할 때 소비량의 변화는?

	X재 소비량	Y재 소비량
①	불변	불변
②	증가	증가
③	감소	증가
④	증가	감소
⑤	감소	감소

02 　다음 중 재화의 성질 및 무차별곡선에 대한 설명으로 옳지 않은 것은?

① 모든 기펜재(Giffen Goods)는 열등재이다.
② 두 재화가 대체재인 경우 두 재화 간 교차탄력성은 양(+)의 값을 가진다.
③ X축에는 홍수를, Y축에는 쌀을 나타내는 경우 무차별곡선은 우하향한다.
④ 두 재화가 완전보완재인 경우 무차별곡선은 L자 모형이다.
⑤ 두 재화가 완전대체재인 경우 두 재화의 한계대체율은 일정하다.

01

정답 　①

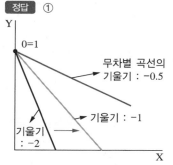

가격이 변하기 전 예산선의 기울기는 -2, 무차별곡선의 기울기는 -0.5이므로 소비자 A는 자신의 소득 전부를 Y재를 구매하는 데에 사용한다. 그런데 X재 가격이 1로 하락하더라도 예산선의 기울기는 -1이므로 여전히 Y재만을 소비하는 것이 효용을 극대화한다. 따라서 가격이 변하더라도 X재와 Y재의 소비량은 변화가 없다.

02

정답 　③

X재가 한계효용이 0보다 작은 비재화이고 Y재가 정상재인 경우, X재의 소비가 증가할 때 효용이 동일한 수준으로 유지되기 위해서는 Y재의 소비가 증가하여야 한다. 따라서 무차별곡선은 우상향의 형태로 도출된다.

효용함수(Utility Function)
재화소비량과 효용 간의 관계를 함수형태로 나타낸 것을 의미한다.

무차별곡선(Indifference Curve)
① 개념 : 동일한 수준의 효용을 가져다주는 모든 상품의 묶음을 연결한 궤적을 말한다.

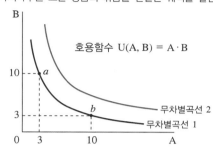

② 무차별곡선의 성질
• A재와 B재 모두 재화라면 무차별곡선은 우하향하는 모양을 갖는다(대체가능성).
• 원점에서 멀어질수록 높은 효용수준을 나타낸다(강단조성).
• 두 무차별곡선은 서로 교차하지 않는다(이행성).
• 모든 점은 그 점을 지나는 하나의 무차별곡선을 갖는다(완비성).
• 원점에 대하여 볼록하다(볼록성).
③ 예외적인 무차별곡선

구분	두 재화가 완전 대체재인 경우	두 재화가 완전 보완재인 경우	두 재화가 모두 비재화인 경우
그래프			
효용함수	$U(X, Y) = aX + bY$	$U(X, Y) = \min\left(\dfrac{X}{a}, \dfrac{Y}{b}\right)$	$U(X, Y) = \dfrac{1}{X^2 + Y^2}$
특징	한계대체율(MRS)이 일정하다.	두 재화의 소비비율이 $\dfrac{b}{a}$로 일정하다.	X재와 Y재 모두 한계효용이 0보다 작다. ($MU_X < 0$, $MU_Y < 0$)
사례	(X, Y) = (10원짜리 동전, 50원짜리 동전)	(X, Y) = (왼쪽 양말, 오른쪽 양말)	(X, Y) = (매연, 소음)

소비자균형

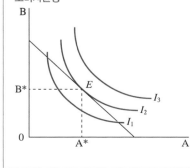

무차별곡선 기울기의 절댓값인 MRS_{AB}, 즉 소비자의 A재와 B재의 주관적인 교환비율과 시장에서 결정된 A재와 B재의 객관적인 교환비율인 상대가격 $\dfrac{P_A}{P_B}$ 가 일치하는 점에서 소비자균형이 달성된다(E).

다음 〈보기〉에 제시된 사례를 역선택(Adverse Selection)과 도덕적 해이(Moral Hazard)의 개념에 따라 바르게 구분한 것은?

보기

ㄱ. 자동차 보험 가입 후 더 난폭하게 운전한다.
ㄴ. 건강이 좋지 않은 사람이 민간 의료보험에 더 많이 가입한다.
ㄷ. 실업급여를 받게 되자 구직 활동을 성실히 하지 않는다.
ㄹ. 사망 확률이 낮은 건강한 사람이 주로 종신연금에 가입한다.
ㅁ. 의료보험제도가 실시된 이후 사람들의 의료수요가 현저하게 증가하였다.

	역선택	도덕적 해이
①	ㄱ, ㄴ	ㄷ, ㄹ, ㅁ
②	ㄴ, ㄹ	ㄱ, ㄷ, ㅁ
③	ㄷ, ㅁ	ㄱ, ㄴ, ㄹ
④	ㄴ, ㄷ, ㄹ	ㄱ, ㅁ
⑤	ㄴ, ㄷ, ㅁ	ㄱ, ㄷ

정답 ②

역선택이란 감추어진 특성의 상황에서 정보 수준이 낮은 측이 사전적으로 바람직하지 않은 상대방을 만날 가능성이 높아지는 현상을 의미한다. 반면, 도덕적 해이는 감추어진 행동의 상황에서 어떤 거래 이후에 정보를 가진 측이 바람직하지 않은 행동을 하는 현상을 의미한다. 따라서 ㄴ과 ㄹ은 역선택, ㄱ·ㄷ·ㅁ는 도덕적 해이에 해당한다.

이론 더하기

역선택(Adverse Selection)

① 개념 : 거래 전에 감추어진 특정한 상황에서 정보가 부족한 구매자가 바람직하지 못한 상대방과 품질이 낮은 상품을 거래하게 되는 가격왜곡현상을 의미한다.

② 사례
- 중고차를 판매하는 사람은 그 차량의 결점에 대해 알지만 구매자는 잘 모르기 때문에 성능이 나쁜 중고차만 거래된다. 즉, 정보의 비대칭성으로 인해 비효율적인 자원 배분 현상이 나타나며, 이로 인해 사회적인 후생손실이 발생한다.
- 보험사에서 평균적인 사고확률을 근거로 보험료를 산정하면 사고 발생 확률이 높은 사람이 보험에 가입할 가능성이 큰 것을 의미한다. 이로 인해 평균적인 위험을 기초로 보험금과 보험료를 산정하는 보험회사는 손실을 보게 된다.

③ 해결방안
- 선별(Screening) : 정보를 갖지 못한 사람이 상대방의 정보를 알기 위해 노력하는 것이다.
- 신호 보내기(Signaling) : 정보를 가진 측에서 정보가 없는 상대방에게 자신을 알림으로써 정보의 비대칭을 해결하는 것이다.
- 정부의 역할 : 모든 당사자가 의무적으로 수행하게 하는 강제집행과 정보흐름을 촉진할 수 있는 정보정책 수립 등이 있다.

도덕적 해이(Moral Hazard)

① 개념 : 어떤 계약 거래 이후에 대리인의 감추어진 행동으로 인해 정보격차가 존재하여 상대방의 향후 행동을 예측할 수 없거나 본인이 최선을 다한다 해도 자신에게 돌아오는 혜택이 별로 없는 경우에 발생한다.

② 사례
- 화재보험에 가입하고 나면 화재예방노력에 따른 편익이 감소하므로 노력을 소홀히 하는 현상이 발생한다.
- 의료보험에 가입하면 병원 이용에 따른 한계비용이 낮아지므로 그 전보다 병원을 더 자주 찾는 현상이 발생한다.
- 금융기관에서 자금을 차입한 이후에 보다 위험이 높은 투자 상품에 투자하는 현상이 발생한다.

③ 해결방안
- 보험회사가 보험자 손실의 일부만을 보상해주는 공동보험제도를 채택한다.
- 금융기관이 기업의 행동을 주기적으로 감시한다(예 사회이사제도, 감사제도).
- 금융기관은 대출 시 담보를 설정하여 위험이 높은 투자를 자제하도록 한다.

역선택과 도덕적 해이 비교

구분	역선택	도덕적 해이
정보의 비대칭 발생시점	계약 이전	계약 이후
정보의 비대칭 유형	숨겨진 특성	숨겨진 행동
해결 방안	선별, 신호발송, 신용할당, 효율성임금, 평판, 표준화, 정보정책, 강제집행 등	유인설계(공동보험, 기초동제제도, 성과급지급 등), 효율성 임금, 평판, 담보설정 등

다음 중 밑줄 친 부분이 나타내는 용어로 바르게 연결된 것은?

국방은 한 국가가 현존하는 적국이나 가상의 적국 또는 내부의 침략에 대응하기 위하여 강구하는 다양한 방위활동을 말하는데 이러한 국방은 ⊙ 많은 사람들이 누리더라도 다른 사람이 이용할 수 있는 몫이 줄어들지 않는다. 또한 국방비에 대해 ⓒ 가격을 지급하지 않는 사람들이 이용하지 못하게 막기가 어렵다. 따라서 국방은 정부가 담당하게 된다.

	⊙	ⓒ
①	공공재	외부효과
②	배제성	경합성
③	무임승차	비배제성
④	비경합성	비배제성
⑤	경합성	배제성

정답 ④

배제성이란 어떤 특정한 사람이 재화나 용역을 사용하는 것을 막을 수 있는 가능성을 말한다. 반대로 그렇지 못한 경우는 비배제성이 있다고 한다. 경합성이란 재화나 용역을 한 사람이 사용하게 되면 다른 사람의 몫은 그만큼 줄어든다는 것으로 희소성의 가치에 의해 발생하는 경제적인 성격의 문제이다. 일반적으로 접하는 모든 재화나 용역이 경합성이 있으며, 반대로 한 사람이 재화나 용역을 소비해도 다른 사람의 소비를 방해하지 않는다면 비경합성에 해당한다.

따라서 비경합성과 비배제성 모두 동시에 가지고 있는 대표적인 재화나 용역은 국방, 치안 등과 같은 공공재이다.

재화의 종류

구분		배재성	비배재성
경합성		**사유재** 예 음식, 옷, 자동차	**공유자원** 예 산에서 나는 나물, 바닷속의 물고기
비경합성		**클럽재(자연 독점 재화)** 예 케이블 TV방송, 전력, 수도	**공공재** 예 국방, 치안

공공재
① 개념 : 모든 사람들이 공동으로 이용할 수 있는 재화 또는 서비스로 비경합성과 비배제성이라는 특징을 갖는다.
② 성격
  • 비경합성 : 소비하는 사람의 수에 관계없이 모든 사람이 동일한 양을 소비한다. 비경합성에 기인하여 1인 추가 소비에 따른 한계비용은 0이다. 공공재의 경우 양의 가격을 매기는 것은 바람직하지 않음을 의미한다.
  • 비배제성 : 재화 생산에 대한 기여 여부에 관계없이 소비가 가능한 특성을 의미한다.
③ 종류
  • 순수 공공재 : 국방, 치안 서비스 등
  • 비순수 공공재 : 불완전한 비경합성을 가진 클럽재(혼합재), 지방공공재

무임승차자 문제
① 공공재는 배제성이 없으므로 효율적인 자원 분배가 이루어지지 않는 현상이 발생할 수 있다. 이로 인해 시장실패가 발생하게 되는데 구체적으로 두 가지 문제를 야기시킨다.
  • 무임승차자의 소비로 인한 공공재나 공공 서비스의 공급부족 현상
  • 공유자원의 남용으로 인한 사회문제 발생으로 공공시설물 파괴, 환경 오염
② 기부금을 통해 공공재를 구입하거나, 공공재를 이용하는 사람에게 일정의 요금을 부담시키는 방법, 국가가 강제로 조세를 거두어 무상으로 공급하는 방법 등으로 해결 가능하다.

공유자원
① 개념 : 소유권이 어느 개인에게 있지 않고, 사회 전체에 속하는 자원이다.
② 종류
  • 자연자본 : 공기, 하천, 국가 소유의 땅
  • 사회간접자본 : 공공의 목적으로 축조된 항만, 도로

공유지의 비극(Tragedy of Commons)
경합성은 있지만 배제성은 없는 공유자원의 경우, 공동체 구성원이 자신의 이익에만 따라 행동하여 결국 공동체 전체가 파국을 맞이하게 된다는 이론이다.

01 다음 국내총생산(GDP)에 대한 〈보기〉의 설명 중 옳은 것을 모두 고르면?

> **보기**
>
> ㄱ. 여가가 주는 만족은 삶의 질에 매우 중요한 영향을 미치므로 GDP에 반영된다.
> ㄴ. 환경오염으로 파괴된 자연을 치유하기 위해 소요된 지출은 GDP에 포함된다.
> ㄷ. 우리나라의 지하경제 규모는 엄청나기 때문에 한국은행은 이를 포함하여 GDP를 측정한다.
> ㄹ. 가정주부의 가사노동은 GDP에 불포함되지만 가사도우미의 가사노동은 GDP에 포함된다.

① ㄱ, ㄷ 　　　　　　　　　　　　　② ㄱ, ㄹ
③ ㄴ, ㄷ 　　　　　　　　　　　　　④ ㄴ, ㄹ
⑤ ㄷ, ㄹ

02 다음 중 국민총소득(GNI), 국내총생산(GDP), 국민총생산(GNP)에 대한 설명으로 옳지 않은 것은?

① 명목GNI는 명목GNP와 명목 국외순수취요소소득의 합이다.
② GNI는 한 나라 국민이 국내외 생산활동에 참여한 대가로 받은 소득의 합계이다.
③ 국외수취 요소소득이 국외지급 요소소득보다 크면 명목GNI가 명목GDP보다 크다.
④ 원화표시 GNI에 아무런 변동이 없더라도 환율변동에 따라 달러화표시 GNI는 변동될 수 있다.
⑤ 실질GDP는 생산활동의 수준을 측정하는 생산지표인 반면, 실질GNI는 생산활동을 통하여 획득한 소득의 실질 구매력을 나타내는 소득지표이다.

01

 ④

오답분석

ㄱ. 여가, 자원봉사 등의 활동은 생산활동이 아니므로 GDP에 포함되지 않는다.
ㄷ. GDP는 마약밀수 등의 지하경제를 반영하지 못한다는 한계점이 있다.

02

정답 ①

과거에는 국민총생산(GNP)이 소득지표로 사용되었으나 수출품과 수입품의 가격변화에 따른 실질소득의 변화를 제대로 반영하지 못했기 때문에 현재는 국민총소득(GNI)을 소득지표로 사용한다.
한편, 명목GNP는 명목GDP에 국외순수취요소소득을 더하여 계산하는데, 명목GDP는 당해연도 생산량에 당해연도의 가격을 곱하여 계산하므로 수출품과 수입품의 가격변화에 따른 실질소득 변화가 모두 반영된다. 즉, 명목으로 GDP를 집계하면 교역조건변화에 따른 실질무역손익이 0이 된다. 따라서 명목GNP는 명목GNI와 동일하다.

GDP(국내총생산)

① 정의 : GDP(국내총생산)란 일정기간 한 나라의 국경 안에서 생산된 모든 최종 재화와 서비스의 시장가치를 시장가격으로 평가하여 합산한 것이다.

② GDP의 계산 : 가계소비(C)＋기업투자(I)＋정부지출(G)＋순수출(NX)

※ 순수출(NX) : 수출－수입

③ 명목GDP와 실질GDP

명목GDP	• 당해의 생산량에 당해연도 가격을 곱하여 계산한 GDP이다. • 명목GDP는 물가가 상승하면 상승한다. • 당해 연도의 경제활동 규모와 산업구조를 파악하는 데 유용하다.
실질GDP	• 당해의 생산량에 기준연도 가격을 곱하여 계산한 GDP이다. • 실질GDP는 물가의 영향을 받지 않는다. • 경제성장과 경기변동 등을 파악하는 데 유용하다.

④ GDP디플레이터 : $\dfrac{명목GDP}{실질GDP} \times 100$

⑤ 실재GDP와 잠재GDP

실재GDP	• 한 나라의 국경 안에서 실제로 생산된 모든 최종 생산물의 시장가치를 의미한다.
잠재GDP	• 한 나라에 존재하는 노동과 자본 등 모든 생산요소를 정상적으로 사용할 경우 달성할 수 있는 최대 GDP를 의미한다. • 잠재GDP＝자연산출량＝완전고용산출량

GNP(국민총생산)

① 개념 : GNP(국민총생산)란 일정기간 동안 한 나라의 국민이 소유하는 노동과 자본으로 생산된 모든 최종생산물의 시장가치를 의미한다.

② GNP의 계산 : GDP＋대외순수취요소소득＝GDP＋(대외수취요소소득－대외지급요소소득)

※ 대외수취요소소득 : 우리나라 기업이나 근로자가 외국에서 일한 대가

※ 대외지급요소소득 : 외국의 기업이나 근로자가 우리나라에서 일한 대가

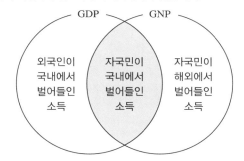

GNI(국민총소득)

① 개념 : 한 나라의 국민이 국내외 생산 활동에 참가하거나 생산에 필요한 자산을 제공한 대가로 받은 소득의 합계이다.

② GNI의 계산 : GDP＋교역조건변화에 따른 실질무역손익＋대외순수취요소소득
＝GDP＋교역조건변화에 따른 실질무역손익＋(대외수취요소소득－대외지급요소소득)

다음은 A국과 B국의 2016년과 2024년 자동차와 TV 생산에 대한 생산가능곡선 자료이다. 이에 대한 설명으로 옳은 것은?

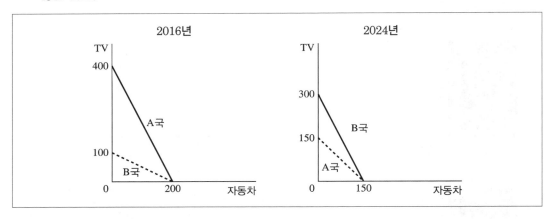

① 2016년도 자동차 수출국은 A국이다.
② B국의 자동차 1대 생산 기회비용은 감소하였다.
③ 두 시점의 생산가능곡선 변화 원인은 생산성 향상 때문이다.
④ 2024년에 자동차 1대가 TV 2대와 교환된다면 무역의 이익은 B국만 갖게 된다.
⑤ 2016년도 A국이 생산 가능한 총생산량은 TV 400대와 자동차 200대이다.

정답　③

오답분석

① 2016년도에 A국이 자동차 1대를 생산하기 위한 기회비용은 TV 2대이며, B국이 자동차 1대를 생산하기 위한 기회비용은 TV $\frac{1}{2}$ 대이므로 상대적으로 자동차 생산에 대한 기회비용이 적은 B국에서 자동차를 수출해야 한다.

② 2016년 B국의 자동차 1대 생산에 대한 기회비용은 TV $\frac{1}{2}$ 대인 반면, 2024년 B국의 자동차 1대 생산에 대한 기회비용은 TV 2대이므로 기회비용은 증가하였다.

④ 2024년도에 A국은 비교우위가 있는 자동차 생산에 특화하고, B국은 비교우위가 있는 TV 생산에 특화하여 교환한다. 이 경우 교환 비율이 자동차 1대당 TV 2대이면, B국은 아무런 무역이익을 가지지 못하고, A국만 무역의 이익을 갖는다.

⑤ 2016년도에 A국의 생산 가능한 총생산량은 TV 400대 또는 자동차 200대이다.

애덤 스미스의 절대우위론
절대우위론이란 각국이 절대적으로 생산비가 낮은 재화생산에 특화하여 그 일부를 교환함으로써 상호이익을 얻을 수 있다는 이론이다.

리카도의 비교우위론
① 개념
 • 비교우위란 교역 상대국보다 낮은 기회비용으로 생산할 수 있는 능력으로 정의된다.
 • 비교우위론이란 한 나라가 두 재화생산에 있어서 모두 절대우위에 있더라도 양국이 상대적으로 생산비가 낮은 재화생산에 특화하여 무역을 할 경우 양국 모두 무역으로부터 이익을 얻을 수 있다는 이론을 말한다.
 • 비교우위론은 절대우위론의 내용을 포함하고 있는 이론이다.
② 비교우위론의 사례
 • A국이 X재와 Y재 생산에서 모두 절대우위를 갖는다.

구분	A국	B국
X재	4명	5명
Y재	2명	5명

 • A국은 Y재에, B국은 X재에 비교우위가 있다.

구분	A국	B국
X재 1단위 생산의 기회비용	Y재 2단위	Y재 1단위
Y재 1단위의 기회비용	X재 $\frac{1}{2}$ 단위	X재 1단위

헥셔 – 오린 정리모형(Heckscher – Ohlin Model, H – O Model)
① 개념
 • 각국의 생산함수가 동일하더라도 각 국가에서 상품 생산에 투입된 자본과 노동의 비율이 차이가 있으면 생산비의 차이가 발생하게 되고, 각국은 생산비가 적은 재화에 비교우위를 갖게 된다는 정리이다.
 • 각국은 노동풍부국은 노동집약재, 자본풍부국은 자본집약재 생산에 비교우위가 있다.
② 내용
 • A국은 B국에 비해 노동풍부국이고, X재는 Y재에 비해 노동집약재라고 가정할 때 A국과 B국의 생산가능곡선은 다음과 같이 도출된다.

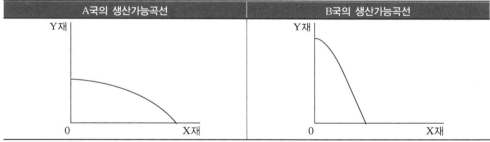

 • 헥셔 – 오린 정리에 따르면 A국은 노동이 B국에 비해 상대적으로 풍부하기 때문에 노동집약재인 X재에 비교우위를 가지고 X재를 생산하여 B국에 수출하고 Y재를 수입한다.
 • 마찬가지로 B국은 자본이 A국에 비해 상대적으로 풍부하기 때문에 자본집약재인 Y재에 비교우위를 가지고 Y재를 생산하여 A국에 수출하고 X재를 수입한다.

01 다음 중 소득격차를 나타내는 지표가 아닌 것은?

① 10분위 분배율 　　　　　　　　② 로렌츠 곡선

③ 지니계수 　　　　　　　　　　　④ 엥겔지수

⑤ 앳킨슨지수

02 어느 나라 국민의 50%는 소득이 전혀 없고, 나머지 50%는 모두 소득 100을 균등하게 가지고 있다면 지니계수의 값은?

① 0 　　　　　　　　　　　　　　② 1

③ $\dfrac{1}{2}$ 　　　　　　　　　　　　　④ $\dfrac{1}{4}$

⑤ $\dfrac{1}{5}$

01

정답 ④

엥겔지수는 전체 소비지출 중에서 식료품비가 차지하는 비중을 표시하는 지표로써 특정 계층의 생활 수준만을 알 수 있다.

02

정답 ③

국민의 50%가 소득이 전혀 없고, 나머지 50%에 해당하는 사람들의 소득은 완전히 균등하게 100씩 가지고 있으므로 로렌츠 곡선은 아래 그림과 같으며 지니계수는 다음과 같이 계산한다.

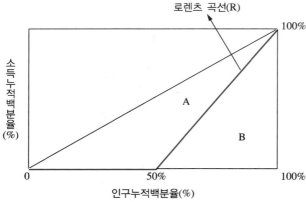

지니계수 $= \dfrac{A}{A+B} = \dfrac{1}{2}$

따라서 지니계수는 $\dfrac{1}{2}$ 이다.

로렌츠 곡선(Lorenz Curve)

① 개념 및 측정방법

- 인구의 누적점유율과 소득의 누적점유율 간의 관계를 나타내는 곡선이다.
- 로렌츠 곡선은 소득분배가 균등할수록 대각선에 가까워진다. 즉, 로렌츠 곡선이 대각선에 가까울수록 평등한 분배상태이며, 직각에 가까울수록 불평등한 분배상태이다.
- 로렌츠 곡선과 대각선 사이의 면적의 크기가 불평등도를 나타내는 지표가 된다.

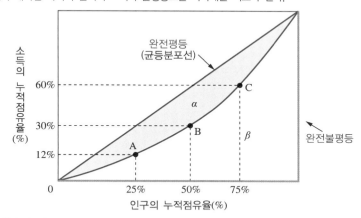

- 로렌츠 곡선상의 점 A는 소득액 하위 25% 인구가 전체 소득의 12%를, 점 B는 소득액 하위 50% 인구가 전체 소득의 30%를, 점 C는 소득액 하위 75% 인구가 전체 소득의 60%를 점유하고 있음을 의미한다.

② 평가

- 로렌츠 곡선이 서로 교차하는 경우에는 소득분배상태를 비교할 수 없다.
- 소득별 분배상태를 한눈에 볼 수 있으나, 비교하고자 하는 수만큼 그려야 하는 단점이 있다.

지니계수

① 개념 및 측정방법

- 지니계수란 로렌츠 곡선이 나타내는 소득분배상태를 하나의 숫자로 나타낸 것을 말한다.
- 지니계수는 완전균등분포선과 로렌츠 곡선 사이에 해당하는 면적(α)을 완전균등분포선 아래의 삼각형 면적($\alpha + \beta$)으로 나눈 값이다.
- 지니계수는 0 ~ 1 사이의 값을 나타내며, 그 값이 작을수록 소득분배가 균등함을 의미한다.
- 즉, 소득분배가 완전히 균등하면 $\alpha = 0$이므로 지니계수는 0이 되고, 소득분배가 완전히 불균등하면 $\beta = 0$이므로 지니계수는 1이 된다.

② 평가

- 지니계수는 전 계층의 소득분배를 하나의 숫자로 나타내므로 특정 소득계층의 소득분배상태를 나타내지 못한다는 한계가 있다.
- 또한 특정 두 국가의 지니계수가 동일하더라도 소득구간별 소득격차의 차이가 모두 동일한 것은 아니며, 전반적인 소득분배의 상황만을 짐작하게 하는 한계가 있다.

상품시장을 가정할 때, 다음 중 완전경쟁시장의 균형점이 파레토 효율적인 이유로 옳지 않은 것은?

① 완전경쟁시장 균형점에서 가장 사회적 잉여가 크기 때문이다.

② 완전경쟁시장 균형점에서 사회적 형평성이 극대화되기 때문이다.

③ 완전경쟁시장 균형점에서 소비자는 효용 극대화, 생산자는 이윤 극대화를 달성하기 때문이다.

④ 완전경쟁시장 균형점에서 재화 한 단위 생산에 따른 사회적 한계편익과 사회적 한계비용이 같기 때문이다.

⑤ 시장수요곡선의 높이는 사회적 한계편익을 반영하고, 시장 공급곡선의 높이는 사회적 한계비용을 완전하게 반영하기 때문이다.

정답 ②

파레토 효율성이란 하나의 자원배분 상태에서 다른 사람에게 손해가 가지 않고서는 어떤 한 사람에게 이득이 되는 변화를 만들어내는 것이 불가능한 배분 상태를 의미한다. 즉, 파레토 효율성은 현재보다 더 효율적인 배분이 불가능한 상태를 의미한다. 완전경쟁시장의 균형점에서는 사회적 효율이 극대화되지만, 파레토 효율적이라고 하여 사회 구성원 간에 경제적 후생을 균등하게 분배하는 것은 아니기 때문에 사회적 형평성이 극대화되지는 않는다.

이론 더하기

파레토 효율성

파레토 효율(＝파레토 최적)이란 하나의 자원배분상태에서 다른 어떤 사람에게 손해가 가도록 하지 않고서는 어떤 한 사람에게 이득이 되는 변화를 만들어 내는 것이 불가능한 상태, 즉 더 이상의 파레토 개선이 불가능한 자원배분 상태를 말한다.

소비에서의 파레토 효율성

① 생산물시장이 완전경쟁시장이면 개별소비자들은 가격수용자이므로 두 소비자가 직면하는 예산선의 기울기 $\left(-\dfrac{P_X}{P_Y} \right)$ 는 동일하다.

② 예산선의 기울기가 동일하므로 두 개인의 무차별곡선 기울기도 동일하다.

$$\text{MRS}^A_{XY} = \text{MRS}^B_{XY}$$

③ 그러므로 생산물시장이 완전경쟁이면 소비에서의 파레토 효율성 조건이 충족된다.

④ 계약곡선상의 모든 점에서 파레토 효율이 성립하고, 효용곡선상의 모든 점에서 파레토 효율이 성립한다.

생산에서의 파레토 효율성

① 생산요소시장이 완전경쟁이면 개별생산자는 가격수용자이므로 두 재화가 직면하는 등비용선의 기울기 $\left(-\dfrac{w}{r} \right)$ 가 동일하다.

② 등비용선의 기울기가 동일하므로 두 재화의 등량곡선의 기울기도 동일하다.

$$\text{MRS}^X_{LK} = \text{MRS}^Y_{LK}$$

③ 그러므로 생산요소시장이 완전경쟁이면 생산에서의 파레토 효율성 조건이 충족된다.

④ 생산가능곡선이란 계약곡선을 재화공간으로 옮겨 놓은 것으로 생산가능곡선상의 모든 점에서 파레토효율이 이루어진다.

⑤ 한계변환율은 X재의 생산량을 1단위 증가시키기 위하여 감소시켜야 하는 Y재의 수량으로 생산가능곡선 접선의 기울기이다.

종합적인 파레토 효율성

시장구조가 완전경쟁이면 소비자의 효용극대화와 생산자의 이윤극대화 원리에 의해 종합적인 파레토 효율성 조건이 성립한다.

$$\text{MRS}_{xy} = \frac{M_X}{M_Y} = \frac{P_X}{P_Y} = \frac{MC_X}{MC_Y} = \text{MRT}_{xy}$$

파레토 효율성의 한계

① 파레토 효율성 조건을 충족하는 점은 무수히 존재하기 때문에 그중 어떤 점이 사회적으로 가장 바람직한지 판단하기 어렵다.

② 파레토 효율성은 소득분배의 공평성에 대한 기준을 제시하지 못한다.

01 다음 대화에서 밑줄 친 부분에 해당하는 사례로 옳은 것은?

> 선생님 : 실업에는 어떤 종류가 있는지 한 번 말해볼까?
> 학생 : 네, 선생님. 실업은 발생하는 원인에 따라 <u>경기적 실업</u>과 계절적 실업, 그리고 구조적 실업과 마찰적 실업으로 분류할 수 있습니다.

① 총수요의 부족으로 발생하는 실업이 발생했다.
② 더 나은 직업을 탐색하기 위해 기존에 다니던 직장을 그만두었다.
③ 남해바다 해수욕장의 수영 강사들이 겨울에 일자리가 없어서 쉬고 있다.
④ 산업구조가 제조업에서 바이오기술산업으로 재편되면서 대량실업이 발생하였다.
⑤ 디지털 카메라의 대중화로 필름회사 직원들이 일자리를 잃었다.

02 다음 빈칸에 들어갈 용어로 알맞은 것으로만 짝지어진 것은?

> • __ㄱ__ : 구직활동 과정에서 일시적으로 실업 상태에 놓이는 것을 의미한다.
> • __ㄴ__ : 실업률과 GDP갭(국민생산손실)은 정(+)의 관계이다.
> • __ㄷ__ : 실업이 높은 수준으로 올라가고 나면 경기확장정책을 실시하더라도 다시 실업률이 감소하지 않는 경향을 의미한다.
> • __ㄹ__ : 경기침체로 인한 총수요의 부족으로 발생하는 실업이다.

	ㄱ	ㄴ	ㄷ	ㄹ
①	마찰적 실업	오쿤의 법칙	이력현상	경기적 실업
②	마찰적 실업	경기적 실업	오쿤의 법칙	구조적 실업
③	구조적 실업	이력현상	경기적 실업	마찰적 실업
④	구조적 실업	이력현상	오쿤의 법칙	경기적 실업
⑤	경기적 실업	오쿤의 법칙	이력현상	구조적 실업

01

정답 ①

경기적 실업이란 경기침체로 인한 총수요의 부족으로 발생하는 실업이다. 따라서 경기적 실업을 감소시키기 위해서는 총수요를 확장시켜 경기를 활성화시키는 경제안정화정책이 필요하다.

오답분석
② 마찰적 실업
③ 계절적 실업
④ㆍ⑤ 구조적 실업

02

ㄱ. 마찰적 실업이란 직장을 옮기는 과정에서 일시적으로 실업상태에 놓이는 것을 의미하며, 자발적 실업으로서 완전고용상태에서도 발생한다.

ㄴ. 오쿤의 법칙이란 한 나라의 산출량과 실업 간에 경험적으로 관찰되는 안정적인 음(－)의 상관관계가 존재한다는 것을 의미한다.

ㄷ. 이력현상이란 경기침체로 인해 한번 높아진 실업률이 일정기간이 지난 이후에 경기가 회복되더라도 낮아지지 않고 계속 일정한 수준을 유지하는 현상을 의미한다.

ㄹ. 경기적 실업이란 경기침체로 유효수요가 부족하여 발생하는 실업을 의미한다.

이론 더하기

실업
① 실업이란 일할 의사와 능력을 가진 사람이 일자리를 갖지 못한 상태를 의미한다.
② 실업은 자발적 실업과 비자발적 실업으로 구분된다.
③ 자발적 실업에는 마찰적 실업이 포함되고, 비자발적 실업에는 구조적, 경기적 실업이 포함된다.

마찰적 실업(Frictional Unemployment)
① 노동시장의 정보불완전성으로 노동자들이 구직하는 과정에서 발생하는 자발적 실업을 말한다.
② 마찰적 실업의 기간은 대체로 단기이므로 실업에 따르는 고통은 크지 않다.
③ 마찰적 실업을 감소시키기 위해서는 구인 및 구직 정보를 적은 비용으로 찾을 수 있는 제도적 장치를 마련하여 경제적・시간적 비용을 줄여주어야 한다.

구조적 실업(Structural Unemployment)
① 경제가 발전하면서 산업구조가 변화하고 이에 따라 노동수요 구조가 변함에 따라 발생하는 실업을 말한다.
② 기술발전과 지식정보화 사회 등에 의한 산업구조 재편이 수반되면서 넓은 지역에서 동시에 발생하는 실업이다.
③ 구조적 실업을 감소시키기 위해서는 직업훈련, 재취업교육 등 인력정책이 필요하다.

경기적 실업(Cyclical Unemployment)
① 경기침체로 인한 총수요의 부족으로 발생하는 실업이다.
② 경기적 실업을 감소시키기 위해서는 총수요를 확장시켜 경기를 활성화시키는 경제안정화정책이 필요하다.
③ 한편, 실업보험제도나 고용보험제도도 경기적 실업을 해소하기 위한 좋은 대책이다.

실업관련지표
① 경제활동참가율
- 생산가능인구 중에서 경제활동인구가 차지하는 비율을 나타낸다.
- 경제활동참가율 $= \dfrac{경제활동인구}{생산가능인구} \times 100 = \dfrac{경제활동인구}{경제활동인구 + 비경제활동인구} \times 100$

② 실업률
- 경제활동인구 중에서 실업자가 차지하는 비율을 나타낸다.
- 실업률 $= \dfrac{실업자\ 수}{경제활동인구} \times 100 = \dfrac{실업자\ 수}{취업자\ 수 + 실업자\ 수} \times 100$
- 정규직의 구분 없이 모두 취업자로 간주하므로 고용의 질을 반영하지 못한다.

③ 고용률
- 생산가능인구 중에서 취업자가 차지하는 비율로 한 경제의 실질적인 고용창출능력을 나타낸다.
- 고용률 $= \dfrac{취업자\ 수}{생산가능인구} \times 100 = \dfrac{취업자\ 수}{경제활동인구 + 비경제활동인구} \times 100$

01 다음 중 인플레이션에 의해 나타날 수 있는 현상으로 보기 어려운 것은?

① 구두창비용의 발생
② 메뉴비용의 발생
③ 통화가치 하락
④ 단기적인 실업률 하락
⑤ 총요소생산성의 상승

02 다음 글을 읽고 이와 같은 현상에 대한 설명으로 옳지 않은 것은?

> 베네수엘라의 중앙은행은 지난해 물가가 무려 9,586% 치솟았다고 발표했다. 그야말로 살인적인 물가 폭등이다. 베네수엘라는 한때 1위 산유국으로 부유했던 국가 중 하나였다. 이를 바탕으로 베네수엘라의 대통령이었던 니콜라스 마두로 대통령은 국민들에게 무상 혜택을 강화하겠다는 정책을 발표하고, 부족한 부분은 국가의 돈을 찍어 국민 생활의 많은 부분을 무상으로 전환했다. 그러나 2010년 원유의 가격이 바닥을 치면서 무상복지로 제공하던 것들을 유상으로 전환했고, 이에 따라 급격히 물가가 폭등하여 현재 돈의 가치가 없어지는 상황까지 왔다. 베네수엘라에서 1,000원짜리 커피를 한 잔 마시려면 150만 원을 지불해야 하며, 한 달 월급으로 계란 한 판을 사기 어려운 수준에 도달했다. 이를 견디지 못한 베네수엘라 국민들은 자신의 나라를 탈출하고 있으며, 정부는 화폐개혁을 예고했다.

① 상품의 퇴장 현상이 나타나며 경제는 물물교환에 의해 유지된다.
② 화폐 액면 단위를 변경시키는 디노미네이션으로 쉽게 해소된다.
③ 정부가 재정 확대 정책을 장기간 지속했을 때도 이런 현상이 나타난다.
④ 전쟁이나 혁명 등 사회가 크게 혼란한 상황에서 나타난다.
⑤ 물가상승이 통제를 벗어난 상태로 수백 퍼센트의 인플레이션율을 기록하는 상황을 말한다.

01

정답 ⑤

인플레이션은 구두창비용, 메뉴비용, 자원배분의 왜곡, 조세왜곡 등의 사회적 비용을 발생시켜 경제에 비효율성을 초래한다. 특히 예상하지 못한 인플레이션은 소득의 자의적인 재분배를 가져와 채무자와 실물자산소유자가 채권자와 화폐자산소유자에 비해 유리하게 만든다. 인플레이션으로 인한 사회적 비용 중 구두창비용이란 인플레이션으로 인해 화폐가치가 하락한 상황에서 화폐보유의 기회비용이 상승하는 것을 나타내는 용어이다. 이는 사람들이 화폐보유를 줄이게 되면 금융기관을 자주 방문해야 하므로 거래비용이 증가하게 되는 것을 의미한다. 메뉴비용이란 물가가 상승할 때 물가 상승에 맞추어 기업들이 생산하는 재화나 서비스의 판매가격을 조정하는 데 지출되는 비용을 의미한다. 또한 예상하지 못한 인플레이션이 발생하면 기업들은 노동의 수요를 증가시키고, 노동의 수요가 증가하게 되면 일시적으로 생산량과 고용량이 증가하게 된다. 하지만 인플레이션으로 총요소생산성이 상승하는 것은 어려운 일이다.

02

정답 ②

제시문은 하이퍼인플레이션에 대한 설명으로 하이퍼인플레이션은 대부분 전쟁이나 혁명 등 사회가 크게 혼란한 상황 또는 정부가 재정을 지나치게 방만하게 운용해 통화량을 대규모로 공급할 때 발생한다. 디노미네이션은 화폐의 가치를 유지하면서 액면 단위만 줄이는 화폐개혁의 방법으로 화폐를 바꾸는 데 많은 비용이 소요되고, 시스템이나 사람들이 적응하는 데 많은 시간이 필요하기 때문에 효과는 서서히 발생한다.

이론 더하기

물가지수

① 개념 : 물가의 움직임을 구체적으로 측정한 지표로서 일정 시점을 기준으로 그 이후의 물가변동을 백분율(%)로 표시한다.

② 계산 : $\dfrac{\text{비교 시의 물가수준}}{\text{기준 시의 물가수준}} \times 100$

③ 종류
- 소비자물가지수(CPI) : 가계의 소비생활에 필요한 재화와 서비스의 소매가격을 기준으로 환산한 물가지수로서 라스파이레스 방식으로 통계청에서 작성한다.
- 생산자물가지수(PPI) : 국내시장의 제1차 거래단계에서 기업 상호 간에 거래되는 모든 재화와 서비스의 평균적인 가격변동을 측정한 물가지수로서 라스파이레스 방식으로 한국은행에서 작성한다.
- GDP디플레이터 : 명목GNP를 실질가치로 환산할 때 사용하는 물가지수로서 GNP를 추계하는 과정에서 산출된다. 가장 포괄적인 물가지수로서 사후적으로 계산되며 파셰방식으로 한국은행에서 작성한다.

인플레이션

① 개념 : 물가수준이 지속적으로 상승하여 화폐가치가 하락하는 현상을 말한다.

② 발생원인

구분	수요견인 인플레이션	비용인상 인플레이션
고전학파	통화공급(M)의 증가	통화주의는 물가수준에 대한 적응적 기대를 하는 과정에서 생긴 현상으로 파악
통화주의학파		
케인스학파	정부지출 증가, 투자증가 등 유효수요증가와 통화량증가	임금인상 등의 부정적 공급충격

③ 경제적 효과
- 예상치 못한 인플레이션은 채권자에서 채무자에게로 소득을 재분배하며, 고정소득자와 금융자산을 많이 보유한 사람에게 불리하게 작용한다.
- 인플레이션은 물가수준의 상승을 의미하므로 수출재의 가격이 상승하여 경상수지를 악화시킨다.
- 인플레이션은 실물자산에 대한 선호를 증가시켜 저축이 감소하여 자본축적을 저해하고 결국 경제의 장기적인 성장가능성을 저하시킨다.

④ 종류
- 하이퍼인플레이션 : 인플레이션의 범위를 초과하여 경제학적 통제를 벗어난 인플레이션이다.
- 스태그플레이션 : 경기침체기에서의 인플레이션으로, 저성장 고물가의 상태이다.
- 애그플레이션 : 농산물 상품의 가격 급등으로 일반 물가도 덩달아 상승하는 현상이다.
- 보틀넥인플레이션 : 생산요소의 일부가 부족하여, 생산의 증가속도가 수요의 증가속도를 따르지 못해 발생하는 물가상승 현상이다.
- 디맨드풀인플레이션 : 초과수요로 인하여 일어나는 인플레이션이다.
- 디스인플레이션 : 인플레이션을 극복하기 위해 통화증발을 억제하고 재정·금융긴축을 주축으로 하는 경제조정정책이다.

01   다음 중 게임이론에 대한 설명으로 옳지 않은 것은?

① 순수전략들로만 구성된 내쉬균형이 존재하지 않는 게임도 있다.

② 우월전략이란 상대 경기자들이 어떤 전략들을 사용하든지 상관없이 자신의 전략들 중에서 항상 가장 낮은 보수를 가져다주는 전략을 말한다.

③ 죄수의 딜레마 게임에서 두 용의자 모두가 자백하는 것은 우월전략균형이면서 동시에 내쉬균형이다.

④ 참여자 모두에게 상대방이 어떤 전략을 선택하는가에 관계없이 자신에게 더 유리한 결과를 주는 전략이 존재할 때 그 전략을 참여자 모두가 선택하면 내쉬균형이 달성된다.

⑤ 커플이 각자 선호하는 취미활동을 따로 하는 것보다 동일한 취미를 함께 할 때 더 큰 만족을 줄 수 있는 상황에서는 복수의 내쉬균형이 존재할 수 있다.

02   양씨네 가족은 주말에 여가 생활을 하기로 했다. 양씨 부부는 영화 관람을 원하고, 양씨 자녀들은 놀이동산에 가고 싶어 한다. 하지만 부부와 자녀들은 모두 따로 여가 생활을 하는 것보다는 함께 여가 생활을 하는 것을 더 선호한다고 할 때, 다음 〈보기〉 중 내쉬균형을 모두 고르면?

> **보기**
> ㄱ. 가족 모두 영화를 관람한다.
> ㄴ. 가족 모두 놀이동산에 놀러간다.
> ㄷ. 부부는 영화를 관람하고, 자녀들은 놀이동산에 놀러간다.
> ㄹ. 부부는 놀이동산에 놀러가고, 자녀들은 영화를 관람한다.

① ㄱ   ② ㄴ
③ ㄷ   ④ ㄱ, ㄴ
⑤ ㄱ, ㄴ, ㄷ

01

정답   ②

우월전략은 상대방의 전략에 관계없이 항상 자신의 보수가 가장 크게 되는 전략을 말한다.

02

정답   ④

부모가 영화를 관람한다고 가정할 때 자녀들이 놀이동산에 놀러가기로 결정하는 경우 따로 여가 생활을 해야 하므로 자녀들의 이익은 극대화되지 않는다. 마찬가지로 자녀들이 놀이동산에 놀러가기로 결정할 때 부부가 영화를 관람하기로 결정한다면 부부의 이익도 역시 극대화되지 않는다. 따라서 가족 모두가 영화를 관람하거나 놀이동산에 놀러갈 때 내쉬균형이 달성된다.

게임이론

한 사람이 어떤 행동을 취하기 위해서 상대방이 그 행동에 어떻게 대응할지 미리 생각해야 하는 전략적인 상황(Strategic Situation)하에서 자기의 이익을 효과적으로 달성하는 의사결정과정을 분석하는 이론을 말한다.

우월전략균형

① 개념
- 우월전략이란 상대방의 전략에 상관없이 자신의 전략 중 자신의 보수를 극대화하는 전략이다.
- 우월전략균형은 경기자들의 우월전략의 배합을 말한다.

  예 A의 우월전략(자백), B의 우월전략(자백) → 우월전략균형(자백, 자백)

② 평가
- 각 경기자의 우월전략은 비협조전략이다.
- 각 경기자의 우월전략배합이 열위전략의 배합보다 파레토 열위상태이다.
- 자신만이 비협조전략(이기적인 전략)을 선택하는 경우 보수가 증가한다.
- 효율적 자원배분은 협조전략하에 나타난다.
- 각 경기자가 자신의 이익을 극대화하는 행동이 사회적으로 바람직한 자원배분을 실현하는 것은 아니다(개인적 합리성이 집단적 합리성을 보장하지 못한다).

내쉬균형(Nash Equilibrium)

① 개념 및 특징
- 내쉬균형이란 상대방의 전략을 주어진 것으로 보고 자신의 이익을 극대화하는 전략을 선택할 때 이 최적전략의 짝을 내쉬균형이라 한다. 내쉬균형은 존재하지 않을 수도, 복수로 존재할 수도 있다.
- '유한한 경기자'와 '유한한 전략'의 틀을 가진 게임에서 혼합전략을 허용할 때 최소한 하나 이상의 내쉬균형이 존재한다.
- 우월전략균형은 반드시 내쉬균형이나, 내쉬균형은 우월전략균형이 아닐 수 있다.

② 사례
- 내쉬균형이 존재하지 않는 경우

A ＼ B	T	H
T	3, 2	1, 3
H	1, 1	3, −1

- 내쉬균형이 1개 존재하는 경우(자백, 자백)

A ＼ B	자백	부인
자백	−5, −5	−1, −10
부인	−10, −1	−2, −2

- 내쉬균형이 2개 존재하는 경우(야구, 야구) (영화, 영화)

A ＼ B	야구	영화
야구	3, 2	1, 1
영화	1, 1	2, 3

③ 한계점
- 경기자 모두 소극적 추종자로 행동, 적극적으로 행동할 때의 균형을 설명하지 못한다.
- 순차게임을 설명하지 못한다.
- 협력의 가능성이 없으며 협력의 가능성이 있는 게임을 설명하지 못한다.

01 다음 중 완전보완재 무차별곡선에 대한 설명으로 옳지 않은 것은?

① 효용이 높아지려면 두 재화의 소비량을 일정한 비율로 증가시켜야 한다.
② 소비자의 선호도로 인해 재화의 대체가 발생하지 않는다.
③ 개별 소비자의 무차별곡선은 서로 교차하지 않는다.
④ 무차별곡선이 L자형 모양을 나타낸다.
⑤ 한계대체율을 정의할 수 있다.

Easy

02 다음 중 시장균형에서 X재의 가격을 상승시키는 요인이 아닌 것은?(단, 모든 재화는 정상재이다)

① 인구의 증가
② 소득수준의 상승
③ X재 생산기술의 향상
④ X재의 대체재 가격 상승
⑤ X재 생산에 사용되는 원료가격 상승

03 다음 중 레온티에프 함수에 대한 설명으로 옳지 않은 것은?

① 일차식의 형태로 표현된다.
② X와 Y는 완전 보완재 관계에 있다.
③ 소비하는 품목의 비율이 일정한 효용함수이다.
④ 변수의 계수에 반비례하여 소비량의 비율이 결정된다.
⑤ 레온티에프 생산함수는 노동과 자본에 대한 생산함수이다.

04 다음 경제성장모형에 대한 〈보기〉의 설명 중 옳은 것을 모두 고르면?[단, Y는 총생산, A는 생산성 수준을 나타내는 양(+)의 상수이고, K는 자본을 나타낸다]

> **보기**
>
> ㄱ. 다른 조건이 일정할 때 솔로우(Solow) 모형에서 기술진보는 장기적으로 일인당 산출량의 성장률을 증가시킨다.
> ㄴ. 솔로우 모형에서 국가 간 일인당 소득수준이 수렴한다는 주장은 기본적으로 한계수확체감의 법칙에 기인한다.
> ㄷ. 로머(P. Romer)는 기술진보를 내생화한 성장모형을 제시하였다.
> ㄹ. 총생산함수가 Y=AK인 경우 K의 한계생산물은 일정하다.

① ㄱ, ㄴ
② ㄱ, ㄴ, ㄷ
③ ㄱ, ㄷ, ㄹ
④ ㄴ, ㄷ, ㄹ
⑤ ㄱ, ㄴ, ㄷ, ㄹ

05 고정된 소득으로 X재와 Y재만을 소비하는 소비자를 가정하자. 어느 날 X재의 가격이 하락하여, 소비균형점이 a점에서 c점으로 이동했다고 할 때, 이에 대한 설명으로 옳지 않은 것은?

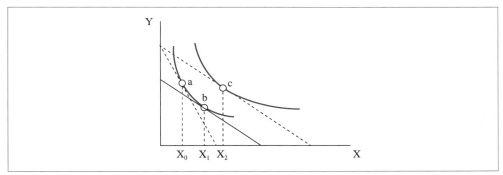

① 이 소비자의 효용은 증가하였다.
② X_0에서 X_1로의 이동은 대체효과를 의미한다.
③ X_1에서 X_2로의 이동은 소득효과를 의미한다.
④ a점과 b점을 연결하여 가격소비곡선(PCC)를 구할 수 있다.
⑤ b점과 c점을 연결하여 소득소비곡선(ICC)를 구할 수 있다.

Hard

06 다음 두 그래프 (가), (나)는 케인스 모형에서 정부지출의 증가(ΔG)로 인한 효과를 나타내고 있다. 이에 대한 〈보기〉의 설명 중 옳은 것을 모두 고르면?(단, 그림에서 C는 소비, I는 투자, G는 정부지출 이다)

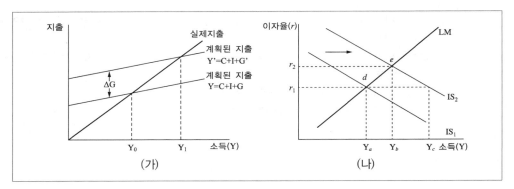

(가)　　　　　　　　　　　(나)

> **보기**
> ㄱ. (가)에서 $Y_0 \rightarrow Y_1$의 크기는 한계소비성향의 크기에 따라 달라진다.
> ㄴ. (가)에서 $Y_0 \rightarrow Y_1$의 크기는 (나)에서 $Y_a \rightarrow Y_b$의 크기와 같다.
> ㄷ. (나)의 새로운 균형점 e는 구축효과를 반영하고 있다.
> ㄹ. (가)에서 정부지출의 증가는 재고의 예기치 않은 증가를 가져온다.

① ㄱ, ㄴ　　　　　　　　　　② ㄱ, ㄷ
③ ㄴ, ㄷ　　　　　　　　　　④ ㄴ, ㄹ
⑤ ㄷ, ㄹ

07 다음 빈칸에 들어갈 용어를 순서대로 바르게 나열한 것은?

> 기업들에 대한 투자세액공제가 확대되면, 대부자금에 대한 수요가 _____한다. 이렇게 되면 실질이자율이 _____하고 저축이 늘어난다. 그 결과 대부자금의 균형거래량은 _____한다(단, 실질이자율에 대하여 대부자금 수요곡선은 우하향하고, 대부자금 공급곡선은 우상향한다).

① 증가, 상승, 증가　　　　　　② 증가, 하락, 증가
③ 증가, 상승, 감소　　　　　　④ 감소, 하락, 증가
⑤ 감소, 하락, 감소

08 다음은 애덤 스미스의 『국부론』에 나오는 구절이다. 밑줄 친 ㉠이 나타내는 경제체제의 특징으로 옳지 않은 것은?

> 개인은 오직 자신의 이득을 추구함으로써 ㉠ 보이지 않는 손에 이끌려 그가 전혀 의도하지 않았던 사회적 이득을 증진시키게 된다.

① 국민들의 정치·경제적 자유가 보장된다.
② 공급자와 수요자 모두 공급과 수요를 스스로 창출한다.
③ 사람들이 원하는 것을 되도록 싸고 충분하게 생산한다.
④ 의료와 복지 서비스는 국가에서 무상으로 제공한다.
⑤ '공유지의 비극'은 이 경제체제가 실패하는 사례이다.

09 다음 〈보기〉에서 실업률을 하락시키는 변화를 모두 고르면?(단, 취업자 수와 실업자 수는 0보다 크다)

보기
ㄱ. 취업자가 비경제활동인구로 전환
ㄴ. 실업자가 비경제활동인구로 전환
ㄷ. 비경제활동인구가 취업자로 전환
ㄹ. 비경제활동인구가 실업자로 전환

① ㄱ, ㄴ   ② ㄱ, ㄷ
③ ㄴ, ㄷ   ④ ㄴ, ㄹ
⑤ ㄷ, ㄹ

10 효용을 극대화하는 소비자 A는 X재와 Y재 두 재화만 소비한다. 다른 조건이 일정하고 X재의 가격만 하락하였을 경우, A의 X재에 대한 수요량이 변하지 않았다. 이에 대한 〈보기〉의 설명 중 옳은 것을 모두 고르면?

보기
ㄱ. 두 재화는 완전보완재이다.
ㄴ. X재는 열등재이다.
ㄷ. Y재는 정상재이다.
ㄹ. X재의 소득효과와 대체효과가 서로 상쇄된다.

① ㄱ, ㄴ   ② ㄱ, ㄴ, ㄷ
③ ㄱ, ㄷ, ㄹ   ④ ㄴ, ㄷ, ㄹ
⑤ ㄱ, ㄴ, ㄷ, ㄹ

11 다음 중 기업의 이윤 극대화 조건을 바르게 표현한 것은?(단, MR은 한계수입, MC는 한계비용, TR은 총수입, TC는 총비용이다)

① MR=MC, TR>TC   ② MR=MC, TR<TC

③ MR>MC, TR>TC   ④ MR>MC, TR<TC

⑤ MR<MC, TR>TC

12 다음 중 어떤 산업이 자연독점화되는 이유로 옳은 것은?

① 고정비용의 크기가 작은 경우
② 최소효율규모의 수준이 매우 큰 경우
③ 다른 산업에 비해 규모의 경제가 작게 나타나는 경우
④ 생산량이 증가함에 따라 평균비용이 계속 늘어나는 경우
⑤ 기업 수가 증가할수록 산업의 평균 생산비용이 감소하는 경우

Hard

13 다음 중 국제경제에 대한 설명으로 옳은 것은?

① 만일 한 나라의 국민소득이 목표치를 넘을 경우 지출축소정책은 타국과 정책마찰을 유발한다.
② 중간재가 존재할 경우 요소집약도가 변하지 않으면 요소가격균등화가 이루어진다.
③ 규모에 대한 수확이 체증하는 경우 이종산업 간 교역이 활발하게 발생한다.
④ 경상수지적자의 경우 자본수지적자가 발생한다.
⑤ 재정흑자와 경상수지적자의 합은 항상 0이다.

14 다음 중 지니계수의 주요 원리로 볼 수 없는 것은?

① 익명성   ② 객관성
③ 독립성   ④ 자립성
⑤ 이전성

Hard

15 다음은 어느 나라의 조세수입 비중 변화와 소득분배 지표 변화를 나타낸 그림이다. 이에 대한 〈보기〉의 설명 중 옳은 것을 모두 고르면?

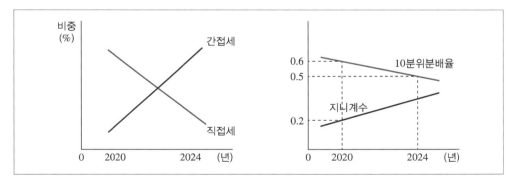

보기

ㄱ. 조세부담의 역진성은 점점 강화되고 있다.
ㄴ. 소득불평등 상태가 점점 심해지고 있다.
ㄷ. 2020년에는 상위 20% 계층의 소득이 하위 40% 계층 소득의 5배이다.
ㄹ. 2024년에는 상위 20% 계층의 소득이 하위 40% 계층 소득의 2배이다.
ㅁ. 조세수입 비중 변화는 소득분배 지표를 변화시키는 하나의 요인으로 작용한다.

① ㄱ, ㄴ, ㄹ   ② ㄴ, ㄷ, ㅁ
③ ㄴ, ㄹ, ㅁ   ④ ㄱ, ㄴ, ㄹ, ㅁ
⑤ ㄴ, ㄷ, ㄹ, ㅁ

16 다음 수요공급곡선의 이동에 대한 〈보기〉의 설명 중 옳은 것을 모두 고르면?

> **보기**
>
> ㄱ. 생산비용이 줄어들거나 생산기술이 발전하면 공급곡선이 오른쪽으로 이동한다.
> ㄴ. 정상재의 경우 수입이 증가하면 수요곡선은 왼쪽으로 이동한다.
> ㄷ. A와 B가 대체재인 경우 A의 가격이 높아지면 B의 수요곡선은 오른쪽으로 이동한다.
> ㄹ. 상품의 가격이 높아질 것으로 예상되면 공급곡선은 오른쪽으로 이동한다.

① ㄱ, ㄴ   ② ㄱ, ㄷ
③ ㄴ, ㄷ   ④ ㄴ, ㄹ
⑤ ㄷ, ㄹ

17 다음 〈보기〉는 IS – LM 곡선에 대한 설명이다. 빈칸 ㄱ ~ ㄷ에 들어갈 내용을 순서대로 바르게 나열한 것은?

> **보기**
>
> • IS – LM 곡선은 거시경제에서의 이자율과 ___ㄱ___을 분석하는 모형이다.
> • 경제가 IS 곡선의 왼쪽에 있는 경우, 저축보다 투자가 많아지게 되어 ___ㄴ___이 / 가 발생한다.
> • LM 곡선은 ___ㄷ___의 균형이 달성되는 점들의 조합이다.

	ㄱ	ㄴ	ㄷ
①	총생산량	초과공급	상품시장
②	총생산량	초과수요	상품시장
③	국민소득	초과수요	화폐시장
④	국민소득	초과공급	화폐시장
⑤	국민소득	초과공급	상품시장

18 다음 중 예상된 인플레이션으로 발생할 수 있는 영향으로 볼 수 없는 것은?

① 은행 방문횟수 증가

② 이동시간, 교통비용 증가

③ 소득과 부의 이전

④ 제품가격 변동에 따른 가격표 수정

⑤ 화폐가치 측정 어려움

19 다음 중 자연실업률에 대한 설명으로 옳지 않은 것은?

① 인터넷의 발달은 자연실업률을 낮추는 역할을 한다.

② 최저임금제나 효율성임금, 노조 등은 마찰적 실업을 증가시켜 자연실업률을 높이는 요인으로 작용한다.

③ 새케인스학파의 이력현상에 의하면 실제실업률이 높아진 상태가 지속되면 자연실업률 수준도 높아지게 된다.

④ 일자리를 찾는 데 걸리는 시간 때문에 발생하는 실업은 자연실업률의 일부이다.

⑤ 산업 간 또는 지역 간의 노동수요구성의 변화는 자연실업률에 영향을 미칠 수 있다.

20 다음 중 한 나라의 물가와 물가를 측정하는 방식에 대한 설명으로 옳지 않은 것은?

① 화폐가치의 변화는 물가지수를 이용하여 알 수 있다.

② 생산자물가지수(PPI)에는 수입재의 가격 변동이 반영된다.

③ 소비자물가지수(CPI)는 기준 연도의 수량을 가중치로 이용한다.

④ 신축된 주택과 사무실의 가격은 GDP 디플레이터 계산에 포함되지 않는다.

⑤ GDP 디플레이터는 명목GDP를 실질GDP로 나눈 것에 100을 곱해 사후적으로 산출한다.

통화정책

01 A국의 통화량은 현금통화 150, 예금통화 450이며, 지급준비금이 90이라고 할 때 통화승수는?
(단, 현금통화비율과 지급준비율은 일정하다)

① 2.5　　　　　　　　　　　　　　② 3

③ 4.5　　　　　　　　　　　　　　④ 5

⑤ 5.5

02 다음 정책에 대한 설명으로 옳지 않은 것은?

> 중앙은행의 정책으로 금리 인하를 통한 경기부양 효과가 한계에 다다랐을 때 중앙은행이 국채매입 등을 통해 유동성을 시중에 직접 푸는 정책을 뜻한다.

① 경기후퇴를 막음으로써 시장의 자신감을 향상시킨다.
② 디플레이션을 초래할 수 있다.
③ 수출 증대의 효과가 있다.
④ 유동성을 무제한으로 공급하는 것이다.
⑤ 중앙은행은 이율을 낮추지 않고 돈의 흐름을 늘릴 수 있다.

01

정답 ①

$M = \dfrac{1}{c + \gamma(1-c)} B$ [단, 현금통화비율(c), 지급준비율(γ), 본원통화(B), 통화량(M)]

여기서 $c = 150/600 = 0.25$, $\gamma = 90/450 = 0.2$이므로, 통화승수는 $\dfrac{1}{c + \gamma(1-c)} = \dfrac{1}{0.25 + 0.2(1-0.25)} = 2.5$이다.

한편, 통화량＝민간보유현금통화＋예금통화＝150＋450＝600, 본원통화＝민간보유현금통화＋지급준비금＝150＋90＝240이다.
따라서 통화승수＝통화량÷본원통화＝600÷240＝2.5이다.

02

정답 ②

양적완화

• 금리중시 통화정책을 시행하는 중앙은행이 정책금리가 0%에 근접하거나, 혹은 다른 이유로 시장경제의 흐름을 정책금리로 제어할 수 없는 이른바 유동성 저하 상황하에서 유동성을 충분히 공급함으로써 중앙은행의 거래량을 확대하는 정책이다.

• 수출 증대의 효과가 있는 반면 인플레이션을 초래할 수도 있다.

• 자국의 경제에는 소기의 목적을 달성하더라도 타국의 경제에 영향을 미쳐 자산 가격을 급등시킬 수도 있다.

이론 더하기

중앙은행

① 중앙은행의 역할
  • 화폐를 발행하는 발권은행으로서의 기능을 한다.
  • 은행의 은행으로서의 기능을 한다.
  • 통화가치의 안정과 국민경제의 발전을 위한 통화금융정책을 집행하는 기능을 한다.
  • 국제수지 불균형의 조정, 환율의 안정을 위하여 외환관리 업무를 한다.
  • 국고금 관리 등의 업무를 수행하며 정부의 은행으로서의 기능을 한다.

② 중앙은행의 통화정책 운영체계
  한국은행은 통화정책 운영체계로서 물가안정목표제(Inflation Targeting)를 채택하고 있다.

③ 물가안정목표제란 '통화량' 또는 '환율' 등 중간목표를 정하고 이에 영향을 미쳐 최종목표인 물가안정을 달성하는 것이 아니라, 최종목표인 '물가' 자체에 목표치를 정하고 중기적 시기에 이를 달성하려는 방식이다.

금융정책

정책수단		운용목표		중간목표		최종목표
공개시장조작 지급준비율	→	콜금리 본원통화 재할인율	→	통화량 이자율	→	완전고용 물가안정 국제수지균형

① 공개시장조작정책
  • 중앙은행이 직접 채권시장에 참여하여 금융기관을 상대로 채권을 매입하거나 매각하여 통화량을 조절하는 통화정책수단을 의미한다.
  • 중앙은행이 시중의 금융기관을 상대로 채권을 매입하는 경우 경제 전체의 통화량은 증가하게 되고 이는 실질이자율을 낮춰 총수요를 증가시킨다.
  • 중앙은행이 시중의 금융기관을 상대로 채권을 매각하는 경우 경제 전체의 통화량은 감소하게 되고 이는 실질이자율을 상승과 투자의 감소로 이어져 총수요가 감소하게 된다.

② 지급준비율정책
  • 법정지급준비율이란 중앙은행이 예금은행으로 하여금 예금자 예금인출요구에 대비하여 총 예금액의 일정비율 이상을 대출할 수 없도록 규정한 것을 말한다.
  • 지급준비율정책이란 법정지급준비율을 변경시킴으로써 통화량을 조절하는 것을 말한다.
  • 지급준비율이 인상되면 통화량이 감소하고 실질이자율을 높여 총수요를 억제한다.

③ 재할인율정책
  • 재할인율정책이란 일반은행이 중앙은행으로부터 자금을 차입할 때 차입규모를 조절하여 통화량을 조절하는 통화정책수단을 말한다.
  • 재할인율 상승은 실질이자율을 높여 경제 전체의 통화량을 줄이고자 할 때 사용하는 통화정책의 수단이다.
  • 재할인율 인하는 실질이자율을 낮춰 경제 전체의 통화량을 늘리고자 할 때 사용하는 통화정책의 수단이다.

다음 그래프는 경제 지표의 추이를 나타낸 것이다. 이와 같은 추이가 계속된다고 할 때, 나타날 수 있는 현상으로 옳은 것을 〈보기〉에서 모두 고르면?(단, 지표 외 다른 요인은 고려하지 않는다)

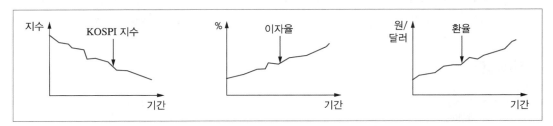

보기
ㄱ. KOSPI 지수 추이를 볼 때, 기업은 주식시장을 통한 자본 조달이 어려워질 것이다.
ㄴ. 이자율 추이를 볼 때, 은행을 통한 기업의 대출 수요가 증가할 것이다.
ㄷ. 환율 추이를 볼 때, 수출제품의 가격 경쟁력이 강화될 것이다.

① ㄱ   ② ㄴ
③ ㄷ   ④ ㄱ, ㄷ
⑤ ㄴ, ㄷ

정답 ④
ㄱ. KOSPI 지수가 지속적으로 하락하고 있기 때문에 주식시장이 매우 침체되어 있다고 볼 수 있다. 이 경우 주식에 대한 수요와
    증권시장의 약세 장세 때문에 주식 발행을 통한 자본 조달은 매우 어려워진다.
ㄷ. 원 · 달러 환율이 지속적으로 상승하게 되면 원화의 약세로 수출제품의 외국에서의 가격은 달러화에 비해 훨씬 저렴하게 된다.
    따라서 상대적으로 외국제품에 비하여 가격 경쟁력이 강화되는 효과가 발생한다.

오답분석
ㄴ. 이자율이 지속적으로 상승하면 대출 금리도 따라 상승하게 되어 기업의 부담이 커지게 되고 이에 따라 기업의 대출 수요는
    감소하게 된다.

이론 더하기

금리
① 개념 : 원금에 지급되는 이자를 비율로 나타낸 것으로 '이자율'이라는 표현을 사용하기도 한다.
② 특징
- 자금에 대한 수요와 공급이 변하면 금리가 변동한다. 즉, 자금의 수요가 증가하면 금리가 올라가고, 자금의 공급이 증가하면 금리는 하락한다.
- 중앙은행이 금리를 낮추겠다는 정책목표를 설정하면 금융시장의 국채를 매입하게 되고 금리의 영향을 준다.
- 가계 : 금리가 상승하면 소비보다는 저축이 증가하고, 금리가 하락하면 저축보다는 소비가 증가한다.
- 기업 : 금리가 상승하면 투자비용이 증가하므로 투자가 줄어들고, 금리가 하락하면 투자가 증가한다.
- 국가 간 자본의 이동 : 본국과 외국의 금리 차이를 보고 상대적으로 외국의 금리가 높다고 판단되면 자금은 해외로 이동하고, 그 반대의 경우 국내로 이동한다.
③ 종류
- 기준금리 : 중앙은행이 경제활동 상황을 판단하여 정책적으로 결정하는 금리로, 경제가 과열되거나 물가상승이 예상되면 기준금리를 올리고, 경제가 침체되고 있다고 판단되면 기준금리를 하락시킨다.
- 시장금리 : 개인의 신용도나 기간에 따라 달라지는 금리이다.

1년 미만 단기 금리	콜금리	영업활동 과정에서 남거나 모자라는 초단기자금(콜)에 대한 금리이다.
	환매조건부채권(RP)	일정 기간이 지난 후에 다시 매입하는 조건으로 채권을 매도함으로써 수요자가 단기자금을 조달하는 금융거래방식의 하나이다.
	양도성예금증서(CD)	은행이 발행하고 금융시장에서 자유로운 매매가 가능한 무기명의 정기예금증서이다.
1년 이상 장기 금리	국채, 회사채, 금융채	

환율
국가 간 화폐의 교환비율로, 우리나라에서 환율을 표시할 때에는 외국돈 1단위당 원화의 금액으로 나타낸다.
예 1,193.80원/$, 170.76원/¥

주식과 주가
① 주식 : 주식회사의 자본을 이루는 단위로서 금액 및 이를 전제한 주주의 권리와 의무단위이다.
② 주가 : 주식의 시장가격으로, 주식시장의 수요와 공급에 의해 결정된다.

01 다음 중 변동환율제도에 대한 설명으로 옳지 않은 것은?

① 원화 환율이 오르면 물가가 상승하기 쉽다.
② 원화 환율이 오르면 수출업자가 유리해진다.
③ 원화 환율이 오르면 외국인의 국내 여행이 증가한다.
④ 환율의 변동이 심한 경우에는 통화 당국이 시장에 개입하기도 한다.
⑤ 국가 간 자본거래가 활발하게 이루어진다면 독자적인 통화정책을 운용할 수 없다.

02 다음 빈칸에 들어갈 경제 용어로 바르게 짝지어진 것은?

> 구매력평가 이론(Purchasing Power Parity Theory)은 모든 나라의 통화 한 단위의 구매력이 같도록 환율이 결정되어야 한다는 것이다. 구매력평가 이론에 따르면 양국통화의 ____㉠____ 은 양국의 ____㉡____ 에 의해 결정되며, 구매력평가 이론이 성립하면 ____㉢____ 은 불변이다.

	㉠	㉡	㉢
①	실질환율	물가수준	명목환율
②	명목환율	경상수지	실질환율
③	실질환율	경상수지	명목환율
④	명목환율	물가수준	실질환율
⑤	실질환율	자본수지	명목환율

01

정답 ⑤

변동환율제도에서는 중앙은행이 외환시장에 개입하여 환율을 유지할 필요가 없고, 외환시장의 수급 상황이 국내 통화량에 영향을 미치지 않으므로 독자적인 통화정책의 운용이 가능하다.

02

정답 ④

일물일가의 법칙을 가정하는 구매력평가설에 따르면 두 나라에서 생산된 재화의 가격이 동일하므로 명목환율은 두 나라의 물가수준의 비율로 나타낼 수 있다. 한편, 구매력평가설이 성립하면 실질환율은 불변한다.

환율

① 개념 : 국내화폐와 외국화폐가 교환되는 시장을 외환시장(Foreign Exchange Market)이라고 한다. 그리고 여기서 결정되는 두 나라 화폐의 교환비율을 환율이라고 한다. 즉, 환율이란 자국화폐단위로 표시한 외국화폐 1단위의 가격이다.

② 환율의 변화

환율의 상승을 환율 인상(Depreciation), 환율의 하락을 환율 인하(Appreciation)라고 한다. 환율이 인상되는 경우 자국화폐의 가치가 하락하는 것을 의미하며 환율이 인하되는 경우는 자국화폐가치가 상승함을 의미한다.

평가절상 (=환율 인하, 자국화폐가치 상승)	평가절하 (=환율 인상, 자국화폐가치 하락)
• 수출 감소 • 수입 증가 • 경상수지 악화 • 외채부담 감소	• 수출 증가 • 수입 감소 • 경상수지 개선 • 외채부담 증가

③ 환율제도

구분	고정환율제도	변동환율제도
국제수지불균형의 조정	정부개입에 의한 해결 (평가절하, 평가절상)과 역외국에 대해서는 독자관세 유지	시장에서 환율의 변화에 따라 자동적으로 조정
환위험	적음	환율의 변동성에 기인하여 환위험에 크게 노출되어 있음
환투기의 위험	적음	높음(이에 대해 프리드먼은 환투기는 환율을 오히려 안정시키는 효과가 존재한다고 주장)
해외교란요인의 파급 여부	국내로 쉽게 전파됨	환율의 변화가 해외교란요인의 전파를 차단(차단효과)
금융정책의 자율성 여부	자율성 상실(불가능성 정리)	자율성 유지
정책의 유효성	금융정책 무력	재정정책 무력

01   다음 중 서킷 브레이커(Circuit Breakers)에 대한 설명으로 옳지 않은 것은?

① 코스피 또는 코스닥지수가 전일 종가 대비 10% 이상 하락한 상태가 1분 이상 지속되면 모든 주식 거래를 20분간 정지한다.

② 주식시장에서 주가가 급등 또는 급락하는 경우 주식매매를 일시 정지하는 제도이다.

③ 거래를 중단한 지 20분이 지나면 10분간 호가를 접수해서 매매를 재개시킨다.

④ 장 종료 40분 전 이후에도 발동될 수 있다.

⑤ 단계별로 2번씩 발동할 수 있다.

02   다음 중 주가가 떨어질 것을 예측해 주식을 빌려 파는 공매도를 했으나, 반등이 예상되면서 빌린 주식을 되갚자 주가가 오르는 현상은?

① 사이드카   ② 디노미네이션

③ 서킷브레이커   ④ 숏커버링

⑤ 공매도

01

정답   ⑤

서킷 브레이커
- 원래 전기 회로에 과부하가 걸렸을 때 자동으로 회로를 차단하는 장치를 말하는데 주식시장에서 주가가 급등 또는 급락하는 경우 주식매매를 일시 정지하는 제도이다.
- 서킷 브레이커 발동조건
  - 1단계 : 종합주가지수가 전 거래일보다 8% 이상 하락하여 1분 이상 지속되는 경우
  - 2단계 : 종합주가지수가 전 거래일보다 15% 이상 하락하여 1분 이상 지속되는 경우
  - 3단계 : 종합주가지수가 전 거래일보다 20% 이상 하락하여 1분 이상 지속되는 경우
- 서킷 브레이커 발동 시 효과
  - 서킷 브레이커가 발동되면 매매가 20분간 정지되고, 20분이 지나면 10분간 동시호가, 단일가매매 전환이 이루어진다.
- 서킷 브레이커 유의사항
  - 총 3단계로 이루어진 서킷 브레이커의 각 단계는 하루에 한 번만 발동할 수 있다.
  - 1 ~ 2단계는 주식시작 개장 5분 후부터 종료 40분전까지만 발동한다. 단, 3단계 서킷 브레이커는 40분 이후에도 발동될 수 있고, 3단계 서킷 브레이커가 발동하면 장이 종료된다.

02

정답   ④

없는 주식이나 채권을 판 후 보다 싼 값으로 주식이나 그 채권을 구해 매입자에게 넘기는데, 예상을 깨고 강세장이 되어 해당 주식이 오를 것 같으면 손해를 보기 전에 빌린 주식을 되갚게 된다. 이때 주가가 오르는 현상을 숏커버링이라 한다.

주가지수

① 개념 : 주식가격의 상승과 하락을 판단하기 위한 지표(Index)가 필요하므로 특정 종목의 주식을 대상으로 평균적으로 가격이 상승했는지 하락했는지를 판단한다. 때문에 주가지수의 변동은 경제상황을 판단하게 해주는 지표가 될 수 있다.

② 주가지수 계산 : $\dfrac{\text{비교시점의 시가총액}}{\text{기준시점의 시가총액}} \times 100$

③ 주요국의 종합주가지수

구분	지수명	기준시점	기준지수
한국	코스피	1980년	100
	코스닥	1996년	1,000
미국	다우존스 산업평균지수	1896년	100
	나스닥	1971년	100
	S&P 500	1941년	10
일본	니케이 225	1949년	50
중국	상하이종합	1990년	100
홍콩	항셍지수	1964년	100
영국	FTSE 100지수	1984년	1,000
프랑스	CAC 40지수	1987년	1,000

주가와 경기 변동

① 주식의 가격은 장기적으로 기업의 가치에 따라 변동한다.

② 주가는 경제성장률이나 이자율, 통화량과 같은 경제변수에 영향을 받는다.

③ 통화공급의 증가와 이자율이 하락하면 소비와 투자가 늘어나서 기업의 이익이 커지므로 주가는 상승한다.

주식관련 용어

① 서킷브레이커(CB) : 주식시장에서 주가가 급등 또는 급락하는 경우 주식매매를 일시정지하는 제도이다.

② 사이드카 : 선물가격이 전일 종가 대비 5%(코스피), 6%(코스닥) 이상 급등 혹은 급락상태가 1분간 지속될 경우 주식시장의 프로그램 매매 호가를 5분간 정지시키는 것을 의미한다.

③ 네 마녀의 날 : 주가지수 선물과 옵션, 개별 주식 선물과 옵션 등 네 가지 파생상품 만기일이 겹치는 날이다. '쿼드러플위칭 데이'라고도 한다.

④ 레드칩 : 중국 정부와 국영기업이 최대주주로 참여해 홍콩에 설립한 우량 중국 기업들의 주식을 일컫는 말이다.

⑤ 블루칩 : 오랜 시간동안 안정적인 이익을 창출하고 배당을 지급해온 수익성과 재무구조가 건전한 기업의 주식으로 대형 우량주를 의미한다.

⑥ 숏커버링 : 외국인 등이 공매도한 주식을 되갚기 위해 시장에서 주식을 다시 사들이는 것으로, 주가 상승 요인으로 작용한다.

⑦ 공매도 : 주식을 가지고 있지 않은 상태에서 매도 주문을 내는 것이다. 3일 안에 해당 주식이나 채권을 구해 매입자에게 돌려주면 되기 때문에, 약세장이 예상되는 경우 시세차익을 노리는 투자자가 주로 활용한다.

다음 중 유로채와 외국채에 대한 설명으로 옳지 않은 것은?

① 유로채는 채권의 표시통화 국가에서 발행되는 채권이다.

② 유로채는 이자소득세를 내지 않는다.

③ 외국채는 감독 당국의 규제를 받는다.

④ 외국채는 신용 평가가 필요하다.

⑤ 아리랑본드는 외국채, 김치본드는 유로채이다.

정답 ①

외국채는 채권의 표시통화 국가에서 발행되는 채권이고, 유로채는 채권의 표시통화 국가 이외의 국가에서 발행되는 채권이다.

오답분석

② 외국채는 이자소득세를 내야 하지만, 유로채는 세금을 매기지 않는다.

③ 외국채는 감독 당국의 규제를 받지만, 유로채는 규제를 받지 않는다.

④ 외국채는 신용 평가가 필요하지만, 유로채는 필요하지 않다.

⑤ 한국에서 한국 원화로 발행된 채권은 아리랑본드이며, 한국에서 외화로 발행된 채권은 김치본드이다.

채권

정부, 공공기관, 특수법인과 주식회사 형태를 갖춘 사기업이 일반 대중 투자자들로부터 비교적 장기의 자금을 조달하기 위해 발행하는 일종의 차용증서로, 채권을 발행한 기관은 채무자, 채권의 소유자는 채권자가 된다.

발행주체에 따른 채권의 분류

국채	• 국가가 발행하는 채권으로 세금과 함께 국가의 중요한 재원 중 하나이다. • 국고채, 국민주택채권, 국채관리기금채권, 외국환평형기금채권 등이 있다.
지방채	• 지방자치단체가 지방재정의 건전한 운영과 공공의 목적을 위해 재정상의 필요에 따라 발행하는 채권이다. • 지하철공채, 상수도공채, 도로공채 등이 있다.
특수채	• 공사와 같이 특별법에 따라 설립된 법인이 자금조달을 목적으로 발행하는 채권으로 공채와 사채의 성격을 모두 가지고 있다. • 예금보험공사 채권, 한국전력공사 채권, 리스회사의 무보증 리스채, 신용카드회사의 카드채 등이 있다.
금융채	• 금융회사가 발행하는 채권으로 발생은 특정한 금융회사의 중요한 자금조달수단 중 하나이다. • 산업금융채, 장기신용채, 중소기업금융채 등이 있다.
회사채	• 상법상의 주식회사가 발행하는 채권으로 채권자는 주주들의 배당에 우선하여 이자를 지급받게 되며 기업이 도산하는 경우에도 주주들을 우선하여 기업자산에 대한 청구권을 갖는다. • 전환사채(CB), 신주인수권부사채(BW), 교환사채(EB) 등이 있다.

이자지급방법에 따른 채권의 분류

이표채	액면가로 채권을 발행하고, 이자지급일이 되면 발행할 때 약정한 대로 이자를 지급하는 채권이다.
할인채	이자가 붙지는 않지만, 이자 상당액을 미리 액면가격에서 차감하여 발행가격이 상환가격보다 낮은 채권이다.
복리채(단리채)	정기적으로 이자가 지급되는 대신에 복리(단리) 이자로 재투자되어 만기상환 시에 원금과 이자를 지급하는 채권이다.
거치채	이자가 발생한 이후에 일정기간이 지난 후부터 지급되는 채권이다.

상환기간에 따른 채권의 분류

단기채	통상적으로 상환기간이 1년 미만인 채권으로, 통화안정증권, 양곡기금증권 등이 있다.
중기채	상환기간이 1 ~ 5년인 채권으로 우리나라의 대부분의 회사채 및 금융채가 만기 3년으로 발행된다.
장기채	상환기간이 5년 초과인 채권으로 국채가 이에 해당한다.

특수한 형태의 채권

일반사채와 달리 계약 조건이 다양하게 변형된 특수한 형태의 채권으로 다양한 목적에 따라 발행된 채권이다.

전환사채 (CB: Convertible Bond)	발행을 할 때에는 순수한 회사채로 발행되지만, 일정기간이 경과한 후에는 보유자의 청구에 의해 발행회사의 주식으로 전환될 수 있는 사채이다.
신주인수권부사채 (BW: Bond with Warrant)	발행 이후에 일정기간 내에 미리 약정된 가격으로 발행회사에 일정한 금액에 해당하는 주식을 매입할 수 있는 권리가 부여된 사채이다.
교환사채 (EB: Exchangeable Bond)	투자자가 보유한 채권을 일정 기간이 지난 후 발행회사가 보유 중인 다른 회사 유가증권으로 교환할 수 있는 권리가 있는 사채이다.
옵션부사채	• 콜옵션과 풋옵션이 부여되는 사채이다. • 콜옵션은 발행회사가 만기 전 조기상환을 할 수 있는 권리이고, 풋옵션은 사채권자가 만기중도상환을 청구할 수 있는 권리이다.
변동금리부채권 (FRN: Floating Rate Note)	• 채권 지급 이자율이 변동되는 금리에 따라 달라지는 채권이다. • 변동금리부채권의 지급이자율은 기준금리에 가산금리를 합하여 산정한다.
자산유동화증권 (ABS: Asset Backed Security)	유동성이 없는 자산을 증권으로 전환하여 자본시장에서 현금화하는 일련의 행위를 자산유동화라고 하는데, 기업 등이 보유하고 있는 대출채권이나 매출채권, 부동산 자산을 담보로 발행하여 제3자에게 매각하는 증권이다.

PART 2

01 다음 중 주가지수 상승률이 미리 정해놓은 수준에 단 한 번이라도 도달하면 만기 수익률이 미리 정한 수준으로 확정되는 ELS는?

① 녹아웃형(Knock-out)
② 불스프레드형(Bull-spread)
③ 리버스컨버터블형(Reverse Convertible)
④ 디지털형(Digital)
⑤ 데이터형(Data)

02 주식이나 ELW를 매매할 때 보유시간을 통상적으로 2 ~ 3분 단위로 짧게 잡아 하루에 수십 번 또는 수백 번씩 거래를 하며 박리다매식으로 매매차익을 얻는 초단기매매자들이 있다. 이들을 가리키는 용어는?

① 스캘퍼(Scalper)
② 데이트레이더(Day Trader)
③ 스윙트레이더(Swing Trader)
④ 포지션트레이더(Position Trader)
⑤ 나이트트레이더(Night Trader)

01

정답 ①

주가지수연계증권(ELS)의 유형
• 녹아웃형(Knock-out) : 주가지수 상승률이 미리 정해놓은 수준에 단 한 번이라도 도달하면 만기 수익률이 미리 정한 수준으로 확정되는 상품
• 불스프레드형(Bull-spread) : 만기 때 주가지수 상승률에 따라 수익률이 결정되는 상품
• 리버스컨버터블형(Reverse Convertible) : 미리 정해 놓은 하락폭 밑으로만 빠지지 않는다면 주가지수가 일정부분 하락해도 약속한 수익률 지급하는 상품
• 디지털형(Digital) : 만기일의 주가지수가 사전에 약정한 수준 이상 또는 이하에 도달하면 확정 수익을 지급하고 그렇지 못하면 원금만 지급하는 상품

02

정답 ①

스캘퍼(Scalper)는 ELW시장 등에서 거액의 자금을 갖고 몇 분 이내의 초단타 매매인 스캘핑(Scalping)을 구사하는 초단타 매매자를 말한다. 속칭 '슈퍼 메뚜기'로 불린다.

오답분석
② 데이트레이더(Day Trader) : 하루에도 여러 차례 주가의 움직임만 보고 차익을 노리는 주식투자자
③ 스윙트레이더(Swing Trader) : 선물시장에서 통상 2 ~ 3일 간격으로 매매 포지션을 바꾸는 투자자
④ 포지션트레이더(Position Trader) : 몇 주간 또는 몇 개월 동안 지속될 가격 변동에 관심을 갖고 거래하는 자로서 비회원거래자
⑤ 나이트트레이더(Night Trader) : 밤에 주식을 매매하기 위해 주문을 내는 주식투자자

이론 더하기

ELS(주가연계증권) / ELF(주가연계펀드)

① 개념 : 파생상품 펀드의 일종으로 국공채 등과 같은 안전자산에 투자하여 안전성을 추구하면서 확정금리 상품 대비 고수익을 추구하는 상품이다.

② 특징

ELS (주가연계증권)	• 개별 주식의 가격이나 주가지수에 연계되어 투자수익이 결정되는 유가증권이다. • 사전에 정한 2 ~ 3개 기초자산 가격이 만기 때까지 계약 시점보다 40 ~ 50% 가량 떨어지지 않으면 약속된 수익을 지급하는 형식이 일반적이다. • 다른 채권과 마찬가지로 증권사가 부도나거나 파산하면 투자자는 원금을 제대로 건질 수 없다. • 상품마다 상환조건이 다양하지만 만기 3년에 6개월마다 조기상환 기회가 있는 게 일반적이다. 수익이 발생해서 조기상환 또는 만기상환되거나, 손실을 본채로 만기상환된다. • 녹아웃형, 불스프레드형, 리버스컨버터블형, 디지털형 등이 있다.
ELF (주가연계펀드)	• 투자신탁회사들이 ELS 상품을 펀드에 편입하거나 자체적으로 원금보존 추구형 펀드를 구성해 판매하는 형태의 상품이다. • ELF는 펀드의 수익률이 주가나 주가지수 움직임에 의해 결정되는 구조화된 수익구조를 갖는다. • 베리어형, 디지털형, 조기상환형 등이 있다.

ELW(주식워런트증권)

① 개념 : 자산을 미리 정한 만기에 미리 정해진 가격에 사거나(콜) 팔 수 있는 권리(풋)를 나타내는 증권이다.

② 특징
- 주식워런트증권은 상품특성이 주식옵션과 유사하나 법적 구조, 시장구조, 발행주체와 발행조건 등에 차이가 있다.
- 주식처럼 거래가 이루어지며, 만기시 최종보유자가 권리를 행사하게 된다.
- ELW 시장에서는 투자자의 환금성을 보장할 수 있도록 호가를 의무적으로 제시하는 유동성공급자(LP; Liquidity Provider) 제도가 운영된다.

01 다음 글에서 설명하는 '이것'은 무엇인가?

> '이것'은 한 나라에서 사용하고 있는 모든 은행권 및 주화의 액면을 가치의 변동 없이 동일한 비율로 낮추어 표현하거나 이와 함께 화폐의 호칭을 새로운 통화 단위로 변경시키는 것을 뜻한다. '이것'은 경제성장과 인플레이션이 장기간 지속됨에 따라 화폐로 표시하는 금액이 점차 증가함으로 인해 발생하는 계산, 지급, 장부기재상의 불편함을 해소하기 위해 실시된다. 베네수엘라의 경우 2018년 실질적으로 화폐 기능을 상실한 볼리바르화 문제를 해결하기 위해 '이것'을 단행하기도 했다.

① 디커플링   ② 리디노미네이션
③ 양적완화   ④ 리니언시
⑤ 스태그플레이션

02 다음 중 특정 대상물을 사전에 정한 시점에 정한 가격으로 사거나 팔 수 있는 권리는?

① 선물(Futher)   ② 스왑(Swap)
③ 옵션(Option)   ④ 스톡옵션(Stock Option)
⑤ 헤징(Hedging)

03 화폐유통속도가 일정하고 통화량증가율, 실질경제성장률, 실질이자율이 각각 30%, 20%, 10%라고 가정할 때, 다음 중 화폐수량설과 피셔효과를 이용하여 도출한 내용으로 옳은 것은?

① 인플레이션율과 명목이자율은 모두 10%이다.
② 인플레이션율과 명목이자율은 모두 20%이다.
③ 인플레이션율은 10%이고, 명목이자율은 20%이다.
④ 인플레이션율은 10%이고, 명목이자율은 30%이다.
⑤ 인플레이션율은 20%이고, 명목이자율은 10%이다.

04 법정지급준비율이 40%라고 가정하고 어떤 개인이 현금 7,000원을 한 은행에 예금하였다. 만약 예금창조의 과정에서 4번째 대출받은 고객까지는 현금유출이 전혀 없다가 5번째 대출받은 고객이 대출금을 모두 현금유출한다면, 이때 은행조직 전체에 의한 순예금창조액의 최대 규모는 얼마나 되는가?

① 9,139원 ② 11,667원

③ 15,232원 ④ 17,500원

⑤ 18,407원

05 다음 중 본원통화에 대한 설명으로 옳지 않은 것은?

① 본원통화는 화폐발행액과 예금은행의 중앙은행에 대한 지급준비예치금의 합으로 나타낼 수 있다.

② 국제수지가 적자이면 본원통화가 줄어든다.

③ 중앙은행이 환율하락을 방지하기 위해 외환시장에 개입을 시작하면 본원통화는 감소한다.

④ 중앙은행이 공개시장에서 국공채를 매각하면 본원통화가 감소한다.

⑤ 중앙은행이 예금은행에 대한 대출을 늘리면 본원통화가 증가한다.

06 다음 중 토빈의 q이론에 대한 설명으로 옳지 않은 것은?

① q값이 1보다 크면 순투자가 이루어진다.

② 실질이자율이 상승하면 q값은 감소한다.

③ 자본의 한계생산이 증가하면 q값은 감소한다.

④ 토빈의 q값은 주식시장에서 평가된 기업의 시장가치를 기업의 실물자본 대체비용으로 나누어서 계산한다.

⑤ 현재 및 장래 기대이윤이 증가하면 q값이 증가한다.

07 대부자금의 공급이 실질이자율의 증가함수이고 대부자금의 수요는 실질이자율의 감소함수인 대부자금 시장모형에서 정부가 조세삭감을 시행했을 때 소비자들이 조세삭감만큼 저축을 늘리는 경우 다음 중 옳은 것은?(단, 정부지출은 일정 수준으로 주어져 있다고 가정한다)

① 자금수요가 증가하고 균형이자율은 상승한다.

② 자금수요가 감소하고 균형이자율은 하락한다.

③ 자금공급이 증가하고 균형이자율은 하락한다.

④ 자금공급이 감소하고 균형이자율은 상승한다.

⑤ 균형이자율은 변하지 않는다.

08 다음 대화를 읽고, 우리나라 금융상품의 기대수익률과 위험에 대하여 바르게 이해한 사람을 모두 고르면?

> 도경 : 금융상품의 위험은 수익률의 분산 또는 표준편차로 측정할 수 있어.
> 해영 : 위험도에 대한 상관관계가 높은 금융상품들에 분산 투자하면 투자의 위험을 낮출 수 있어.
> 진상 : 모든 주식에 공통적으로 영향을 미치기 때문에 여러 주식으로 포트폴리오를 구성해서 투자해도 제거할 수 없는 위험을 비체계적 위험이라고 해.
> 수경 : 위험도가 동일하다면 유동성이 높은 금융상품은 유동성이 낮은 금융상품에 비해 수익률이 낮아.

① 도경, 해영   ② 도경, 수경

③ 해영, 진상   ④ 해영, 수경

⑤ 진상, 수경

09 다음 〈보기〉의 내용에 따라 A기업의 주당 배당금을 구하면?

> **보기**
> • A기업 주가 : 20,000원   • 배당수익률 : 10%

① 1,000원   ② 1,500원

③ 2,000원   ④ 3,000원

⑤ 4,000원

10 고객의 예금을 투자하여 수익을 돌려주는 실적배당 금융상품으로 어음관리계좌로도 불리는 것은?

① 신탁상품
② CMA
③ MMDA
④ 수익증권
⑤ ELW

11 다음 중 구매력평가(PPP)에 대한 설명으로 옳지 않은 것은?

① 한 나라의 화폐가 모든 나라에서 동일 수량의 재화를 구입할 수 있어야 한다는 환율 결정이론이다.
② 양국의 물가를 기준으로 환율이 결정된다고 보기 때문에 일물일가의 법칙과는 관계가 없다.
③ 현실적으로 국가 간에 교역이 어려운 품목들이 있어서 구매력평가는 일정한 한계를 갖고 있다.
④ 구매력평가로 계산한 원화의 달러당 환율이 1,100원일 때 미국의 물가만 10% 오르게 되면 환율은 1,000원이 된다.
⑤ 단기적인 환율의 움직임은 잘 나타내지 못하지만 장기적인 환율의 변화추세는 잘 반영한다.

12 다음 중 주식의 발행시장과 유통시장에 대한 설명으로 옳지 않은 것은?

① 자사주 매입은 발행시장에서 이루어진다.
② 유통시장은 채권의 공정한 가격을 형성하게 하는 기능이 있다.
③ 50명 이하의 소수투자자와 사적으로 교섭하여 채권을 매각하는 방법을 사모라고 한다.
④ 유통시장은 투자자 간의 수평적인 이전기능을 담당하는 시장으로 채권의 매매가 이루어지는 시장이다.
⑤ 발행시장은 발행주체가 유가증권을 발행하고, 중간 중개업자가 인수하여 최종 자금 출자자에게 배분하는 시장이다.

13 다음 중 시장이자율과 채권가격에 대한 설명으로 옳은 것은?

① 다른 조건은 동일하다고 가정할 경우 표면이자율이 높을수록 이자율의 변동에 따른 채권가격의 변동률이 크다.

② 만기일 채권가격은 액면가와 항상 일치한다.

③ 채권가격은 시장이자율과 같은 방향으로 움직인다.

④ 만기가 정해진 상태에서 이자율 하락에 따른 채권가격 상승폭과 이자율 상승에 따른 채권가격 하락폭은 항상 동일하다.

⑤ 다른 조건은 동일하다고 가정할 경우 만기가 짧은 채권일수록 이자율의 변동에 따른 채권가격의 변동폭이 크다.

Hard

14 다음 중 기업들이 환율변동 위험을 피하기 위해 하는 거래 중 하나인 선물환거래에 대한 설명으로 옳지 않은 것은?

① 기업들은 달러화 가치가 하락할 것으로 예상하는 경우 선물환을 매수하게 된다.

② 선물환거래란 미래에 특정 외화의 가격을 현재 시점에서 미리 계약하고 이 계획을 약속한 미래 시점에 이행하는 금융거래이다.

③ 선물환거래에는 외국환은행을 통해 고객 간에 이루어지는 대고객선물환거래와 외환시장에서 외국은행 사이에 이루어지는 시장선물환거래가 있다.

④ 선물환거래는 약정가격의 차액만을 주고받는 방식이어서 NDF(역외선물환)거래라고도 한다.

⑤ 만기가 되면 수출업체는 수출대금으로 받은 달러를 금융회사에 미리 정한 환율로 넘겨주고 금융회사는 이를 해외 달러 차입금 상환에 활용하게 된다.

15 라임사태란 은행, 증권사들이 라임자산운용의 사모펀드를 판매하면서 고객의 동의 없이 가입시키거나 사모펀드라는 사실을 알리지 않아 큰 손실을 입힌 사건이다. 다음 중 사모펀드에 대한 설명으로 옳지 않은 것은?

① 개인 간 계약의 형태이다.

② 비공개로 투자자들을 모집한다.

③ 금융감독기관의 감시를 받지 않는다.

④ 공모펀드와 달리 자유로운 운용이 가능하다.

⑤ 고평가된 기업에 자본참여를 하여 기업가치가 최고조일 때 주식을 되파는 전략을 취한다.

16 다음 중 국가의 중앙은행이 0.5%p 기준금리를 인상하는 것을 가리키는 용어는?

① 베이비 스텝(Baby Step)　　　　　　② 빅 스텝(Big Step)
③ 자이언트 스텝(Giant Step)　　　　 ④ 울트라 스텝(Ultra Step)
⑤ 스몰 스텝(Small Step)

Easy

17 다음 중 비금융기업이 상품과 서비스를 판매하는 과정에서 관련된 금융상품을 함께 제공하는 것을 가리키는 용어는?

① 레드칩　　　　　　　　　　　　　　② 프로젝트 파이낸싱
③ 그림자 금융　　　　　　　　　　　 ④ 임베디드 금융
⑤ 비소구 금융

18 다음 빈칸에 들어갈 내용에 대한 설명으로 옳지 않은 것은?

> 일본의 최근 결제 방식에 대해 조사한 결과, 코로나19 이후 비현금 결제 비중이 크게 증가했고, 카드나 모바일결제가 가능한 가게도 증가하는 추세입니다. 일본은 지난해까지만 해도 카드나 모바일결제 등 비현금 결제율이 27%에 그칠 정도로 현금이 주요한 결제 수단이었습니다. 하지만 코로나19 이후 여러 사람이 사용하는 지폐를 통한 바이러스 감염 위험의 증가와 비대면 소비가 증가하면서 카드나 모바일을 통한 결제가 크게 증가하였습니다. 이에 따라 _____가 가속화될 것이라는 전망이 전문가들 사이에서 이야기되고 있습니다.

① 금융 거래의 투명성이 강화되어 뇌물·탈세·자금세탁 등의 여러 금융범죄를 예방할 수 있다.
② 디지털화폐와 같은 다른 지급 수단이 현금의 역할을 대체하는 사회를 말한다.
③ 디지털 소외 계층의 금융 소외 현상 및 소비활동 제한이 심화될 것이다.
④ 금융기관의 내부 통제 시스템이 더욱 강화될 것이다.
⑤ 화폐 제조에 소요되는 사회적 비용이 감소할 것이다.

19 다음 〈보기〉 중 예금자 보호법에 따른 예금자 보호대상 상품이 아닌 것을 모두 고르면?

> **보기**
>
> ㄱ. 양도성예금증서   ㄴ. 외화예금
> ㄷ. CMA(어음관리계좌)   ㄹ. 금현물거래예탁금

① ㄱ, ㄴ   ② ㄱ, ㄹ
③ ㄴ, ㄷ   ④ ㄴ, ㄹ
⑤ ㄷ, ㄹ

Hard

20 다음 중 프로젝트 파이낸싱(Project Financing)에 대한 설명으로 옳지 않은 것은?

① 프로젝트 파이낸싱이란 특정한 프로젝트로부터 미래에 발생하는 현금흐름(Cash Flow)을 담보로 하여 당해 프로젝트를 수행하는 데 필요한 자금을 조달하는 금융기법을 총칭하는 개념으로 금융비용이 낮다는 특징이 있다.

② 프로젝트 파이낸싱은 사업주 자신과는 법적, 경제적으로 독립된 프로젝트회사가 자금을 공여받아 프로젝트를 수행하게 되므로 사업주의 재무상태표에 관련 대출금이 계상되지 않아 사업주의 재무제표에 영향을 주지 않는 부외금융의 성격을 가진다.

③ 프로젝트 파이낸싱의 대상이 되는 사업 대부분의 경우, 사업 규모가 방대하여 거대한 소요자금이 요구될 뿐만 아니라 계획사업에 내재하는 위험이 매우 크다.

④ 프로젝트 파이낸싱의 담보는 프로젝트의 미래 현금수지의 총화이기 때문에 프로젝트의 영업이 부진한 경우에도 프로젝트 자체 자산의 처분 외에는 다른 회수 수단이 없다.

⑤ 프로젝트 파이낸싱의 활용분야는 도로, 항만, 철도 등과 같은 SOC 사업, 대형 플랜트 설치, 부동산 개발 등 다양하다.

PART 3

디지털 리터러시 평가

유형분석

- 주어진 함수 조건을 통해 업무를 수행함에 있어 보기의 표가 갖는 의미를 분석 및 해석하는 능력을 평가하는 문제이다.
- 엑셀의 개념을 활용하거나 응용하여 해결하는 문제이므로 엑셀 함수의 기본 구조와 원리를 정확하게 알아두어야 한다.

다음 〈보기〉는 S카페의 지점별 고객만족도이다. S카페 사장인 A씨는 각 지점을 고객만족도가 높은 순으로 정렬했을 때 1 ~ 3위인 지점의 고객만족도 평균을 계산하고자 한다. 함수를 〈조건〉과 같이 정의할 때, A씨가 사용할 수식으로 옳은 것은?

보기

	A	B	C	D
1	no.	지점명	고객만족도	고객만족도 순위
2	1	우만주공점	8.5	5
3	2	매탄2동점	7.5	6
4	3	행궁동점	9.7	1
5	4	우만점	8.6	4
6	5	금곡동점	8.8	3
7	6	인계동점	9.2	2

조건
- △(범위1, 조건, 범위2) : 범위1에서 조건을 만족하는 셀과 같은 행에 있는 범위2 셀의 평균을 구하는 함수
- □(셀1, 범위, 정렬기준) : 정렬기준으로 범위를 정렬했을 때, 셀1이 몇 위를 차지하는지 구하는 함수(정렬 기준은 오름차순일 경우 1, 내림차순일 경우 0이다)
- ☆(셀1, 셀2, …) : 셀의 평균을 구하는 함수
- ■(셀1, 셀2) : 셀1과 셀2를 비교하여 큰 값을 반환하는 함수
- ♡(범위, 셀1) : 범위에서 셀1이 몇 번째로 큰 값인지 구하는 함수
- ▲(조건, 인수1, 인수2) : 조건이 참이면 인수1, 그 외에는 인수2를 반환하는 함수

① $= △(D2:D7, "<=3", C2:C7)$

② $= □(C2, \$C\$2:\$C\$7, 1)$

③ $= ☆(C2:C7)$

④ $= ■(C2, D2)$

⑤ $= ▲(♡(D2:D7, D2)<=3, ☆(C2:C7), D2)$

정답　①

고객만족도 순위(D2:D7)가 3위 이하(<=3)인 지점들의 고객만족도(C2:C7) 평균을 구하는 수식이다.

오답분석

② 고객만족도(C2:C7)를 오름차순(1)으로 정렬했을 때, [C2]의 순위를 구하는 수식이다.

③ 고객만족도(C2:C7)의 평균을 구하는 수식이다.

④ [C2]와 [D2] 값을 비교하여 큰 값을 반환하는 수식이다.

⑤ ♡(D2:D7,D2)는 [D2]가 고객만족도 순위(D2:D7)에서 몇 번째로 큰 수인지 구하는 수식이다. 따라서 1 ~ 6에서 5는 두 번째로 큰 수이므로 결괏값은 2가 나오며, 2는 3보다 작거나 같으므로 ⑤ 수식의 결과로는 ☆(C2:C7), 즉 고객만족도(C2:C7)의 평균이 반환된다.

유형풀이 Tip

- 기본적인 공식은 엑셀의 구조를 따라가기 때문에 기본적인 엑셀 사용 방법 및 오름차순, 내림차순에 대한 개념을 잡아둔다면 빠른 풀이가 가능하다.

01 다음 〈보기〉는 S구내식당에서 판매하는 메뉴의 하루 판매량과 가격에 대한 자료이다. 함수를 〈조건〉과 같이 정의할 때, 하루 전체 매출액을 구하는 함수는?

보기

〈메뉴 4종 판매량 및 가격〉

◢	A	B	C
1	이름	판매량(개)	가격(원)
2	오므라이스	42	7,500
3	치즈카레	65	9,500
4	치즈돈가스	110	11,000
5	냉모밀	120	8,000
6		0	10,000
7		0	13,000
8	떡볶이	80	7,500
9	비고	단종된 메뉴는 이름에 공란 처리	

조건

- △(인수1, 인수2, …) : 인수들의 합을 구하는 함수
- ○((범위1)*(범위2)*…) : 범위1과 범위2, …의 같은 행끼리 곱한 값의 합을 구하는 함수
- ♧(범위1, 범위2, …) : 범위1과 범위2, …의 비어있지 않은 셀의 수를 구하는 함수

① = ♧(A2:A8)*△(C2:C8)

② = △(B2:B8)*△(C2:C8)

③ = △(C2:C8)/♧(A8:A8)

④ = ○((B2:B8)*△(C2:C8))

⑤ = ○((A2:A8)*△(C2:C8))/♧(A2:A8)

02 다음 〈보기〉는 수건공장의 불량정보이다. 함수를 〈조건〉과 같이 정의할 때, 〈보기〉에 대한 설명으로 옳지 않은 것은?

보기

	A	B	C	D
1	불량종류	2024-02-01	2024-02-02	2024-02-03
2	실밥	2	1	4
3	색상	13	9	8
4	오타	4	2	1
5	무늬	12	13	9

조건

- ■(셀1, 셀2, …) : 셀의 합을 구하는 함수
- ○("구분기호", 빈 셀 설정, 텍스트1, 텍스트2, …) : 구분기호를 사용하여 텍스트나 문자열을 하나로 연결하는 함수(단, 빈 셀 설정이 TRUE일 경우 빈 셀을 무시하고, FALSE일 경우 빈 셀을 포함하여 연결)
- △(범위, 조건) : 지정한 범위 내에서 조건을 만족하는 셀의 개수를 구하는 함수
- ●(조건, 인수1, 인수2) : 조건이 참이면 인수1, 그 외에는 인수2를 반환하는 함수
- ☆(셀1) : 셀1이 홀수이면 참을 반환하는 함수
- ◇(셀1) : 셀1이 짝수이면 참을 반환하는 함수
- ◎(날짜) : 입력한 날짜의 일(日)을 반환하는 함수

① =△(B2:D5, "=13")의 출력값은 2이다.

② =△(B2:D5, "=13")의 출력값은 26이다.

③ 2월 1일의 실밥 불량이 전체 실밥 불량에서 차지하는 비율은 =B2/■(B2:D2)이다.

④ 2월 1일의 불량이 전체 불량에서 차지하는 비율은 =■(B2:B5)/■(B2:D5)이다.

⑤ '실밥/색상/오타/무늬'와 같이 불량종류를 하나의 셀로 정리하는 수식은 =○("/", TRUE, A2:A5)이다.

03 다음 〈보기〉는 S은행 직원들의 근무 및 태도를 평가한 자료이다. 함수를 〈조건〉과 같이 정의할 때, [F4]에 들어갈 함수로 옳은 것은?

〈S은행 근무 및 태도 평가표〉

	A	B	C	D	E	F	G
1	이름	책임감	협동심	성실성	태도	평균	순위
2	김○○	55	74	80	72	70.25	4
3	신△△	60	71	90	74	73.25	3
4	이○○	91	90	82	65		2
5	조△△	91	65	88	86	82.5	1

- ○(인수1, 인수2, …) : 인수들의 합을 구하는 함수
- ■(인수1, 인수2, …) : 인수들의 평균을 구하는 함수
- ♧(인수1, 인수2, …) : 인수들의 최댓값을 구하는 함수
- ♣(인수1, 인수2, …) : 인수들의 최솟값을 구하는 함수
- △(인수1, 범위) : 범위 안에서 인수1의 내림차순 순위를 구하는 함수

① = ♣(D2, D3, D4, D5)
② = ♧(D2, D3, D4, D5)
③ = △(B4, $B$2:$B$5)
④ = ○(B4, C4, D4, E4)
⑤ = ■(B4, C4, D4, E4)

04 다음 〈보기〉는 아트문구점이 3월에 판매한 문구류 정보이다. 함수를 〈조건〉과 같이 정의할 때, 필기류 중 가장 많이 판매한 상품의 개수를 구하는 수식으로 옳은 것은?

보기

	A	B	C
1	분류	상품	판매개수
2	필기류	3색볼펜	32
3	노트류	무지노트	76
4	필기류	샤프	25
5	필기류	볼펜(검)	46
6	노트류	종합장	65
7	노트류	스프링노트	78

조건

- ■(셀1, 셀2) : 셀1과 셀2를 비교하여 큰 값을 반환하는 함수
- □(범위1, 범위2, 조건) : 범위2에서 조건을 만족하는 셀과 같은 행에 있는 범위1의 셀 중 가장 값이 큰 셀을 구하는 함수
- ●(범위1, 범위2, 조건) : 범위2에서 조건을 만족하는 셀과 같은 행에 있는 범위1의 셀 중 가장 값이 작은 셀을 구하는 함수
- ♤(셀1, 셀2, …) : 셀의 평균을 구하는 함수
- △(조건, 인수1, 인수2) : 조건이 참이면 인수1, 그 외에는 인수2를 반환하는 함수
- ♡(범위) : 범위 내의 셀 중 가장 큰 값을 반환하는 함수

① =■(A2, C2)

② =●(C2:C7, A2:A7, "필기류")

③ =△(C2> C3, ♤(C2:C7), ♡(C2, C3))

④ =□(A2:A7, C2:C7, "필기류")

⑤ =□(C2:C7, A2:A7, "필기류")

PART 3

Hard

05
다음 〈보기〉는 S전자제품 매장의 판매 실적표이다. 함수를 〈조건〉과 같이 정의할 때, 제품코드가 'IR'로 시작하는 제품의 판매개수 합을 구하는 수식으로 옳은 것은?

보기

	A	B	C
1	제품코드	가격	판매개수
2	IR-103	1,235,000	3
3	DE-203	1,753,000	6
4	QL-908	2,534,000	2
5	IR-243	3,573,400	8
6	IR-153	2,346,500	1
7	DE-952	1,267,430	5
8	DE-155	2,560,000	7

조건

- △(범위1,조건,범위2) : 범위1에서 조건을 충족하는 셀과 같은 행에 있는 범위2 셀의 평균을 구하는 함수
- ♤(범위1,조건,범위2) : 범위1에서 조건을 충족하는 셀과 같은 행에 있는 범위2 셀의 합을 구하는 함수
- ■(범위) : 범위의 합을 구하는 함수
- ♡(범위1,조건1,···) : 범위에서 조건을 충족하는 셀의 개수를 세는 함수
- ▲(조건,인수1,인수2) : 조건이 참이면 인수1, 그 외에는 인수2를 반환하는 함수
- ◎(셀1,x) : 셀1의 문자열을 왼쪽에서부터 x만큼 문자를 반환하는 함수

① = ♤(A2:A8,"IR*",B2:B8)

② = ▲(◎($A2,2)="IR", ■(C2:C8)," ")

③ = △(A2:A8,"IR*",C2:C8)

④ = ♡(A2:A8,"IR*")

⑤ = ♤(A2:A8,"IR*",C2:C8)

06 다음 〈보기〉는 S마트 직원들의 출퇴근 표이다. 함수를 〈조건〉과 같이 정의할 때, 〈보기〉에 대한 설명으로 옳지 않은 것은?(단, 9:00:00 AM 이후에 출근한 직원은 모두 지각이다)

보기

	A	B	C	D	E
1	직원번호	출근시간	퇴근시간	지각	근무시간
2	A101	8:58:03 AM	6:00:00 PM		9:01:57
3	A102	8:55:59 AM	6:09:00 PM		9:13:01
4	A103	8:59:08 AM	5:58:00 PM		8:58:52
5	A104	9:11:02 AM	5:55:00 PM	지각	8:43:58
6	A105	8:58:13 AM	6:05:00 PM		9:06:47
7	A106	9:01:03 AM	6:02:00 PM	지각	9:00:57

조건

- ▲(조건,인수1,인수2) : 조건이 참이면 인수1, 거짓이면 인수2를 반환하는 함수
- ■(시,분,초) : 시, 분, 초에 입력된 숫자를 시간 형식으로 변환하는 함수
- ●(범위,조건) : 지정한 범위 내에서 조건을 만족하는 셀의 개수를 구하는 함수
- □(범위) : 범위에서 비어있지 않은 셀의 개수를 구하는 함수
- △(범위) : 범위에서 비어있는 셀의 개수를 구하는 함수

① B열과 C열의 셀 서식은 '1:30:55 PM'이다.
② '지각'열은 [D2]에 =▲(B2>■(9,00,00),"지각"," ")을 입력한 후 드래그 기능을 사용하여 나머지 행을 채운다.
③ 정상 출근한 직원 수를 알고 싶다면 =□(D2:D7)을 입력하면 된다.
④ '근무시간'열은 [E2]에 =C2−B2를 입력한 후 드래그 기능을 사용하여 나머지 행을 채운다.
⑤ [C2] 셀에 입력한 함수는 =■(18,00,00)이다.

07 다음 〈보기〉는 △△카페 지점들의 매장평가표이다. 함수를 〈조건〉과 같이 정의한 후, [E2]에 수식을 넣고 [E4]까지 드래그할 때, 표시되는 TRUE의 개수가 다른 것은?

보기

⬛	A	B	C	D	E
1	지점명	서비스	편의성	청결성	-
2	우만주공점	65	79	93	
3	매탄2동점	77	92	89	
4	우만동점	89	90	88	
5	평균	77	87	90	

조건

- ◎(셀1, x) : 문자열(셀1)의 왼쪽에서 x번째 문자까지 반환하는 함수
- ■(셀1, 셀2, …) : 셀의 평균을 구하는 함수
- ○(인수1, 인수2, …) : 인수가 모두 참이어야 참을 반환하는 함수
- △(인수1, 인수2, …) : 인수 중 하나라도 참이면 참을 반환하는 함수
- ●(조건, 인수1, 인수2) : 조건이 참이면 인수1, 그 외에는 인수2를 반환하는 함수

① = ◎(A2, 2) = "우만"

② = ■($B$2:$B$4) < = B2

③ = ○(■($B$2:$B$4) < B2, ■($C$2:$C$4) < C2)

④ = △(■($B$2:$B$4) < B2, ■($C$2:$C$4) < C2)

⑤ = ●(D2> = ■($D$2:$D$4), "O", "X") = "X"

Hard

08 다음 〈보기〉는 ○○학교 기숙사 벌점 정보이다. 벌점이 10점 이상이면 '경고', 0점이면 '기상곡 선정권', 그 외에는 빈칸으로 '전달사항'열을 채우려고 한다. 함수를 〈조건〉과 같이 정의할 때, 사용할 수식으로 옳은 것은?

	A	B	C
1	방 호수	벌점	전달사항
2	201	11	경고
3	202	14	경고
4	203	8	
5	204	9	
6	205	0	기상곡 선정권
7	206	10	경고

- ▲(조건, 인수1, 인수2) : 조건이 참이면 인수1, 거짓이면 인수2를 반환하는 함수
- ○(조건1, 인수1, 조건2, 인수2, …) : 조건1이 참이면 인수1, 조건2가 참이면 인수2를 출력하는 함수
- ■(인수1, 인수2, …) : 인수 중 하나라도 참이면 참을 반환하는 함수
- ◇(인수1, 인수2, …) : 인수가 모두 참이어야 참을 반환하는 함수

① =○(B2>=10, B2=0, TRUE, "경고", "기상곡 선정권", " ")

② =○(B2>=10, "경고", B2=0, "기상곡 선정권", TRUE, " ")

③ =▲(B2>=10, "경고", " ")

④ =▲(■(B2>=10, B2=0), "경고", "기상곡 선정권")

⑤ =▲(B2>=10, "경고", "기상곡 선정권")

CHAPTER 01 논리적사고 • **193**

09 △△초등학교 선생님들은 다가오는 운동회를 위해 팀을 나누려고 한다. 학생의 학년, 반, 번호를 모두 더한 수가 홀수이면 '청팀', 짝수이면 '백팀'이 된다. 함수를 〈조건〉과 같이 정의할 때, [D2]에 들어갈 수식으로 옳은 것은?

	A	B	C	D
1	학년	반	번호	팀
2	1	2	12	
3	2	3	14	
4	3	4	18	
5	4	5	19	
6	5	2	5	
7	6	1	2	

- ▲(조건,인수1,인수2) : 조건이 참이면 인수1, 거짓이면 인수2를 반환하는 함수
- ■(셀1) : 셀1이 홀수이면 참을 반환하는 함수
- ●(셀1) : 셀1이 짝수이면 참을 반환하는 함수
- △(셀1,셀2,…) : 셀의 평균을 구하는 함수
- ○(셀1,셀2,…) : 셀의 합을 구하는 함수

① =▲(■(△(A2:C2)),"청팀","백팀")

② =▲(●(○(A2:C2)),"청팀","백팀")

③ =▲(■(○(A2:C2)),"청팀","백팀")

④ =▲(■(○(A2:C2)),"백팀","청팀")

⑤ =■(○(A2:C2))="청팀"

10 다음 〈보기〉는 ○○서점의 도서 판매기록표이다. 서점 주인은 분류가 '소설'인 책이 총 몇 권 팔렸는지 알고 싶다. 함수를 〈조건〉과 같이 정의할 때, 서점 주인이 사용할 수식으로 옳은 것은?

보기

	A	B	C	D
1	번호	상품명	분류	가격
2	1	모모의 모험	소설	₩12,600
3	2	저기 저 먼 곳	시/에세이	₩11,400
4	3	아프리카 이야기	역사/문화	₩18,900
5	4	안경박사	소설	₩17,500
6	5	내일이 오기 전	시/에세이	₩12,300
7	6	길	소설	₩11,780
8	7	조선시대	역사/문화	₩10,800

조건

- △(범위) : 범위에 숫자가 포함된 셀의 개수를 구하는 함수
- □(범위) : 범위에서 비어있지 않은 셀의 개수를 구하는 함수
- ▲(범위) : 범위에서 비어있는 셀의 개수를 구하는 함수
- ●(범위, 조건) : 지정한 범위 내에서 조건을 만족하는 셀의 개수를 구하는 함수
- ◎(조건 범위, 조건, 합 범위) : 조건에 맞는 셀의 합을 구하는 함수

① = △(C2:C8)

② = □(C2:C8)

③ = ▲(C2:C8, "소설")

④ = ●(C2:C8, "소설")

⑤ = ◎(C2:C8, "소설", D2:D8)

| 유형분석 |

- 주어진 기호를 파악한 후, 알고리즘의 구조를 이해하고 알맞은 답을 추론하는 유형이다.
- 추리능력과 직관이 필요한 영역으로, 알고리즘 설계 원리에 대한 기본적인 이해를 요구한다.

S초등학교에서는 과학 시간에 리트머스 시험지를 사용하여 산성과 염기성을 판별하는 실험을 했다. 빨간 시험지는 염기성 물질에 반응하여 파란색으로, 파란 시험지는 산성 물질에 반응하여 빨간색으로 변한다고 할 때, 홀수 조는 빨간색, 짝수 조는 파란색 시험지를 받았다. 4조인 민영이는 (산성, 염기성, 산성, 산성, 염기성) 물질로 실험했고, 이에 대한 순서도가 다음과 같을 때, ⓐ, ⓑ, ⓒ에 들어갈 내용이 바르게 짝지어진 것은?

	〈순서도 기호〉		
기호	설명	기호	설명
(타원)	시작과 끝을 나타낸다.	(마름모)	어느 것을 택할 것인지를 판단한다.
(직사각형)	데이터를 입력하거나 계산하는 등의 처리를 한다.	(출력기호)	선택한 값을 출력한다.
←	각종 기호의 처리 흐름을 연결한다.	i=초깃값, 최종값, 증가치	i가 초깃값부터 최종값까지 증가치만큼 증가하며, 기호 안의 명령문을 반복해서 수행한다.

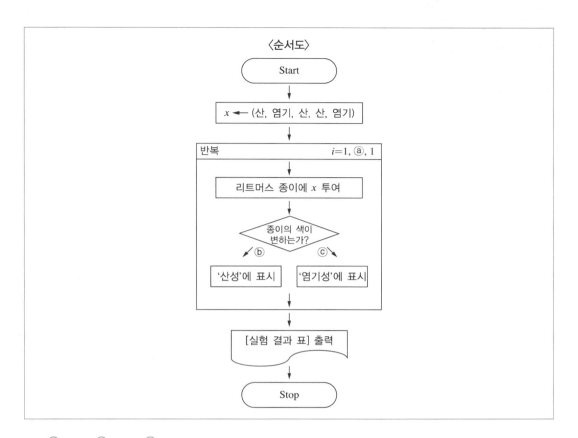

〈순서도〉

Start

$x \leftarrow$ (산, 염기, 산, 산, 염기)

반복 $i=1$, ⓐ, 1

리트머스 종이에 x 투여

종이의 색이 변하는가?

ⓑ   ⓒ

‘산성’에 표시   ‘염기성’에 표시

[실험 결과 표] 출력

Stop

	ⓐ	ⓑ	ⓒ
①	6	No	Yes
②	6	Yes	No
③	5	Yes	No
④	5	No	Yes
⑤	4	No	Yes

정답 ③

실험할 물질은 총 5개이므로 ⓐ는 5이다. 4조인 민영이는 산성 물질에 반응하여 빨간색으로 변하는 파란 리트머스 시험지로 실험했기 때문에 ⓑ는 Yes, ⓒ는 No이다.

유형풀이 Tip

- 풀이에 앞서 알고리즘에 사용되는 기호와 설명의 관계를 명확히 기억하여 실수를 줄일 수 있도록 한다.
- 알고리즘에 사용되었던 설명을 암기하고 풀어보는 연습을 반복하면 알고리즘의 구조를 더 쉽게 파악할 수 있다.

PART 3

01 다음은 온라인에서 진행하는 S사 포인트 교환 행사의 과정에 대한 순서도이다. H씨가 이 행사에 참여하려 했지만, [4번 알림창]이 출력되며 참여를 할 수 없었다. 이때, H씨가 확인해야 할 것은?

〈순서도 기호〉			
기호	설명	기호	설명
	시작과 끝을 나타낸다.		어느 것을 택할 것인지를 판단한다.
	데이터를 입력하거나 계산하는 등의 처리를 한다.		선택한 값을 출력한다.

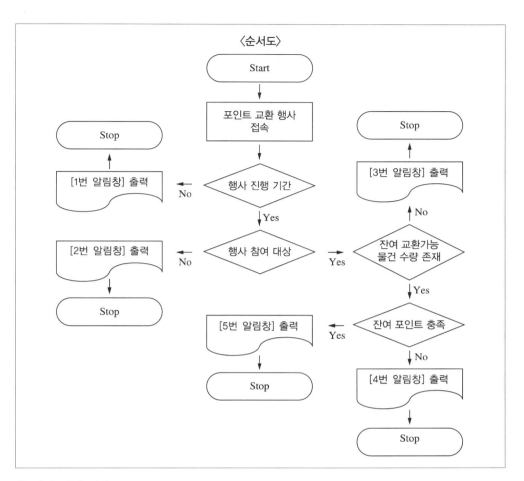

① 행사 진행 기간

② 행사 참여 대상 여부

③ 잔여 교환가능 물건 수량

④ 잔여 포인트

⑤ 서버 오류

02 다음은 S포털사이트의 회원가입 절차에 대한 순서도이다. 재경이가 S포털사이트에 회원가입 신청을 하였으나, [2번 알림창]이 출력되었다. 그 이유로 적절한 것은?

〈순서도 기호〉			
기호	설명	기호	설명
	시작과 끝을 나타낸다.		어느 것을 택할 것인지를 판단한다.
	데이터를 입력하거나 계산하는 등의 처리를 한다.		선택한 값을 출력한다.

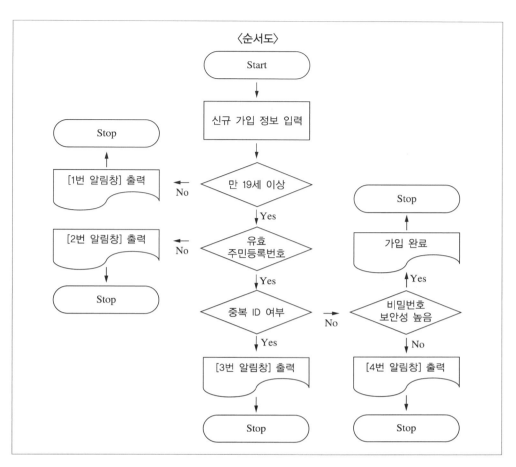

〈순서도〉

① 만 19세 이상이 아니다.
② 유효하지 않은 주민등록번호를 입력하였다.
③ 중복된 ID를 입력하였다.
④ 중복되지 않은 ID를 입력하였다.
⑤ 보안성이 낮은 비밀번호를 입력하였다.

03 다음은 은행의 업무처리 순서도이다. 영진이는 이번 달 거래내역을 조회하기 위해 은행에 방문했다. 대기표의 번호가 7번일 때, 영진이는 몇 분간 은행에 머물러야 하는가?

〈순서도 기호〉

기호	설명	기호	설명
⬭	시작과 끝을 나타낸다.	◇	어느 것을 택할 것인지를 판단한다.
▭	데이터를 입력하거나 계산하는 등의 처리를 한다.	( )	데이터를 처리하는 데에 걸리는 시간을 나타낸다.

〈순서도〉

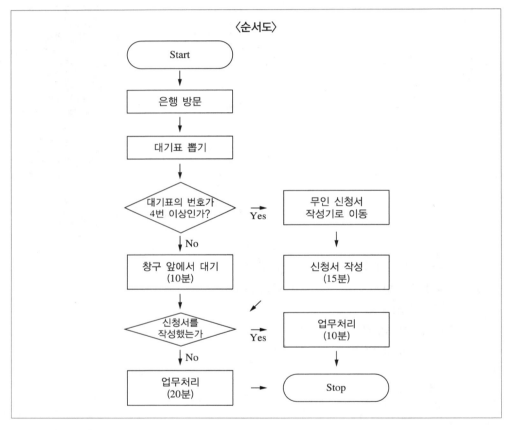

① 10분   ② 15분
③ 20분   ④ 25분
⑤ 30분

04 다음은 분리수거 순서도이다. 순서도에 '캔콜라, 과자봉지, 문제집'을 넣었을 때, 출력되는 도형으로 바르게 짝지어진 것은?

⟨순서도 기호⟩

기호	설명	기호	설명
(시작/끝 기호)	시작과 끝을 나타낸다.	(마름모)	어느 것을 택할 것인지를 판단한다.
(처리 기호)	데이터를 입력하거나 계산하는 등의 처리를 한다.	(출력 기호)	선택한 값을 출력한다.

⟨순서도⟩

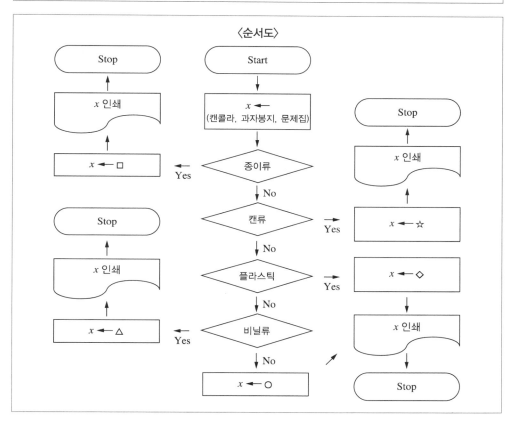

	캔콜라	과자봉지	문제집
①	◇	☆	○
②	☆	○	□
③	☆	△	□
④	○	☆	◇
⑤	○	△	◇

PART 3

05 다음은 S이비인후과의 업무 처리 순서도이다. 하나는 목이 아파서 S이비인후과에 방문했고, 현재 진료를 마친 상태이다. 통증 완화 주사를 처방받은 하나는 얼마나 더 병원에 머물러야 하는가?

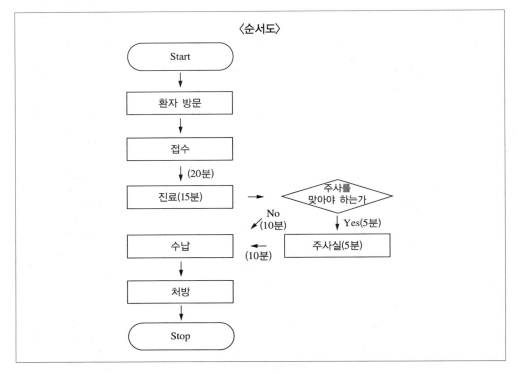

〈순서도 기호〉

기호	설명	기호	설명
(타원)	시작과 끝을 나타낸다.	(마름모)	어느 것을 택할 것인지를 판단한다.
(직사각형)	데이터를 입력하거나 계산하는 등의 처리를 한다.	( )	데이터를 처리하는 데에 걸리는 시간을 나타낸다.

〈순서도〉

- Start
- 환자 방문
- 접수
- (20분)
- 진료(15분) → 주사를 맞아야 하는가
  - No (10분)
  - Yes(5분) → 주사실(5분)
- 수납 ← (10분)
- 처방
- Stop

① 55분 ② 35분
③ 25분 ④ 20분
⑤ 10분

초등학교 수학선생님인 지아는 학생들이 배수를 쉽게 이해할 수 있도록 게임을 준비했다. 게임 규칙은 1부터 100까지의 자연수를 짝과 번갈아 가며 말하되, 3의 배수일 때는 숫자를 말하는 대신 박수를 쳐야 한다. 게임을 한 번 진행할 때, 박수는 최대 몇 번까지 칠 수 있으며, ⓐ에 들어갈 내용으로 가장 적절한 것은?(단, a는 게임을 할 때 짝과 번갈아 가며 말하는 자연수를 나타낸다)

〈순서도 기호〉

기호	설명	기호	설명
⬭	시작과 끝을 나타낸다.	◇	어느 것을 택할 것인지를 판단한다.
▭	데이터를 입력하거나 계산하는 등의 처리를 한다.	🗋	선택한 값을 출력한다.
←	각종 기호의 처리 흐름을 연결한다.	i=초깃값, 최종값, 증가치	i가 초깃값부터 최종값까지 증가치만큼 증가하며, 기호 안의 명령문을 반복해서 수행한다.

〈순서도〉

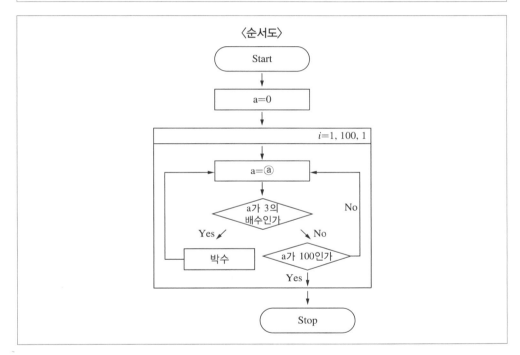

	최대 박수	ⓐ
①	33번	a
②	33번	a+1
③	33번	a+3
④	51번	a+1
⑤	51번	a+3

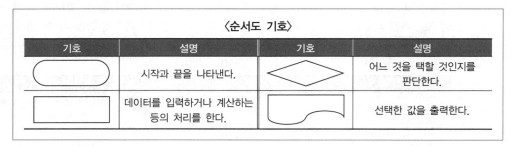

07 다음은 맞춤법검사기에 대한 순서도이다. 맞춤법검사기에 '나는밥을먹었다.'를 입력할 때, 출력되는 교정문장의 색으로 가장 적절한 것은?

〈순서도 기호〉

기호	설명	기호	설명
(시작/끝 기호)	시작과 끝을 나타낸다.	(판단 기호)	어느 것을 택할 것인지를 판단한다.
(처리 기호)	데이터를 입력하거나 계산하는 등의 처리를 한다.	(출력 기호)	선택한 값을 출력한다.

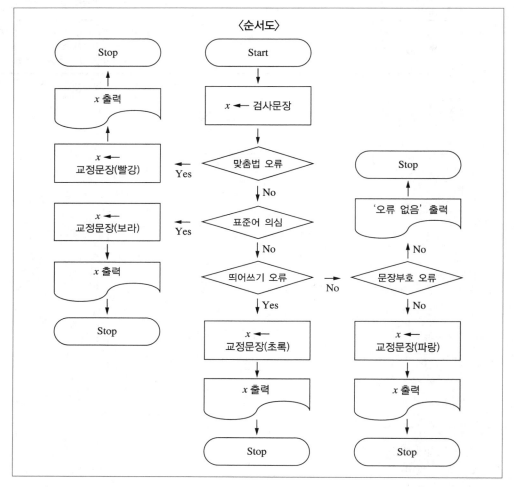

① 초록
② 보라
③ 빨강
④ 파랑
⑤ 오류 없음

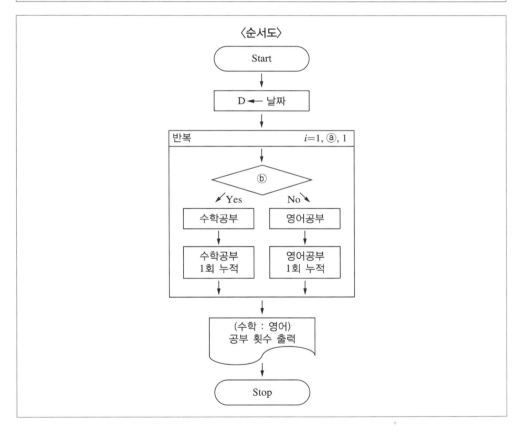

08 로이는 짝수일에는 수학을, 홀수일에는 영어를 공부한다. D에 1월 1일부터 1월 31일을 입력했을 때, ⓐ와 ⓑ 그리고 출력값이 바르게 짝지어진 것은?

〈순서도 기호〉

기호	설명	기호	설명
	시작과 끝을 나타낸다.	◇	어느 것을 택할 것인지를 판단한다.
	데이터를 입력하거나 계산하는 등의 처리를 한다.		선택한 값을 출력한다.
←	각종 기호의 처리 흐름을 연결한다.	i=초깃값, 최종값, 증가치	i가 초깃값부터 최종값까지 증가치만큼 증가하며, 기호 안의 명령문을 반복해서 수행한다.

〈순서도〉

Start

D ← 날짜

반복　　　　　　$i=1$, ⓐ, 1

ⓑ

Yes　　　　　　　　No

수학공부　　　　　영어공부

수학공부 1회 누적　　영어공부 1회 누적

(수학 : 영어) 공부 횟수 출력

Stop

	ⓐ	ⓑ	출력값
①	31	홀수일인가	16:15
②	31	홀수일인가	15:16
③	31	짝수일인가	15:16
④	31	짝수일인가	16:15
⑤	31	짝수일인가	16:17

※ 다음 순서도에 의해 출력되는 값을 구하시오. [9~10]

09

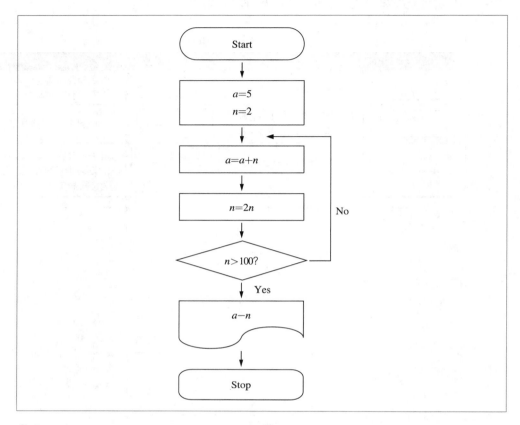

① 2   ② 3
③ 4   ④ 5
⑤ 6

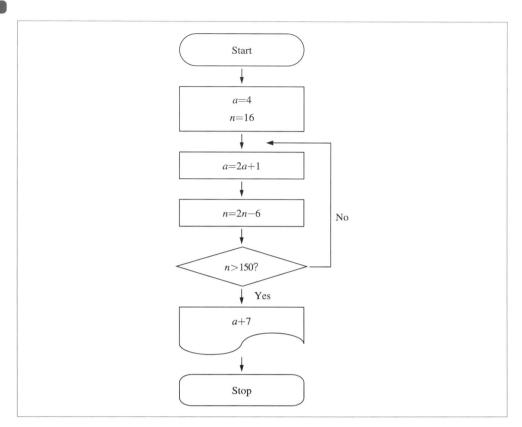

Start

$a=4$
$n=16$

$a=2a+1$

$n=2n-6$

$n>150?$

No

Yes

$a+7$

Stop

① 56　　　　　　② 66

③ 76　　　　　　④ 86

⑤ 96

계속 갈망하라. 언제나 우직하게.

– 스티브 잡스 –

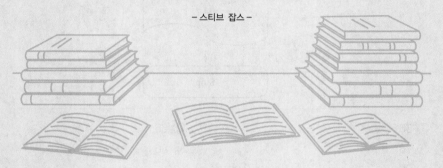

PART 4

최종점검 모의고사

신한은행 SLT 필기시험			
구분	문항 수	시간	출제범위
NCS 직업기초능력평가	70문항	90분	의사소통능력, 수리능력, 문제해결능력
금융상식			경영일반, 경제일반, 금융상식
디지털 리터러시 평가			논리적 사고, 알고리즘 설계

※ 본 모의고사는 2024년 하반기 신한은행 일반직 신입행원 채용공고를 기준으로 구성되어 있습니다.
※ 쉬는 시간 없이 진행되며, 시험 시간 종료 후 OMR 답안카드에 마킹하는 행동은 부정행위로 간주합니다.

모바일 OMR

응시시간 : 90분   문항 수 : 70문항   정답 및 해설 p.052

01 남학생 5명과 여학생 3명이 운동장에 있다. 남학생 중 2명을 뽑고, 여학생 중 2명을 뽑아 한 줄로 세우는 경우의 수는?

① 120가지   ② 240가지
③ 360가지   ④ 480가지
⑤ 720가지

02 S사의 A ~ D 4명은 각각 다른 팀에 근무하며 각 팀은 2층, 3층, 4층, 5층에 위치하고 있다. 다음 〈조건〉을 참고할 때, 항상 참인 것은?

> **조건**
> • A, B, C, D 중 2명은 부장, 1명은 과장, 1명은 대리이다.
> • 대리의 사무실은 B보다 높은 층에 있다.
> • B는 과장이다.
> • A는 대리가 아니다.
> • A의 사무실이 가장 높다.

① C는 대리이다.
② A는 부장이다.
③ B는 2층에 근무한다.
④ 대리는 4층에 근무한다.
⑤ 부장 중 한 명은 반드시 2층에 근무한다.

03 다음 중 GDP와 GNP에 대한 설명으로 옳은 것은?

① GDP : 감가상각액을 제외하면 국민순생산이 된다.

② GDP : 교역조건 변동을 감안한다.

③ GNP : 원자재와 중간재를 계산에 포함한다.

④ GNP : 외국인 노동자들이 본국에 많은 금액을 송금하는 국가의 경제체계에서 중요하다.

⑤ GNP : 한 국가의 국경 안에서 만들어진 최종생산물의 가치를 합한 것이다.

04 다음 문장을 논리적 순서대로 바르게 나열한 것은?

> (가) 사회서비스에는 서비스를 받을 수 있는 증서를 제공함으로써 수혜자가 공적 기관을 이용하도록 하는 것뿐만 아니라 민간단체가 운영하는 사적 기관의 서비스를 자신의 선호도에 따라 선택할 수 있게 하는 방식이 있다.
> (나) 이와 같이 사회서비스는 소득의 재분배보다는 시민들의 삶의 질을 향상시키는 것에 기여하는 제도라고 할 수 있다.
> (다) 최근 들어서 많은 나라들은 서비스 증서를 제공하는, 일명 바우처(Voucher) 제도를 도입하여 후자 방식을 강화하는 경향을 보이고 있다.
> (라) 사회서비스는 급여의 지급이 현금이 아니라 '돌봄'의 가치를 가진 특정한 서비스를 통해 이루어지는 제도이다.

① (가) – (다) – (나) – (라)

② (가) – (라) – (다) – (나)

③ (나) – (가) – (다) – (라)

④ (라) – (가) – (다) – (나)

⑤ (라) – (다) – (나) – (가)

05 다음 글과 관련이 깊은 금융과 금융회사를 바르게 짝지은 것은?

> Y씨는 출판 회사를 세우고 출판 사업을 시작하면서 은행에서 대출을 받아 필요한 사업 자금을 조달하였다.

① 간접금융 – 상업은행

② 직접금융 – 투자은행

③ 간접금융 – 투자은행

④ 직접금융 – 상업은행

⑤ 직간접금융 – 투자은행

06 다음은 S공장에서 근무하는 근로자들의 임금수준 분포를 나타낸 자료이다. 근로자 전체에게 지급된 임금(월 급여)의 총액이 2억 원일 때, 이에 대한 〈보기〉의 설명 중 옳은 것을 모두 고르면?

〈공장 근로자의 임금수준 분포〉

임금수준(만 원)	근로자 수(명)
월 300 이상	4
월 270 이상~300 미만	8
월 240 이상~270 미만	22
월 210 이상~240 미만	26
월 180 이상~210 미만	30
월 150 이상~180 미만	6
월 150 미만	4
합계	100

보기

ㄱ. 근로자 1명당 평균 월 급여액은 200만 원이다.
ㄴ. 절반 이상의 근로자들이 월 210만 원 이상의 급여를 받고 있다.
ㄷ. 전체 근로자 중 월 180만 원 미만의 급여를 받는 근로자가 차지하는 비율은 10% 미만이다.

① ㄱ   ② ㄷ
③ ㄱ, ㄴ   ④ ㄴ, ㄷ
⑤ ㄱ, ㄴ, ㄷ

Easy

07 십의 자릿수가 8인 두 자리의 자연수가 있다. 이 자연수의 십의 자릿수와 일의 자릿수를 바꾼 수는 처음 수보다 27만큼 더 작다고 할 때, 처음 수는?

① 81   ② 83
③ 85   ④ 87
⑤ 89

08 다음은 S은행의 직장인 월 복리 적금에 대한 자료이다. 행원인 귀하가 이 상품을 고객에게 설명한 내용으로 적절하지 않은 것은?

〈가입현황〉

성별		연령대		신규금액		계약기간	
여성	63%	20대	20%	5만 원 이하	21%	1년 이하	60%
		30대	31%	10 ~ 50만 원	36%	1 ~ 2년	17%
남성	37%	40대	28%	50 ~ 100만 원	22%	2 ~ 3년	21%
		기타	21%	기타	21%	기타	2%

※ 현재 이 상품을 가입 중인 고객의 계좌 수 : 138,736개

〈상품설명〉

상품특징	급여이체 및 교차거래 실적에 따라 우대금리를 제공하는 직장인재테크 월 복리 적금상품
가입대상	만 18세 이상 개인(단, 개인사업자 제외)
가입기간	3년 이내(월 단위)
가입금액	• 초입금 및 매회 입금 1만 원 이상(원 단위) • 1인당 분기별 3백만 원 이내 • 계약기간 3/4 경과 후 적립할 수 있는 금액은 이전 적립누계액의 1/2 이내
적립방법	자유적립식
금리안내	기본금리＋최대 0.8%p ※ 기본금리 : 신규가입일 당시의 직장인 월 복리 적금 고시금리
우대금리	가입기간 동안 1회 이상 당행에 건별 50만 원 이상 급여를 이체한 고객 中 ① 가입기간 중 3개월 이상 급여이체 0.3%p ② 당행의 주택청약종합저축(청약저축 포함) 또는 적립식펀드 중 1개 이상 가입 0.2%p ③ 당행 신용·체크카드의 결제실적이 100만 원 이상 0.2%p ④ 인터넷 또는 스마트뱅킹으로 본 적금에 가입 시 0.1%p
이자지급방법	월 복리식(단, 중도해지이율 및 만기 후 이율은 단리 계산)
가입 / 해지 안내	비과세종합저축으로 가입 가능
예금자보호	있음

① 기본금리는 가입한 시점에 따라 다를 수 있습니다.

② 아쉽게도 중도해지를 하시면 복리가 아닌 단리로 이율이 계산됩니다.

③ 이 상품은 남성분들보다 고객님처럼 여성분이 더 많이 가입하는 상품으로, 주로 1년 이하 단기로 가입합니다.

④ 1년 만기 상품인데 지금이 8개월째이기 때문에 이전 적립누계액의 반이 넘는 금액은 적립할 수 없습니다.

⑤ 인터넷뱅킹이나 스마트뱅킹으로 이 적금에 가입하신 후 급여를 3개월 이상 이체하시면 0.4%p의 금리를 더 받으실 수 있어요.

09 다음 글의 제목으로 가장 적절한 것은?

> 사회보장제도는 사회구성원에게 생활의 위험이 발생했을 때 사회적으로 보호하는 대응체계를 가리키는 포괄적 용어로 크게 사회보험, 공공부조, 사회서비스가 있다. 예를 들면 실직자들이 구직활동을 포기하고 다시 노숙자가 되지 않도록 지원하는 것 등이 있다.
>
> 사회보험은 보험의 기전을 이용하여 일반주민들을 질병, 상해, 폐질, 실업, 분만 등으로 인한 생활의 위협으로부터 보호하기 위하여 국가가 법에 의하여 보험가입을 의무화하는 제도로 개인적 필요에 따라 가입하는 민간보험과 차이가 있다.
>
> 공공부조는 극빈자, 불구자, 실업자 또는 저소득계층과 같이 스스로 생계를 영위할 수 없는 계층의 생활을 그들이 자립할 수 있을 때까지 국가가 재정기금으로 보호하여 주는 일종의 구빈제도이다.
>
> 사회서비스는 복지사회를 건설할 목적으로 법률이 정하는 바에 의하여 특정인에게 사회보장 급여를 국가 재정부담으로 실시하는 제도로 군경, 전상자, 배우자 사후, 고아, 지적 장애아 등과 같은 특별한 사유가 있는 자나 노령자 등이 해당된다.

① 사회보험제도와 민간보험제도의 차이 ② 사회보장제도의 의의
③ 우리나라의 사회보장제도 ④ 사회보장제도의 대상자
⑤ 사회보장제도와 소득보장의 차이점

10 다음 자료를 이용하여 계산한 재무 활동으로 인한 현금흐름은?

> • 기초현금 : 1,000
> • 영업활동으로 인한 현금흐름 : 500
> • 투자활동으로 인한 현금흐름 : 800
> • 기말현금 : 3,000

① 0 ② 300
③ 700 ④ 1,300
⑤ 1,500

11 S씨는 출근 카드를 집에 두고 출근해서 비밀번호로 근무지에 출입하고자 하였지만 비밀번호가 기억이 나지 않아 당혹해하였다. 다음 〈조건〉에 따라 S씨가 이해한 내용으로 옳지 않은 것은?

> **조건**
> • 비밀번호를 구성하고 있는 각 숫자는 소수가 아니다.
> • 6과 8 중에서 단 하나만이 비밀번호에 들어간다.
> • 비밀번호는 짝수로 시작한다.
> • 비밀번호의 각 숫자는 큰 수부터 차례로 나열되어 있다.
> • 같은 숫자는 2번 이상 들어가지 않는다.

① 비밀번호는 짝수이다.
② 비밀번호의 앞에서 두 번째 숫자는 4이다.
③ 단서를 모두 만족하는 비밀번호는 모두 3개이다.
④ 비밀번호는 1을 포함하지만 9는 포함하지 않는다.
⑤ 단서를 모두 만족하는 비밀번호 중 가장 작은 수는 6410이다.

12 다음은 (주)S그룹의 2024년 회계연도의 회계정보이다. 2024년 중 유상증자로 500억 원이 들어오고 배당으로 300억 원의 주식이 주주들에게 지급되었다고 할 경우 (주)S그룹의 당기순이익은?

구분	자산	자본
2024년 초	1,000억 원	800억 원
2024년 말	2,500억 원	1,500억 원

① 50억 원
② 100억 원
③ 200억 원
④ 300억 원
⑤ 500억 원

13 다음 순서도에 의해 출력되는 값으로 옳은 것은?

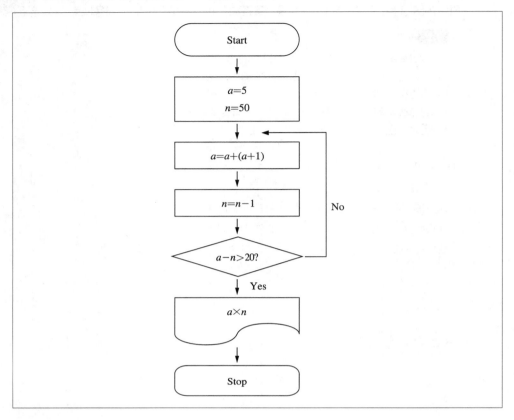

① 2,904

② 3,642

③ 4,026

④ 4,370

⑤ 4,500

14 다음은 청년전세임대주택에 대한 자료이다. 이에 대한 설명으로 옳지 않은 것은?

〈청년전세임대주택〉

• 입주자격

무주택요건 및 소득·자산기준을 충족하는 다음의 사람

① 본인이 무주택자이고 신청 해당연도 대학에 재학 중이거나 입학·복학예정인 만 19세 미만 또는 만 39세 초과 대학생

② 본인이 무주택자이고 대학 또는 고등·고등기술학교를 졸업하거나 중퇴한 후 2년 이내이며 직장에 재직 중이지 않은 만 19세 미만 또는 만 39세 초과 취업준비생

③ 본인이 무주택자이면서 만 19세 이상 39세 이하인 사람

• 임대조건

− 임대보증금 : 1순위 100만 원, 2·3순위 200만 원

− 월임대료 : 전세지원금 중 임대보증금을 제외한 금액에 대한 연 1 ~ 2% 이자 해당액

• 호당 전세금 지원 한도액

구분		수도권	광역시
단독거주	1인 거주	1.2억 원	9천 5백만 원
공동거주 (셰어형)	2인 거주	1.5억 원	1.2억 원
	3인 거주	2.0억 원	1.5억 원

※ 지원 한도액을 초과하는 전세주택은 초과하는 전세금액을 입주자가 부담할 경우 지원 가능. 단, 전세금 총액은 호당 지원 한도액의 150% 이내로 제한(셰어형은 200% 이내)

---

① 호당 전세금 지원 한도액은 수도권이 광역시보다 높다.

② 주택을 보유한 경우 어떠한 유형으로도 입주대상자에 해당되지 않는다.

③ 만 39세를 초과한 경우에도 입주자격을 갖출 수 있다.

④ 수도권에 위치한 3인 공동거주 형태의 경우, 최대 4.0억 원까지 지원받을 수 있다.

⑤ 대상 유형의 지원 한도액 이내의 범위에서는 전세금 전액을 지원받을 수 있다.

Hard

15 A와 B는 S은행으로부터 300만 원을 빌렸다. A는 한 달 후부터 12회에 걸쳐서, B는 7개월 후부터 6회에 걸쳐서 빌린 돈을 갚았다고 할 때, A와 B의 1회당 갚는 돈의 차액은?(단, 월 이자율은 2.0%이고, 매월 복리로 계산하며, 천 원 단위 이하는 버림하고, $1.02^{12} = 1.27$, $1.02^6 = 1.13$으로 계산한다)

① 10만 원   ② 20만 원

③ 30만 원   ④ 40만 원

⑤ 50만 원

16 S씨가 다음 조건의 금융상품에 가입하고자 할 때, 항상 거짓인 것은?

> **조건**
> • B는 햇살론, 출발적금, 희망예금, 미소펀드, 대박적금 중 3개의 금융상품에 가입한다.
> • 햇살론을 가입하면 출발적금에는 가입하지 않으며, 미소펀드에도 가입하지 않는다.
> • 대박적금에 가입하지 않으면 햇살론에 가입한다.
> • 미소펀드에 반드시 가입한다.
> • 미소펀드에 가입하거나 출발적금에 가입하면, 희망예금에 가입한다.

① 희망예금에 가입한다.
② 대박적금에 가입한다.
③ 출발적금에 가입한다.
④ 햇살론에는 가입하지 않는다.
⑤ 미소펀드와 햇살론 중 하나의 금융상품에만 가입한다.

17 다음 중 트리플약세(Triple Weak)에 대한 설명으로 옳은 것은?

① 가치가 낮은 악화와 가치가 높은 양화가 동일한 화폐가치를 가지고 함께 유통될 경우, 악화만이 그 명목가치로 유통되고 양화는 유통되지 않는 현상
② 물가상승률과 실업률을 합한 수치로, 높을수록 경제고통이 크다는 것을 의미
③ 주식 및 채권 시장에서 빠져 나온 자금이 해외로 유출되어 주가·원화가치·채권가격이 동시에 하락하는 약세 금융현상
④ 경제에서 상승국면의 경기가 일시적인 후퇴로 어려움을 겪어 단기적으로 다소 불안하지만 그리 심각하지 않은 상황
⑤ 불황에 빠져있던 경기가 일시적으로 회복되었다가 다시 침체되는 이중침체 현상

18 철도 길이가 570m인 터널이 있다. 터널을 완전히 빠져나갈 때까지 A기차는 50초가 걸리고, 기차 길이가 A기차보다 60m 짧은 B기차는 23초가 걸렸다. 두 기차가 터널 양 끝에서 동시에 출발하여 $\frac{1}{3}$ 지점에서 만난다고 할 때, A기차의 길이는?(단, 기차 속력은 일정하다)

① 150m ② 160m
③ 170m ④ 180m
⑤ 190m

19 다음은 S사의 제품 한 개당 들어가는 재료비를 연도별로 나타낸 자료이다. 전년에 비해 비용 감소액이 가장 큰 해는?

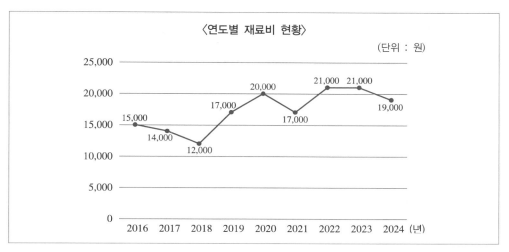

① 2017년
② 2018년
③ 2021년
④ 2023년
⑤ 2024년

20 다음 글의 밑줄 친 ㉠~㉤을 바꾸어 쓴 것으로 옳지 않은 것은?

산등성이가 검은 바위로 끊기고 산봉우리가 여기저기 솟아 있어서 이들 산은 때로 ㉠황량하고 접근할 수 없는 것처럼 험준해 보인다. 산봉우리들은 분홍빛의 투명한 자수정으로 빛나고, 그 그림자는 짙은 코발트빛을 띠며 내려앉고, 하늘은 푸른 금빛을 띤다. 서울 인근의 풍광은 이른 봄에도 아름답다. 이따금 녹색의 연무가 산자락을 ㉡휘감고, 산등성이는 연보랏빛 진달래로 물들고, 불그레한 자두와 화사한 벚꽃, 그리고 ㉢흐드러지게 핀 복숭아꽃이 예상치 못한 곳에서 나타난다.
서울처럼 인근에 아름다운 산책로와 마찻길이 있고 외곽지대로 조금만 나가더라도 한적한 숲이 펼쳐져 있는 도시는 동양에서는 거의 찾아볼 수 없다. 또 한 가지 덧붙여 말한다면, 서울만큼 안전한 도시는 없다는 것이다. 내가 직접 경험한 바이지만, 이곳에서는 여자들이 유럽에서처럼 누군가를 ㉣대동하지 않고도 성 밖의 어느 곳이든 아무런 ㉤성가신 일을 겪지 않고 나다닐 수 있다.

① ㉠ – 경사가 급하고
② ㉡ – 둘러 감고
③ ㉢ – 탐스럽게
④ ㉣ – 데리고 가지
⑤ ㉤ – 번거로운

21 불량률은 '1−(실제 생산량/예정 생산량)'이다. 함수를 〈조건〉과 같이 정의할 때, 〈보기〉에 대한 설명으로 옳지 않은 것은?

보기

◢	A	B	C	D
1	제품코드	예정 생산량	실제 생산량	불량률
2	ER−241	350	340	0.028571
3	ER−439	320	312	0.025
4	WT−102	333	330	0.009009
5	RT−201	280	273	0.025
6	RT−294	220	201	0.086364

조건

- ♡(셀1, 셀2, …) : 셀의 합을 구하는 함수
- ■(셀1, 셀2, …) : 셀의 평균을 구하는 함수
- ☆(범위1, 조건, 범위2) : 범위1에서 조건을 충족하는 셀과 같은 행에 있는, 범위2 셀의 합을 구하는 함수
- △(범위1, 조건, 범위2) : 범위1에서 조건을 충족하는 셀과 같은 행에 있는, 범위2 셀의 평균을 구하는 함수

① 실제 생산량의 합을 구하는 수식은 ♡(C2:C6)이다.
② 예정 생산량의 평균을 구하는 수식은 ■(B2:B6)이다.
③ 원래 생산하기로 예정되어 있던 제품의 총생산량을 구하는 수식은 ♡(B2:B6)이다.
④ 제품코드가 1로 끝나는 제품의 예정 생산량 평균을 구하는 수식은 △(B2:B6, "*1", A2:A6)이다.
⑤ 제품코드가 ER로 시작하는 제품의 실제 생산량의 합을 구하는 수식은 ☆(A2:A6, "ER*", C2:C6)이다.

Hard

22 다음 중 각국의 단기금리의 차이와 환율의 차이에 의한 투기적 이익을 위해 국제금융시장을 이동하는 단기 부동 자본은?

① 마진머니(Margin Money)　　　　② 핫머니(Hot Money)
③ 스마트머니(Smart Money)　　　　④ 시드머니(Seed Money)
⑤ 쿨머니(Cool Money)

23 다음 〈조건〉에 따라 S은행의 행원 A ~ E 5명이 상여금을 받았다고 할 때, 옳지 않은 것은?

> **조건**
> - 지급된 상여금은 25만 원, 50만 원, 75만 원, 100만 원, 125만 원이다.
> - A, B, C, D, E는 서로 다른 상여금을 받았다.
> - A의 상여금은 5명 상여금의 평균이다.
> - B의 상여금은 C, D보다 적다.
> - C의 상여금은 어떤 이 상여금의 두 배이다.
> - D의 상여금은 E보다 적다.

① A의 상여금은 반드시 B보다 많다.
② C의 상여금은 두 번째로 많거나 두 번째로 적다.
③ A의 상여금은 A를 제외한 나머지 4명의 평균과 같다.
④ C의 상여금이 A보다 많다면, B의 상여금은 C의 50%일 것이다.
⑤ C의 상여금이 D보다 적다면, D의 상여금은 E의 80%일 것이다.

24 S사는 매년 48억 원의 세후 현금흐름이 기대되는 시스템 교체 투자안을 검토하고 있다. 신규시스템의 구입비용은 총 210억 원이며 내용연수는 5년이다. A사는 내용연수 종료 시점에 이 시스템을 10억 원에 중고로 판매할 수 있다. 이 투자안에 대한 할인율이 15%라면, 이 투자안의 순현가는 약 얼마인가?

할인율	현재가치계수	연금의 현재가치계수($n=5$)
15%	0.4672	3.3522
20%	0.4019	2.9906

① 66억원   ② 49억 원
③ −44억 원   ④ −49억 원
⑤ −66억원

※ 다음은 S기업의 주요경영지표를 나타낸 자료이다. 이어지는 질문에 답하시오. [25~26]

〈경영지표〉

(단위 : 십억 원)

구분	공정자산총액	부채총액	자본총액	자본금	매출액	당기순이익
2019년	2,610	1,658	952	464	1,139	170
2020년	2,794	1,727	1,067	481	2,178	227
2021년	5,383	4,000	1,383	660	2,666	108
2022년	5,200	4,073	1,127	700	4,456	−266
2023년	5,242	3,378	1,864	592	3,764	117
2024년	5,542	3,634	1,908	417	4,427	65

25 S기업의 투자자 A씨는 당해년도 당기순이익을 매출액으로 나눈 수치를 평가하여 다음 해 투자규모를 결정한다고 한다. 투자자 A씨의 투자규모가 가장 큰 해는?

① 2019년   ② 2020년

③ 2021년   ④ 2022년

⑤ 2023년

26 다음 중 위 자료에 대한 설명으로 옳은 것은?

① 자본총액은 전년 대비 꾸준히 증가하고 있다.

② 전년 대비 당기순이익이 가장 많이 증가한 해는 2020년이다.

③ 공정자산총액과 부채총액의 차가 가장 큰 해는 2024년이다.

④ 각 지표 중 총액 규모가 가장 큰 것은 매출액이다.

⑤ 2019 ~ 2024년간 자본총액 중 자본금이 차지하는 비중은 계속 증가하고 있다.

27 다음 중 일할 의사가 있지만 일자리를 얻지 못해 일어나는 비자발적인 실업 형태는?

① 구조적 실업   ② 경기적 실업

③ 마찰적 실업   ④ 계절적 실업

⑤ 단기적 실업

28 다음 〈보기〉는 S은행 직원들의 근무수행 평가표이다. 함수를 〈조건〉과 같이 정의할 때, 출력값이 가장 작은 것은?

보기

	A	B	C	D	E	F
1	이름	책임감	협동심	근무태도	근면성	평균
2	최미림	67	89	91	82	82.25
3	이미하	75	84	95	97	87.75
4	이영림	86	97	87	85	88.75
5	평균	76	90	91	88	86.25

조건

- ○(셀1, 셀2, …) : 셀의 합을 구하는 함수
- ■(셀1, 셀2, …) : 셀의 평균을 구하는 함수
- ▲(범위A, 조건, 합_범위) : '합_범위'의 셀을 더하는 함수(단, 더해질 '합_범위'의 셀은 범위A에서 조건을 만족하는 셀과 같은 행에 있어야 함)
- ●(범위, k) : 범위에서 k번째로 큰 값을 구하는 함수
- △(범위, k) : 범위에서 k번째로 작은 값을 구하는 함수
- ◇(범위) : 범위에서 최솟값을 구하는 함수
- ☆(범위) : 범위에서 최댓값을 구하는 함수

① $= ○(●(F2:F4, 1), △(F2:F4, 1))$

② $= ○(☆(F2:F4), ◇(F2:F4))$

③ $= ○(■(B2:B4), ■(C2:C4))$

④ $= ▲(A2:A4, "이*", F2:F4)$

⑤ $= ▲(A2:A4, "*림", F2:F4)$

Hard

29 국제영화제 행사에 참석한 S는 A ~ F 6개의 영화를 다음 〈조건〉에 맞춰 5월 1 ~ 6일까지 하루에 한 편씩 보려고 할 때, 항상 참인 것은?

조건

- F영화는 3일과 4일 중 하루만 상영된다.
- D영화는 C영화가 상영된 날 이틀 후에 상영된다.
- B영화는 C, D영화보다 먼저 상영된다.
- 첫째 날 B영화를 본다면, 5일에 반드시 A영화를 본다.

① A영화는 C영화보다 먼저 상영될 수 없다.

② C영화는 E영화보다 먼저 상영된다.

③ D영화는 5일이나 폐막작으로 상영될 수 없다.

④ B영화는 1일 또는 2일에 상영된다.

⑤ E영화는 개막작이나 폐막작으로 상영된다.

30 다음은 S사 블루투스 제품을 스마트폰에 등록하는 과정에 대한 순서도이다. Y씨가 블루투스 제품을 등록하고자 하였으나, [3번 알림창]이 출력되었을 때, 그 이유로 가장 적절한 것은?

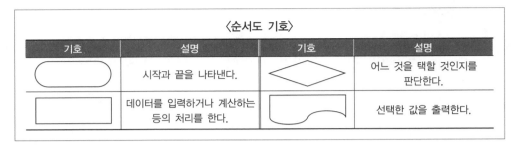

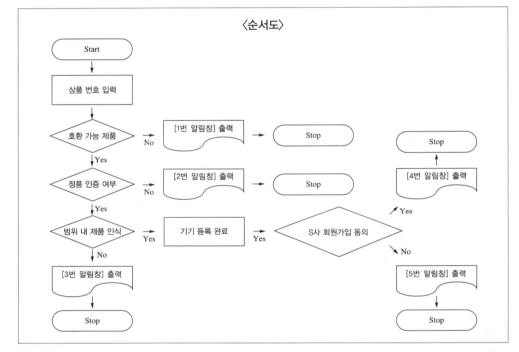

① 블루투스 제품이 정품임을 인증받지 않았다.
② 블루투스 제품이 스마트폰과 호환되지 않는다.
③ 블루투스 제품이 범위 안에서 인식되지 않는다.
④ 기기 등록을 완료하였고, S사 회원가입에 동의하였다.
⑤ 기기 등록을 완료하였고, S사 회원가입에 동의하지 않았다.

31 다음은 국내 금융기관에 대한 SWOT 분석 자료이다. 이를 통해 SWOT 전략을 세운다고 할 때, 〈보기〉 중 분석 결과에 대응하는 전략과 그 내용이 바르게 연결된 것을 모두 고르면?

국내 대부분의 예금과 대출을 국내 은행이 차지하고 있을 정도로 국내 금융기관에 대한 우리나라 국민들의 충성도는 높은 편이다. 또한 국내 금융기관은 철저한 신용 리스크 관리로 해외 금융기관과 비교해 자산건전성 지표가 매우 우수한 편이다. 시장 리스크 관리도 해외 선진 금융기관 수준에 도달한 것으로 평가받는다. 국내 금융기관은 외환위기와 글로벌 금융위기 등을 거치며 꾸준히 자산건전성을 강화해왔기 때문이다.

그러나 은행과 이자 이익에 수익이 편중돼 있다는 점은 국내 금융기관의 가장 큰 약점이 된다. 대부분 예금과 대출 거래 중심의 영업구조로 되어 있기 때문이다. 취약한 해외 비즈니스도 문제로 들수 있다. 최근 동남아 시장을 중심으로 해외 진출에 박차를 가하고 있지만, 아직은 눈에 띄는 성과가 많지 않은 상황이다.

많은 어려움에도 불구하고 국내 금융기관의 발전 가능성은 아직 무궁무진하다. 우선 해외 시장으로 눈을 돌리면 다양한 기회가 열려있다. 전 세계 신용·단기 자금 확대, 글로벌 무역 회복세로 국내 금융기관의 해외 진출 여건은 양호한 편이다. 따라서 해외 시장 개척을 통해 어떻게 신규 수익원을 확보하느냐가 성장의 새로운 기회로 작용할 전망이다. IT 기술 발달에 따른 핀테크의 등장도 새로운 기회가 될 수 있다. 국내의 발달된 인터넷과 모바일뱅킹 서비스, IT 인프라를 활용한 새로운 수익 창출 가능성이 열려 있는 것이다.

역설적으로 핀테크의 등장은 오히려 국내 금융기관의 발목을 잡을 수 있다. 블록체인 기술에 기반한 암호화폐, 간편결제와 송금, 로보어드바이저, 인터넷 은행, P2P 대출 등 다양한 핀테크 분야의 새로운 서비스들이 기존 금융 서비스의 대체재로서 출현하고 있기 때문이다. 금융시장 개방에 따른 글로벌 금융기관과의 경쟁 심화도 넘어야 할 산이다. 특히 중국 은행을 비롯한 중국 금융이 급성장하고 있어 이에 대한 대비책 마련이 시급하다.

> **보기**
> ㄱ. SO전략 – 높은 국내 시장점유율을 기반으로 국내 핀테크 사업에 진출한다.
> ㄴ. WO전략 – 위기관리 역량을 강화하여 해외 금융시장에 진출한다.
> ㄷ. ST전략 – 해외 금융기관과 비교해 우수한 자산건전성을 강조하여 글로벌 금융기관과의 경쟁에서 우위를 차지한다.
> ㄹ. WT전략 – 해외 비즈니스 역량을 강화하여 해외 금융시장에 진출한다.

① ㄱ, ㄴ ② ㄱ, ㄷ
③ ㄴ, ㄷ ④ ㄴ, ㄹ
⑤ ㄷ, ㄹ

32 다음 글의 중심 내용으로 가장 적절한 것은?

발전된 산업 사회는 인간을 단순한 수단으로 지배하기 위해 새로운 수단을 발전시키고 있다. 여러 사회 과학과 심층 심리학이 이를 위해 동원되고 있다. 목적이나 이념의 문제를 배제하고 가치 판단으로부터의 중립을 표방하는 사회 과학들은 인간 조종을 위한 기술적・합리적인 수단을 개발해 대중 지배에 이바지한다. 마르쿠제는 이런 발전된 산업 사회에서의 도구화된 지성을 비판하면서 이것을 '현대인의 일차원적 사유'라고 불렀다. 비판과 초월을 모르는 도구화된 사유라는 것이다.

발전된 산업 사회는 이처럼 사회 과학과 도구화된 지성을 동원해 인간을 조종하고 대중을 지배할 뿐만 아니라 향상된 생산력을 통해 인간을 매우 효율적으로 거의 완전하게 지배한다. 즉, 발전된 산업 사회는 높은 생산력을 통해 늘 새로운 수요들을 창조하고, 모든 선전 수단을 동원하여 이러한 새로운 수요들을 인간의 삶을 위해 불가결한 것으로 만든다. 그리하여 인간이 새로운 수요들을 지향하지 않을 수 없게 한다. 이렇게 산업 사회는 늘 새로운 수요의 창조와 공급을 통해 인간의 삶을 지배하고 그의 인격을 사로잡아 버리는 것이다.

① 산업 사회에서 도구화된 지성의 문제점
② 산업 사회의 발전과 경제력 향상
③ 산업 사회의 특징과 문제점
④ 산업 사회의 대중 지배 양상
⑤ 산업 사회의 새로운 수요의 창조와 공급

Easy

33 세미는 1박 2일로 경주 여행을 떠나 불국사, 석굴암, 안압지, 첨성대 유적지를 방문했다. 다음 〈조건〉을 참고할 때, 세미의 유적지 방문 순서로 옳지 않은 것은?

조건
• 첫 번째로 방문한 곳은 석굴암, 안압지 중 한 곳이었다.
• 여행 계획대로라면 첫 번째로 석굴암을 방문했을 때, 두 번째로는 첨성대에 방문하기로 되어 있었다.
• 두 번째로 방문한 곳이 안압지가 아니라면, 불국사도 아니었다.
• 세 번째로 방문한 곳은 석굴암이 아니었다.
• 세 번째로 방문한 곳이 첨성대라면, 첫 번째로 방문한 곳은 불국사였다.
• 마지막으로 방문한 곳이 불국사라면, 세 번째로 방문한 곳은 안압지였다.

① 안압지 – 첨성대 – 불국사 – 석굴암
② 안압지 – 석굴암 – 첨성대 – 불국사
③ 안압지 – 석굴암 – 불국사 – 첨성대
④ 석굴암 – 첨성대 – 안압지 – 불국사
⑤ 석굴암 – 첨성대 – 불국사 – 안압지

34 S은행은 두 달 동안 예금과 적금에 가입한 남성과 여성 고객들의 통계를 정리하였다. 여성과 남성 고객은 각각 50명씩이었으며, 여성 가입고객 중 예금에 가입한 인원은 35명, 적금에 가입한 인원은 30명이었다. 남성 가입고객의 경우 예금과 적금 모두 가입한 고객은 남성 고객 총인원의 20%였다고 할 때, 전체 가입고객 중 예금과 적금 모두 가입한 고객의 비중은 몇 %인가?

① 25% ② 30%

③ 35% ④ 40%

⑤ 45%

35 다음은 김주임의 7월 월급내역서이다. 8월에는 기존 지급내역 계에서 3.3%가 공제되던 건강보험료의 보험료율이 5%로 증가하였다. 또한 기본급과 직무수당이 전월인 7월에 비해 각각 15만 원, 연장근로수당이 20만 원 더 지급되었을 때, 김주임이 8월 지급액에서 공제 후 받는 실수령액은? (단, 주어진 변경 내역 외에는 7월과 8월이 같다)

〈7월 월급내역서〉

(단위 : 원)

지급내역			공제내역	
	기본급	1,200,000	갑근세	900,000
	직책수당	400,000	주민세	9,000
	직무수당	300,000	건강보험	99,000
	연장근로	150,000	국민연금	135,000
	심야근로	250,000	고용보험	24,000
	휴일근로	300,000	근태공제	–
	월차수당	400,000	기타	–
	계	3,000,000	계	1,167,000

① 1,580,000원 ② 1,890,500원

③ 2,045,000원 ④ 2,257,000원

⑤ 2,317,000원

36 다음 (가)와 (나)의 내용상 관계를 나타낸 것으로 가장 적절한 것은?

> (가) 20세기 후반, 복잡한 시스템에 대한 연구에 몰두하던 일선의 물리학자들은 기존의 경제학 이론으로는 설명할 수 없었던 경제현상을 이해하기 위해 물리적인 접근을 시도하기 시작했다. 보이지 않는 손과 시장의 균형, 완전한 합리성 등 신고전 경제학은 숨 막힐 정도로 정교하고 아름답지만, 불행히도 현실 경제는 왈라스나 애덤 스미스가 꿈꿨던 '한 치의 오차도 없이 맞물려 돌아가는 톱니바퀴'가 아니었다. 물리학자들은 인간 세상의 불합리함과 혼잡함에 관심을 가지고 그것이 만들어내는 패턴들과 열린 가능성에 주목했다.
>
> (나) 우리가 주류 경제학이라고 부르는 것은 왈라스 이후 체계가 잡힌 신고전 경제학을 말한다. 이 이론에 의하면, 모든 경제주체는 완전한 합리성으로 무장하고 있으며, 항상 최선의 선택을 하며, 자신의 효용이나 이윤을 최적화한다. 개별 경제주체의 공급곡선과 수요곡선을 합하면 시장에서의 공급곡선과 수요곡선이 얻어지고, 이 두 곡선이 만나는 점에서 가격과 판매량이 동시에 결정된다. 더 나아가 모든 주체가 합리적 판단을 하기 때문에 모든 시장은 동시에 균형에 이르게 된다.

① (가)로부터 (나)가 필연적으로 도출된다.
② (가)보다 (나)가 경제공황을 더 잘 설명한다.
③ (나)는 (가)를 수학적으로 다시 설명한 것이다.
④ (나)는 (가)의 한 부분에 대한 부연설명이다.
⑤ (나)는 실제 상황을, (가)는 가정된 상황을 서술한 것이다.

Easy

37 다음 〈조건〉을 바탕으로 추론할 수 있는 것은?

> **조건**
> • ㉠는 ㉢의 이모이다.
> • ㉣는 ㉠의 아버지이다.
> • ㉢는 ㉢의 아버지이다.

① ㉡은 ㉣의 조카이다.
② ㉢은 ㉣의 외삼촌이다.
③ ㉠은 ㉡의 당숙이다.
④ ㉣은 ㉡의 장인이다.
⑤ ㉠은 ㉣의 아들이다.

38 S마트 물류팀에 근무하는 H사원은 6월 라면 입고량과 판매량을 확인하던 중 11일과 15일에 A · B 업체의 기록이 누락되어 있는 것을 발견했다. 동료 직원인 K사원은 H사원에게 "6월 11일의 전체 라면 재고량 중 A업체는 10%, B업체는 9%를 차지하였고, 6월 15일의 A업체 라면 재고량은 B업체보다 500개가 더 많았다."라고 얘기해 주었다. 6월 11일의 전체 라면 재고량은 몇 개인가?

구분		6월 12일	6월 13일	6월 14일
A업체	입고량	300	–	200
	판매량	150	100	–
B업체	입고량	–	250	–
	판매량	200	150	50

① 10,000개
② 15,000개
③ 20,000개
④ 25,000개
⑤ 30,000개

39 S은행의 행원 성우, 희성, 지영, 유진, 혜인, 재호 6명이 다음 〈조건〉에 따라 근무할 때, 반드시 참인 것은?

> **조건**
> - 성우, 희성, 지영, 유진, 혜인, 재호는 각자 다른 곳에서 근무하고 있다.
> - 근무할 수 있는 곳은 감사팀, 대외협력부, 마케팅부, 비서실, 기획팀, 회계부이다.
> - 성우가 비서실에서 근무하면, 희성이는 기획팀에서 근무하지 않는다.
> - 유진이와 재호 중 1명은 감사팀에서 근무하고, 나머지 1명은 마케팅부에서 근무한다.
> - 유진이가 감사팀에서 근무하지 않으면, 지영이는 대외협력부에서 근무하지 않는다.
> - 혜인이가 회계부에서 근무하지 않을 때에만 재호는 마케팅부에서 근무한다.
> - 지영이는 대외협력부에서 근무한다.

① 재호는 감사팀에서 근무한다.
② 희성이는 기획팀에서 근무한다.
③ 성우는 비서실에서 근무하지 않는다.
④ 혜인이는 회계부에서 근무하지 않는다.
⑤ 유진이는 감사팀에서 근무하지 않는다.

펀드(Fund)를 우리말로 바꾸면 '모금한 기금'을 뜻하지만 경제 용어로는 '경제적 이익을 보기 위해 불특정 다수인으로부터 모금하여 운영하는 투자 기금'을 가리키는 말로 사용합니다. 펀드는 주로 주식이나 채권에 많이 투자를 하는데, 개인이 주식이나 채권에 투자하기 위해서는 어떤 회사의 채권을 사야 하는지, 언제 사야 하는지, 언제 팔아야 하는지, 어떻게 계약을 하고 세금을 얼마나 내야 하는지, 알아야 할 게 너무 많아 복잡합니다. 이러한 여러 가지 일을 투자 전문 기관이 대행하고 일정 비율의 수수료를 받게 되는데, 이처럼 펀드에 가입한다는 것은 투자 전문 기관에게 대행 수수료를 주고 투자 활동에 참여하여 이익을 보는 일을 말합니다.

펀드는 크게 보아 주식 투자 펀드와 채권 투자 펀드로 나눌 수 있습니다. 주식 투자 펀드를 살펴보면 회사가 회사를 잘 꾸려서 영업 이익을 많이 만들면 주식 가격이 오릅니다. 그래서 그 회사의 주식을 가진 사람은 회사의 이익을 나누어 받습니다. 이처럼 주식 투자 펀드는 주식을 사서 번 이익에서 투자 기관의 수수료를 뺀 금액이 '펀드 가입자의 이익'이 되며 이 이익은 투자한 자금에 비례하여 분배받습니다. 그리고 투자자는 분배받는 금액에 따라 세금을 냅니다. 채권 투자 펀드는 회사, 지방자치단체, 국가가 자금을 조달하기 위해 이자를 지불할 것을 약속하면서 발행하는 채권을 사서 이익을 보는 것입니다. 채권을 사서 번 이익에서 투자 기관의 수수료를 뺀 금액이 수익이 됩니다. 이외에도 투자 대상에 따라, 국내 펀드, 해외 펀드, 신흥국가 대상 펀드, 선진국 펀드, 중국 펀드, 원자재 펀드 등 펀드의 종류는 아주 다양합니다.

채권 투자 펀드는 회사나 지방자치단체 그리고 국가가 망하지 않는 이상 정해진 이자를 받을 수 있어 비교적 안정적입니다. 그런데 주식 투자 펀드는 일반 주식 가격의 변동에 따라 수익을 많이 볼 수도 있지만 손해를 보는 경우도 흔합니다. 예를 들어 어떤 펀드는 10년 후 누적 수익률이 원금의 열 배나 되지만 어떤 펀드는 수익률이 나빠져 1년 만에 원금의 절반이 되어버리는 일도 발생합니다. 이렇게 수익률 차이가 심하게 나는 것은 주식이 경기 변동의 영향을 많이 받기 때문입니다.

이로 인해 펀드와 관련하여 은행을 비롯한 투자 전문 기관에 가서 상담을 하면 상품에 대한 안내만 할 뿐, 가입 여부는 고객이 스스로 판단하도록 하고 있습니다. 합리적으로 안내를 한다고 해도 소비자의 투자 목적, 시장 상황, 투자 성향에 따라 맞는 펀드가 다르기 때문입니다. 그러니까 펀드에 가입하기 전에는 펀드의 종류를 잘 알아보고 결정해야 합니다. 또, 펀드에 가입을 해도 살 때와 팔 때를 잘 구분해야 합니다. 이것이 가장 어려운 일입니다. 그래서 주식이나 펀드는 사회 경험을 쌓고 경제 지식을 많이 알고 난 후에 하는 것이 좋다는 얘기를 많이 합니다.

40 다음 중 윗글을 통해 답을 확인할 수 있는 질문으로 적절하지 않은 것은?

① 펀드란 무엇인가?

② 펀드에는 어떤 종류가 있는가?

③ 펀드 가입 절차는 어떻게 되는가?

④ 펀드에 가입하면 돈을 벌 수 있는가?

⑤ 펀드 가입 시 유의할 점은 무엇인가?

41 다음 중 윗글에 대한 내용으로 가장 적절한 것은?

① 주식 투자 펀드는 경기 변동의 영향을 많이 받게 된다.

② 주식 투자 펀드는 정해진 이자를 받을 수 있어 안정적이다.

③ 채권 투자 펀드는 투자 기관의 수수료를 더한 금액이 수익이 된다.

④ 주식 투자 펀드는 채권 투자 펀드와 달리 투자 기관의 수수료가 없다.

⑤ 채권 투자 펀드는 주식 가격이 오를수록 펀드 이익을 많이 분배받게 된다.

42 다음은 2021 ~ 2024년 S국의 방송통신 매체별 광고매출액에 대한 자료이다. 이에 대한 〈보기〉의 설명 중 옳은 것을 모두 고르면?

〈2021 ~ 2024년 방송통신 매체별 광고매출액〉

(단위 : 억 원)

매체	연도 세부 매체	2021년	2022년	2023년	2024년
방송	지상파TV	15,517	14,219	12,352	12,310
	라디오	2,530	2,073	1,943	1,816
	지상파DMB	53	44	36	35
	케이블PP	18,537	17,130	16,646	( )
	케이블SO	1,391	1,408	1,275	1,369
	위성방송	480	511	504	503
	소계	38,508	35,385	32,756	31,041
온라인	인터넷(PC)	19,092	20,554	19,614	19,109
	모바일	28,659	36,618	45,678	54,781
	소계	47,751	57,172	65,292	73,890

보기

ㄱ. 2022 ~ 2024년 동안 모바일 광고매출액의 전년 대비 증가율은 매년 30% 이상이다.

ㄴ. 2022년의 경우 방송 매체 중 지상파TV 광고매출액이 차지하는 비중은 온라인 매체 중 인터넷 (PC) 광고매출액이 차지하는 비중보다 작다.

ㄷ. 케이블PP의 광고매출액은 매년 감소한다.

ㄹ. 2021년 대비 2024년 광고매출액 증감률이 가장 큰 세부 매체는 모바일이다.

① ㄱ, ㄴ   ② ㄱ, ㄷ

③ ㄴ, ㄷ   ④ ㄴ, ㄹ

⑤ ㄷ, ㄹ

※ 다음은 S은행의 성과급 지급기준 및 경영지원팀 A팀장, B대리, C주임, D주임, E사원에 대한 성과 평가 결과에 대한 자료이다. 이어지는 질문에 답하시오. **[43~44]**

〈성과급 지급 기준〉

• 직원들의 성과급은 평정 점수에 따라 지급한다.
• 평정 점수는 성과 평가 결과에 따라 다음 5등급으로 나눈 평가항목별 기준 점수에 해당하는 각 점수의 총합으로 계산한다.

〈평가항목별 기준 점수〉

(단위 : 점)

구분	업무량	업무수행 효율성	업무 협조성	업무처리 적시성	업무결과 정확성
탁월	10	25	25	20	20
우수	8	20	20	16	16
보통	6	15	15	12	12
부족	4	10	10	8	8
열등	2	5	5	4	4

〈평정 점수 구간에 따른 직책별 성과급 지급액〉

(단위 : 만 원)

구분	80점 이상	80점 미만 75점 이상	75점 미만 70점 이상	70점 미만
팀장	120	100	75	40
팀원	90	80	70	45

〈경영지원팀 성과 평가 결과〉

구분	업무량	업무수행 효율성	업무 협조성	업무처리 적시성	업무결과 정확성
A팀장	탁월	부족	우수	보통	탁월
B대리	우수	열등	보통	우수	탁월
C주임	우수	탁월	탁월	열등	우수
D주임	탁월	부족	우수	보통	부족
E사원	우수	탁월	보통	우수	탁월

43 경영지원팀 직원들의 성과급 지급액은 성과급 지급 기준에 따라 결정된다. 다음 〈보기〉의 설명 중 경영지원팀의 각 직원에게 지급될 성과급에 대한 설명으로 옳은 것을 모두 고르면?

> **보기**
>
> ㄱ. 평정 점수가 높은 직원일수록 더 많은 성과급을 지급받는다.
> ㄴ. 동일한 금액의 성과급을 지급받는 직원들이 있다.
> ㄷ. A팀장이 지급받을 성과급은 D주임이 지급받을 성과급의 2배 이상이다.
> ㄹ. E사원이 가장 많은 성과급을 지급받는다.

① ㄱ, ㄴ　　　　　　　　　　　② ㄱ, ㄷ
③ ㄴ, ㄷ　　　　　　　　　　　④ ㄴ, ㄹ
⑤ ㄷ, ㄹ

44 성과급 지급액을 산정하던 중 성과 평가 과정에서 오류가 발견되어, 다시 성과 평가를 실시하였다. 성과 평가를 다시 실시한 결과 다음과 같이 평가 결과가 수정되었다고 할 때, 두 번째로 많은 성과급을 지급받는 직원은?

> • B대리의 업무량 평가 : 우수 → 보통
> • C주임의 업무처리 적시성 평가 : 열등 → 우수
> • D주임의 업무수행 효율성 평가 : 부족 → 열등
> • E사원의 업무결과 정확성 평가 : 탁월 → 보통

① A팀장　　　　　　　　　　　② B대리
③ C주임　　　　　　　　　　　④ D주임
⑤ E사원

45　다음 글의 내용으로 적절하지 않은 것은?

경제질서는 국가 간의 교역과 상호투자 등을 원활히 하기 위해 각 국가가 준수할 규범들을 제정하고 이를 이행시키면서 이루어진 질서이다. 경제질서는 교역 당사국 모두에 직접적인 이익을 가져다주기 때문에 비교적 잘 지켜지고 있다. 특히 1995년 WTO가 발족되어 안보질서보다도 더 정교한 질서로 자리를 잡고 있다. 경제질서를 준수하게 하는 힘은 준수하지 않았을 때 가해지는 불이익으로, 다른 나라들의 집단적 경제제재가 그에 해당된다. 자연보호질서는 경제질서의 한 종류로, 자원보호질서와 환경보호질서로 나뉜다. 이 두 가지 질서는 다음과 같은 생각에서 제안된 범세계적 운동이다. 자원보호질서는 유한한 자원을 모두 소비하면 후세 사람들이 살아갈 수 없으므로 재생 가능한 자원을 많이 사용하고 가능한 한 자원을 재활용하자는 생각이다. 환경보호질서는 하나밖에 없는 지구의 원 모습을 지켜 후손에게 물려주어야 한다는 생각이다. 자원보호질서는 부존자원의 낭비를 막기 위해 사용 물질의 양에 대한 규제를 주도하는 질서이고, 환경보호질서는 글자 그대로 환경을 쾌적한 상태로 유지하려는 질서이다. 이 두 가지 질서는 서로 연관되어 있으나 지키려는 내용에서 다르다. 자원보호질서는 사람이 사용하는 물자의 양을 통제하기 위한 질서이고, 환경보호질서는 환경의 원형보존을 위한 질서이다.

경제질서와는 달리 공공질서는 일부가 아닌 모든 구성국들에 이익을 가져다주는 국제질서이다. 국가 간의 교류 및 협력을 위해서는 서로 간의 의사소통, 인적·물적 교류 등이 원활히 이루어져야 한다. 이러한 거래, 교류, 접촉 등을 원활하게 하는 공동규범들이 공공질서를 이룬다. 공공질서는 모든 구성국에 편익을 주는 공공재를 창출하고 유지하려는 구성국들의 공동노력으로 이루어진다. 가장 새롭게 등장한 국제질서가 인권보호질서이다. 웨스트팔리아체제라 부르는 주권국가 중심의 현 국제정치질서에서는 주권존중, 내정 불간섭 원칙이 엄격히 지켜진다. 그래서 자국 정부에 의한 자국민 학살, 탄압, 인권유린 등이 국외에서는 외면되어 왔다. 그러나 정부에 의한 인민학살의 피해나, 다민족국가에서의 자국 내 소수민족 탄압이 용인될 수 없는 상태에까지 이르게 됨에 따라 점차로 인권보호를 위한 인도주의적 개입의 당위가 논의되기 시작하고 있다.

이러한 흐름 속에서 국제연합인권위원회 및 각종 NGO 등의 노력으로 국제사회에서 공동 개입하여 인권보호를 이루어내자는 운동이 일어나고 있다. 이러한 노력의 결과 하나의 새로운 국제질서인 인권보호질서가 자리를 잡아가고 있다. 인권보호질서는 아직 형성과정에 있으며, 또한 주권국가 중심의 현 국제정치질서와 충돌하므로 앞으로도 쉽게 자리를 잡기는 어려우리라 예상된다. 그러나 21세기에 접어들면서 '세계시민의식'이 급속히 확산되고 있는 점을 감안한다면, 어떤 국가도 결코 무시할 수 없는 국제질서로 발전하리라 생각한다.

① 교역 당사국에 직접 이익을 주기 때문에 WTO에 의한 경제질서는 비교적 잘 유지되고 있다.
② 세계시민의식의 확산과 더불어 등장한 인권보호질서는 내정 불간섭 원칙의 엄격한 준수를 요구한다.
③ 세계적 차원에서 유한한 자원의 낭비를 규제하고 자원을 재활용하기 위해 자원보호질서가 제안되었다.
④ 인적·물적 교류를 원활하게 하는 공동규범으로 이루어진 공공질서는 그 구성국들에 이익을 가져다준다.
⑤ 자연보호질서의 하위질서인 환경보호질서는 지구를 쾌적한 상태로 유지하고 후세에 원형대로 물려주려는 것이다.

※ 다음은 외국인 직접투자의 투자 건수 비율과 투자 금액 비율을 투자 규모별로 나타낸 자료이다. 이어지는 질문에 답하시오. [46~47]

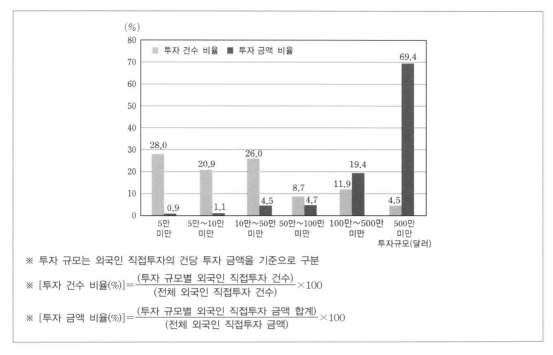

※ 투자 규모는 외국인 직접투자의 건당 투자 금액을 기준으로 구분

※ [투자 건수 비율(%)] $=\dfrac{(투자\ 규모별\ 외국인\ 직접투자\ 건수)}{(전체\ 외국인\ 직접투자\ 건수)}\times100$

※ [투자 금액 비율(%)] $=\dfrac{(투자\ 규모별\ 외국인\ 직접투자\ 금액\ 합계)}{(전체\ 외국인\ 직접투자\ 금액)}\times100$

46 투자 규모가 50만 달러 미만인 투자 건수 비율은?

① 62.8%　　　　　　　　　② 68.6%

③ 74.9%　　　　　　　　　④ 76.2%

⑤ 77.8%

Easy

47 투자 규모가 100만 달러 이상인 투자 건수 비율은?

① 11.9%　　　　　　　　　② 13.9%

③ 16.4%　　　　　　　　　④ 19.4%

⑤ 21.4%

48 다음 〈보기〉는 빅데이터 활용 세미나에 참여했던 직원명단이다. 함수를 〈조건〉과 같이 정의할 때, 〈보기〉에 대한 설명으로 옳지 않은 것은?

	A	B	C	D	E
1	사원번호	소속	성명	참여유무	–
2	201821514	기획	이지은		
3	201931496	마케팅	김성규	불참	
4	201500503	기획	박진영	불참	
5	202045693	개발	장나영		
6	201710305	기업영업	오지훈		
7	201711437	마케팅	이여름	불참	

- ○(셀1, x) : 문자열(셀1)의 왼쪽에서 x번째 문자까지 반환하는 함수
- □(셀1, x) : 문자열(셀1)의 오른쪽에서 x번째 문자까지 반환하는 함수
- ●(인수1, 인수2, ⋯) : 인수 중 하나라도 참이면 참을 반환하는 함수
- ■(인수1, 인수2, ⋯) : 인수가 모두 참이어야 참을 반환하는 함수
- △(범위, 조건) : 지정한 범위 내에서 조건을 만족하는 셀의 개수를 구하는 함수
- ◎(범위1, 조건1, 범위2, 조건2, ⋯) : 행의 개수를 구하는 함수(단, 각 범위(1, 2, ⋯)에서 각 조건 (1, 2, ⋯)을 만족하는 셀이 모두 같은 행에 있을 때만 세어야 함)

① [E2]에 = ●(○(A2, 4) = "2017", B2 = "기업영업")을 입력하고 [E7]까지 드래그 기능을 이용하여 셀을 채울 때, 출력값이 TRUE인 직원은 총 2명이다.

② [E2]에 = ■(□(A2, 3) > = "400", B2 = "마케팅")을 입력하고 [E7]까지 드래그 기능을 이용하여 셀을 채울 때, 출력값이 TRUE인 직원은 총 2명이다.

③ = ◎(C2:C7, "이*", B2:B7, "기획")의 출력값은 2이다.

④ 참여 유무가 '불참'인 직원 수는 함수 △를 이용하여 구할 수 있다.

⑤ = △(C2:C7, "*영")의 출력값은 2이다.

※ 다음은 S은행 신입사원 채용시험 결과이다. 이어지는 질문에 답하시오. [49~50]

〈S은행 신입사원 채용시험 결과〉

(단위 : 점)

구분	필기시험			면접시험	
	의사소통능력	조직이해능력	문제해결능력	창의성	업무적합성
A	92	74	84	60	90
B	89	82	99	80	90
C	80	66	87	80	40
D	94	53	95	60	50
E	73	92	91	50	100
F	90	68	100	70	80
G	77	80	92	90	60

49 필기시험 점수 중 조직이해능력과 문제해결능력 점수의 합이 높은 순서대로 2명을 총무팀에 배치한다고 할 때, 다음 중 총무팀에 배치되는 사람끼리 바르게 짝지어진 것은?

① B, E
② F, B
③ A, C
④ F, G
⑤ D, E

50 필기시험 총점과 면접시험 총점을 7 : 3 비율로 적용한 환산 점수에서 최저점을 받은 신입사원의 채용이 보류된다고 할 때, 다음 중 채용이 보류되는 사람은?

① A
② C
③ D
④ E
⑤ F

51 다음은 자동차 외판원인 A ~ F 6명의 판매실적을 비교한 것이다. 다음 중 바르게 추론한 것은?

- A는 B보다 실적이 높다.
- C는 D보다 실적이 낮다.
- E는 F보다 실적이 낮지만, A보다는 높다.
- B는 D보다 실적이 높지만, E보다는 낮다.

① 실적이 가장 높은 외판원은 F이다.
② 외판원 C의 실적은 꼴찌가 아니다.
③ B의 실적보다 낮은 외판원은 3명이다.
④ 실적이 두 번째로 높은 외판원은 D이다.
⑤ A의 실적은 C의 실적보다 낮다.

52 다음 글에서 〈보기〉의 내용이 들어갈 위치로 가장 적절한 곳은?

(가) 휴대폰은 어린이들이 자신의 속마음을 고백하기도 하고, 그가 하는 말을 들어주기도 하며, 또 자신의 호주머니나 입 속에 다 쑤셔 넣기도 하는 곰돌이 인형과 유사하다. 다른 점이 있다면 곰돌이 인형은 휴대폰과는 달리 말하는 사람에게 주의 깊게 귀를 기울여 준다는 것이다.

(나) 휴대폰이 제기하는 핵심 문제는 바로 이러한 모순 가운데 있다. 곰돌이 인형과 달리 휴대폰을 통해 듣는 목소리는 우리가 듣기를 바라는 것과는 다른 대답을 자주 한다. 그것은 특히 우리가 대화 상대자와 다른 시간과 다른 장소 그리고 다른 정신상태에 처해 있기 때문이다.

(다) 그리 오래 전 일도 아니지만, 우리가 시·공간적으로 떨어져 있는 상대와 대화를 나누고 싶을 때 할 수 있는 일이란 기껏해야 독백을 하거나 글쓰기에 호소하는 것밖에 없었다. 하지만 글을 써본 사람이라면 펜을 가지고 구어(口語)적 사고를 진행시킨다는 것이 얼마나 어려운 일인지 잘 안다.

(라) 반면 우리가 머릿속에 떠오르는 말들에 따라, 그때그때 우리가 취하는 어조와 몸짓들은 얼마나 다양한가! 휴대폰으로 말미암아 우리는 혼자 말하는 행복을 되찾게 되었다. 더 이상 독백의 기쁨을 만끽하기 위해서 혼자 숨어들 필요가 없는 것이다.

(마) 어린이에게 자신이 보호받고 있다는 느낌을 주기 위해 발명된 곰돌이 인형을 어린이는 가장 좋은 대화 상대자로 이용한다. 마찬가지로 통신 수단으로 발명된 휴대폰은 고독 속에서 우리를 안도시키는 절대적 수단이 될 것이다.

보기

곰돌이 인형에게 이야기하는 어린이가 곰돌이 인형이 자기 말을 듣고 있다고 믿는 이유는 곰돌이 인형이 결코 대답하는 법이 없기 때문이다. 만일 곰돌이 인형이 대답을 한다면 그것은 어린이가 자신의 마음속에서 듣는 말일 것이다.

① (가) 문단의 뒤
② (나) 문단의 뒤
③ (다) 문단의 뒤
④ (라) 문단의 뒤
⑤ (마) 문단의 뒤

〈7월 일정표〉

월요일	화요일	수요일	목요일	금요일	토요일	일요일
				1 김사원 휴가	2	3
4 전체 회의	5 최사원 휴가	6	7 정대리 휴가	8	9	10
11 최팀장 휴가	12	13 정과장 휴가	14 정과장 휴가	15 김팀장 휴가	16	17
18 유부장 휴가	19	20	21	22 임사원 휴가	23	24
25 박과장 휴가	26 최대리 휴가	27	28 한과장 휴가	29 유부장 휴가	30	31

• 소속 부서
 – 총무부 : 최사원, 김대리, 한과장, 최팀장
 – 인사부 : 임사원, 정대리, 박과장, 김팀장
 – 기획부 : 김사원, 최대리, 정과장, 유부장
※ 휴가는 공휴일과 주말을 제외하고 사용하며, 전체 일정이 있는 경우 휴가를 사용하지 않음

53 S은행 직원들은 다른 직원들과 휴가일이 겹치지 않게 하루 이상 휴가를 쓰려고 한다. 다음 중 총무부 김대리의 휴가 일정으로 적절한 것은?

① 1일
② 4일
③ 8 ~ 9일
④ 20 ~ 21일
⑤ 29 ~ 30일

54 S은행 직원들이 동일한 일수로 최대한 휴가를 쓴다고 할 때, 한 사람당 며칠까지 휴가를 쓸 수 있겠는가?

① 1일
② 2일
③ 3일
④ 4일
⑤ 5일

※ 다음은 S은행의 Ü Card(위 카드)에 대한 자료이다. 이어지는 질문에 답하시오. [55~56]

<Ü Card(위 카드) 주요 혜택>

1) 전 가맹점 포인트 적립 서비스

전월 실적 50만 원 이상 이용 시 전 가맹점 적립 서비스 제공

(단, 카드사용 등록일부터 익월 말일까지는 전월 실적 미달 시에도 정상 적립)

건별 이용금액	10만 원 미만	10만 원 이상		
업종	전 가맹점	전 가맹점	온라인	해외
적립률	0.7%	1.0%	1.2%	1.5%

※ 즉시결제 서비스 이용금액은 전 가맹점 2만 원 이상 이용 건에 한해 0.2% 적립

2) 보너스 캐시백

매년 1회 연간 이용금액에 따라 캐시백 서비스 제공

연간 이용금액	3천만 원 이상	5천만 원 이상	1억 원 이상
캐시백	5만 원	10만 원	20만 원

※ 매년 카드 발급월 익월 15일(휴일인 경우 익영업일)에 카드 결제계좌로 입금

3) 바우처 서비스

매년 1회씩 제공되며, 하나의 혜택만 선택 가능(단, 해당 기간 내 미신청 시 혜택 소멸)

쇼핑	• 백화점상품권(15만 원) • 농촌사랑상품권(15만 원) • 면세점 선불카드 교환권(16만 원)
주유	• 주유권(15만 원)
외식	• 통합 외식이용권(18만 원) • 플래티넘 외식통합이용권(17만 원)
포인트	• N포인트(15만 점)
여가	• 영화관람권 8매＋통합 선불카드(8만 원)

※ 카드 발급 초년도 1백만 원 이상, 2차년도 1천만 원 이상 이용 시 신청 가능

  (단, 연회비 정상 결제한 경우에 한함)

※ 바우처 신청 가능 기간 : 매년 카드 발급월 익월 1일부터 12개월

4) 서비스 이용조건

• 연간 이용금액 산정 기준일 : 매년 카드 발급월 포함 12개월

• 이용금액 산정은 승인 일자 기준으로 적용

• 무이자할부, 상품권, 기프트카드 및 대학등록금, 제세공과금(국세, 지방세, 우체국우편요금), 단기카드

  대출(현금 서비스), 장기카드대출(카드론) 등의 이용금액은 적립 및 산정 기준에서 제외

55 K대리는 S은행의 '위 카드'를 2024년 9월 22일에 발급받았다. 발급받은 당일부터 카드사용 등록을 하고 연회비도 모두 지불했을 때, K대리가 이 카드를 사용하면서 받을 수 있는 혜택으로 옳지 않은 것은?

① 가맹점에서 12만 원을 사용했을 때, 적립된 포인트는 이용금액의 1%이다.

② 카드 발급 후 처음 1년 동안 200만 원을 사용했을 시, 바우처를 신청할 수 있다.

③ 자동차를 24개월 무이자할부로 결제하면 매달 포인트 적립이 된다.

④ 카드 발급 후 1년간 4천만 원의 사용실적이 있을 시 보너스 캐시백은 2025년 10월 15일에 5만 원을 받게 된다.

⑤ 바우처 신청 조건을 만족했을 때, 카드를 발급받은 다음 달로부터 12개월 내 바우처를 신청했다면 혜택을 제공받을 수 있다.

Hard

56 다음은 K대리의 11월 '위 카드' 사용내역서이다. 사용내역서를 봤을 때, 11월에 적립되는 포인트는 총 몇 점인가?(단, 카드를 사용한 곳은 모두 가맹점이다)

〈11월 '위 카드' 사용내역서〉

구분	가맹점명	사용금액	비고
2024-11-06	○○가구	200,000원	3개월 무이자 할부
2024-11-06	A햄버거 전문점	12,000원	
2024-11-10	지방세	2,400원	
2024-11-13	현금 서비스	70,000원	
2024-11-13	C영화관	40,000원	
2024-11-20	◇◇할인점	85,000원	
2024-11-22	카드론(대출)	500,000원	
2024-11-23	M커피	27,200원	즉시결제
2024-11-25	M커피	19,000원	즉시결제
2024-11-25	△△스시	100,000원	
합계	–	1,055,600원	–

※ 비고가 공란인 경우 일시불을 뜻함

① 2,013.4점   ② 2,025.4점

③ 2,034.4점   ④ 2,042.4점

⑤ 2,051.4점

57 다음 글의 논지 전개 방식으로 가장 적절한 것은?

> 휴리스틱(Heuristic)은 문제를 해결하거나 불확실한 사항에 대해 판단을 내릴 필요가 있지만 명확한 실마리가 없을 경우에 사용하는 편의적·발견적인 방법이다. 우리말로는 쉬운 방법, 간편법, 발견법, 어림셈 또는 지름길 등으로 표현할 수 있다. 1905년 알베르트 아인슈타인은 노벨 물리학상 수상 논문에서 휴리스틱을 '불완전하지만 도움이 되는 방법'이라는 의미로 사용했다. 수학자인 폴리아는 휴리스틱을 '발견에 도움이 된다.'는 의미로 사용했고, 수학적인 문제 해결에도 휴리스틱 방법이 매우 유효하다고 했다.
>
> 휴리스틱을 이용하는 방법은 거의 모든 경우에 어느 정도 만족스럽고, 경우에 따라서는 완전한 답을 재빨리, 그것도 큰 노력 없이 얻을 수 있다는 점에서 사이먼의 '만족화' 원리와 일치하는 사고방식인데, 가장 전형적인 양상이 '이용가능성 휴리스틱(Availability Heuristic)'이다. 이용가능성이란 어떤 사상(事象)이 출현할 빈도나 확률을 판단할 때, 그 사상과 관련해서 쉽게 알 수 있는 사례를 생각해내고 그것을 기초로 판단하는 것을 뜻한다.
>
> 그러나 휴리스틱이 때로는 터무니없는 실수를 자아내는 원인이 되기도 한다. 불확실한 의사결정을 이론화하기 위해서는 확률이 필요하기 때문에 사람들이 확률을 어떻게 다루는지가 중요하다. 확률은 이를테면 어떤 사람이 선거에 당선될지, 경기가 좋아질지, 시합에서 어느 편이 우승할지 따위를 '전망'할 때 이용된다. 대개 그러한 확률은 어떤 근거를 기초로 객관적인 판단을 내리기도 하지만, 대부분은 직감적으로 판단을 내리게 된다. 그런데 직감적인 판단에서 오는 주관인 확률은 과연 정확한 것일까?
>
> 카너먼과 트버스키는 일련의 연구를 통해 인간이 확률이나 빈도를 판단할 때 몇 가지 휴리스틱을 이용하지만, 그에 따라 얻게 되는 판단은 객관적이며 올바른 평가와 상당한 차이가 있다는 의미로 종종 '바이어스(Bias)'가 동반되는 것을 확인했다. 이용가능성 휴리스틱이 일으키는 바이어스 가운데 하나가 '사후 판단 바이어스'이다. 우리는 어떤 일이 벌어진 뒤에 '그렇게 될 줄 알았어.' 또는 '그렇게 될 거라고 처음부터 알고 있었어.'와 같은 말을 자주 한다. 이렇게 결과를 알고 나서 마치 사전에 그것을 예견하고 있었던 것처럼 생각하는 바이어스를 '사후 판단 바이어스'라고 한다.

① 분석 대상과 관련되는 개념들을 연쇄적으로 제시하며 정보의 확대를 꾀하고 있다.

② 인과 관계를 중심으로 분석 대상에 대한 논리적 접근을 시도하고 있다.

③ 핵심 개념을 설명하면서 그와 유사한 개념들과 비교함으로써 이해를 돕고 있다.

④ 전달하고자 하는 정보를 다양한 맥락에서 재구성하여 반복적으로 제시하고 있다.

⑤ 주제에 대한 다양한 관점들을 제시한 뒤, 다양한 예를 들어 설명하고 있다.

58 수도권에 사는 1,000명의 20대 남녀를 대상으로 한 달 동안 외식을 하는 횟수를 조사해 보았다. 한 달 동안 외식을 하는 평균 횟수는 12번이고, 표준편차는 4였다. 정규분포를 따르며 임의로 64명을 표본추출할 경우, 표본표준편차는?

① 0.2 　　　　　　　　　② 0.5

③ 0.8 　　　　　　　　　④ 1.2

⑤ 1.5

59 통계지원팀은 통계청에서 주관하는 포럼에 참석할 직원을 선정 중이다. 다음 〈조건〉에 따라 통계 지원팀 직원들이 포럼에 참여한다고 할 때, 항상 참인 것은?

> **조건**
> • 통계지원팀은 A팀장, B대리, C주임, D주임, E사원으로 구성되어 있다.
> • A팀장은 반드시 포럼에 참석한다.
> • B대리가 참석하지 않으면, D주임도 참석하지 않는다.
> • C주임이 참석하지 않으면, E사원은 참석한다.
> • C주임과 D주임 중 적어도 1명은 포럼에 반드시 참석한다.
> • D주임이 참석하지 않으면, A팀장은 참석하지 않는다.

① B대리는 참석하지 않는다.
② B대리와 C주임이 참석한다.
③ E사원은 참석한다.
④ C주임과 D주임은 함께 포럼에 참석한다.
⑤ 적어도 4명의 직원이 참석한다.

60 대학생 A는 현재 보증금 3천만 원, 월세 50만 원을 지불하면서 B원룸에 거주하고 있다. 다음 해부 터는 월세를 낮추기 위해 보증금을 증액하려고 한다. 다음 규정을 보고 A대학생이 월세를 최대로 낮췄을 때의 월세와 보증금으로 바르게 짝지어진 것은?

> **〈B원룸 월 임대료 임대보증금 전환 규정〉**
> • 1년치 임대료의 56%까지 보증금으로 전환 가능
> • 연 1회 가능
> • 전환이율 6.72%
>
> ※ (환산보증금) = $\dfrac{(전환\ 대상\ 금액)}{(전환이율)}$

① 월세 22만 원 – 보증금 7천만 원
② 월세 22만 원 – 보증금 8천만 원
③ 월세 22만 원 – 보증금 9천만 원
④ 월세 30만 원 – 보증금 8천만 원
⑤ 월세 30만 원 – 보증금 9천만 원

※ 다음 글을 읽고 이어지는 질문에 답하시오. [61~62]

기업은 근로자에게 제공하는 보상에 비해 근로자가 더 많이 노력하기를 바라는 반면, 근로자는 자신이 노력한 것에 비해 기업으로부터 더 많은 보상을 받기를 바란다. 이처럼 기업과 근로자 간의 이해가 상충하는 문제를 완화하기 위해 근로자가 받는 보상에 근로자의 노력이 반영되도록 하는 약속이 인센티브 계약이다. 인센티브 계약에는 명시적 계약과 암묵적 계약을 이용하는 두 가지 방식이 존재한다.

명시적 계약은 법원과 같은 제3자에 의해 강제되는 약속이므로 객관적으로 확인할 수 있는 조건에 기초해야 한다. 근로자의 노력은 객관적으로 확인할 수 없으므로, 노력 대신에 노력의 결과인 성과에 기초하여 근로자에게 보상하는 약속이 명시적인 인센티브 계약이다. 이 계약은 근로자로 하여금 자신의 노력을 증가시키도록 하는 매우 강력한 동기를 부여한다. 가령, 근로자에 대한 보상 체계가 '고정급+a×성과($0 \le a \le 1$)'라고 할 때, 인센티브 강도를 나타내는 a가 커질수록 근로자는 고정급에 따른 기본 노력 외에도 성과급에 따른 추가적인 노력을 더 하게 될 것이다. 왜냐하면 기본 노력과 달리 추가적인 노력에 따른 성과는 a가 커질수록 더 많은 몫을 자신이 갖게 되기 때문이다. 따라서 a를 늘리면 근로자의 노력 수준이 증가함에 따라 추가적인 성과가 더욱 늘어나, 추가적인 성과 가운데 많은 몫을 근로자에게 주더라도 기업의 이윤은 늘어난다.

그러나 명시적인 인센티브 계약이 가진 두 가지 문제점으로 인해 a가 커짐에 따라 기업의 이윤이 감소하기도 한다. 첫째, 명시적인 인센티브 계약은 근로자의 소득을 불확실하게 만든다. 왜냐하면 근로자의 성과는 근로자의 노력뿐만 아니라 작업 상황이나 여건, 운 등과 같은 우연적인 요인들에 의해서도 영향을 받기 때문이다. 그런데 소득이 불확실해지는 것을 근로자가 받아들이게 하려고 기업은 근로자에게 위험 프리미엄* 성격의 추가적인 보상을 지급해야 한다. 따라서 a가 커지면 기업이 근로자에게 지급해야 하는 보상이 늘어나 기업의 이윤이 줄기도 한다. 둘째, 명시적인 인센티브 계약은 근로자들이 보상을 잘 받기 위한 노력에 치중하도록 하는 인센티브 왜곡 문제를 발생시킨다. 성과 가운데에는 측정하기 쉬운 것도 있지만 그렇지 않은 것도 있기 때문이다. 중요하지만 성과 측정이 어려워 충분히 보상받지 못하는 업무를 근로자들이 등한시하게 되면 기업 전체의 성과에 해로운 결과를 초래하게 된다. 따라서 a가 커지면 인센티브를 왜곡하는 문제가 악화되어 기업의 이윤이 줄기도 하는 것이다.

합당한 성과 측정 지표를 찾기 힘들고 인센티브 왜곡의 문제가 중요한 경우에는 암묵적인 인센티브 계약이 더 효과적일 수 있다. 암묵적인 인센티브 계약은 성과와 상관없이 근로자의 노력에 대한 주관적인 평가에 기초하여 보너스, 복지 혜택, 승진 등의 형태로 근로자에게 보상하는 것이다. ⊙ 암묵적 계약은 법이 보호할 수 있는 계약을 실제로 맺는 것이 아니다. 이에 따르면 상대방과 협력 관계를 계속 유지하는 것이 장기적으로 이익일 경우에 자발적으로 상대방의 기대에 부응하도록 행동하는 것을 계약의 이행으로 본다. 물론 어느 한쪽이 상대방의 기대를 저버림으로써 얻게 되는 단기적 이익이 크다고 생각하여 협력 관계를 끊더라도 법적으로 이를 못하도록 강제할 방법은 없다. 하지만 상대방의 신뢰를 잃게 되면 그때부터 상대방의 자발적인 협력을 기대할 수 없게 된다. 따라서 암묵적인 인센티브 계약에 의존할 때에는 기업의 평가와 보상이 공정하다고 근로자가 신뢰하게 하는 것이 중요하다.

*위험 프리미엄 : 소득의 불확실성이 커질 때 근로자는 사실상 소득이 줄어든 것으로 느끼게 되는데, 이를 보전하기 위해 기업이 지급해야 하는 보상을 의미함

61 다음 중 윗글을 이해한 내용으로 적절하지 않은 것은?

① 기업과 근로자 사이의 이해 상충은 근로자의 노력을 반영하는 보상을 통해 완화할 수 있는 문제이다.

② 법이 보호할 수 있는 인센티브 계약으로 근로자의 노력을 늘리려는 것이 오히려 기업에 해가 되는 경우가 있다.

③ 명시적 인센티브 계약에서 노력의 결과인 성과에 기초하는 것은 노력 자체를 객관적으로 확인할 수 없기 때문이다.

④ 합당한 성과 측정 지표를 찾기 힘들 경우에는 객관적 평가보다 주관적 평가에 기초한 보상이 더 효과적일 수 있다.

⑤ 성과를 측정하기 어려운 업무에 종사하는 근로자에 대한 보상에서는 명시적인 인센티브의 강도가 높은 것이 효과적이다.

Hard

62 윗글의 밑줄 친 ㉠에 대한 설명으로 적절하지 않은 것은?

① 법원과 같은 제3자가 강제할 수 없는 약속이다.

② 객관적으로 확인할 수 있는 조건에 기초한 약속이다.

③ 자신에게 이익이 되기 때문에 자발적으로 이행하는 약속이다.

④ 상대방의 신뢰를 잃음으로써 초래되는 장기적 손실이 클수록 더 잘 지켜지는 약속이다.

⑤ 상대방의 기대를 저버림으로써 얻게 되는 단기적 이익이 작을수록 더 잘 지켜지는 약속이다.

63 다음 〈보기〉는 이번 주 기온에 대한 정보이다. 함수를 〈조건〉과 같이 정의할 때, 일교차가 가장 큰 값을 구하는 수식으로 옳은 것은?

보기

	A	B	C
1	요일	최고기온	최저기온
2	월	12	1
3	화	11	2
4	수	7	3
5	목	9	2
6	금	6	0
7	토	10	3
8	일	9	2

조건

- ♤(범위1, 조건, 범위2) : 범위1에서 조건을 충족하는 셀과 같은 행에 있는, 범위2 셀의 합을 구하는 함수
- ○(셀1, 셀2) : 셀1과 셀2의 차를 구하는 함수
- ▲(범위) : 범위에서 가장 큰 값을 구하는 함수
- ☆(범위) : 범위에서 가장 작은 값을 구하는 함수
- ♡(셀1, 셀2, …) : 셀의 합을 구하는 함수

① = ♤(A2:A8, "월", C2:C8)

② = ○(B2, C2)

③ = ♡(B2, C2)

④ = ▲(B2:B8 − C2:C8)

⑤ = ☆(C2:C8)

64 진영이는 동생에게 데이터 리필 쿠폰을 선물하기 위해 통신사 고객센터에 연락했다. 통신사 고객센터의 순서도가 다음과 같을 때, 진영이가 누를 번호로 적절한 것은?

〈순서도 기호〉

기호	설명	기호	설명
(둥근 모서리)	시작과 끝을 나타낸다.	(마름모)	어느 것을 택할 것인지를 판단한다.
(사각형)	데이터를 입력하거나 계산하는 등의 처리를 한다.	(물결 모양)	선택한 값을 출력한다.

〈순서도〉

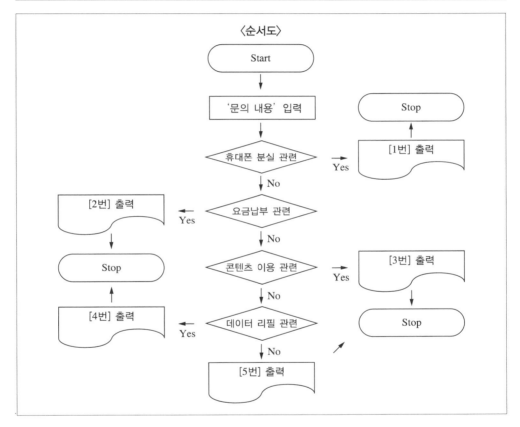

① 1번   ② 2번

③ 3번   ④ 4번

⑤ 5번

65 다음은 이메일 분류에 대한 순서도이다. 〈보기〉를 순서도에 넣었을 때, 출력되는 메일함으로 적절한 것은?

〈순서도 기호〉			
기호	설명	기호	설명
	시작과 끝을 나타낸다.		어느 것을 택할 것인지를 판단한다.
	데이터를 입력하거나 계산하는 등의 처리를 한다.		선택한 값을 출력한다.

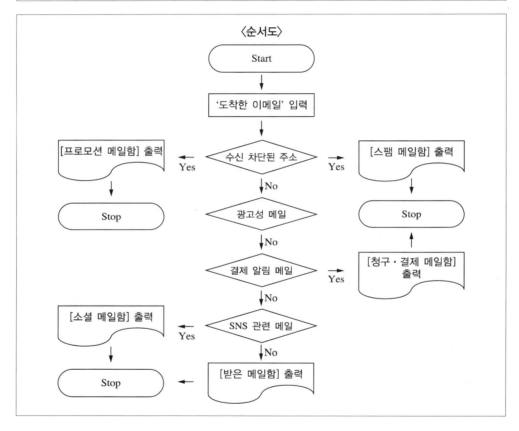

〈순서도〉

◇◇마트에서 주문이 완료되었습니다.

***님, 2025년 2월 15일 오후 08시 09분에 구매하신 상품의 주문이 완료되었습니다.
항상 ◇◇마트를 이용해 주셔서 감사합니다.

주문상품 정보

상품명	수량	주문금액
그릭요거트 플레인 80×4입	1	5,390원
감귤 3kg	1	12,500원
그래놀라 300g	1	10,590원
총결제금액		28,480원

⋮

① 청구·결제 메일함   ② 스팸 메일함
③ 프로모션 메일함   ④ 소셜 메일함
⑤ 받은 메일함

Hard

66 다음 〈보기〉 중 SVM(Support Vector Machine)에 대한 설명으로 옳은 것을 모두 고르면?

보기

ㄱ. SVM은 범주 간 경계를 찾되, 마진(Margin)을 최소로 하는 경계를 찾는다.
ㄴ. 데이터 분포가 선형 분류를 하기에는 샘플 분할 경계가 복잡한 경우에 선형 SVM의 분류 성능
    은 저하된다.
ㄷ. 각 샘플이 특성을 정의하는 n개의 변수들로 표현된다고 할 때, 샘플들은 n차원 데이터 공간
    (Data Space)에 분포하게 된다.
ㄹ. 선형 SVM에는 오분류에 대한 허용 정도에 따라 전혀 허용하지 않는 경성(Hard) 마진, 오분류
    를 일부 허용하는 연성(Soft) 마진 등이 있다.

① ㄱ, ㄴ   ② ㄴ, ㄷ
③ ㄱ, ㄴ, ㄷ   ④ ㄱ, ㄴ, ㄹ
⑤ ㄴ, ㄷ, ㄹ

67 다음은 S은행의 신입 교육 순서도이다. 올해 S은행에 입사하게 된 지원씨는 평가시험에서 87점을 받았고, 이전 은행에서 4년간 관련 업무를 해왔으며, 관련 자격증도 가지고 있다. 지원씨가 수료하게 될 교육코스로 적절한 것은?(단, 올해 평가시험의 평균점수는 76점이었다)

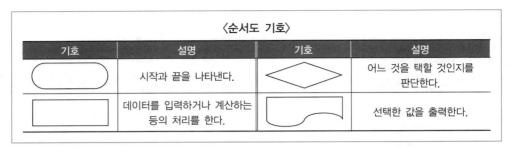

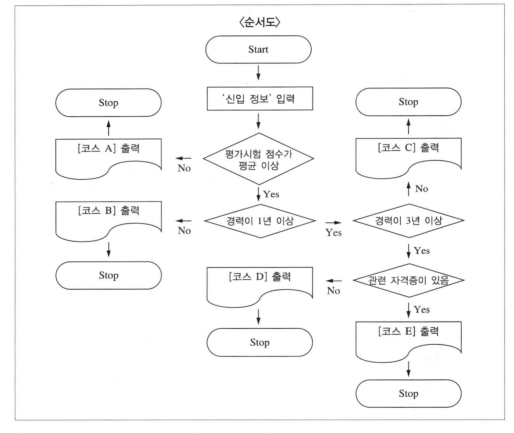

① 코스 A
② 코스 B
③ 코스 C
④ 코스 D
⑤ 코스 E

68 오늘 용수는 학교에서 신체검사를 했다. 신체검사에 소요되는 시간을 최대한 단축시키고자 학생의 반과 번호에 따라 검사 순서를 다르게 정했다. 이에 대한 순서도가 다음과 같을 때, 3학년 3반 12번인 용수의 신체검사 순서로 옳은 것은?

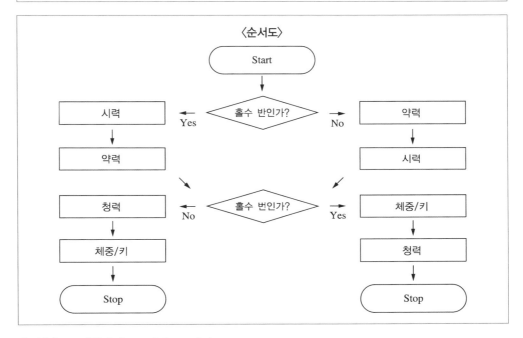

① 청력 → 체중 / 키 → 약력 → 시력

② 시력 → 약력 → 체중 / 키 → 청력

③ 시력 → 약력 → 청력 → 체중 / 키

④ 약력 → 시력 → 청력 → 체중 / 키

⑤ 약력 → 체중 / 키 → 시력 → 청력

※ 다음은 청년매입임대주택 사업에 대한 정보이다. 이어지는 질문에 답하시오. [69~70]

〈청년매입임대주택〉

- 입주대상 : 무주택 요건 및 소득·자산 기준을 충족하고 다음 어느 하나에 해당하는 미혼 청년
  - 만 19세 이상 만 39세 이하인 사람
  - 대학생(입학 및 복학 예정자 포함)
  - 취업준비생(고등학교·대학교 등을 졸업·중퇴 2년 이내인 미취업자)
- 입주순위

순위	자격 요건
1순위	생계·주거·의료급여 수급자 가구, 차상위계층 가구, 지원대상 한부모가족에 속하는 청년
2순위	본인과 부모의 월평균소득이 전년도 도시근로자 가구원수별 가구당 월평균소득 100% 이하인 자로서 국민임대 자산기준을 충족하는 자
3순위	본인의 월평균소득이 전년도 도시근로자 1인 가구 월평균소득 100% 이하인 자로서 행복주택(청년) 자산기준을 충족하는 자

- 소득·자산기준

구분		1순위	2순위	3순위
소득	범위	해당 가구	본인과 부모	본인
	기준	자격 판단	100% 이하	100% 이하
자산	범위	–	본인과 부모	본인
	기준	검증 안함	29,200만 원 이하	25,400만 원 이하
자동차가액	범위	–	본인과 부모	본인
	기준	검증 안함	3,496만 원 이하	3,496만 원 이하
주택소유 여부	범위	본인	본인	본인
	기준	무주택	무주택	무주택

- 임대조건
  - 1순위 : 보증금 100만 원, 임대료 시중시세 40%
  - 2, 3순위 : 보증금 200만 원, 임대료 시중시세 50%
- 거주기간 : 2년(입주자격 유지 시 재계약 2회 가능)

69 다음 중 위 청년매입임대주택 사업에 대한 설명으로 옳지 않은 것은?

① 고등학교에 재학 중인 만 18세의 학생은 입주대상에 해당되지 않는다.

② 본인의 월평균소득이 전년도 도시근로자 1인 가구 월평균소득의 100%를 초과하는 경우, 2순위 입주대상이 될 수 없다.

③ 2순위 입주대상자는 3순위 입주대상자와 동일한 금액의 보증금을 적용받는다.

④ 1순위에 해당하지 않으면서, 3,600만 원 가액의 일반 자동차를 본인 명의로 소유한 경우 입주가 불가능하다.

⑤ 청년매입임대주택 입주 시 최대 6년간 거주 가능하다.

70 다음 〈보기〉의 정보를 바탕으로 할 때, 청년매입임대주택 입주대상에 해당하지 않는 사람을 모두 고르면?(단, 주어진 정보 외의 자격요건은 모두 충족하는 것으로 본다)

> **보기**
> • 민우 : 1인 가구 세대주로서, 월평균소득이 도시근로자 1인 가구 월평균소득의 80%이며 2억 6천만 원의 현금을 보유
> • 정아 : 만 28세이고 혼인한 지 1년이 경과하였으며 차상위계층 가구의 세대주
> • 소현 : 월평균소득이 도시근로자 1인 가구 월평균소득의 90%이며, 무주택자인 1인 가구 세대주
> • 경범 : 월평균소득이 없는 대학생으로서 3인 가구의 세대원이며, 부모의 월평균소득이 전년도 3인 가구 도시근로자 가구당 월평균소득의 80%에 해당

① 민우, 정아   ② 민우, 소현

③ 정아, 소현   ④ 정아, 경범

⑤ 소현, 경범

제2회
최종점검 모의고사

모바일 OMR

🕐 응시시간 : 90분   📋 문항 수 : 70문항

정답 및 해설 p.068

01 S사에서 근무하고 있는 김인턴은 경기본부로 파견 근무를 나가고자 한다. 다음 〈조건〉에 따라 파견일을 결정할 때, 김인턴이 경기본부로 파견 근무를 갈 수 있는 기간으로 옳은 것은?

<10월 달력>

일요일	월요일	화요일	수요일	목요일	금요일	토요일
				1	2	3
4	5	6	7	8	9	10
11	12	13	14	15	16	17
18	19	20	21	22	23	24
25	26	27	28	29	30	31

조건

• 김인턴은 10월 중에 경기본부로 파견 근무를 나간다.
• 파견 근무는 이틀 동안 연이어 진행하여야 한다.
• 파견 근무는 주중에만 진행된다.
• 김인턴은 10월 1 ~ 7일까지 연수에 참석하므로 해당 기간에는 근무를 진행할 수 없다.
• 김인턴은 10월 27일부터는 부서이동을 하므로 파견 근무를 포함한 모든 담당 업무를 후임자에게 인계하여야 한다.
• 김인턴은 목요일마다 H본부로 출장을 가며, 출장일에는 파견 근무를 수행할 수 없다.

① 10월 6 ~ 7일
② 10월 11 ~ 12일
③ 10월 14 ~ 15일
④ 10월 20 ~ 21일
⑤ 10월 27 ~ 28일

02 S은행에 100만 원을 맡기면 다음 달에 104만 원을 받을 수 있다. 이번 달에 50만 원을 입금하여 다음 달에 30만 원을 출금했다면 그 다음 달에 찾을 수 있는 최대 금액은?

① 218,800원
② 228,800원
③ 238,800원
④ 248,800원
⑤ 258,800원

03 다음은 S사에서 공개한 2024년 구분 손익계산서이다. 이에 대한 설명으로 옳은 것은?

⟨2024년 구분 손익계산서⟩

(단위 : 억 원)

| 구분 | 합계 | 손실보전대상사업 | | | | | 토지은행사업 | 일반사업 |
		공공주택(보금자리)	산업단지개발	주택관리사업	행정중심복합도시	혁신도시개발		
매출액	180,338	68,245	7,349	13,042	6,550	2,617	2,486	80,049
매출원가	146,978	55,230	4,436	22,890	3,421	1,846	2,327	56,828
매출총이익	33,360	13,015	2,913	−9,848	3,129	771	159	23,221
판매비와 관리비	7,224	2,764	295	1,789	153	7	60	2,156
영업이익	26,136	10,251	2,618	−11,637	2,976	764	99	21,065
기타수익	9,547	296	77	96	56	133	0	8,889
기타비용	3,451	68	5	1	1	11	1	3,364
기타이익(손실)	−60	−7	0	0	0	−3	0	−50
금융수익	2,680	311	18	0	112	13	0	2,226
금융원가	6,923	−2,610	487	6,584	585	−7	57	1,827
지분법적용관계기업이익(손실)	33	0	0	0	0	0	0	33
법인세비용차감 전 순이익	27,962	13,393	2,221	−18,126	2,558	903	41	26,972
법인세비용	7,195	3,446	572	−4,664	658	232	11	6,940
당기순이익	20,767	9,947	1,649	−13,462	1,900	671	30	20,032

① 주택관리사업의 판매비와 관리비는 공공주택사업의 판매비와 관리비의 80% 이상이다.
② 금융원가가 높은 사업의 순위와 기타수익이 높은 사업의 순위는 동일하다.
③ 행정중심복합도시의 영업이익이 2024년 총 영업이익에서 차지하는 비율은 20% 이상이다.
④ 혁신도시개발의 매출총이익은 법인세비용 차감 전 순이익의 75% 이상이다.
⑤ 산업단지개발의 매출원가는 일반사업의 매출원가의 15% 이상이다.

04 다음 중 기업이 글로벌 전략을 수행하는 이유로 옳지 않은 것은?

① 규모의 경제를 달성하기 위해
② 세계 시장에서의 협력 강화를 위해
③ 현지 시장으로의 효과적인 진출을 위해
④ 기업구조를 개편하여 경영의 효율성을 높이기 위해
⑤ 저임금 노동력을 활용하여 생산 단가를 낮추기 위해

05 동성, 현규, 영희, 영수, 미영 5명은 A의 이사를 도와주면서 A가 사용하지 않는 물건들을 각각 하나씩 받았다. 다음 〈조건〉을 바탕으로 옳지 않은 것은?

> **조건**
> • A가 사용하지 않는 물건은 세탁기, 컴퓨터, 드라이기, 로션, 핸드크림이고, 동성, 현규, 영희, 영수, 미영 순으로 물건을 고를 수 있다.
> • 동성이는 세탁기 또는 컴퓨터를 받길 원한다.
> • 현규는 세탁기 또는 드라이기를 받길 원한다.
> • 영희는 로션 또는 핸드크림을 받길 원한다.
> • 영수는 전자기기 이외의 것을 받길 원한다.
> • 미영은 아무 것이나 받아도 상관없다.

① 동성이는 자신이 원하는 물건을 받을 수 있다.
② 영희는 영수와 원하는 물건이 동일하다.
③ 미영이는 드라이기를 받을 수 없다.
④ 영수는 원하는 물건을 고를 수 있는 선택권이 없다.
⑤ 현규는 드라이기를 받을 확률이 더 높다.

06 다음 글의 빈칸에 들어갈 내용으로 가장 적절한 것은?

> 미세먼지와 황사는 여러모로 비슷하면서도 뚜렷한 차이점을 지니고 있다. 삼국사기에도 기록되어 있는 황사는 중국 내륙 내몽골 사막에 강풍이 불면서 날아오는 모래와 흙먼지를 일컫는데, 장단점이 존재했던 과거와 달리 중국 공업지대를 지난 황사에 미세먼지와 중금속 물질이 더해지며 심각한 환경문제로 대두되었다. 이와 달리 미세먼지는 일반적으로는 대기오염물질이 공기 중에 반응하여 형성된 황산염이나 질산염 등 이온 성분, 석탄·석유 등에서 발생한 탄소화합물과 검댕, 흙먼지 등 금속화합물의 유해 성분으로 구성된다.
> 미세먼지의 경우 통념적으로는 먼지를 미세먼지와 초미세먼지로 구분하고 있지만, 대기환경과 환경보전을 목적으로 하는 환경정책기본법에서는 미세먼지를 PM(Particulate Matter)이라는 단위로 구분한다. 즉, 미세먼지(PM$_{10}$)의 경우 입자의 크기가 10μm 이하인 먼지이고, 미세먼지(PM$_{2.5}$)는 입자의 크기가 2.5μm 이하인 먼지로 정의하고 있다. 이에 비해 황사는 통념적으로는 입자 크기로 구분하지 않으나 주로 지름 20μm 이하의 모래로 구분하고 있다. 때문에 _____

① 황사 문제를 해결하기 위해서는 근본적으로 황사의 발생 자체를 억제할 필요가 있다.
② 황사와 미세먼지의 차이를 입자의 크기만으로 구분 짓기는 어렵다.
③ 미세먼지의 역할 또한 분명히 존재함을 기억해야 할 것이다.
④ 황사와 미세먼지의 근본적인 구별법은 그 역할에서 찾아야 할 것이다.
⑤ 초미세먼지를 차단할 수 있는 마스크라 해도 황사와 초미세먼지를 동시에 차단하기는 어렵다.

07 다음은 이번 주 오전/오후에 눈이 내릴 확률 정보이다. 함수를 〈조건〉과 같이 정의할 때, 가장 작은 값을 출력하는 함수식은?

	A	B	C	D
1	요일	오전	오후	평균
2	월요일	50	0	25
3	화요일	30	60	45
4	수요일	60	70	65
5	목요일	30	40	35
6	금요일	80	90	85

조건

- ◎(셀1, 셀2, … or 범위) : 셀(범위)의 합을 구하는 함수
- ■(셀1, 셀2, … or 범위) : 셀(범위)의 평균을 구하는 함수
- ☆(범위1, 조건, 범위2) : 범위1에서 조건을 충족하는 셀과 같은 행에 있는, 범위2 셀의 합을 구하는 함수
- ◇(셀1, 셀2) : 셀1과 셀2의 차를 구하는 함수
- ●(셀1, 셀2, … or 범위) : 셀(범위) 중 가장 큰 값을 구하는 함수
- △(셀1, 셀2, … or 범위) : 셀(범위) 중 가장 작은 값을 구하는 함수

① $= ◎(△(C2:C6), ●(B2:B6))$

② $= ●(△(C2:C6), ■(B6,C5))$

③ $= ■(●(B2:C6), ◎(B4:C4))$

④ $= ☆(A2:A6, \text{"수*"}, B2:C6)$

⑤ $= ◇(■(B2:B6), △(B2:C2))$

08 S유통회사는 LED전구를 수입하여 국내에 판매할 계획을 세우고 있다. 다음은 동급의 LED전구를 생산하는 해외업체들의 가격정보일 때, 판매단가가 가장 경쟁력 높은 기업은?

구분	A기업	B기업	C기업	D기업	E기업
판매단가(개당)	8USD	50CNY	270TWD	30AED	550INR
교환비율	1	6	35	3	70

※ 교환비율 : USD를 기준으로 다른 화폐와 교환할 수 있는 비율을 의미함

① A기업
② B기업
③ C기업
④ D기업
⑤ E기업

09 다음은 친환경 농법 아이디어 공모전에 대한 참가자 가 ~ 자의 평가표이다. 〈조건〉에 근거할 때, 예상 소모비용의 총합은?

〈친환경 농법 아이디어 공모전 평가표〉

구분	예상 소모비용 (만 원/월)	경제성	노동효율	접근성	환경영향력
가	500	A	A	B	C
나	750	B	B	C	A
다	900	C	A	A	A
라	600	B	B	B	B
마	850	B	C	A	A
바	950	C	B	C	A
사	550	A	A	A	C
아	800	B	A	A	A
자	700	A	B	C	B

※ 평가 등급은 A - B - C순임

조건
• 접근성 평가는 고려하지 않는다.
• 환경영향력이 최저등급인 참가자는 모두 제외한다.
• 환경영향력을 제외한 분야별로 최고등급인 참가자를 모두 채택한다.

① 1,700만 원/월
② 2,100만 원/월
③ 2,400만 원/월
④ 3,150만 원/월
⑤ 3,250만 원/월

10 다음은 AIIB(Asian Infrastructure Investment Bank)의 지분율 상위 10개 회원국의 지분율과 투표권 비율에 대한 자료이다. 이에 대한 〈보기〉의 설명 중 옳은 것을 모두 고르면?

〈지분율 상위 10개 회원국의 지분율과 투표권 비율〉

(단위 : %)

구분	지역	지분율	투표권 비율
중국	A	30.34	26.06
인도	A	8.52	7.51
러시아	B	6.66	5.93
독일	B	4.57	4.15
한국	A	3.81	3.50
호주	A	3.76	3.46
프랑스	B	3.44	3.19
인도네시아	A	3.42	3.17
브라질	B	3.24	3.02
영국	B	3.11	2.91

※ (회원국의 지분율)=$\dfrac{(\text{해당 회원국이 AIIB에 출자한 자본금})}{(\text{AIIB의 자본금 총액})} \times 100$

※ 지분율이 높을수록 투표권 비율이 높아짐

보기

ㄱ. 지분율 상위 4개 회원국의 투표권 비율을 합하면 40% 이상이다.

ㄴ. 중국을 제외한 지분율 상위 9개 회원국 중 지분율과 투표권 비율의 차이가 가장 큰 회원국은 인도이다.

ㄷ. 지분율 상위 10개 회원국 중 A지역 회원국의 지분율 합은 B지역 회원국의 지분율 합의 3배 이상이다.

ㄹ. AIIB의 자본금 총액이 2,000억 달러라면, 독일과 프랑스가 AIIB에 출자한 자본금의 합은 160억 달러 이상이다.

① ㄱ, ㄴ
② ㄴ, ㄷ
③ ㄷ, ㄹ
④ ㄱ, ㄴ, ㄹ
⑤ ㄱ, ㄷ, ㄹ

11 다음은 부당이득 징수업무 처리 규정의 일부이다. 이에 대한 〈보기〉의 설명 중 옳은 것을 모두 고르면?

부당이득 징수금 납입고지(제6조)

지역본부장은 제5조에 따른 부당이득 관리 수관 즉시 납부의무자에게 그 금액과 납부기한을 별지 제28호 서식에 따라 납입고지하여야 한다. 이 경우 납부기한은 고지서 발급일부터 10일 이상 30일 이내로 하여야 한다.

독촉장 발급(제7조)

지역본부장은 납입고지서상에 기재된 납부기한까지 완납하지 아니하였을 때에는 별지 제29호 서식에 따라 납부기한이 지난 후 10일 이내에 독촉장을 발급하여야 하며, 납부기한은 독촉장 발급일부터 10일 이상 20일 이내로 한다.

체납자의 행방조사(제9조)

지역본부장은 체납자가 주민등록지에 거주하는지 여부를 확인하여야 하며, 체납자가 주민등록지에 거주하지 아니하는 경우 담당자는 관계공부열람복명서를 작성하거나 체납자의 주민등록지 관할 동(읍·면)장의 행방불명확인서를 발급받는다.

재산 및 행방조사 시기 등(제10조)

① 지역본부장은 체납자에 대한 재산조사 및 행방조사 업무를 체납이 발생할 때마다 수시로 실시하여 체납정리의 신속을 도모하고 특정한 시기에 집중적으로 조회하여 상대기관(협조기관)의 업무 폭주에 따른 처리지연, 미회신 등의 사례가 발생하지 않도록 하여야 한다.

② 지역본부장은 체납자의 주소 및 등록기준지가 다른 소속기관 관할인 경우에는 그 관할 지역본부장에게 제8조, 제9조 제1항 및 제2항에 따른 조사를 직접 수행하도록 의뢰할 수 있으며, 이 경우 의뢰를 받은 지역본부장은 조사사항을 의뢰일부터 15일 이내에 송부하여야 한다.

보기

ㄱ. 지역본부장이 1월 3일에 납부의무자 A에 대한 부당이득 관리를 수관하였다면 A는 고지된 금액을 늦어도 2월 2일 이내에 납부하여야 한다.

ㄴ. 지역본부장이 4월 2일에 납부의무자 B에게 4월 16일을 납부기한으로 하는 고지서를 발급하였으나 B가 납부하지 않은 경우, 지역본부장의 독촉장에 따른 B의 납부기한은 늦어도 5월 26일이다.

ㄷ. 체납자가 주민등록지에 거주하지 않는 경우, 지역본부장은 관계공부열람복명서를 작성하거나 관계기관에서 행방불명확인서를 발급받을 수 있다.

ㄹ. 관할 지역본부장은 상시적 업무부담 가중을 피하기 위해 재산조사 및 행방조사를 월말에 일괄적으로 실시해야 한다.

① ㄱ   ② ㄴ

③ ㄱ, ㄴ   ④ ㄷ, ㄹ

⑤ ㄱ, ㄴ, ㄷ

12 다음 〈보기〉 중 애덤 스미스(Adam Smith)의 보상적 임금격차의 요인에 해당하는 것은 모두 몇 개인가?

> **보기**
>
> ㄱ. 노동의 난이도　　　　　　　　　ㄴ. 작업의 쾌적도
> ㄷ. 임금의 불안정성　　　　　　　　ㄹ. 요구되는 교육훈련의 차이

① 0개　　　　　　　　　　　　　　② 1개
③ 2개　　　　　　　　　　　　　　④ 3개
⑤ 4개

13 다음 글에서 〈보기〉의 문장이 들어갈 위치로 가장 적절한 곳은?

> (가) 1783년 영국 자연철학자 존 미첼은 빛은 입자라는 생각과 뉴턴의 중력이론을 결합한 이론을 제시하였다. 그는 우선 별들이 어떻게 보일 것인지 사고실험을 통해 예측하였다.
> 별의 표면에서 얼마간의 초기 속도로 입자를 쏘아 올려 아무런 방해 없이 위로 올라간다고 가정해 보자. (나) 만약에 초기 속도가 충분히 빠르지 않으면 별의 중력은 입자의 속도를 점점 느리게 할 것이며, 결국 그 입자를 별의 표면으로 되돌아가게 할 것이다. 만약 초기 속도가 충분히 빠르면 입자는 중력을 극복하고 별을 탈출할 수 있을 것이다. 이렇게 입자가 별을 탈출할 수 있는 최소한의 초기 속도는 '탈출 속도'라고 불린다.
> (다) 이를 바탕으로 미첼은 '임계 둘레'라는 것도 추론해 냈다. 임계 둘레란 탈출속도와 빛의 속도를 같게 만드는 별의 둘레를 말한다. 빛 입자는 다른 입자들처럼 중력의 영향을 받는다. 그로 인해 빛은 임계 둘레보다 작은 둘레를 가진 별에서는 탈출할 수 없다. 그런 별에서 약 30만km/s의 초기 속도로 빛 입자를 쏘아 올렸을 때 입자는 우선 위로 날아갈 것이다. (라) 그런 다음 멈출 때까지 느려지다가, 결국 별의 표면으로 되돌아갈 것이다. 미첼은 임계 둘레를 쉽게 계산할 수 있었다. 태양과 동일한 질량을 가진 별의 임계 둘레는 약 19km로 계산되었다. (마) 이러한 사고실험을 통해 미첼은 임계 둘레보다 작은 둘레를 가진 암흑의 별들이 무척 많을 테고, 그 별들에서는 빛 입자가 빠져나올 수 없기에 지구에서는 볼 수 없을 것으로 추측했다.

> **보기**
>
> 미첼은 뉴턴의 중력이론을 이용해서 탈출속도를 계산할 수 있었으며, 그 속도가 별 질량을 별의 둘레로 나눈 값의 제곱근에 비례한다는 것을 유도하였다.

① (가)　　　　　　　　　　　　　　② (나)
③ (다)　　　　　　　　　　　　　　④ (라)
⑤ (마)

14 다음 순서도는 운동 규칙에 따라 종목을 분류한 것이다. 순서도에 배드민턴, 축구, 수영을 넣었을 때, 출력되는 도형으로 바르게 짝지어진 것은?

〈순서도 기호〉

기호	설명	기호	설명
(둥근 모서리 사각형)	시작과 끝을 나타낸다.	(마름모)	어느 것을 택할 것인지를 판단한다.
(사각형)	데이터를 입력하거나 계산하는 등의 처리를 한다.	(출력 기호)	선택한 값을 출력한다.

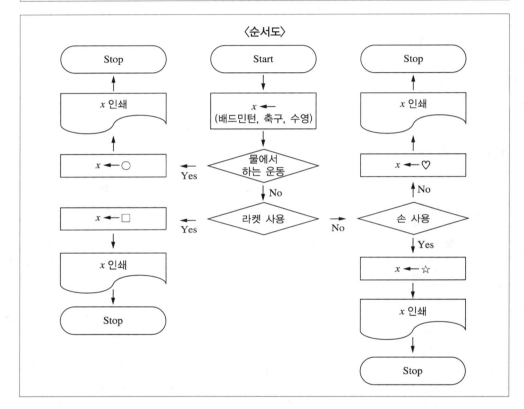

〈순서도〉

	배드민턴	축구	수영
①	□	♡	○
②	♡	☆	○
③	□	♡	☆
④	○	□	□
⑤	○	♡	☆

15 다음은 규칙에 따라 2 ~ 10까지의 서로 다른 자연수의 관계를 나타낸 것이다. 이때 A ~ C에 해당하는 수의 합은?

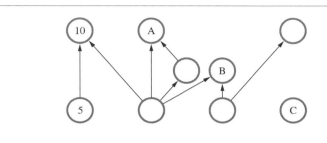

〈규칙〉

- 2에서 10까지의 자연수는 ◯ 안에 한 개씩만 사용되고, 사용되지 않는 자연수는 없다.
- 2에서 10까지의 서로 다른 임의의 자연수 3개를 x, y, z라고 할 때,
  - x ⟶ y는 y가 x의 배수임을 나타낸다.
  - 화살표로 연결되지 않은 z는 z가 x, y와 약수나 배수 관계가 없음을 나타낸다.

① 20
② 21
③ 22
④ 23
⑤ 24

16 상자에 빨간색 수건이 3장, 노란색 수건이 4장, 파란색 수건이 3장 들어있다. 두 번에 걸쳐 한 장씩 뽑는 시행을 하려고 할 때, 처음에 빨간색 수건을, 다음에 파란색 수건을 뽑을 확률은?(단, 한 번 꺼낸 수건은 다시 넣지 않는다)

① $\dfrac{9}{100}$
② $\dfrac{1}{10}$
③ $\dfrac{11}{100}$
④ $\dfrac{2}{15}$
⑤ $\dfrac{3}{10}$

17 다음 글의 상황에서 〈조건〉의 사실을 토대로 신입사원이 김과장을 찾기 위해 추측한 내용 중 반드시 참인 것은?

> 김과장은 오늘 아침 조기 축구 시합에 나갔다. 그런데 김과장을 한 번도 본 적이 없는 같은 회사의 어떤 신입사원이 김과장에게 급히 전할 서류가 있어 직접 축구 시합장을 찾았다. 시합은 이미 시작되었고, 김과장이 현재 양 팀의 수비수나 공격수 중 한 사람으로 뛰고 있다는 것은 분명하다.

> **조건**
> ㄱ. A팀은 검정색 상의를, B팀은 흰색 상의를 입고 있다.
> ㄴ. 양 팀에서 축구화를 신고 있는 사람은 모두 안경을 쓰고 있다.
> ㄷ. 양 팀에서 안경을 쓴 사람은 모두 수비수이다.

① 만약 김과장이 공격수라면 안경을 쓰고 있다.
② 만약 김과장이 A팀의 공격수라면 흰색 상의를 입고 있거나 축구화를 신고 있다.
③ 만약 김과장이 B팀의 공격수라면 축구화를 신고 있지 않다.
④ 만약 김과장이 검정색 상의를 입고 있다면 안경을 쓰고 있다.
⑤ 만약 김과장이 A팀의 수비수라면 검정색 상의를 입고 있으며 안경을 쓰고 있지 않다.

18 부동산 취득세 세율이 다음과 같을 때, 실 매입비가 6억 7천만 원인 92m^2 아파트의 거래금액은? (단, 만 원 단위 미만은 절사한다)

〈표준세율〉

(단위 : %)

구분		취득세	농어촌특별세	지방교육세
6억 원 이하 주택	85m^2 이하	1	비과세	0.1
	85m^2 초과	1	0.2	0.1
6억 원 초과 9억 원 이하 주택	85m^2 이하	2	비과세	0.2
	85m^2 초과	2	0.2	0.2
9억 원 초과 주택	85m^2 이하	3	비과세	0.3
	85m^2 초과	3	0.2	0.3

① 65,429만 원
② 65,800만 원
③ 67,213만 원
④ 67,480만 원
⑤ 68,562만 원

19 다음 〈보기〉는 강남구에 분포한 S버거 지점을 정리한 표이다. 함수를 〈조건〉과 같이 정의할 때, '지역'열을 〈보기〉와 같이 채우려 한다. [D2]에 들어갈 수식으로 옳은 것은?

보기

◢	A	B	C	D
1	번호	지점	지점장	지역
2	1	개포1동점	이지안	개포1동
3	2	논현2동점	김민준	논현2동
4	3	도곡1동점	김서진	도곡1동
5	4	대치4동점	박준우	대치4동
6	5	삼성1동점	도주원	삼성1동
7	6	압구정동점	이수아	압구정동

조건

- ◎(셀1, x) : 셀1 안의 문자열을 왼쪽에서부터 x만큼 문자를 반환하는 함수
- ○(셀1, x) : 셀1 안의 문자열을 오른쪽으로부터 x만큼 문자를 반환하는 함수
- ▲(셀1, a, b) : 셀1 안의 문자열을 a부터 b만큼 문자를 반환하는 함수
- ☖(셀1) : 셀1의 길이를 반환하는 함수

① $= ◎(B2, 4)$
② $= ◎(B2, 5)$
③ $= ▲(B2, 1, 5)$
④ $= ☖(B2)$
⑤ $= ○(B2, 4)$

20 중국과 인도 근로자 한 사람의 시간당 의복과 자동차 생산량은 다음과 같다. 리카도(D. Ricardo)의 비교우위이론에 따를 때, 양국은 어떤 제품을 수출하는가?

〈시간당 의복 · 자동차 생산량〉		
구분	의복(벌)	자동차(대)
중국	40	30
인도	20	10

	중국	인도
①	의복	자동차
②	자동차	의복
③	의복과 자동차	수출하지 않음
④	수출하지 않음	자동차와 의복
⑤	두 국가 모두 교역을 하지 않음	

※ 다음은 S사 제품의 공정 순서와 공정에 따른 〈조건〉에 대한 자료이다. 이어지는 질문에 답하시오. [21~22]

〈공정표〉

(단위 : 분)

구분	선행 공정	소요 시간
가	준비단계	30
나	없음	15
다	가	60
라	나	35
마	다	20
바	라 또는 마	45

조건

- 준비단계는 공정을 시작하기 전 기계 점검 및 작동 예열 시간으로 20분이 소요된다(단, 가 공정을 할 때마다 준비단계를 먼저 시행한다).
- 나 공정은 준비단계 없이 바로 시작할 수 있다.
- 공정 사이 제품의 이동시간은 무시한다.
- 가, 나 공정은 동시 시작이 가능하고, 공정 과정은 두 가지이다.
- 가 공정으로 시작하는 제품은 7개, 나 공정으로 시작하는 제품은 3개 생산이 가능하다.
- 공정 과정은 선행 공정에 따라 정해지고, 마지막 공정인 바 공정에서는 두 공정 동시 가동이 가능하다.

21 공장에서 10시간 동안 기계를 작동했을 때, 가 공정으로 시작하는 공정 과정의 완제품 개수와 나 공정으로 시작하여 만들어지는 완제품 개수의 차이는?

① 10개   ② 7개
③ 5개   ④ 3개
⑤ 1개

22 두 가지 공정 과정을 동시에 가동시켜 150개의 제품을 생산한다고 할 때, 최소 소요 시간은?

① 21시간   ② 26시간
③ 28시간   ④ 30시간
⑤ 35시간

23 다음 글의 내용으로 적절하지 않은 것은?

> 계약서란 계약의 당사자 간의 의사표시에 따른 법률행위인 계약 내용을 문서화한 것으로 당사자 사이의 권리와 의무 등 법률관계를 규율하고 의사표시 내용을 항목별로 구분한 후, 구체적으로 명시하여 어떠한 법률 행위를 어떻게 하려고 하는지 등의 내용을 특정한 문서이다. 계약서의 작성은 미래에 계약에 관한 분쟁 발생 시 중요한 증빙자료가 된다.
>
> 계약서의 종류를 살펴보면, 먼저 임대차계약서는 임대인 소유의 부동산을 임차인에게 임대하고, 임차인은 이에 대한 약정을 합의하는 내용을 담고 있다. 임대차는 당사자의 한쪽이 상대방에게 목적물을 사용·수익하게 할 수 있도록 약정하고, 상대방이 이에 대하여 차임을 지급할 것을 약정함으로써 그 효력이 생긴다. 부동산 임대차의 경우 목적 부동산의 전세, 월세에 대한 임차보증금 및 월세를 지급할 것을 내용으로 하는 계약이 여기에 해당하며, 임대차계약서는 주택 등 집합건물의 임대차계약을 작성하는 경우에 사용되는 계약서이다. 주택 또는 상가의 임대차계약은 민법에 대한 특례를 규정한 주택임대차보호법 및 상가건물 임대차보호법의 적용을 받으며, 이 법의 적용을 받지 않은 임대차에 관하여는 민법상의 임대차 규정을 적용하고 있다.
>
> 다음으로 근로계약서는 근로자가 회사(근로기준법에서는 '사용자'라고 함)의 지시 또는 관리에 따라 일을 하고 이에 대한 대가로 회사가 임금을 지급하기로 한 내용의 계약서로 유상·쌍무계약을 말한다. 근로자와 사용자의 근로관계는 서로 동등한 지위에서 자유의사에 의하여 결정한 계약에 의하여 성립한다. 이러한 근로관계의 성립은 구술에 의하여 약정되기도 하지만 통상적으로 근로계약서 작성에 의하여 행해지고 있다.
>
> 마지막으로 부동산 매매계약서는 당사자가 계약 목적물을 매매할 것을 합의하고, 매수인이 매도자에게 매매 대금을 지급할 것을 약정함으로 인해 그 효력이 발생한다. 부동산 매매계약서는 부동산을 사고, 팔기 위하여 매도인과 매수인이 약정하는 계약서로 매매대금 및 지급시기, 소유권 이전, 제한권 소멸, 제세공과금, 부동산의 인도, 계약의 해제에 관한 사항 등을 약정하여 교환하는 문서이다. 부동산거래는 상황에 따라 다양한 매매조건이 수반되기 때문에 획일적인 계약 내용 외에 별도 사항을 기재하는 수가 많으므로 계약서에 서명하기 전에 계약 내용을 잘 확인하여야 한다.
>
> 이처럼 계약서는 계약의 권리와 의무의 발생, 변경, 소멸 등을 도모하는 중요한 문서로 계약서를 작성할 때에는 신중하고 냉철하게 판단한 후, 권리자와 의무자의 관계, 목적물이나 권리의 행사 방법 등을 명확하게 전달할 수 있도록 육하원칙에 따라 간결하고 명료하게 그리고 정확하고 평이하게 작성해야 한다.

① 계약체결 이후 관련 분쟁이 발생할 경우 계약서가 중요한 증빙자료가 될 수 있다.
② 주택 또는 상가의 임대차계약은 민법상의 임대차규정의 적용을 받는다.
③ 근로계약을 통해 근로자와 사용자가 동등한 지위의 근로관계를 성립한다.
④ 부동산 매매계약서는 획일적인 계약 내용 외에 별도 사항을 기재하기도 한다.
⑤ 계약서를 작성할 때는 간결·명료하고 정확한 표현을 사용하여야 한다.

※ 다음은 전 세계 각국에 대한 우리나라의 수출입 실적이다. 이어지는 질문에 답하시오. **[24~25]**

〈2024년 국가별 수출입 실적〉

(단위 : USD 1,000)

구분	수출건수	수출금액	수입건수	수입금액	무역수지
총계	3,964,642	258,947,424	9,405,485	243,628,807	15,318,617
중국	953,140	65,384,190	1,356,749	43,133,240	22,250,951
미국	397,564	28,108,451	3,975,452	24,127,985	3,980,465
베트남	249,333	19,631,307	144,558	7,856,156	11,775,151
홍콩	129,869	18,666,061	83,597	929,330	17,736,732
일본	377,583	12,656,585	742,746	23,537,812	−10,881,227
대만	105,061	6,809,322	122,137	7,044,554	−235,232
인도	93,303	6,220,597	43,968	2,256,431	3,964,166
싱가포르	89,198	4,942,104	63,877	3,494,874	1,447,231
필리핀	48,379	4,866,426	38,114	1,371,511	3,494,915
멕시코	55,157	4,322,144	35,441	2,246,253	2,075,892
호주	45,830	4,109,275	150,274	8,095,355	−3,986,080
독일	70,715	4,011,444	741,693	9,063,340	−5,051,897
기타	1,349,510	79,219,518	1,906,879	110,471,966	−31,252,450

24 다음 중 위 국가별 수출입 실적 관련 항목과 수치가 바르게 연결된 것은?(단, 모든 값은 소수점 둘째 자리에서 반올림한다)

	항목	수치
①	중국 수출건수 대비 미국 수출건수 비율	39.5%
②	기타를 제외한 수입건수를 높은 순으로 나열시 대만의 수입건수 순위	6
③	일본의 수출건수 대비 수입건수 비율	196.7%
④	수입금액이 USD 200억 이상인 국가 수	3
⑤	멕시코의 수출건수당 수출금액USD	80,250

25 다음 중 위 국가별 수출입실적에 대해 옳지 않은 설명을 한 사람을 모두 고르면?

> A : 독일의 수출건수는 필리핀의 수출건수에 비해 30% 이상 많아.
> B : 싱가포르의 수입건수는 수출건수의 70% 미만에 불과해.
> C : 미국은 우리나라가 수입하는 국가들 중 수입건수가 가장 많은 국가야.
> D : 홍콩의 무역수지는 인도 무역수지의 5배보다 커.

① A, B   ② B, D
③ A, B, D   ④ A, C, D
⑤ B, C, D

26 S사는 6층 건물의 모든 층을 사용하고 있으며, 건물에는 기획부, 인사운영부, 서비스개선부, 연구·개발부, 복지사업부, 가입지원부가 층별로 위치하고 있다. 다음 〈조건〉을 참고할 때, 항상 옳은 것은?(단, 6개의 부서는 서로 다른 층에 위치하며, 3층 이하에 위치한 부서의 직원은 출근 시 반드시 계단을 이용해야 한다)

> **조건**
> • 기획부의 문대리는 복지사업부의 이주임보다 높은 층에 근무한다.
> • 인사운영부는 서비스개선부와 복지사업부 사이에 위치한다.
> • 가입지원부의 김대리는 오늘 아침 엘리베이터에서 서비스개선부의 조대리를 만났다.
> • 6개의 부서 중 건물의 옥상과 가장 가까이에 위치한 부서는 연구·개발부이다.
> • 연구·개발부의 오사원이 인사운영부 박차장에게 휴가 신청서를 제출하기 위해서는 4개의 층을 내려와야 한다.
> • 건물 1층에는 공단에서 자체적으로 운영하는 커피숍이 함께 있다.

① 출근 시 엘리베이터를 탄 가입지원부의 김대리는 5층에서 내린다.
② 가입지원부의 김대리가 서비스개선부의 조대리보다 먼저 엘리베이터에서 내린다.
③ 인사운영부와 커피숍은 같은 층에 위치한다.
④ 기획부의 문대리는 출근 시 반드시 계단을 이용해야 한다.
⑤ 인사운영부의 박차장은 출근 시 연구·개발부의 오사원을 계단에서 만날 수 없다.

27 지수는 짝수일마다 10,000원씩 통장에 저축하며, 이에 대한 순서도는 다음과 같다. 지수가 12월 1일부터 31일까지 저축하는 금액이 얼마인지 알아보려 할 때, ⓐ, ⓑ, ⓒ에 들어갈 내용이 바르게 짝지어진 것은?(단, 현재 통장 잔액은 0원이다)

〈순서도 기호〉

기호	설명	기호	설명
(시작/끝 기호)	시작과 끝을 나타낸다.	(마름모)	어느 것을 택할 것인지를 판단한다.
(직사각형)	데이터를 입력하거나 계산하는 등의 처리를 한다.	(출력 기호)	선택한 값을 출력한다.
←	각종 기호의 처리 흐름을 연결한다.	i=초깃값, 최종값, 증가치	i가 초깃값부터 최종값까지 증가치만큼 증가하며, 기호 안의 명령문을 반복해서 수행한다.

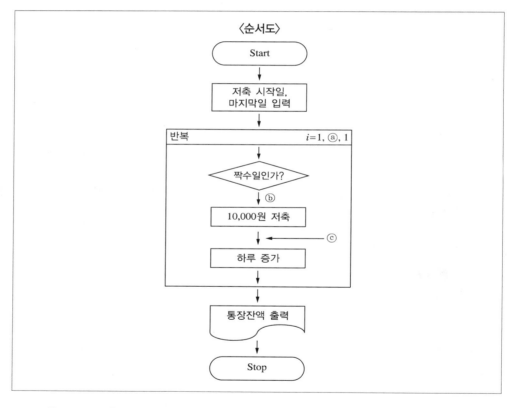

〈순서도〉

	ⓐ	ⓑ	ⓒ
①	31	No	Yes
②	31	Yes	No
③	31	Yes	Yes
④	10,000	No	Yes
⑤	10,000	No	Yes

28 A국과 B국의 상황이 다음과 같을 경우 나타날 수 있는 경제 현상이 아닌 것은?(단, 미 달러화로 결제하며, 각국의 환율은 달러 대비 자국 화폐의 가격으로 표시한다)

A국	• A국의 해외 유학생 수가 증가하고 있다. • 외국인 관광객이 증가하고 있다.
B국	• B국 기업의 해외 투자가 증가하고 있다. • 외국인 투자자들이 투자자금을 회수하고 있다.

① A국의 환율은 하락할 것이다.
② A국의 경상수지는 악화될 것이다.
③ B국이 생산하는 수출상품의 가격경쟁력이 높아질 것이다.
④ A국 국민이 B국으로 여행갈 경우 경비 부담이 증가할 것이다.
⑤ B국 국민들 중 환전하지 않은 환율 변동 전 달러를 보유하고 있는 사람은 이익을 얻게 될 것이다.

29 다음은 국내 화장품 제조 회사에 대한 SWOT 분석 자료이다. 이에 대한 〈보기〉의 분석에 따른 대응 전략 중 적절한 것을 모두 고르면?

강점(Strength)	약점(Weakness)
• 신속한 제품 개발 시스템 • 차별화된 제조 기술 보유	• 신규 생산 설비 투자 미흡 • 낮은 브랜드 인지도
기회(Opportunity)	위협(Threat)
• 해외시장에서의 한국 제품 선호 증가 • 새로운 해외시장의 출현	• 해외 저가 제품의 공격적 마케팅 • 저임금의 개발도상국과 경쟁 심화

보기

ㄱ. 새로운 해외시장의 소비자 기호를 반영한 제품을 개발하여 출시한다.
ㄴ. 국내에 화장품 생산 공장을 추가로 건설하여 제품 생산량을 획기적으로 증가시킨다.
ㄷ. 차별화된 제조 기술을 통해 품질 향상과 고급화 전략을 추구한다.
ㄹ. 브랜드 인지도가 낮으므로 해외 현지 기업과의 인수·합병을 통해 해당 회사의 브랜드로 제품을 출시한다.

① ㄱ, ㄴ   ② ㄱ, ㄷ
③ ㄴ, ㄷ   ④ ㄴ, ㄹ
⑤ ㄷ, ㄹ

30 다음 중 A의 주장에 효과적으로 반박할 수 있는 진술은?

> A : 우리나라는 경제 성장과 국민 소득의 향상으로 매년 전력소비가 증가하고 있습니다. 이런 와중에 환경문제를 이유로 발전소를 없앤다는 것은 말도 안 되는 소리입니다. 반드시 발전소를 증설하여 경제 성장을 촉진해야 합니다.
>
> B : 하지만 최근 경제 성장 속도에 비해 전력소비량의 증가가 둔화되고 있는 것도 사실입니다. 더구나 전력소비에 대한 시민의식도 점차 바뀌어가고 있으므로 전력소비량 관련 캠페인을 실시하여 소비량을 줄인다면 발전소를 증설하지 않아도 됩니다.
>
> A : 의식의 문제는 결국 개인에게 기대하는 것이고, 희망적인 결과만을 생각한 것입니다. 확실한 것은 앞으로 우리나라 경제 성장에 있어 더욱더 많은 전력이 필요할 것이라는 겁니다.

① 친환경 발전으로 환경과 경제 문제를 동시에 해결할 수 있다.
② 경제 성장을 하면서도 전력소비량이 감소한 선진국의 사례도 있다.
③ 최근 국제 유가의 하락으로 발전비용이 저렴해졌다.
④ 발전소의 증설이 건설경제의 선순환 구조를 이룩할 수 있는 것이 아니다.
⑤ 우리나라 시민들의 전기소비량에 대한 인식 조사를 해야 한다.

31 다음 글의 주제로 가장 적절한 것은?

> 1920년대 세계 대공황의 발생으로 애덤 스미스 중심의 고전학파 경제학자들의 '보이지 않는 손'에 대한 신뢰가 무너지게 되자 경제를 보는 새로운 시각이 요구되었다. 당시 고전학파 경제학자들은 국가의 개입을 철저히 배제하고 '공급이 수요를 창출한다.'는 세이의 법칙을 믿고 있었다. 그러나 이러한 믿음으로는 세계 대공황을 설명할 수 없었다. 이때 새롭게 등장한 것이 케인스의 '유효수요이론'이다. 유효수요이론이란 공급이 수요를 창출하는 것이 아니라, 유효수요, 즉 물건을 살 수 있는 확실한 구매력이 뒷받침되는 수요가 공급 및 고용을 결정한다는 이론이다. 케인스는 세계 대공황의 원인이 이 유효수요의 부족에 있다고 보았다. 유효수요가 부족해지면 기업은 생산량을 줄이고, 이것은 노동자의 감원으로 이어지며 구매력을 감소시켜 경제의 악순환을 발생시킨다는 것이다. 케인스는 불황을 해결하기 위해서는 가계와 기업이 소비 및 투자를 충분히 해야 한다고 주장했다. 그는 소비가 없는 생산은 공급 과다 및 실업을 일으키며 궁극적으로는 경기 침체와 공황을 가져온다고 하였다. 절약은 분명 권장되어야 할 미덕이지만 소비가 위축되어 경기 침체와 공황을 불러올 경우, 절약은 오히려 악덕이 될 수도 있다는 것이다.

① 고전학파 경제학자들이 주장한 '보이지 않는 손'
② 세계 대공황의 원인과 해결책
③ '유효수요이론'의 영향
④ '유효수요이론'의 정의
⑤ 세이의 법칙의 이론적 배경

32 다음은 연도별 국내 5급 공무원과 7급 공무원 채용인원 현황에 대한 자료이다. 이에 대한 〈보기〉의 설명 중 옳은 것을 모두 고르면?(단, 비율은 소수점 둘째 자리에서 반올림한다)

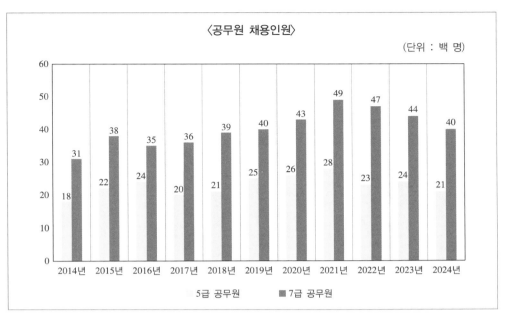

〈공무원 채용인원〉

(단위 : 백 명)

보기

ㄱ. 2018 ~ 2022년 동안 전년 대비 5급 공무원과 7급 공무원 채용인원의 증감 추이는 동일하다.

ㄴ. 2014 ~ 2024년 동안 채용인원이 가장 적은 해와 가장 많은 해의 인원 차이는 5급 공무원이 7급 공무원보다 많다.

ㄷ. 2015 ~ 2024년 동안 전년 대비 채용인원의 증감량이 가장 많은 해는 5급 공무원과 7급 공무원이 동일하다.

ㄹ. 2014 ~ 2024년 동안 매년 7급 공무원 채용인원이 5급 공무원 채용인원의 2배 미만이다.

① ㄱ
② ㄷ
③ ㄱ, ㄴ
④ ㄱ, ㄷ
⑤ ㄷ, ㄹ

33 동일 직선상에 있는 A지점과 B지점 사이의 거리는 16km이다. 갑은 A지점에서 B지점을 향해 시속 3km로 걸어서 이동하고, 을은 B지점에서 A지점을 향해 시속 5km로 자전거를 타고 이동한다. 두 사람은 출발한 지 몇 시간 만에 만나게 되며, 두 사람이 이동한 거리의 차는?

① 1시간, 3km
② 1시간, 5km
③ 2시간, 2km
④ 2시간, 4km
⑤ 3시간, 2km

34 S은행 직원 A ~ D 4명 중 최소 1명 이상이 산악회 회원이라고 할 때, 항상 참인 것은?

- C가 산악회 회원이면 D도 산악회 회원이다.
- A가 산악회 회원이면 D는 산악회 회원이 아니다.
- D가 산악회 회원이 아니면 B가 산악회 회원이 아니거나 C가 산악회 회원이다.
- D가 산악회 회원이면 B는 산악회 회원이고 C도 산악회 회원이다.

① A는 산악회 회원이다.
② B는 산악회 회원이 아니다.
③ C는 산악회 회원이 아니다.
④ A ~ D 중 산악회 회원은 2명이다.
⑤ B와 D의 산악회 회원 여부는 같다.

35 고용노동부 홈페이지에 소개된 퇴직연금과 관련된 자료를 보고 사람들이 대화를 나누고 있다. 퇴직연금과 관련된 잘못된 정보를 말하고 있는 사람은?

〈확정기여형 퇴직연금제도(DC; Defined Contribution)〉
- 사용자가 납입할 부담금(매년 연간 임금총액의 1/12 이상)이 사전에 확정된 퇴직연금제도이다.
- 사용자가 근로자 개별 계좌에 부담금을 정기적으로 납입하면, 근로자가 직접 적립금을 운용하며, 근로자 본인의 추가 부담금 납입도 가능하다.
- 근로자는 사용자가 납입한 부담금과 운용손익을 최종 급여로 지급받는다.

① 희진 : 퇴직연금제도에는 크게 확정급여형(DB)과 확정기여형(DC)이 있다고 알고 있어.
② 혜주 : 맞아. 확정급여형에서 확정기여형으로의 변경은 가능하지만, 확정기여형에서 확정급여형으로의 변경은 불가능하지.
③ 지우 : 그중 확정기여형의 경우, 매년의 운용성과의 누적으로 복리효과를 기대할 수 있어.
④ 고원 : 결국 확정기여형에서 퇴직 시 지급되는 금액은 퇴직 직전 3개월간의 평균임금을 근속연수에 곱한 금액이 될 거야.
⑤ 하슬 : 확정기여형은 특정 사유에 해당한다면 중도에 인출할 수도 있어.

36 함수를 다음 〈조건〉과 같이 정의할 때, 〈보기〉에서 최종점수로 1 ~ 2학년은 필기 60%, 실기 40%, 3 ~ 4학년은 필기 40%, 실기 60%를 반영하려고 한다. [E2]에 수식을 넣고 드래그 기능을 이용하여 [E2 : E9]를 채우려고 할 때, [E2]에 들어갈 수식은?(단, 최종점수는 소수점 둘째 자리에서 반올림한다)

PART 4

보기

	A	B	C	D	E
1	학년	이름	필기	실기	최종점수
2	1	김지수	34.6	32.7	33.8
3	2	이영호	45.3	43.5	44.6
4	1	한석훈	33.4	44.1	37.7
5	2	최다솜	39.6	34.2	37.4
6	3	권지우	45.9	27.7	35.0
7	4	장다영	45.7	26.9	34.4
8	3	박보영	35.8	45.3	41.5
9	4	정상현	24.7	46.7	37.9

조건

- ■(인수1, 인수2, …) : 인수 중 하나라도 참이면 참을 반환하는 함수
- ○(인수1, 인수2, …) : 인수가 모두 참이어야 참을 반환하는 함수
- ▲(조건, 인수1, 인수2) : 조건이 참이면 인수1, 그 외에는 인수2를 반환하는 함수
- △(셀1, x) : 셀1을 x자리에서 반올림하는 함수
- ▽(셀1, x) : 셀1을 x자리에서 내림하는 함수
- ⩡(셀1, x) : 셀1에서 x자리 이하를 버림하는 함수

① = ▽(▲(○(A2=3, A2=4), C2*0.6+D2*0.4, C2*0.4+D2*0.6), 1)

② = △(▲(○(A2=1, A2=2), C2*0.6+D2*0.4, C2*0.4+D2*0.6), 2)

③ = △(▲(■(A2=1, A2=2), C2*0.6+D2*0.4, C2*0.4+D2*0.6), 1)

④ = △(▲(■(A2=1, A2=2), C2*0.6+D2*0.4, C2*0.4+D2*0.6), 2)

⑤ = ⩡(▲(■(A2=3, A2=4), C2*0.6+D2*0.4, C2*0.4+D2*0.6), 2)

37 다음 중 통계적 표본추출 방법에 속하지 않는 것은?

① 단순 랜덤 샘플링(Simple Random Sampling)
② 계통 샘플링(Systematic Sampling)
③ 유층 샘플링(Stratified Sampling)
④ 편의 샘플링(Convenience Sampling)
⑤ 다단계 샘플링(Multistage Sampling)

38 S중학교 백일장에 참여한 5명의 학생 갑 ~ 무에게 다음 〈조건〉에 따라 점수를 부여할 때, 점수가 가장 높은 학생은?

〈S중학교 백일장 채점표〉

구분	오탈자(건)	글자 수(자)	주제의 적합성	글의 통일성	가독성
갑	33	654	A	A	C
을	7	476	B	B	B
병	28	332	B	B	C
정	25	572	A	A	A
무	12	786	C	B	A

조건

• 기본 점수는 80점이다.
• 오탈자가 10건 이상일 때 1점을 감점하고, 5건이 추가될 때마다 1점을 추가로 감점한다.
• 전체 글자 수가 350자 미만일 때 10점을 감점하고, 600자 이상일 때 1점을 부여하며, 25자가 추가될 때마다 1점을 추가로 부여한다.
• 주제의 적합성, 글의 통일성, 가독성을 A, B, C등급으로 나누며 등급 개수에 따라 추가점수를 부여한다.
  - A등급 3개 : 25점
  - A등급 2개, B등급 1개 : 20점
  - A등급 2개, C등급 1개 : 15점
  - A등급 1개, B등급 2개 또는 A등급, B등급, C등급 1개 : 10점
  - B등급 3개 : 5점
예 오탈자 46건, 전체 글자 수 626자, 주제의 적합성, 글의 통일성, 가독성이 각각 A, B, A일 때 점수는 80-8+2+20=94점이다.

① 갑
② 을
③ 병
④ 정
⑤ 무

39 다음 문단을 논리적 순서대로 바르게 나열한 것은?

(가) '단어 연상법'은 프랜시스 갤턴이 개발한 것으로, 지능의 종류를 구분하기 위한 실험 방식이었다. 이것은 피실험자에게 일련의 단어들을 또박또박 읽어주면서 각각의 단어를 듣는 순간 제일 먼저 떠오르는 단어를 말하게 하고, 실험자는 계시기를 들고 응답시간, 즉 피실험자가 응답하는 데 걸리는 시간을 측정하여 차트에 기록하는 방법으로 진행된다. 실험은 대개 1백 개가량의 단어들로 이루어졌다. 갤턴은 응답시간을 정확히 재기 위해 온갖 수단을 동원했지만, 그렇게 해서 얻은 정보의 양은 거의 없거나 지능의 수준을 평가하는 데 별로 중요하지 않은 경우가 많았다.

(나) 융이 그린 그래프들은 특정한 단어에 따르는 응답자의 심리상태를 보여주었다. 이 결과를 통해 다음과 같은 두 가지 결론을 얻어낼 수 있었다. 첫째, 대답 과정에서 감정이 생겨난다. 둘째, 응답의 지연은 모종의 인식하지 못한 과정에 의해 자연 발생적으로 생겨난다. 하지만 이 기록을 토대로 결론을 내리거나 중요성을 따지기에는 너무 일렀다. 피실험자의 의식적 의도와는 별개로 작동하는 뭔가 알지 못하는 지연 행위가 있음이 분명했다.

(다) 당시에 성행했던 심리학 연구나 심리학을 정신의학에 응용하는 연구는 주로 의식에 초점이 맞춰져 있었다. 따라서 단어 연상법의 심리학에 대한 실험연구도 의식을 바탕으로 해서 진행되었다. 하지만 융은 의식 또는 의지의 작용을 넘어서는 무엇인가가 있을 것이라고 생각했다. 여기서 그는 콤플렉스라는 개념을 끌어들인다. 융의 정의에 따르면 그것은 특수한 종류의 감정으로 이루어진 무의식 속의 관념 덩어리인데, 이것이 응답시간을 지연시켰다는 것이다. 이후 여러 차례 실험을 거듭한 결과 그 결론은 사실임이 밝혀졌으며 콤플렉스와 개인적 속성은 융의 사상 체계에서 핵심적인 요소가 되었다.

(라) 융의 연구 결과 단어 연상의 응답시간은 피실험자의 정서에 큰 영향을 받으며, 그 실험법은 감춰진 정서를 찾아내는 데 더 유용하다는 점이 입증되었다. 정신적 연상의 연구를 통해 지능의 종류를 판단하고자 했던 단어 연상실험이 오히려 그와는 다른 방향, 즉 무의식적인 감정이 빚어내는 효과를 드러내는 데 더 유용하다는 사실이 증명된 것이다. 그동안 갤턴을 비롯하여 그 실험법을 수천 명의 사람들에게 실시했던 연구자들은 지연된 응답의 배후에 있는 피실험자의 정서에 주목하지 않았으며, 단지 응답의 지연을 피실험자가 반응하지 못한 것으로만 기록했던 것이었다.

(마) 그런데 융은 이 실험에서 응답시간이 늦어질 경우 피실험자에게 왜 응답을 망설이는지 물어보는 과정을 추가하였다. 그러자 놀랍게도 피실험자는 자신의 응답 시간이 늦어지는 것도 알지 못했을 뿐만 아니라, 그에 대해 아무런 설명도 하지 못했다. 융은 거기에 틀림없이 어떤 이유가 있으리라고 생각하고 구체적으로 파고들어갔다. 한번은 말(馬)이라는 단어가 나왔는데 어떤 피실험자의 응답시간이 무려 1분이 넘었다. 자세히 조사해 보니 그 피실험자는 과거에 사고로 말을 잃었던 아픈 기억을 지니고 있었다. 실험이 있기 전까지는 잊고 있었던 그 기억이 실험 과정에서 되살아난 것이다.

① (가) – (다) – (마) – (라) – (나)　　② (가) – (마) – (라) – (나) – (다)
③ (가) – (마) – (라) – (다) – (나)　　④ (나) – (다) – (가) – (마) – (라)
⑤ (나) – (마) – (라) – (가) – (다)

40 S학원에서 가 ~ 차학생 10명을 차례로 한 줄로 세우려고 한다. 다음 〈조건〉을 참고하여 7번째에 오는 학생이 사일 때, 3번째에 올 학생은?

> **조건**
> - 자와 차는 결석하여 줄을 서지 못했다.
> - 가보다 다가 먼저 서 있다.
> - 마는 다와 아보다 먼저 서 있다.
> - 아는 가와 바 사이에 서 있다.
> - 바는 나보다는 먼저 서 있지만, 가보다는 뒤에 있다.
> - 라는 사와 나의 뒤에 서 있다.

① 가 ② 나
③ 마 ④ 바
⑤ 아

Hard

41 S기업에서는 신입사원 2명을 채용하기 위하여 서류와 필기전형을 통과한 갑 ~ 정 4명의 최종 면접을 실시하였다. 다음 자료와 같이 4개 부서의 팀장이 각각 4명을 모두 면접하여 채용 우선순위를 결정하였다고 할 때, 면접 결과에 대한 〈보기〉의 설명 중 옳은 것을 모두 고르면?

〈면접 결과〉

면접관 순위	인사팀장	경영관리팀장	총무팀장	회계팀장
1순위	을	갑	을	병
2순위	정	을	병	정
3순위	갑	정	정	갑
4순위	병	병	갑	을

※ 우선순위가 높은 사람순으로 2명을 채용함
※ 동점자는 인사, 경영관리, 총무, 회계팀장 순서로 부여한 고순위자로 결정함
※ 각 팀장이 매긴 순위에 대한 가중치는 모두 동일함

> **보기**
> ㄱ. '을' 또는 '정' 중 1명이 입사를 포기하면 '갑'이 채용된다.
> ㄴ. 인사팀장이 '을'과 '정'의 순위를 바꿨다면 '갑'이 채용된다.
> ㄷ. 경영관리팀장이 '갑'과 '병'의 순위를 바꿨다면 '정'은 채용되지 못한다.

① ㄱ ② ㄱ, ㄴ
③ ㄱ, ㄷ ④ ㄴ, ㄷ
⑤ ㄱ, ㄴ, ㄷ

42 다음은 엔화 대비 원화 환율과 달러화 대비 원화 환율 추이 자료이다. 이에 대한 〈보기〉의 설명 중 옳은 것을 모두 고르면?

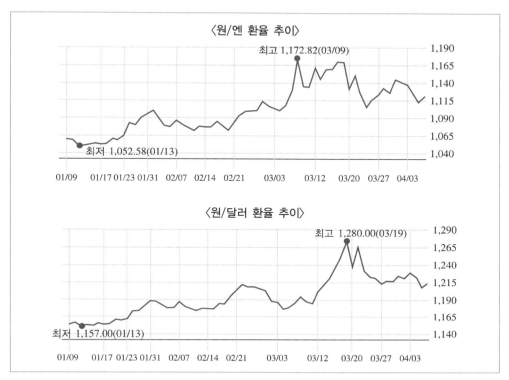

보기

ㄱ. 원/엔 환율은 3월 한 달 동안 1,200원을 상회하는 수준에서 등락을 반복했다.
ㄴ. 2월 21일의 원/달러 환율은 지난주보다 상승하였다.
ㄷ. 3월 12일부터 3월 19일까지 달러화의 강세가 심화되는 추세를 보였다.
ㄹ. 3월 27일의 달러/엔 환율은 3월 12일보다 상승하였다.

① ㄱ, ㄴ
② ㄱ, ㄷ
③ ㄴ, ㄷ
④ ㄴ, ㄹ
⑤ ㄷ, ㄹ

43 A ~ E는 S시에서 개최하는 마라톤에 참가하였다. 다음 내용이 모두 참일 때, 항상 참이 아닌 것은?

- A는 B와 C보다 앞서 달리고 있다.
- D는 A보다 뒤에 달리고 있지만, B보다는 앞서 달리고 있다.
- C는 D보다 뒤에 달리고 있지만, B보다는 앞서 달리고 있다.
- E는 C보다 뒤에 달리고 있지만, 5명 중 꼴찌는 아니다.

① 현재 1등은 A이다.
② 현재 꼴찌는 B이다.
③ E는 C와 B 사이에서 달리고 있다.
④ D는 A와 C 사이에서 달리고 있다.
⑤ 현재 순위 그대로 결승점까지 달린다면 C가 4등을 할 것이다.

44 다음 〈보기〉는 줄넘기대회 청소년 여자부 결승전 정보이다. 순위는 1차와 2차 결과의 평균값으로 매겨지며 소수점 첫째 자리에서 버림한다. 함수를 〈조건〉과 같이 정의할 때, '평균'과 '순위' 열을 채우기 위해 사용되는 함수로 바르게 짝지어진 것은?

보기

	A	B	C	D	E	F
1	참가번호	이름	1차	2차	평균	순위
2	1	이지수	456	475		
3	2	김진경	467	456		
4	3	한아름	478	432		
5	4	최현경	444	467		
6	5	김다인	465	485		
7	6	김배현	475	495		

조건

- ■(셀1, 셀2, …) : 셀의 평균을 구하는 함수
- ○(셀1, 셀2, …) : 셀의 합을 구하는 함수
- ▲(셀, 범위, 정렬기준) : 정렬기준으로 범위를 정렬했을 때, 지정한 셀의 크기 순위를 구하는 함수
  (정렬기준 : 오름차순 – 1, 내림차순 – 0 또는 생략)
- ◎(셀1, 셀2) : 셀1과 셀2를 비교하여 큰 값을 반환하는 함수
- △(셀1, x) : 셀1을 x자리에서 반올림하는 함수
- ▽(셀1, x) : 셀1을 x자리에서 내림하는 함수
- ▼(셀1, x) : 셀1에서 x자리 이하를 버림하는 함수

① (■, ▲, ▼)
② (■, ◎, ▼)
③ (■, ▲, ▽)
④ (○, ▲, △)
⑤ (○, ▲, ◎)

45 경영학과에 재학 중인 A ~ E는 계절학기 시간표에 따라 요일별로 하나의 강의만 수강한다. 전공 수업을 신청한 C는 D보다 앞선 요일에 수강하고, E는 교양 수업을 신청한 A보다 나중에 수강한다고 할 때, 항상 참이 되는 것은?

월	화	수	목	금
전공1	전공2	교양1	교양2	교양3

① A가 수요일에 강의를 듣는다면 E는 교양2 강의를 듣는다.
② B가 전공 수업을 듣는다면 C는 화요일에 강의를 듣는다.
③ C가 화요일에 강의를 듣는다면 E는 교양3 강의를 듣는다.
④ D는 반드시 전공 수업을 듣는다.
⑤ E는 반드시 교양 수업을 듣는다.

46 다음 대화의 빈칸에 공통으로 들어갈 단어로 옳은 것은?

> 김이사 : 이번에 우리 회사에서도 _____ 시스템을 도입하려고 합니다. _____는 기업 전체의 의사결정권자와 사용자 모두가 실시간으로 정보를 공유할 수 있게 합니다. 또한 제조, 판매, 유통, 인사관리, 회계 등 기업의 전반적인 운영 프로세스를 통합하여 자동화할 수 있지요.
> 박이사 : 맞습니다. _____ 시스템을 통하여 기업의 자원 관리를 보다 효율적으로 할 수 있겠지요. 조직 전체의 의사결정도 보다 신속하게 할 수 있을 거예요.

① JIT
② MRP
③ MPS
④ ERP
⑤ APP

47 다음 금융상품 및 금리에 대한 〈보기〉의 설명 중 옳지 않은 것을 모두 고르면?

> **보기**
> ㄱ. CD는 보통 만기가 1년 이상이다.
> ㄴ. CP의 발행주체는 은행이다.
> ㄷ. 코픽스(KOPIX)는 주택담보대출의 기준금리로 사용된다.
> ㄹ. RP는 예금자보호 대상 금융상품에 해당한다.

① ㄱ
② ㄴ
③ ㄴ, ㄷ
④ ㄷ, ㄹ
⑤ ㄱ, ㄴ, ㄹ

48 다음은 지난달 지역별 교통위반 단속건수에 대한 자료이다. 이에 대한 설명으로 옳은 것은?

〈지역별 교통위반 단속건수〉

(단위 : 건)

구분	무단횡단	신호위반	과속	불법주정차	음주운전	합계
서울	80	960	1,320	240	410	3,010
경기	70	820	1,020	210	530	2,650
대구	5	880	1,210	45	30	2,170
인천	50	870	1,380	240	280	2,820
부산	20	950	1,350	550	210	3,080
강원	5	180	550	15	70	820
대전	5	220	470	80	55	830
광주	15	310	550	180	35	1,090
울산	10	280	880	55	25	1,250
제주	10	980	550	140	120	1,800
세종	20	100	240	90	30	480
합계	290	6,550	9,520	1,845	1,795	20,000

※ 수도권 : 서울, 경기, 인천

① 경기의 모든 항목에서 교통위반 단속건수는 서울보다 적다.
② 수도권 지역의 단속건수는 전체 단속건수의 절반 이상이다.
③ 신호위반이 가장 많이 단속된 지역이 과속도 가장 많이 단속되었다.
④ 울산 지역의 단속건수가 전체 단속건수에서 차지하는 비율은 6.4%이다.
⑤ 광주 지역의 단속건수가 전체 단속건수에서 차지하는 비율은 대전 지역보다 1.3%p 더 높다.

49 완전경쟁시장에서 개별기업의 평균총비용곡선 및 평균가변비용곡선은 U자형이며, 현재 생산량은 50이다. 이 생산량 수준에서 한계비용은 300, 평균총비용은 400, 평균가변비용은 200일 때, 〈보기〉에서 옳은 것은 모두 몇 개인가?(단, 시장가격은 300으로 주어져 있다)

> **보기**
>
> ㄱ. 현재의 생산량 수준에서 평균총비용곡선 및 평균가변비용곡선은 우하향한다.
> ㄴ. 현재의 생산량 수준에서 평균총비용곡선은 우하향하고, 평균가변비용곡선은 우상향한다.
> ㄷ. 개별기업은 현재 양의 이윤을 얻고 있다.
> ㄹ. 개별기업은 현재 음의 이윤을 얻고 있다.
> ㅁ. 개별기업은 단기에 조업을 중단하는 것이 낫다.

① 1개　　　　　　　　　② 2개
③ 3개　　　　　　　　　④ 4개
⑤ 5개

50 다음은 S기업의 2024년 경영실적에 대한 자료이다. 이에 대한 설명으로 옳지 않은 것은?(단, 비율은 소수점 첫째 자리에서 반올림한다)

> S기업은 2024년 연간 26조 9,907억 원의 매출과 2조 7,127억 원의 영업이익을 달성했다고 발표했다. S기업은 지난 한 해 시장 변동에 대응하기 위해 선제적으로 투자와 생산량을 조정하는 등 경영 효율화에 나섰으나 글로벌 무역 갈등으로 세계 경제의 불확실성이 확대되었고, 재고 증가와 고객들의 보수적인 구매 정책으로 수요 둔화와 가격 하락이 이어져 경영실적은 전년 대비 감소했다고 밝혔다.
> 2024년 4분기 매출과 영업이익은 각각 6조 9,271억 원, 2,360억 원(영업이익률 3%)을 기록했다. 4분기는 달러화의 약세 전환에도 불구하고 수요 회복에 적극 대응한 결과 매출은 전 분기 대비 소폭 상승했으나, 수요 증가에 대응하기 위해 비중을 확대한 제품군의 수익성이 상대적으로 낮았고, 신규 공정 전환에 따른 초기 원가 부담 등으로 영업이익은 직전분기 대비 50% 감소했다. 제품별로는 D램 출하량이 전 분기 대비 8% 증가했고, 평균판매가격은 7% 하락했으며, 낸드플래시는 출하량이 10% 증가했고, 평균판매가격은 직전분기 수준을 유지했다.
> S기업은 올해 D램 시장에 대해 서버 D램의 수요 회복, 5G 스마트폰 확산에 따른 판매량 증가로 전형적인 상저하고의 수요 흐름을 보일 것으로 예상했다. 낸드플래시 시장 역시 PC 및 데이터센터형 SSD 수요가 증가하는 한편, 고용량화 추세가 확대될 것으로 전망했다.
> S기업은 이처럼 최근 개선되고 있는 수요 흐름에 대해서는 긍정적으로 보고 있지만, 과거에 비해 훨씬 높아진 복잡성과 불확실성이 상존함에 따라 보다 신중한 생산 및 투자 전략을 운영할 방침이다. 공정 전환 과정에서도 기술 성숙도를 빠르게 향상시키는 한편, 차세대 제품의 차질 없는 준비로 원가 절감을 가속화한다는 전략이다.
> D램은 10나노급 2세대 제품(1y나노) 비중을 확대하고, 본격적으로 시장 확대가 예상되는 LPDDR5 제품 등의 시장을 적극 공략할 계획이다. 또한 차세대 제품인 10나노급 3세대 제품(1z나노)도 연내 본격 양산을 시작할 예정이다.

① S기업은 고용량 낸드플래시 생산에 대한 투자를 늘릴 것이다.
② 달러화의 강세는 매출액에 부정적 영향을 미친다.
③ 기업이 공정을 전환하는 경우, 이로 인해 원가가 상승할 수 있다.
④ 영업이익률은 매출액 대비 영업이익 비율로 2024년 S기업은 10%를 기록했다.
⑤ 2024년 3분기 영업이익은 4분기 영업이익의 2배이다.

51 김사원은 S은행에서 판매하는 적금 또는 펀드 상품에 가입하려고 한다. 다음은 S은행에서 추천하는 5개의 상품별 만족도와 상품의 평점 적용 기준이다. 그런데 김사원이 상품 정보를 알아보던 중 기본금리와 우대금리의 만족도를 바꿔 기록하였다고 할 때, 원래의 순위보다 순위가 올라간 상품은?(단, 평점은 만족도에 가중치를 적용한 값이다)

〈상품별 항목 만족도〉

(단위 : 점)

구분	기본금리	우대금리	계약기간	납입금액
A적금	4	3	2	2
B적금	2	2	3	4
C펀드	5	1	2	3
D펀드	3	4	2	3
E적금	2	1	4	3

〈중요 항목 순위 및 가중치〉

구분	첫 번째	두 번째	세 번째	네 번째
가중치	50	30	15	5
항목 순위	기본금리	납입금액	우대금리	계약기간

※ 중요 항목 순위 및 가중치는 주요 고객 천 명을 대상으로 조사하였음

① A적금, B적금
② B적금, D펀드
③ C펀드, D펀드
④ C펀드, E적금
⑤ D펀드, E적금

52 다음 〈보기〉에서 본원통화를 증가시키는 경우를 모두 고르면?

보기

ㄱ. 재정수지 적자로 인해 정부가 중앙은행으로부터의 차입규모를 늘렸다.
ㄴ. 중앙은행이 법정 지급준비율을 인하하였다.
ㄷ. 중앙은행이 외환시장에서 외환을 매입하였다.
ㄹ. 중앙은행이 금융기관에 대한 대출규모를 늘렸다.

① ㄱ, ㄴ
② ㄴ, ㄷ
③ ㄷ, ㄹ
④ ㄱ, ㄴ, ㄷ
⑤ ㄱ, ㄷ, ㄹ

53 다음 다섯 사람이 얘기를 하고 있다. 이 중 두 사람은 진실만을 말하고, 세 사람은 거짓만을 말하고 있다. 지훈이 거짓을 말할 때, 진실만을 말하는 사람을 짝지은 것은?

- 동현 : 정은이는 지훈이와 영석이를 싫어해.
- 정은 : 아니야. 난 둘 중 한 사람은 좋아해.
- 선영 : 동현이는 정은이를 좋아해.
- 지훈 : 선영이는 거짓말만 해.
- 영석 : 선영이는 동현이를 싫어해.
- 선영 : 맞아. 그런데 정은이는 지훈이와 영석이 둘 다 좋아해.

---

① 동현, 선영
② 정은, 영석
③ 동현, 영석
④ 정은, 선영
⑤ 선영, 영석

PART 4

54 다음은 S국의 치료감호소 수용자 현황에 대한 자료이다. 빈칸 (가) ~ (라)에 해당하는 수를 모두 더한 값은?

〈치료감호소 수용자 현황〉

(단위 : 명)

구분	약물	성폭력	심신장애자	합계
2019년	89	77	520	686
2020년	(가)	76	551	723
2021년	145	(나)	579	824
2022년	137	131	(다)	887
2023년	114	146	688	(라)
2024년	88	174	688	950

① 1,524
② 1,639
③ 1,751
④ 1,763
⑤ 1,770

※ 다음은 블라인드 채용에 대한 글이다. 이어지는 질문에 답하시오. [55~57]

인사 담당자 또는 면접관이 지원자의 학벌, 출신 지역, 스펙 등을 평가하는 기존 채용 방식에서는 기업 성과에 필요한 직무능력 외 기타 요인에 의한 불공정한 채용이 만연했다. 한 설문조사에서 구직자의 77%가 불공정한 채용 평가를 경험한 적이 있다고 답했으며, 그에 따라 대다수의 구직자들은 기업의 채용 공정성을 신뢰하지 않는다고 응답했다. 이러한 스펙 위주의 채용으로 기업, 취업 준비생 모두에게 시간적·금전적 비용이 과잉 발생하게 되었고, 직무에 적합한 인성·역량을 보여줄 수 있는 채용 제도인 블라인드 채용이 대두되기 시작했다.

블라인드 채용이란 입사지원서, 면접 등의 채용 과정에서 편견이 개입돼 불합리한 차별을 초래할 수 있는 출신지, 가족관계, 학력, 외모 등의 항목을 걷어내고 실력, 즉 직무 능력만으로 인재를 평가해 채용하는 방식이다. 서류 전형은 없애거나 블라인드 지원서로 대체하고, 면접 전형은 블라인드 오디션 또는 면접으로 진행함으로써 실제 지원자가 가진 직무 능력을 가릴 수 있는 요소들을 배제하고 직무에 적합한 지식, 기술, 태도 등을 종합적으로 평가한다. 서류 전형에서는 모든 지원자에게 공정한 기회를 제공하고, 필기 및 면접 전형에서는 기존에 열심히 쌓아온 실력을 검증한다. 또한 지원자가 쌓은 경험과 능력, 학교생활을 하며 양성한 지식, 경험, 능력 등이 모두 평가 요소이기에 그간의 노력이 저평가되거나 역차별 요소로 작용하지 않는다.

블라인드 채용의 서류 전형은 무서류 전형과 블라인드 지원서 전형으로 구분된다. 무서류 전형은 채용 절차 진행을 위한 최소한의 정보만을 포함한 입사지원서를 접수하되 이를 선발 기준으로 활용하지 않는 방식이다. 블라인드 지원서 전형에는 입사지원서에 최소한의 정보만 수집하여 선발 기준으로 활용하는 방식과 블라인드 처리되어야 할 정보까지 수집하되 온라인 지원서상 개인정보를 암호화하거나 서면 이력서상 마스킹 처리를 하는 등 채용담당자는 볼 수 없도록 기술적으로 처리하는 방식이 있다. 면접 전형의 블라인드 면접에는 입사지원서, 인·적성검사 결과 등의 자료 없이 면접을 진행하는 무자료 면접 방식과 면접관의 인지적 편향을 유발할 수 있는 항목을 제거한 자료를 기반으로 면접을 진행하는 방식이 있다. 이와 달리 블라인드 오디션은 오디션으로 작업 표본, 시뮬레이션 등을 수행하도록 함으로써 지원자의 능력과 기술을 평가하는 방식이다.

한편 (가) 기존 채용, (나) 국가직무능력표준(NCS) 기반 채용, (다) 블라인드 채용의 3가지 채용 모두 채용 공고, 서류 전형, 필기 전형, 면접 전형 등으로 채용 프로세스는 같지만 전형별 세부 사항과 취지에 차이가 있다. 기존의 채용은 기업이 지원자에게 자신이 인재임을 스스로 증명하도록 요구해 무분별한 스펙 경쟁을 유발했던 반면, NCS 기반 채용은 기업이 직무별로 원하는 요건을 제시하고 지원자가 자신의 준비 정도를 증명해 목표 지향적인 능력·역량 개발을 촉진한다. 블라인드 채용은 선입견을 품을 수 있는 요소들을 전면 배제해 실력과 인성만으로 평가받도록 구성한 것이다.

55 다음 중 블라인드 채용의 등장 배경으로 적절하지 않은 것은?

① 대다수의 구직자들은 기존 채용 방식의 공정성을 신뢰하지 못했다.

② 구직자의 77%가 불공정한 채용 평가를 경험했을 만큼 불공정한 채용이 만연했다.

③ 기존 채용 방식으로는 지원자의 직무에 적합한 인성·역량 등을 제대로 평가할 수 없었다.

④ 스펙 위주의 채용으로 인해 취업 준비생에게 시간적·금전적 비용이 과도하게 발생하였다.

⑤ 지원자의 직무 능력을 가릴 수 있는 요소들을 배제하는 기존의 방식이 불합리한 차별을 초래했다.

56 다음 중 블라인드 채용에 대한 설명으로 가장 적절한 것은?

① 무서류 전형에서는 입사지원서를 제출할 필요가 없다.

② 블라인드 온라인 지원서의 암호화된 지원자의 개인정보는 채용담당자만 볼 수 있다.

③ 별다른 자료 없이 진행되는 무자료 면접의 경우에도 인·적성검사 결과는 필요하다.

④ 블라인드 면접관은 선입견을 유발하는 항목이 제거된 자료를 기반으로 면접을 진행하기도 한다.

⑤ 서류 전형을 없애면 기존에 쌓아온 능력·지식·경험 등은 아무런 쓸모가 없다.

57 다음 중 밑줄 친 (가) ~ (다)에 대한 설명으로 적절하지 않은 것은?

① (가)의 경우 기업은 지원자에게 자신이 적합한 인재임을 스스로 증명하도록 요구한다.

② (가) ~ (다)는 모두 채용 공고, 서류 전형, 필기 전형, 면접 전형 등의 동일한 채용 프로세스로 진행된다.

③ (나)는 (가)와 달리 기업이 직무별로 필요한 조건을 제시하면 지원자는 이에 맞춰 자신의 준비 정도를 증명해야 한다.

④ (다)는 선입견 요소들을 모두 배제하여 지원자의 실력과 인성만을 평가한다.

⑤ (가)와 (나)는 지원자가 자신의 능력을 증명해야 하므로 지원자들의 무분별한 스펙 경쟁을 유발한다.

※ S기업은 정보보안을 위해 직원의 컴퓨터 비밀번호를 다음과 같은 규칙으로 지정해두었다. 이어지는 질문에 답하시오. [58~60]

<규칙>

1. 비밀번호는 임의의 세 글자로 구성하며, 다음의 규칙에 따라 지정한다.
   • 자음
   − 국어사전 배열 순서에 따라 알파벳 소문자(a, b, c, …)로 치환하여 사용한다.
   − 쌍자음일 경우, 먼저 쓰인 순서대로 알파벳을 나열한다.
   − 받침으로 사용되는 자음의 경우 대문자로 구분한다.
   • 모음
   − 국어사전 배열 순서에 따라 숫자(1, 2, 3, …)로 치환하여 사용한다.
2. 비밀번호의 마지막 음절 뒤에 한 자리 숫자를 다음의 규칙에 따라 지정한다.
   • 각 음절에 사용된 모음에 해당하는 숫자를 모두 더한다.
   • 모음에 해당하는 숫자의 합이 두 자리 이상일 경우엔 각 자릿수를 다시 합하여 한 자릿수가 나올 때까지 더한다.
   • '−'을 사용하여 단어와 구별한다.

58 김사원 컴퓨터의 비밀번호는 '자전거'이다. 이를 암호로 바르게 치환한 것은?

① m1m3ca5−9   ② m1m5Ca5−2
③ n1n5ca3−9   ④ m1m3Ca3−7
⑤ n1n5ca4−2

59 이대리 컴퓨터의 비밀번호는 '마늘쫑'이다. 이를 암호로 바르게 치환한 것은?

① g1c19FN9L−2   ② g1C11fN3H−6
③ g1c16FN2N−1   ④ g1c19Fn9L−2
⑤ g1c16Fn3h−1

60 조사원 컴퓨터의 암호 'e5Ah9Bl21−8'을 바르게 풀이한 것은?

① 매운탕   ② 막둥이
③ 떡볶이   ④ 떡붕어
⑤ 망둥어

61 세 상품 A~C에 대한 선호도 조사를 실시했다. 조사에 응한 사람이 가장 좋아하는 상품부터 1~3순위를 부여했다. 조사의 결과가 다음과 같을 때 C에 3순위를 부여한 사람의 수는?(단, 두 상품에 같은 순위를 표시할 수는 없다)

- 조사에 응한 사람은 20명이다.
- A를 B보다 선호한 사람은 11명이다.
- B를 C보다 선호한 사람은 14명이다.
- C를 A보다 선호한 사람은 6명이다.
- C에 1순위를 부여한 사람은 없다.

① 4명   ② 5명
③ 6명   ④ 7명
⑤ 8명

62 다음 중 마이클 포터(Michael Porter)가 제시한 해당 업계의 경쟁 상황을 좌우하는 '5가지 경쟁요인'끼리 바르게 연결된 것은?

① 신규 진입자 – 판매자 – 구매자 – 대체품 업자 – 기존 경쟁자
② 신규 진입자 – 판매자 – 기술 혁신 – 대체품 업자 – 기존 경쟁자
③ 신규 진입자 – 트렌드 변화 – 구매자 – 대체품 업자 – 기존 경쟁자
④ 문화적 배경 – 구매자 – 판매자 – 대체품 업자 – 기존 경쟁자
⑤ 문화적 배경 – 신규 진입자 – 구매자 – 대체품 업자 – 기존 경쟁자

63 이번 주까지 A가 해야 하는 일들은 총 9가지(a~i)가 있고, 일주일 동안 월요일부터 매일 하나의 일을 한다. 다음 〈조건〉을 참고하여 A가 토요일에 하는 일이 b일 때, 화요일에 하는 일은?

> **조건**
> - 9개의 할 일 중에서 e와 g는 하지 않는다.
> - d를 c보다 먼저 수행한다.
> - c는 f보다 먼저 수행한다.
> - i는 a와 f보다 나중에 수행한다.
> - h는 가장 나중에 수행한다.
> - a는 c보다 나중에 진행한다.

① a   ② c
③ d   ④ f
⑤ I

※ 다음 글을 읽고 이어지는 질문에 답하시오. [64~65]

자본 구조가 기업의 가치와 무관하다는 명제로 표현되는 ㉠ 모딜리아니 - 밀러 이론은 완전 자본시장 가정, 곧 자본 시장에 불완전성을 가져올 수 있는 모든 마찰 요인이 전혀 없다는 가정에 기초한 자본 구조 이론이다. 이 이론에 따르면 기업의 영업 이익에 대한 법인세 등의 세금이 없고 거래 비용이 없으며 모든 기업이 완전히 동일한 정도로 위험에 처해 있다면, 기업의 가치는 기업 내부 여유 자금이나 주식 같은 자기 자본을 활용하든지 부채 같은 타인 자본을 활용하든지 간에 어떤 영향도 받지 않는다.

모딜리아니 - 밀러 이론이 제시된 이후, 완전 자본 시장 가정의 비현실성에 주안점을 두어 세금, 기업의 파산에 따른 처리 비용(파산 비용), 경영자와 투자자, 채권자 같은 경제 주체들 사이의 정보량의 차이(정보 비대칭) 등을 감안하는 자본 구조 이론들이 발전해 왔다. 불완전 자본 시장을 가정하는 이러한 이론들 중에는 상충 이론과 자본 조달 순서 이론이 있다.

상충 이론이란 부채의 사용에 따른 편익과 비용을 비교하여 기업의 최적 자본 구조를 결정하는 이론이다. 이러한 편익과 비용을 구성하는 요인들에는 여러 가지가 있지만, 그중 편익으로는 법인세 감세 효과만을, 비용으로는 파산 비용만 있는 경우를 가정하여 이 이론을 설명해 볼 수 있다.

여기서 법인세 감세 효과란 부채에 대한 이자가 비용으로 처리됨으로써 얻게 되는 세금 이득을 가리킨다. 이렇게 가정할 경우 상충 이론은 부채의 사용이 증가함에 따라 법인세 감세 효과에 의해 기업의 가치가 증가하는 반면, 기대 파산 비용도 증가함으로써 기업의 가치가 감소하는 효과도 나타난다고 본다. 이 상반된 효과를 계산하여 기업의 가치를 가장 크게 하는 부채 비율, 곧 최적 부채 비율이 결정되는 것이다.

이와는 달리 자본 조달 순서 이론은 정보 비대칭의 정도가 작은 순서에 따라 자본 조달이 순차적으로 이루어진다고 설명한다. 이 이론에 따르면, 기업들은 투자가 필요할 경우 내부 여유 자금을 우선적으로 쓰며, 그 자금이 투자액에 미달될 경우에 외부 자금을 조달하게 되고, 외부 자금을 조달해야 할 때에도 정보 비대칭의 문제로 주식의 발행보다 부채의 사용을 선호한다는 것이다.

상충 이론과 자본 조달 순서 이론은 기업들의 부채 비율 결정과 관련된 이론적 예측을 제공한다. 기업 규모와 관련하여 상충 이론은 기업 규모가 클 경우 부채 비율이 높을 것이라고 예측한다. 그러나 자본 조달 순서 이론은 기업 규모가 클 경우 부채 비율이 낮을 것이라고 예측한다. 성장성이 높은 기업들에 대하여, 상충 이론은 법인세 감세 효과보다는 기대 파산 비용이 더 크기 때문에 부채 비율이 낮을 것이라고 예측하는 반면, 자본 조달 순서 이론은 성장성이 높을수록 더 많은 투자가 필요할 것이므로 부채 비율이 높을 것이라고 예측한다.

밀러는 모딜리아니 - 밀러 이론을 수정 보완하는 자신의 이론을 제시하였다. 그는 자본 구조의 설명에 있어 파산 비용이 미치는 영향이 미약하여 이를 고려할 필요가 없다고 보았다. 이와 함께 법인세의 감세 효과가 기업의 자본 구조 결정에 크게 반영되지는 않는다는 점에 착안하여 자본 구조 결정에 세금이 미치는 효과에 대한 재정립을 시도하였다. 현실에서는 법인세뿐만 아니라 기업에 투자한 채권자들이 받는 이자 소득에 대해서도 소득세가 부과되는데, 이러한 소득세는 채권자의 자산 투자에 영향을 미침으로써 기업의 자금 조달에도 영향을 미칠 수 있다. 밀러는 이러한 현실을 반영하여 경제 전체의 최적 자본 구조 결정 이론을 제시하였다. ㉡ 밀러의 이론에 의하면, 경제 전체의 자본 구조가 최적일 경우에는 법인세율과 이자 소득세율이 정확히 일치함으로써 개별 기업의 입장에서 보면 타인 자본의 사용으로 인한 기업 가치의 변화는 없다. 결국 기업의 최적 자본 구조는 결정될 수 없고 자본 구조와 기업의 가치는 무관하다는 것이다.

64 다음 중 밑줄 친 ⊙과 ⓒ의 관계를 설명한 내용으로 가장 적절한 것은?

① 파산 비용이 없다고 가정한 ⊙의 한계를 극복하기 위해 ⓒ은 파산 비용을 반영하였다.

② 개별 기업을 분석 단위로 삼은 ⊙과 같은 입장에서 ⓒ은 기업의 최적 자본 구조를 분석하였다.

③ 기업의 가치 산정에 법인세만을 고려한 ⊙의 한계를 극복하기 위해 ⓒ은 법인세 외에 소득세도 고려하였다.

④ 현실 설명력이 제한적이었던 ⊙의 한계를 극복하기 위해 ⓒ은 기업의 가치 산정에 타인 자본의 영향이 크다고 보았다.

⑤ 자본 시장의 마찰 요인을 고려한 ⓒ은 자본 구조와 기업의 가치가 무관하다는 ⊙의 명제를 재확인하였다.

Hard

65 다음 중 윗글에 따라 〈보기〉의 상황에 대해 바르게 판단한 것은?

> **보기**
>
> 기업 평가 전문가 A씨는 상충 이론에 따라 B기업의 재무 구조를 평가해 주려고 한다. B기업은 자기 자본 대비 타인 자본 비율이 높으며 기업 규모는 작으나 성장성이 높은 기업이다. 최근에 B기업은 신기술을 개발하여 생산 시설을 늘려야 하는 상황이다.

① A씨는 B기업의 규모가 작기 때문에 부채 비율이 높은 것이라고 평가할 것이다.

② A씨는 B기업의 이자 비용에 따른 법인세 감세 효과가 클 것이라고 평가할 것이다.

③ A씨는 B기업의 높은 자기 자본 대비 타인 자본 비율이 그 기업의 가치에 영향을 미칠 것이라고 평가할 것이다.

④ A씨는 B기업이 기대 파산 비용은 낮고 투자로부터 기대되는 수익은 매우 높기 때문에 투자 가치가 높다고 평가할 것이다.

⑤ A씨는 B기업의 생산 시설 확충을 위한 투자 자금은 자기 자본보다 타인 자본으로 조달하는 것이 더 낫다고 평가할 것이다.

66 다음 순서도는 동물의 특징에 따라 동물을 분류한 것이다. 순서도에 '고래, 토끼, 병아리'를 넣었을 때, 출력되는 도형으로 바르게 짝지어진 것은?

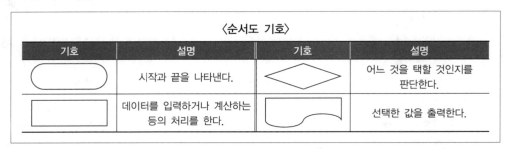

〈순서도 기호〉

기호	설명	기호	설명
	시작과 끝을 나타낸다.		어느 것을 택할 것인지를 판단한다.
	데이터를 입력하거나 계산하는 등의 처리를 한다.		선택한 값을 출력한다.

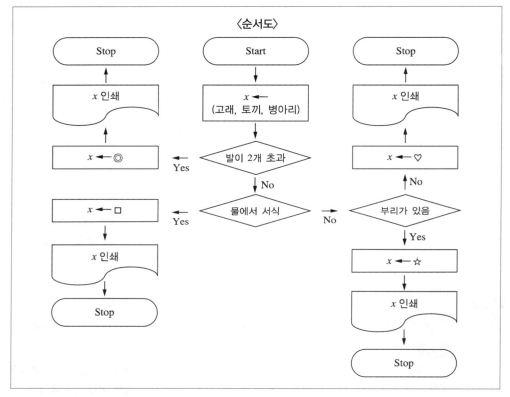

〈순서도〉

	고래	토끼	병아리
①	□	◎	♡
②	□	◎	☆
③	♡	□	☆
④	☆	□	◎
⑤	♡	◎	☆

67 다음은 S은행 홈페이지의 로그인 과정에 대한 순서도이다. 지수는 송금을 하기 위해 로그인 정보를 입력했으나, 로그인이 되지 않고 [2번 알림창]을 보게 되었다. 그 이유로 가장 적절한 것은?

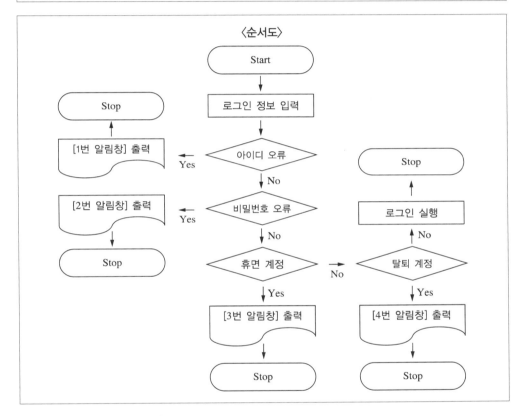

① 탈퇴 처리된 계정이기 때문
② 아이디와 비밀번호를 잘못 입력했기 때문
③ 아이디는 맞지만, 비밀번호를 잘못 입력했기 때문
④ 비밀번호는 맞지만, 아이디를 잘못 입력했기 때문
⑤ 휴면 처리된 계정이기 때문

68 지호는 영어학원에서 반배정 시험을 봤다. 시험결과 듣기 55점, 쓰기 67점, 말하기 68점, 읽기 79점을 받았다. 지호의 시험결과를 다음 순서도에 넣었을 때, 배정받을 반으로 가장 적절한 것은?

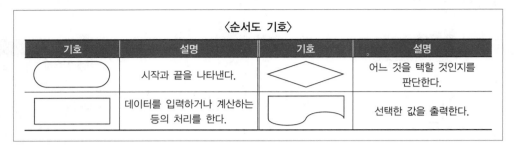

기호	설명	기호	설명
	시작과 끝을 나타낸다.		어느 것을 택할 것인지를 판단한다.
	데이터를 입력하거나 계산하는 등의 처리를 한다.		선택한 값을 출력한다.

〈순서도 기호〉

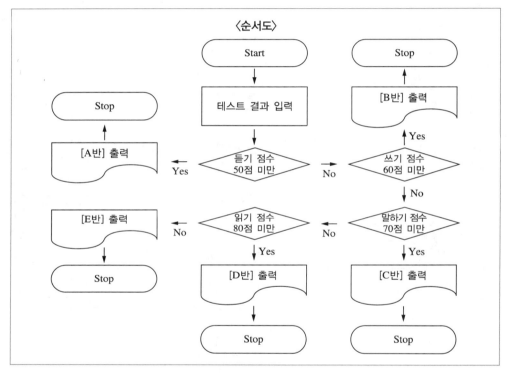

〈순서도〉

① A반   ② B반
③ C반   ④ D반
⑤ E반

69 다음 순서도에 의해 출력되는 값으로 옳은 것은?

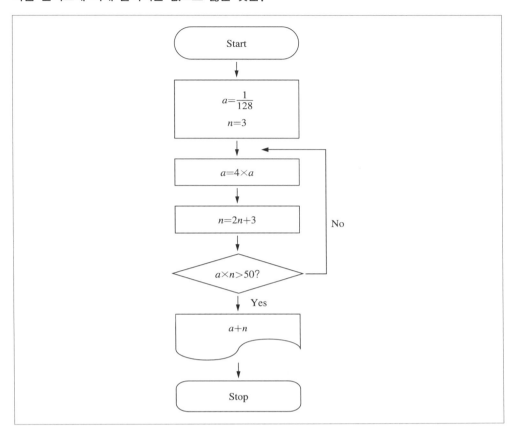

① 91   ② 93

③ 95   ④ 97

⑤ 99

70 다음 글에서 밑줄 친 ㉠을 설명하기 위해 사용한 방식으로 가장 적절한 것은?

> 134년 전인 1884년 10월 13일, 국제 자오선 회의에서 영국의 그리니치 자오선을 본초 자오선으로 채택하면서 지구상의 모든 지역은 하나의 시간을 공유하게 됐다. 본초 자오선을 정하기 전, 인류 대부분은 태양의 위치로 시간을 파악했다. 그림자가 생기지 않는 정오를 시간의 기준점으로 삼았는데, 관측 지점마다 시간이 다를 수밖에 없었다. 지역 간 이동이 활발하지 않던 그 시절에는 지구상에 수많은 시간이 공존했던 것이다. 그러나 세계가 확장하고 지역과 지역을 넘나들면서 문제가 발생했다. 기차의 발명이 변화의 시초였다. 기차는 공간을 빠르고 편리하게 이동할 수 있어 산업혁명의 바탕이 됐지만, 지역마다 다른 시간의 충돌을 야기했다. 역마다 시계를 다시 맞춰야 했고, 시간이 엉킬 경우 충돌 등 대형 사고가 일어날 가능성도 높았다. 이런 문제점을 공식 제기하고 세계 표준시 도입을 주장한 인물이 '세계 표준시의 아버지' 샌퍼드 플레밍이다. 그는 1876년 아일랜드의 시골 역에서 그 지역의 시각과 자기 손목시계의 시각이 달라 기차를 놓치고 다음 날 런던에서 출발하는 배까지 타지 못했다. 당시의 경험을 바탕으로 기준시의 필요성을 주장하고 경도를 기준으로 시간을 정하는 구체적 방안까지 제안했다. 그의 주장이 받아들여진 결과가 1884년 미국 워싱턴에서 열린 국제 자오선 회의이다.
>
> 시간을 하나로 통일하는 회의 과정에서는 영국이 주장하는 그리니치 표준시와 프랑스가 밀어붙인 파리 표준시가 충돌했다. 자존심을 건 시간 전쟁이었다. 결과는 그리니치 표준시의 일방적인 승리로 끝났다. 이미 30년 이상 영국의 그리니치 표준시를 기준 삼아 기차 시간표를 사용해 왔고, 미국의 철도 회사도 이를 따르고 있다는 게 이유였다. 당시 결정한 그리니치 표준시(GMT)는 1972년 원자 시계를 도입하면서 협정세계시(UTC)로 대체했지만, 여전히 GMT 표기를 사용하는 경우도 많다. 둘의 차이는 1초보다 작다.
>
> ㉠ 표준시를 도입했다는 건 완전히 새로운 세상이 열렸음을 의미한다. 세계의 모든 인구가 하나의 표준시에 맞춰 일상을 살고, 국가마다 다른 철도와 선박, 항공 시간을 체계적으로 정리할 수 있게 됐다. 지구 곳곳에 파편처럼 흩어져 살아가던 인류가 하나의 세계로 통합된 것이다.
>
> 협정세계시에 따르면 한국의 표준시는 UTC+ 09:00이다. 그리니치보다 9시간 빠르다는 의미이다. 우리나라가 표준시를 처음으로 도입한 것은 고종의 대한제국 시절이며 동경 127.5도를 기준으로 UTC+ 08:30, 그러니까 지금보다 30분 빠른 표준시를 썼다. 현재 한국은 동경 135도를 기준으로 한 표준시를 쓰고 있다.

① ㉠을 일정한 기준에 따라 나누고, 각각의 장점과 단점을 열거하고 있다.

② ㉠에 적용된 과학적 원리를 검토하고, 역사적 변천 과정을 되짚어보고 있다.

③ ㉠의 본격적인 도입에 따라 야기된 문제점을 지적하고, 대안을 모색하고 있다.

④ ㉠이 한국에 적용되게 된 시기를 살펴보고, 다른 나라들의 사례와 비교하고 있다.

⑤ ㉠의 필요성이 대두되게 된 배경과 도입과정을 밝히고, 그에 따른 의의를 설명하고 있다.

인생은 빨리 달리는 자가 승리하는 시합이 아니다.

— 다산 정약용 —

배우기만 하고 생각하지 않으면 얻는 것이 없고,
생각만 하고 배우지 않으면 위태롭다.

– 공자 –

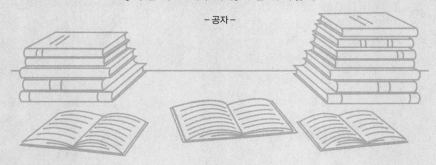

PART 5

면접

1. 면접의 유형

과거 천편일률적이었던 일대일 면접과 달리 최근 면접에는 다양한 유형이 도입되어, 현재는 '면접은 이렇게 보는 것이다.'라고 말할 수 있는 정해진 유형이 없어졌다. 그러나 대부분의 기업 및 은행권 면접에서는 공통된 면접이 진행되고 있으므로 어느 정도 유형을 파악하여 준비하면 사전에 대비가 가능하다. 면접의 기본인 개별 면접부터 다대일 면접, 집단 면접의 유형과 그 대책에 대해 알아보자.

(1) 개별 면접

① **개별 면접의 장점** : 필기시험 등으로 판단할 수 없는 성품이나 능력을 알아내는 데 가장 적합하다고 평가받아온 면접방식으로, 응시자 한 사람 한 사람에 대해 여러 면에서 비교적 폭넓게 파악할 수 있다. 응시자의 입장에서는 한 사람의 면접관만을 대하는 것이므로 상대방에게 집중할 수 있으며, 긴장감도 다른 면접방식에 비해서는 적은 편이다.

② **개별 면접의 단점** : 면접관의 주관이 강하게 작용해 객관성을 저해할 소지가 있으며, 면접 평가표를 활용한다 하더라도 일면적인 평가에 그칠 가능성을 배제할 수 없다. 또한 시간이 많이 소요되는 것도 단점이다.

> **개별 면접 준비 Point**
>
> 개별 면접에 대비하기 위해서는 평소 일대일로 논리정연하게 대화를 나눌 수 있는 능력을 기르는 것이 중요하다. 그리고 면접장에서는 면접관을 선배나 선생님 혹은 부모님을 대하는 기분으로 면접에 임하는 것이 훨씬 부담도 적고 실력을 발휘할 수 있는 방법이 될 것이다.

(2) 다대일 면접

다대일 면접은 일반적으로 가장 많이 사용되는 면접 방법으로, 보통 2 ~ 5명의 면접관이 1명의 응시자에게 질문하는 형태의 면접 방법이다. 면접관이 여러 명이므로 다각도에서 질문을 하여 응시자에 대한 정보를 많이 알아낼 수 있다는 점 때문에 기업에서 선호하는 면접 방법이다. 하지만 응시자의 입장에서는 질문도 면접관에 따라 각양각색이고 동료 응시자가 없으므로 숨 돌릴 틈도 없게 느껴진다. 또한 관찰하는 눈도 많아서 조그만 실수라도 지나치는 법이 없기 때문에 정신적 압박과 긴장감이 높은 면접 방법이다. 따라서 응시자는 긴장을 풀고 한 시험관이 묻더라도 면접관 전원을 향해 대답한다는 기분으로 또박또박 대답하는 자세가 필요하다.

① **다대일 면접의 장점** : 집중적인 질문과 다양한 관찰을 통해 응시자가 과연 조직에 필요한 인물인가를 완벽히 검증할 수 있다.

② **다대일 면접의 단점** : 면접시간이 보통 10 ～ 30분 정도로 긴 편이고 응시자에게 지나친 긴장감을 조성하는 면접 방법이다.

> **다대일 면접 준비 Point**
>
> 질문을 들을 때 시선은 면접관을 향하고 다른 데로 돌리지 말아야 하며, 대답할 때에도 고개를 숙이거나 입속에서 우물거리는 소극적인 태도는 피하도록 한다. 면접관과 대등하다는 마음가짐으로 편안한 태도를 유지하면 대답도 자연스러운 상태에서 좀 더 충실히 할 수 있고, 이에 따라 면접관이 받는 인상도 달라진다.

(3) 집단 면접

집단 면접은 다수의 면접관이 여러 명의 응시자를 한꺼번에 평가하는 방식으로, 짧은 시간에 능률적으로 면접을 진행할 수 있다. 각 응시자에 대한 질문내용, 질문횟수, 시간배분이 똑같지는 않으며 모두에게 같은 질문이 주어지기도 하고, 각각 다른 질문을 받기도 한다. 또 어떤 응시자의 대답에 대한 의견을 묻는 등 그때그때의 분위기나 면접관의 의향에 따라 변수가 많다. 집단 면접은 응시자의 입장에서는 개별 면접에 비해 긴장감은 다소 덜한 반면에 다른 응시자들과의 비교가 확실하게 나타나므로 응시자는 몸가짐이나 표현력·논리성 등이 결여되지 않도록 자신의 생각이나 의견을 솔직하게 발표하여 집단 속에 묻히거나 밀려나지 않도록 주의해야 한다.

① **집단 면접의 장점** : 집단 면접의 장점은 면접관의 응시자 한 사람에 대한 관찰시간이 상대적으로 길고, 비교평가가 가능하기 때문에 결과적으로 평가의 객관성과 신뢰성을 높일 수 있다는 점이며, 응시자는 동료들과 함께 면접을 받기 때문에 긴장감이 다소 덜하다는 것을 들 수 있다. 또한 동료가 답변하는 것을 들으며, 자신의 답변방식이나 자세를 조정할 수 있다는 것도 큰 이점이다.

② **집단 면접의 단점** : 응답하는 순서에 따라 응시자마다 유리하고 불리한 점이 있고, 면접관의 입장에서는 각각의 개인적인 문제를 깊게 다루기가 곤란하다는 것이 단점이다.

> **집단 면접 준비 Point**
>
> 지나치게 자기과시를 하지 않는 것이 좋다. 대답은 자신이 말하고 싶은 내용을 간단명료하게 말해야 한다. 내용이 없는 발언을 한다거나 대답을 질질 끄는 태도는 좋지 않다. 또 말하는 중에 내용이 주제에서 벗어나거나 자기중심적으로만 말하는 것도 피해야 한다. 집단 면접에 대비하기 위해서는 평소에 설득력을 지닌 자신의 논리력을 계발하는 데 힘써야 하며, 다른 사람 앞에서 자신의 의견을 조리 있게 개진할 수 있는 발표력을 갖추는 데에도 많은 노력을 기울여야 한다.
> • 실력에는 큰 차이가 없다는 것을 기억하라.
> • 동료 응시자들과 서로 협조하라.
> • 답변하지 않을 때의 자세가 중요하다.
> • 개성표현은 좋지만 튀는 것은 위험하다.

(4) 집단 토론식 면접

집단 토론식 면접은 집단 면접과 형태는 유사하지만, 질의응답이 아니라 응시자들끼리의 토론이 중심이 되는 면접 방법으로 최근 들어 급증세를 보이고 있다.

이는 공통의 주제에 대해 다양한 견해들이 개진되고 결론을 도출하는 과정, 즉 토론을 통해 응시자의 다양한 면에 대한 평가가 가능하다는 집단 토론식 면접의 장점이 널리 확산된 데 따른 것으로 보인다. 사실 집단 토론식 면접을 활용하면 주제와 관련된 지식과 이해력, 판단력, 설득력, 협동성은 물론 리더십, 조직 적응력, 적극성과 대인관계 능력 등을 파악하는 것이 용이하다고 한다.

집단 토론식 면접에서는 자신의 의견을 명확히 제시하면서도 상대방의 의견을 경청하는 토론의 기본자세가 필수적이며, 지나친 경쟁심이나 자기 과시욕은 접어두는 것이 좋다.

또한 집단 토론의 목적이 결론을 도출해 나가는 과정에 있다는 것을 감안하여 무리하게 자신의 주장을 관철시키기보다 오히려 토론의 질을 높이는 데 기여하는 것이 좋은 인상을 줄 수 있다는 점을 알아야 한다. 취업 희망자들은 토론식 면접이 급속도로 확산되는 추세임을 감안해 특히 철저한 준비를 해야 한다. 평소에 신문의 사설이나 매스컴 등의 토론 프로그램을 주의 깊게 보면서 논리 전개 방식을 비롯한 토론 과정을 익히도록 하고, 친구들과 함께 간단한 주제를 놓고 토론을 진행해 볼 필요가 있다. 또한 사회·시사문제에 대해 자기 나름대로의 관점을 정립해 두는 것도 꼭 필요하다.

2. 면접 실전 대책

(1) 면접 대비사항

① **사전지식을 충분히 갖는다.**

필기시험 또는 서류전형 합격 후 면접 날짜가 정해지는 것이 보통이다. 이때 수험자는 면접을 대비해 사전에 자기가 지원한 계열 또는 업무에 대해 폭넓은 지식을 가질 필요가 있다.

② **충분한 수면을 취한다.**

충분한 수면으로 안정감을 유지하고 첫 출발의 신선한 마음가짐을 갖는다.

③ **얼굴을 생기 있게 한다.**

첫인상은 면접에서 가장 결정적인 당락요인이다. 면접관들이 가장 좋아하는 인상은 얼굴에 생기가 있고 눈동자가 살아있는 사람, 즉 기가 살아있는 사람이다.

④ **아침에 인터넷에 의한 정보나 신문을 읽는다.**

그날의 뉴스가 면접 질문 대상에 오를 수가 있다. 특히 경제면, 정치면, 문화면 등을 유의해서 보아 둘 필요가 있다.

(2) 면접 시 옷차림

면접에서 옷차림은 간결하고 단정한 느낌을 주는 것이 가장 중요하다. 색상과 디자인 면에서 지나치게 화려한 색상이나, 노출이 심한 의상은 자칫 면접관의 눈살을 찌푸리게 할 수 있다.

단정한 차림을 유지하면서 자신만의 독특한 멋을 연출하는 것, 지원하는 회사의 분위기를 파악했다는 센스를 보여주는 것 또한 코디네이션의 포인트다.

- 구두는 잘 닦여있는가?
- 옷은 깨끗이 다려져 있으며 스커트 길이는 적당한가?
- 손톱은 길지 않고 깨끗한가?
- 머리는 흐트러짐 없이 단정한가?

(3) 면접요령

① 첫인상을 중요시한다.

상대에게 인상을 좋게 주지 않으면 어떠한 얘기를 해도 자신의 기분이 충분히 전달되지 않을 수 있다. 예를 들면 '저 친구는 표정이 없고 무엇을 생각하고 있는지 전혀 알 길이 없다.' 이렇게 생각되면 최악의 상태다. 따라서 건강하고 신선한 이미지를 주기 위해 청결한 복장, 바른 자세로 침착하게 들어가야 한다.

② 좋은 표정을 짓는다.

얘기를 할 때의 표정은 중요한 사항의 하나다. 거울 앞에서는 웃는 얼굴을 연습해 본다. 웃는 얼굴은 상대를 편안하게 만들고 특히 면접 등 긴박한 분위기에서는 천금의 값이 있다 할 것이다.

그렇다고 하여 항상 웃고만 있어서는 안 된다. 자신의 얘기를 진정으로 전하고 싶을 때는 진지한 얼굴로 상대의 눈을 바라보며 얘기한다. 또한 면접을 볼 때 눈을 감고 있으면 마이너스 이미지를 주게 된다.

③ 결론부터 이야기한다.

자기의 의사나 생각을 상대에게 정확하게 전달하기 위해서는 먼저 무엇을 말하고자 하는가를 명확히 결정해 두어야 한다. 대답을 할 경우에는 결론을 먼저 이야기하고 나서 그에 따르는 설명과 이유를 나중에 덧붙이면 논지(論旨)가 명확해지고 이야기가 깔끔하게 정리된다. 한 가지 사실을 이야기하거나 설명하는 데는 3분이면 충분하다. 복잡한 이야기라도 어느 정도의 길이로 요약해서 이야기하면 상대도 이해하기 쉽고 자기 자신도 정리할 수 있다. 긴 이야기는 오히려 상대를 불쾌하게 할 수 있음을 알아야 한다.

④ 질문의 요지를 파악한다.

면접 답변은 간결성만으로 부족하다. 상대의 질문이나 이야기에 대해 적절하고 필요한 대답을 하지 않으면, 대화는 끊어지고 자신의 생각도 제대로 표현하지 못하여 면접관으로 하여금 수험생의 인품이나 사고방식 등을 명확히 파악할 수 없도록 만들게 된다. 면접관이 무엇을 묻고 있는지, 자신이 무슨 이야기를 하고 있는지 그 요점을 정확히 알아내야 한다.

PART 5

1. 자기 자신을 겸허하게 판단하라.
2. 지원한 회사에 대해 100% 이해하라.
3. 실전과 같은 연습으로 감각을 익혀라.
4. 단답형 답변보다는 구체적으로 이야기를 풀어나가라.
5. 거짓말을 하지 마라.
6. 면접하는 동안 대화의 흐름을 유지하라.
7. 친밀감과 신뢰를 구축하라.
8. 상대방의 말을 성실하게 들어라.
9. 근로조건에 대한 이야기를 풀어나갈 준비를 하라.
10. 끝까지 긴장을 풀지 마라.

(4) 면접 시 주의사항

① 지각은 있을 수 없다.

면접 당일에 시간을 맞추지 못하여 지각하는 것은 있을 수 없는 일이다. 신용사회에서 약속을 지키지 못하는 사람은 좋은 평가를 받을 수 없다. 면접일에는 지정시간 10 ~ 20분쯤 전에 미리 면접장에 도착해 마음을 가라앉히고 준비해야 한다.

② 손가락을 움직이지 마라.

손가락을 까딱거리거나 만지작거리는 행동은 유난히 눈에 띌 뿐만 아니라 면접관의 눈에 거슬리기 마련이다. 다리를 떠는 행동은 말할 것도 없다. 불안정하거나 산만하다는 느낌을 줄 수 있으므로 주의할 필요가 있다.

③ 옷매무새를 자주 고치지 마라.

여성의 경우 외모에 너무 신경 쓴 나머지 머리를 계속 쓸어올리거나, 깃과 치마 끝을 만지작거리는 경우가 많다. 짧은 미니스커트를 입고 와서 면접시간 내내 치마 끝을 내리는 행위는 면접관으로 하여금 인상을 찌푸리게 만든다. 면접관의 말에 의하면 이런 사람이 의외로 많다고 한다.

④ 너무 큰 소리로 말하지 마라.

면접관과의 거리가 어느 정도 떨어져 있기 때문에 작은 소리로 웅얼거리는 것은 안 좋다. 그러나 너무 큰 소리로 소리를 질러가며 말하는 사람은 오히려 거북스럽게 느껴진다.

⑤ 성의 있는 응답 자세를 보여라.

사소한 질문에 대해서도 성의 있는 응답 자세는 면접관에게 성실하다는 인상을 심어준다.

⑥ 기타 사항

㉠ 앉으라고 할 때까지 앉지 마라. 의자로 재빠르게 다가와 앉으면 무례한 사람처럼 보이기 쉽다.

㉡ 응답 시 지나치게 말을 꾸미지 마라.

㉢ 질문이 떨어지자마자 바쁘게 대답하지 마라.

㉣ 혹시 잘못 대답하였다고 해서 혀를 내밀거나 머리를 긁지 마라.

㉤ 머리카락에 손대지 마라. 정서불안으로 보이기 쉽다.

㉥ 면접장에 타인이 들어올 때 절대로 일어서지 마라.

㉦ 동종업계나 라이벌 회사에 대해 비난하지 마라.

ⓞ 면접관 책상에 있는 서류를 보지 마라.

ⓩ 농담을 하지 마라. 쾌활한 것은 좋지만 지나치게 경망스러운 태도는 취업에 대한 의지가 부족하게 보인다.

ⓒ 질문에 대해 대답할 말이 생각나지 않는다고 천장을 쳐다보거나 고개를 푹 숙이고 바닥을 내려다보지 마라.

ⓚ 면접관이 서류를 검토하는 동안 말하지 마라.

ⓣ 과장이나 허세로 면접관을 압도하려 하지 마라.

ⓟ 최종 결정이 이루어지기 전까지 급여에 대해 언급하지 마라.

ⓗ 은연중에 연고를 과시하지 마라.

면접 전 마지막 체크 사항

• 약속된 면접시간 10분 전에 도착하도록 스케줄을 짤 수 있다.
• 면접장에 들어가서 공손히 인사한 후 또렷한 목소리로 자기 수험번호와 성명을 말할 수 있다.
• 앉으라고 할 때까지는 의자에 앉지 않는다는 것을 알고 있다.
• 자신에 대해 3분간 이야기할 수 있는 준비가 되어 있다.
• 자신의 긍정적인 면을 상대방에게 바르게 전달할 수 있다.

CHAPTER 02 신한은행 실제 면접

신한은행의 면접접형은 1차 면접과 2차 면접으로 구분되어 치러진다. 1차 면접은 신한은행 연수원에서 진행되며, 토론 면접 – PT 면접 – 심층 면접으로 구성되어 있다. 토론 면접은 개별 토론과 팀 토론으로 구분되며, 현장에서 주어진 주제에 대해 간략하게 생각해 볼 시간을 준 다음 발언 기회가 주어진다. PT 면접의 경우 은행·경제·금융 관련 3개의 주제 중 뽑기를 통해 랜덤으로 주제가 결정되며, 본인의 발표 외 다른 면접자들의 발표 주제에 대해 질문할 내용을 준비해야 한다. 심층 면접은 약 10분간 진행되며, 자기소개서를 기반으로 질문이 주어진다.

2차 면접은 1차 면접 합격자에 한하여 임원들과 인성면접으로 진행된다. 대개 면접관 3~4명과 지원자 3~4명의 다대다 면접으로 진행되며, 시간은 약 15~20분으로 지원자당 5분씩 배분된다. 신한은행 면접은 자기소개서를 중심으로 대답을 준비하되, 자신의 경험이 신한은행과 연결될 수 있도록 답변해야 한다. 신한은행 정보를 바탕으로 한 면접 기출문제로 연습한다면 어려움 없이 면접을 볼 수 있을 것이다.

1. 1차 면접

(1) PT 면접

3개의 주제 중 랜덤으로 1개를 뽑아 해당 주제에 대해 발표하는 방식으로 진행된다. 발표 시간은 3분이 주어지며, 이에 대해 면접관들이 2분가량 질문한다. 1시간 동안의 준비시간이 주어지고, 최근 금융 산업에서 이슈가 되고 있는 내용이 주제로 출제되므로 주관적으로 서술하기보다는 객관적으로 수치나 용어를 사용하여 서술하는 것이 좋다.

> [기출 주제]
> • 중앙은행 CBDC도입 논의와 배경
> • 에브리싱랠리의 원인과 투자전략
> • 시니어 은행 활성화 방안
> • 가계부채 감소의 원인과 은행의 전략
> • 행동주의 펀드의 개념과 시사점
> • 앱테크/슈퍼앱
> • 디지털 월렛
> • 디지털 뱅크런
> • 금융업 속 빅데이터/AI 활용 방안
> • 은행의 비금융 복합서비스 영업 전략
> • 금융노마드 대응 전략
> • 잘파세대 대응 전략
> • 포용금융 실천 방안

- 고객경험 CX
- 은행대리업
- ESG경영
- 디지털소외현상 해결 방안
- 로보어드바이저(Robo – adviser)
- 기후금융
- 금융환경의 변화에 의한 소비자 보호 방안
- 청년부채 증가 원인 및 해결 방안으로서의 금융서비스 제안

[기출 질문]
- 현재 대형 포털에서 연예·스포츠 댓글 폐지에 따른 순기능과 역기능을 1개씩 말해보고, 이러한 댓글 폐지가 긍정적인지 부정적인지 이유를 들어 말해보시오.
- 독점의 정의를 말해보고, 본인은 독점에 대해 긍정적인지 부정적인지 이유를 들어 말해보시오.
- 간접 금융과 직접 금융의 차이를 말해보고, 둘 중에 어느 것이 더 안전하다고 생각하는지 말해보시오.

(2) 인성 면접

비교적 편한 분위기로 진행되며, 사상과 자기소개서 사실 검증 위주로 면접이 진행된다. 지원자의 진실한 모습을 보여주는 것이 좋다.

[기출 질문]
- 지원자가 남들보다 뛰어나다고 생각하는 역량과 부족한 역량을 말해보시오.
- 자기소개를 해보시오.
- 타행에서 인턴을 했음에도 불구하고 신한은행을 지원한 이유는 무엇인가?
- 신한은행에 최근 방문했던 경험이 있는가?
- 신한은행의 쏠(SOL)의 사용해 보았는가? 해보았다면 장·단점이 무엇이라고 생각하는가?
- 신한은행하면 떠오르는 이미지가 있는가?
- 본인이 세상을 이롭게 했던 경험이 있는가?
- 기업금융과 관련된 자격증이 없는데, 대기업을 준비하다가 은행에 지원한 것인가?
- 본인이 기업금융 업무에 가진 역량이 무엇이라고 생각하는가?
- 본인이 가장 중요시하는 가치관은 무엇인가?
- 갈등을 해결해 봤던 경험을 구체적으로 말해보시오.
- 인생에서 가장 창의적인 경험은 무엇인가?
- 세일즈 경험에서 수익을 얻었는가? 얻었다면 그 수익은 어느 곳에 사용했으며, 왜 세일즈 경험을 하기로 다짐한 것인가?
- 입행 후에 하고 싶은 업무는 무엇인가?
- 신한은행의 가치 중 자신이 부합한다고 생각되는 것과 그 이유는 무엇인가?

(3) 직무역량 면접

직무와 관련된 가장 구체적인 질문을 하는 면접유형으로, 롤플레잉으로 진행된다.

> [기출 질문]
> • 재무제표에서 수익성·건전성·성장성에 대해 평가할 수 있는 재무지표로는 무엇이 있는가?
> • 현재 저금리로 인해서 수익이 낮아지고 있는데, 신한은행이 어떻게 대처해야 한다고 생각하는가?
> • 최근 카카오와 네이버가 기업금융 분야까지 진출하는 상황에서 신한은행은 어떻게 대처해야 한다고 생각하는가?
> • 고객이 금리를 낮춰달라고 한 상황에 어떻게 대처할 것인가?

2. 2차 면접

면접에서 활용할 자기소개를 준비해 두며, 자기소개서를 바탕으로 나올 수 있는 예상 질문을 만들어 미리 답변을 준비해 본다. 또한 최신 뉴스와 신문 기사 등을 통해 사회 전반적인 이슈 및 금융권 관련 지식을 습득해 두도록 한다.

> [기출 질문]
> • 최근 1~2년 내에 24시간 동안 가장 많은 시간을 쏟은 것은 무엇인지 말해보시오.
> • 성장성 빼고 직장에서 중요하다고 생각하는 것 3가지를 말해보시오.
> • 은행 업무 외에 관심 있는 분야는 무엇인지 말해보시오.
> • 신한은행에서 이루고 싶은 꿈이 있는지 설명하시오.
> • 면접에 임하는 각오를 말해보시오.
> • 우리 은행과 거래하던 중소기업이 주거래 은행을 변경하는 경우가 있다. 이를 방지하기 위해서 해야 할 일은?
> • 옆의 지원자의 장점은 무엇이라고 생각하는가?
> • 옆의 지원자보다 나은 내 장점은 무엇인가?
> • 자기소개를 해보시오.
> • 마지막으로 하고 싶은 말이 있는가?
> • 지원동기를 말해보시오.
> • 본인의 별명에 대해 말해보시오.
> • 워라밸에 대한 자신의 생각을 말해보시오.
> • 어제 본 기사 중 생각나는 것을 말해보시오.
> • 증시하락에 어떤 펀드가 좋은지 말해보시오.
> • 좋아하는 사자성어는 무엇인가?
> • 면접 전날에 무엇을 하였는가?
> • 친구들이 생각하는 본인의 모습에 대해 말해보시오.
> • 신한만의 키워드는 무엇이라고 생각하는가?
> • (은행 인턴 유경험자에게) 은행에서 일한 경험이 있는데 생각했던 은행과 달랐던 점이 있는가?
> • 기업의 가치관과 본인의 가치관이 다를 경우 어떻게 행동할 것인가?
> • 본인만의 강점은 무엇인가?
> • 자신의 단점이나 약점은 무엇이라고 생각하는가?
> • 본인은 리더인가 팔로워인가?

- 본인을 책 주인공에 비유해 보시오.
- 신한은행의 단점은 무엇이라 생각하는가?
- 꼭 지원한 직무가 아니어도 괜찮겠는가?
- 본인에게 중요한 것은 신한은행에서 일하는 것인가, 아니면 지원한 그 직무를 맡는 것인가?
- 아르바이트를 하면서 손님과 마찰을 빚었던 경험이 있는가?
- 은행원이 되기 위해 무엇을 준비했는가?
- 본인이 생각하는 은행원이 갖추어야 할 역량은 무엇이며, 그중 가장 중요한 한 가지는 무엇인가?
- 더 좋은 근무조건의 회사에서 합격 통지를 받으면 이직할 것인가?
- 신한은행 입행 후 이루고 싶은 꿈은 무엇인가?
- 신한은행에 들어오기 위해 어떠한 노력을 하였는가?
- 타 은행과 비교하여 신한은행의 장점과 단점은 무엇이라고 생각하는가?
- 가치관 형성에 가장 큰 영향을 준 사람은 누구인가?
- PB로서 가장 조심해야 할 부분은 무엇이라 생각하는가?

인생이란 결코 공평하지 않다. 이 사실에 익숙해져라.

− 빌 게이츠 −

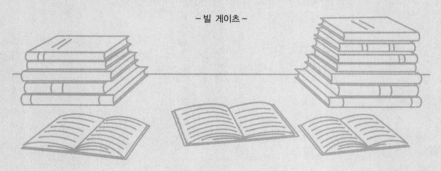

현재 나의 실력을 객관적으로 파악해 보자!

모바일 OMR
답안채점 / 성적분석 서비스

도서에 수록된 모의고사에 대한 객관적인 결과(정답률, 순위)를 종합적으로 분석하여 제공합니다.

OMR 입력

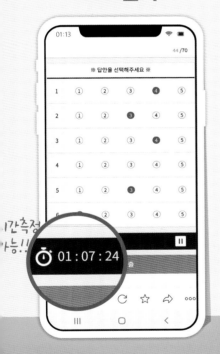

성적분석

채점결과

※OMR 답안채점 / 성적분석 서비스는 등록 후 30일간 사용 가능합니다.

도서 내 모의고사 우측 상단에 위치한 QR코드 찍기 → 로그인 하기 → '시작하기' 클릭 → '응시하기' 클릭 → 나의 답안을 모바일 OMR 카드에 입력 → '성적분석 & 채점결과' 클릭 → 현재 내 실력 확인하기

시대에듀

금융권 필기시험
시리즈

알차다!
꼭 알아야 할 내용을
담고 있으니까

친절하다!
핵심내용을 쉽게
설명하고 있으니까

명쾌하다!
상세한 풀이로 완벽하게
익힐 수 있으니까

핵심을 뚫는다!
시험 유형과 흡사한
문제를 다루니까

"신뢰와 책임의 마음으로 수험생 여러분에게 다가갑니다."

"농협" 합격을 위한 시리즈

농협 계열사 취업의 문을 여는
Master Key!

※도서의 이미지 및 구성은 변동될 수 있습니다.

2025 최신판

| 모바일 OMR 답안채점 / 성적분석 서비스 · NCS 핵심이론 및 대표유형 무료 PDF · 온라인 모의고사 무료쿠폰

신한은행

SLT

정답 및 해설

편저 | SDC(Sidae Data Center)

SDC

SDC는 시대에듀 데이터 센터의 약자로 약 30만 개의 NCS · 적성 문제 데이터를
바탕으로 최신 출제경향을 반영하여 문제를 출제합니다.

NCS ⊕ 금융상식 ⊕ 디지털 리터러시 평가 ⊕ 무료 NCS 특강

대표기출유형 및 기출응용문제로 필기시험 대비!

2024년 하반기 SLT 출제경향 완벽 반영!